O Evangelho no Centro

Organizado por
D. A. CARSON & TIMOTHY KELLER

O Evangelho no Centro

Renovando Nossa Fé e Reformando Nossa Prática Ministerial

E92	O evangelho no centro : renovando nossa fé e reformando nossa prática ministerial / organizador por D. A. Carson & Timothy Keller ; [prefácio à segunda edição em português: D. A. Carson ; apresentação da 2ª edição em português: Rev. Augustus Nicodemus Lopes ; tradução: Elizabeth Gomes]. – 2. ed. – São José dos Campos, SP: Fiel, 2019.
	Inclui referências bibliográficas. ISBN 9788581326283 (impresso) 9788581326290 (e-book)
	1.The Gospel Coalition. I. Carson, D. A., 1946-. II. Keller, Timothy J., 1950-.
	CDD: 230.04624

Catalogação na publicação: Mariana C. de Melo Pedrosa – CRB07/6477

O EVANGELHO NO CENTRO
Renovando nossa fé e reformando
nossa prática ministerial
Traduzido do original em inglês
The Gospel as Center
Copyright © 2012 by The Gospel Coalition

■

Publicado por Crossway Books, um ministério
de publicações de Good News Publishers
1300 Crescent Street
Wheaton, Illinois 60187, U.S.A

Copyright © 2013 Editora Fiel
Primeira Edição em Português: 2013
Segunda Edição em Português: 2019

Todos os direitos em língua portuguesa reservados
por Editora Fiel da Missão Evangélica Literária
PROIBIDA A REPRODUÇÃO DESTE LIVRO POR QUAISQUER
MEIOS, SEM A PERMISSÃO ESCRITA DOS EDITORES,
SALVO EM BREVES CITAÇÕES, COM INDICAÇÃO DA FONTE.

■

Diretor: James Richard Denham III
Editor: Tiago J. Santos Filho
Tradutor: Elizabeth Gomes
Revisão: Márcia Gomes
Diagramação: Rubner Durais
Capa: Rubner Durais

978-85-8132-628-3 (impresso)
978-85-8132-629-0 (e-book)

Editora

Caixa Postal 1601
CEP: 12230-971
São José dos Campos, SP
PABX: (12) 3919-9999
www.ministeriofiel.com.br

SUMÁRIO

Prefácio à segunda edição em português 9

Apresentação à segunda edição em português 11

1. Ministério centrado no evangelho 15
   D. A. Carson e Timothy Keller

2. Podemos conhecer a verdade? 31
   Richard D. Phillips

3. Deus Trino, o Único Criador e Soberano 55
   Franklin Ferreira

4. O Evangelho e as Escrituras: Como ler a Bíblia 93
   Mike Bullmore

5. Criação 113
   Andrew M. Davis

6. Pecado e a queda 141
   Reddit Andrews III

7. O Plano 157
  Colin S. Smith

8. O que é o Evangelho? 191
  Bryan Chapell

9. Redenção de Cristo 219
  Sandy Willson

10. Justificação 241
  Philip Graham Ryken

11. O Espírito Santo 267
  Kevin DeYoung

12. O Reino de Deus 293
  Stephen Um

13. A Igreja: Novo povo de Deus 317
  Tim Savage

14. Batismo e Ceia do Senhor 345
  Thabiti Anyabwile e J. Ligon Duncan

15. A Restauração de todas as coisas 375
  Sam Storms

Apêndice: 403
  A fundação da Coalizão Evangélica

PREFÁCIO À SEGUNDA EDIÇÃO EM PORTUGUÊS

D. A. Carson

Originalmente este volume foi escrito em inglês por vários membros do Conselho da Coalizão Evangélica dos Estados Unidos da América. Nosso alvo era descrever, de modo simples e acessível, o que queremos dizer acerca dos temas mais importantes de nossos Documentos Fundamentais. Tenho imensa alegria em ver esses textos traduzidos para a língua portuguesa, coincidindo com a inauguração da Coalizão pelo Evangelho no Brasil. E uma das maneiras de celebrar e agradecer a Deus este marco que é o lançamento da Coalizão pelo Evangelho no Brasil foi convidando o respeitado pastor-teólogo Franklin Ferreira para contribuir com um novo capítulo para este volume, tratando sobre a Santa Trindade.

A Coalizão pelo Evangelho no Brasil é uma organização independente – autogovernada, autossustentada e autopromovida. Ela está ligada a outras coalizões semelhantes ao redor do mundo em seu compromisso doutrinário e ministerial. Juntos, nosso propósito é fortalecer a igreja do Senhor Jesus Cristo ao redor do mundo ao trazer o evangelho para o centro – o mesmo evangelho que salva homens e mulheres na história, para a eternidade, e transforma os cristãos em comunidades que crescem no seu entendimento e caráter de Jesus Cristo.

10 de Abril de 2019

APRESENTAÇÃO DA SEGUNDA EDIÇÃO EM PORTUGUÊS

Rev. Augustus Nicodemus Lopes

A obra que o leitor tem em mãos é uma apresentação do evangelho de Jesus Cristo voltada para o mundo de hoje. Fundamentalmente, o evangelho é sempre o mesmo. Contudo, sua apresentação sempre tem sido mais eficaz quando leva em conta os tempos e as épocas. Pedro e Paulo criam nas mesmas verdades fundamentais acerca de Jesus Cristo, porém, um ministrou entre os judeus e o outro entre os gentios. Respostas tinham de ser dadas a perguntas diferentes, pois o judeu não via o mundo da mesma forma que o grego.

Com a rápida transformação da sociedade moderna, novas perguntas têm surgido, advindas de uma cosmovisão marcada pelo secularismo materialista e naturalista, que cada vez mais hostiliza valores tradicionais e o conceito bíblico de autoridade. Como anunciar o evangelho de Cristo a uma geração tão diferentes daquela em que nossos pais nasceram e viveram?

O EVANGELHO NO CENTRO

A Coalizão Evangélica (*The Gospel Coalition*) nasceu nos Estados Unidos quando diversos amigos resolveram encarar essa questão de maneira séria. Esses amigos eram pastores de diferentes denominações, unidos pela mesma fé nas verdades centrais do evangelho. Juntos, queriam dar uma voz aos que criam nas mesmas coisas e que sentiam que a igreja cristã nos Estados Unidos estava perdendo terreno e relevância no cenário público.

Este livro é o esforço da Coalizão Evangélica para apresentar ao público o resultado de mais de uma década de encontros, orações, discussões, debates e reuniões entre eles sobre os temas que consideraram como centrais ao evangelho e que precisavam ser reafirmados de maneira relevante para nossa cultura. Entre esses temas encontramos a possibilidade de conhecermos a verdade, a questão urgente da interpretação das Escrituras, a historicidade e a importância do relato da criação e da queda, o plano eterno de Deus para a salvação e a definição do que seja o evangelho, a reafirmação do conceito bíblico da justificação mediante a imputação da justiça de Cristo, a doutrina do Espírito Santo e da igreja. Todos esses tópicos tem sido motivo de debate e polêmica entre os evangélicos hoje, e não poucos têm preferido abandonar o entendimento histórico e reformado deles para seguir novas compreensões e interpretações vinculadas às mudanças culturais, as quais a Coalizão Evangélica acredita serem equivocadas, quando não um entendimento heréticos das verdades reveladas nas Escrituras.

Como membro da recém formada Coalizão pelo Evangelho, a expressão brasileira do *The Gospel Coalition*, recebo com muita expectativa a nova edição deste livro para o português, por vários motivos. Primeiro, coisa semelhante está acontecendo na sociedade e na cultura brasileiras. O individualismo vem fragmentando relações a todos os níveis, abrindo espaço para o pragmatismo e o utilitarismo em nossa sociedade. A igreja brasileira tem sido profundamente influenciada pelas mudanças

APRESENTAÇÃO À SEGUNDA EDIÇÃO EM PORTUGUÊS

já em andamento avançado em nosso país. Encontraremos neste livro respostas apropriadas para os desafios que esta época trazem para as antigas doutrinas da graça ensinadas nas Escrituras e pelo cristianismo histórico. Segundo, este livro resume de maneira clara e contextualizada aquilo que acreditam os cristãos reformados dentro da tradição histórica. É um livro para ser estudado e adotado como livro texto por escolas cristãs, institutos e escolas de teologia que seguem a fé reformada. Terceiro, este livro vai me ajudar quando as pessoas me perguntarem, o que é a Coalizão pelo Evangelho e qual a finalidade com que foi criada. Posso responder indicando *O Evangelho no Centro*.

Por fim, a adição de um capítulo escrito por um autor brasileiro, meu amigo e presidente da *Coalizão pelo Evangelho no Brasil*, o Pr. Franklin Ferreira, e o calibre teológico e acadêmico dos autores de cada capítulo, liderados pela competência conhecida de Donald Carson (batista) e Timothy Keller (presbiteriano), garantem a qualidade da obra.

Sinto-me muito honrado em apresentá-la.

Recife, 10 de abril de 2019.

1 MINISTÉRIO CENTRADO NO EVANGELHO

D. A. Carson & Timothy Keller

A Coalizão Evangélica é uma fraternidade de igreja e cristãos, vindos de muitas diferentes denominações, unida não apenas pela fé no evangelho bíblico como também pela convicção de que o ministério centrado no evangelho deve ser fortalecido, encorajado e divulgado em nossos dias. O que segue revela um pouco da história de como e por que nos unimos.

Há vários anos, muitos de nós começamos a nos reunir anualmente. Esse grupo se tornou em conselho da Coalizão Evangélica. Durante os primeiros três anos procuramos fazer duas coisas.

FUNDAMENTO CONFESSIONAL

Primeiro, procuramos identificar e fortalecer o centro evangélico confessional. Cremos que importantes aspectos do entendimento histórico do evangelho bíblico estão a perigo de ficarem desordenados ou perdidos na maioria de nossas igrejas atuais. Isso inclui a necessidade do novo nascimento, justificação somente pela fé, e expiação pela propiciação e morte substitutiva de Cristo. Procuramos manter e fortalecer nosso entendimento dessas doutrinas, não apenas citando as grandes formulações teológicas do passado, mas também mediante contínua e renovada interação com a própria Escritura, trabalhando juntos para produzir a Declaração Confessional da Coalizão Evangélica.

CATEGORIAS BÍBLICAS E TEOLÓGICAS

Muitos membros disseram-me depois, que trabalhar na Declaração Confessional foi uma das experiências mais edificantes e instrutivas que tiveram em sua vida. Cerca de quatro dúzias de pastores experimentados trabalharam com o texto linha por linha. Um de nossos alvos era extrair nossa linguagem tanto quanto possível da própria Bíblia, em vez de recorrer rapidamente ao vocabulário da teologia sistemática. A sistemática é crucial, e termos tais como a *Trindade*, que não se encontram na própria Bíblia, são insubstituíveis para o entendimento e a expressão de grandes fileiras do ensino da Bíblia. No entanto, para manter a unidade entre nós e persuadir os nossos leitores, procuramos expressar nossa fé, no quanto foi possível, em categorias bíblico-teológicas, em vez de utilizar a terminologia de qualquer tradição particular de teologia sistemática.

COMEÇANDO COM DEUS

Pensamos ser também importante iniciar nossa confissão com Deus ao invés da Escritura. Isto é bastante significativo. A época do Iluminismo confiou excessivamente na razão humana. Alguns presumiam que fosse possível construir sistemas de pensamento sobre fundamentos inexpugnáveis, que pudessem ser absolutamente certos para a razão humana. A despeito da frequente crítica feita ao Iluminismo, muitos evangélicos conservadores foram formados por ele. Isso pode ser visto na quantidade de declarações de fé que começam com a Escritura, e não com Deus. Elas procedem da Escritura para a doutrina por meio de uma exegese rigorosa, a fim de construir (aquilo que consideram) uma teologia absolutamente certa, garantida, fiel para com a Escritura.

O problema é que isso é essencialmente uma abordagem fundamentalista do conhecimento. Ignora o grau em que a cultura afeta nossa interpretação da Bíblia, e assume um destaque muito rígido de sujeito-objeto. Ignora a teologia histórica, filosofia e reflexão cultural. Começar com a Escritura leva os leitores a confiar demais em sua exegese dos textos bíblicos como tendo produzido um sistema perfeito de verdades doutrinárias.[1] Isso pode criar orgulho e rigidez, por não reconhecer suficientemente a condição caída da razão humana.

Cremos ser melhor começar com Deus, declarando (com João Calvino, *Institutas* 1.1) que sem o conhecimento de Deus não podemos conhecer a nós mesmos, nosso mundo, ou qualquer outra coisa. Se não fosse por Deus, não haveria razão para confiar em nosso raciocínio.

EVANGÉLICO

Também como parte desse processo, demos algum tempo à questão "Ainda é útil o termo *evangélico*?". Pode ser feita uma boa defesa da posição de que esse termo não seja mais válido. Dentro da igreja, a palavra transmite cada vez menos conteúdo teológico. Quase que a palavra significa "todos que estão dispostos a usar o termo 'nascido de novo' para descrever as suas experiências." Fora da igreja, a palavra tem, talvez, a conotação mais negativa que já teve.

No entanto, a palavra descreve nossas igrejas e associações. Por quê? Viemos de diferentes denominações e tradições — batista, presbiteria-

---

[1] D. A. Carson, *The Gagging of God: Christianity Confronts Pluralism* (Grand Rapids, MI: Zondervan, 1996), 61-64.

na, episcopal e carismática, citando apenas os maiores agrupamentos. Não achamos que as distinções de teologia e eclesiologia que nos dividem sejam insignificantes – longe disso. Elas formam nossos ministérios e diferenciam-nos de muitas maneiras importantes. Poderíamos dizer "de maneiras complementares", mas isso significaria assunto para outro ensaio. Contudo, somos unidos pela convicção de que aquilo que nos une – os componentes doutrinários centrais do evangelho — é muito mais importante do que aquilo que nos divide. Por um lado, tal convicção nos diferencia daqueles que acreditam não haver evangelho a pregar à parte das distinções de sua tradição. Eles não pensam que seus destaques denominacionais sejam "secundários". Por outro lado, tal convicção nos diferencia daqueles que preferem definir o evangelicalismo apenas em termos sociológicos ou experienciais e que, portanto, não fariam uma confissão tão doutrinariamente forte como base para comunhão e cooperação.

Sendo assim, continuamos a empregar o importante termo *evangélico* para nos descrever, muitas vezes acrescentando a palavra *confessional* para denotar a versão mais teologicamente enriquecida do evangelicalismo a que nos atemos.

A VISÃO DE MINISTÉRIO

Porém, não nos unimos apenas para defender formulações tradicionais do evangelho. Nosso segundo propósito era descrever, apoiar e personificar o ministério centrado no evangelho hoje.

MUDANÇAS EM NOSSO MUNDO

Muitos líderes mais jovens em nossas igrejas estão cambaleando devido às mudanças que observam em nosso mundo. Até a geração passada, nos Estados Unidos, a maioria dos adultos tinha intuição moral semelhante, quer fossem crentes nascidos de novo quer frequentadores de igrejas quer cristãos apenas de nome quer descrentes. Tudo isso mudou. O secularismo é muito mais agressivo e anticristão; a sociedade em geral mais rude, e as intuições morais das pessoas mais jovens variam mais radicalmente das de seus pais mais tradicionais.

Muitos chamam esta nova condição de "virada da pós-modernidade", outros chamam nossa situação de modernidade "tardia" ou até mesmo "líquida". A modernidade virou a mesa da autoridade da tradição, revelação ou qualquer autoridade fora da razão interna e experiência do eu. Mesmo que, durante muito tempo, as instituições relativamente estáveis tenham continuado a dominar a sociedade contemporânea, em grande grau, as pessoas ainda enraizavam sua identidade na família, comunidades locais, em seu trabalho ou sua vocação. Parece que isso está passando.

O "ácido" do princípio moderno — o eu autônomo, individual — parece ter corroído todas as identidades estáveis. Casamento e família, trabalho e carreira, vizinhança e comunidade cívica, política e causas – nada disso permanece suficientemente estável para que as pessoas possam confiar nelas. As pessoas vivem vidas fragmentadas, não pensando mais em si mesmas em termos de alguns papéis básicos (por exemplo, cristão, pai, advogado). Em vez disso, sua identidade constantemente muda de forma na medida em que passam por uma série de episódios da vida que não estão firmemente conectados. Estão sempre prontos a mudar de direção, abandonar sem escrúpulos os compromissos e as lealdades e buscar — com base em custos e benefícios — a melhor oportunidade que se lhes apresenta.

Respondendo às mudanças em nosso mundo

No passado, muitos de nossos vizinhos podiam entender a pregação e o ministério tradicional evangélico, mas o enfrentavam com desacordo ou indiferença. Mas nos últimos quinze anos, as pessoas, cada vez mais, enfrentam o evangelho com abalada incompreensão e sentimento de ultraje. O mundo evangélico norte-americano tem se dilacerado com respostas insanamente diferentes à nova situação cultural.

De maneira exageradamente simplificada, alguns apenas construíram mais altos os muros em suas fortalezas, continuando a fazer o que sempre fizeram, com maior hostilidade que antes. Outros pediram uma reengenharia doutrinária completa do evangelicalismo. Nós consideramos ambas essas abordagens como sendo erradas, e pior, prejudiciais à causa do evangelho.

PREGAÇÃO. Temos aqui um exemplo. Nos últimos anos tem havido um esforço para abandonar a pregação expositiva em favor daquilo que é chamado em termos soltos de "pregação narrativa". O diagnóstico vai assim:

> Estamos em tempos pós-modernos, marcados pelo colapso de confiança no projeto do Iluminismo e da certeza racional do que seja a "verdade". Assim, agora, os ouvintes são mais intuitivos que lógicos. São alcançados mais por meio de imagens e histórias do que por proposições e princípios. São também alérgicos a declarações autoritárias. Temos de nos adaptar às sensibilidades menos racionais, não autoritárias, famintas por narrativa dos nossos tempos.

Segundo nosso entendimento, é um grande erro descartar a pregação expositiva desse modo. Mas em alguns lugares, a resposta vai mais ou menos assim: "Porque as pessoas pós-modernas não gostam de nosso tipo de pregação, vamos dar-lhe esse tipo de pregação *mais que nunca*". Não estão dispostas a admitir que muito do uso convencional do método expositivo tende a ser abstrato, enrijecido e não relacionado com a vida. É também verdade que muitos pregadores expositivos tradicionais gostam do capricho de pregar através das Epístolas em vez de estudar as vívidas visões e narrativas do Antigo Testamento. Mas, mais importante, a pregação expositiva é falha se ela não liga todo texto, até mesmo o mais discursivo, à grande história do evangelho e da missão de Jesus Cristo.

JUSTIÇA E MINISTÉRIO AOS POBRES. Outro exemplo está na questão de justiça e ministério aos pobres. Muitos jovens líderes cristãos, apaixonados pela justiça, queixam-se de que a leitura clássica do livro de Romanos, feita por Agostinho, Lutero e Calvino, está equivocada. Dizem eles que Jesus não carregou a ira de Deus sobre a cruz, antes foi exemplo por meio de serviço e amor em vez de poder e exploração, e, portanto, "venceu os poderes" deste mundo. O evangelho de justificação, segundo esse ponto de vista, não trata tanto da reconciliação dos pecadores com Deus quanto de incluir as pessoas marginalizadas junto ao povo de Deus. Noutras palavras, acreditam que para que os cristãos deixem suas zonas de conforto e ministrem aos pobres e excluídos do mundo, terão de desconstruir a doutrina evangélica tradicional.

Tudo isso, corretamente, causa alarme em muitos líderes cristãos conservadores, mas alguns concluem, equivocadamente, que aqueles que são preocupados em ministrar aos pobres terão de abandonar a doutrina cristã tradicional. Nenhum desses grupos está certo. Não é necessário mudar a doutrina clássica tradicional cristã para se enfatizar a importância de ministrar aos pobres![2] Jonathan Edwards, que certamente não figura como um pensador "liberal", concluiu: "Onde temos qualquer ordem da Bíblia exposta em termos mais fortes e de modo mais peremptoriamente urgente, do que no mandamento de dar aos pobres?"[3]

---

2 Cf. Tim Keller, "The Gospel and the Poor," Themelios 33:3 (2008): 8 - 22 (disponível em http://thegospel-coalition.org/publications).

3 Jonathan Edwards, "Christian Charity, or The Duty of Christian Charity to the Poor, explained and enforced" em *Works of Jonathan Edwards*, revisado e corrigido por Edward Hickman (1834; reimpreso, Carlisle, PA: Banner of Truth, 1974) 2:164.

Edwards via a preocupação com os pobres não apenas como tendo suas raízes na doutrina da criação e da *imago Dei* como também na doutrina da morte substitutiva de Cristo e justificação somente pela fé.

Porque Jesus teve de morrer para satisfazer a ira de Deus, sabemos que Deus é um Deus de justiça, e portanto, temos de ser altamente sensíveis aos direitos dos pobres em nossas comunidades. Eles não devem ser maltratados devido à sua falta de poder econômico. E porque éramos espiritualmente falidos e recebemos imerecidamente as riquezas de Cristo, não devemos jamais olhar o pobre com desprezo e nos sentirmos superiores aos que estão economicamente falidos. Devemos estar dispostos a dar de nossos bens até mesmo aos "pobres que não merecem", pois espiritualmente não merecemos a misericórdia gratuita de Deus. Edwards argumenta de maneira poderosa e incansável pelo ministério aos pobres a partir das clássicas doutrinas evangélicas.[4]

MINISTÉRIO CENTRADO NO EVANGELHO HOJE

A Coalizão Evangélica está unida pela crença de que não podemos ignorar nosso contexto e ambiente, tendo de refletir seriamente sobre nossa cultura, para que nosso ministério evangélico se envolva e se conec-

---

4 Ver esp. Edwards, que apresenta duas "razões" para a obra. A primeira é o "estado geral e natureza da humanidade... Os homens são feitos à imagem de Deus, e devido a isso, são dignos de nosso amor... Nós somos feitos para subsistir pela sociedade e união com o próximo. Deus nos criou com tal natureza, que não podemos subsistir sem a ajuda mútua" (2:164). Edwards nos dá a base mais intelectual para a teologia da criação: todo ser humano é criado à imagem de Deus e tem valor; a criação é boa; humanos são feitos para *shalom*, para a interdependência. Mas então Edwards expõe uma segunda razão para fazer justiça: temos sido receptores do sangue de Cristo que embora "rico", tornou-se pobre para que, mediante a sua pobreza pudéssemos ser feitos ricos. Edwards usa o evangelho para atingir os "afetos" de seus leitores: "Que pobre empreitada seria, se aqueles que esperam compartilhar estes benefícios ainda não pudessem dar algo pelo alívio de um vizinho pobre sem reclamar!... Quão inapropriado seria para nós, que vivemos apenas pela bondade de alguém, se formos não bondosos! O que seria de nós, se Cristo tivesse poupado seu sangue, indisposto a concedê-lo, como são muitos homens com respeito a seu dinheiro ou bens? ou se ele tivesse pronto a desculpar-se de morrer por nós, como é comum aos homens se desculparem de ser caridosos com seu próximo?" (2:165). Alguém poderia dizer que isso é amontoar a culpa sobre os leitores, mas Edwards não diz: "Porque vocês não ajudam aos pobres, Deus os rejeitará", mas sim, "Porque Jesus foi rejeitado no seu lugar, de forma que agora Deus os aceita, como vocês podem esquivar-se de ajudar essas pessoas?" É como Stephen Charnock diria, tornando as pessoas "miseráveis pela misericórdia," usando a alegria e o amor para criar humilde convicção e transformação.

te a ela. Por esta razão desenvolvemos a Visão Teológica de Ministério, que conclui que o evangelho deve

> produzir igrejas cheias de pregação atraente e teologicamente substancial, evangelização e apologética dinâmica, crescimento e também a implantação de igrejas. Estas coisas enfatizarão o arrependimento, renovação pessoal, e santidade de vida. Ao mesmo tempo, *e nas mesmas congregações*, haverá envolvimento com as estruturas sociais de gente comum, e envolvimento cultural com as artes, empreendimentos, estudos acadêmicos e governança. Haverá um chamado para uma comunidade cristã radical em que todos os membros compartilham suas riquezas e seus recursos, abrindo espaço para os pobres e marginalizados. Tais prioridades serão todas combinadas e se fortalecerão mutuamente em cada igreja local.

Assim, nós da Coalizão Evangélica cremos que o evangelho sempre deve ser defendido, e uma forma insubstituível de fazê-lo é mostrar ao mundo, e à igreja, o poder de um ministério centrado no evangelho. As melhores maneiras de definir e defender o evangelho são amar, crer, encarnar e propagá-lo. Em nossa Declaração Confessional, Visão de Ministério e Evangelho Para Toda a Vida, mapeamos alguns dos fatores básicos do que significa um ministério centrado no evangelho na cultura ocidental.

Durante os primeiros três anos de nossa caminhada juntos, procuramos unir um grupo diverso em torno deste centro do evangelho. Nossas reuniões eram estimulantes e emocionantes porque não dominadas por uma única tradição teológica ou por uma ou duas personalidades dominadoras. Ao dar tempo necessário a essas questões, passamos a confiar mais uns nos outros e chegamos a uma unidade maior de mente e coração.

PROFÉTICO DESDE O CENTRO

Mais recentemente, a Coalizão Evangélica se moveu para uma nova fase de ministério, sendo as partes mais visíveis nossa conferência nacional, *website* e TGC Network. Porém, estes são apenas meios para ser "profético desde o centro".

A "tenda" evangélica é maior e mais incoerente que nunca. Conforme já observamos, uma das principais causas para isto é a cultura ocidental em rápida mudança na qual estamos inseridos. Pode-se argumentar que o ambiente em que ministramos é muito mais difícil do que o do antigo paganismo greco-romano, em grande parte por ser um ambiente pós-cristão e não pré-cristão. Devido a esse desafio, a igreja cristã está dividida e fragmentada. Há pelo menos três tipos de resposta, aquilo que James Hunter denominou: "Pureza livre de", "Defensiva Contra", e "Relevante a".[5]

As respostas ligadas a "Pureza em" são encontradas entre os cristãos e igrejas que acham que não podemos ter impacto real sobre a cultura, que todos os esforços para influenciar a cultura apenas nos poluem e comprometem. Por "Defensivos contra", Hunter se refere aos crentes que pensam que podemos mudar a cultura por meios políticos ou obtenção das instituições da elite a fim de controlar o seu poder. O termo "Relevante a" designa muitas megaigrejas, igrejas tradicionais, "emergentes," que pensam ser possível transformar a cultura principalmente ao nos tornar mais compassivos, menos combativos e mais contextualizados, ganhando suficiente número de indivíduos de volta à igreja para fazer diferença na cultura. Ironicamente, todas essas abordagens são influenciadas demais pelo nosso passado da "cristandade". Até mesmo o partido da "Pureza", com sua forte denúncia da cristan-

---

[5] James Davison Hunter, *To Change the World: The Irony, Tragedy and Possibility of Christianity in the Late Modern World* (Oxford: Oxford University Press, 2010).

dade atual, é como o homem tão violentamente compromissado a ser diferente de seu pai, que o seu comportamento ainda está sendo controlando por ele.

O que significa ser "profético" a partir do centro? Quer dizer centrar nossas igrejas no evangelho, produzindo assim uma série de ações de equilíbrio que outras abordagens não possuem. Não devemos ser nem separatistas nem triunfalistas em relação à nossa cultura. Crentes (não as igrejas locais *como* igrejas) devem procurar tanto habitar as antigas instituições culturais quanto também estabelecer novas instituições e redes inovadoras, que trabalhem para o bem comum, com base no entendimento cristão das coisas.

Em nossa comunicação do evangelho, não devemos ignorar as narrativas culturais de base nem apenas mudar o pacote e chamá-lo "contextualização". Devemos nos firmar em prol da impossibilidade de substituição da igreja local, cuja tarefa é evangelização e discipulado. Porém, devemos também estimular os cristãos a trabalhar no mundo como sal e luz. Todo esse equilíbrio, cremos nós, flui de um entendimento profundo do significado do evangelho para toda a vida.

A prioridade que damos ao evangelho de Jesus Cristo pode não ser imediatamente percebida aos que possuem visão diferente do que significa o "evangelho". Pelo menos duas restrições são comumente impostas sobre a palavra.

Primeiro, alguns pensam no evangelho como algo importante, mas parte relativamente pequena do conteúdo bíblico. Segundo, outros pensam no evangelho como aquilo que nos impulsiona para o reino e nos salva, enquanto os elementos transformadores de vida do conteúdo da Bíblia estão envolvidos em algo um pouco diferente — sabedoria, lei, conselho, paradigmas narrativos e terapia de pequenos grupos, mas não evangelho. A resposta vem em duas partes.

TEOLOGIA BÍBLICA QUE FLUI EM DIREÇÃO A JESUS E AO EVANGELHO

A primeira parte é que a teologia bíblica, corretamente entendida, flui através da Bíblia para Jesus e o evangelho, cumprindo toda a revelação, e ajuntando para si todos os fios do pensamento bíblico. Claro, existem formas irresponsáveis e enganosas de teologia bíblica, assim como existem formas enganosas e irresponsáveis de teologia sistemática. A última coisa que queremos fazer é exaltar as virtudes de uma dessas disciplinas ao enfatizar as fraquezas da outra, pois ambas, em sua melhor forma, trazem grande força para o entendimento bíblico e vida de fidelidade.[6] Em sua melhor forma, ambas as disciplinas visam, no tratamento da Escritura, ser sensíveis aos diferentes gêneros literários da Bíblia, pelo menos no modo como os diferentes gêneros fazem seus apelos (compare, por exemplo, lei, narrativa e literatura de sabedoria).

Em termos gerais, porém, a teologia sistemática pergunta e responde questões atemporais. Por exemplo: Quais são os atributos de Deus? O que a cruz realizou? O que é pecado? Porque visa sintetizar toda a Escritura e interagir com as perguntas mais amplas, as categorias que utiliza terão de transcender o uso de livros ou escritores bíblicos individuais. Dessa maneira, os sistemáticos falam da doutrina da justificação, sabendo plenamente que o grupo de palavras sobre justificação não funciona no livro de Mateus da mesma maneira que em Paulo; falam da doutrina do chamado de Deus exatamente onde a mesma observação quanto à linguagem de "chamado" tem de ser feita.

Noutras palavras, as palavras e categorias teológicas que a teologia sistemática prepara, muitas vezes, se sobrepõem *formalmente* com o uso bíblico, mas *materialmente* poderão derivar seu significado apenas de um

---

[6] Ver D. A. Carson, "Systematic Theology and Biblical Theology," em *New Dictionary of Biblical Theology*, org. T. Desmond Alexander e Brian S. Rosner (Downers Grove, IL: InterVarsity, 2000), 89–104.

escritor bíblico. Alem do mais, a pergunta: "Quais são os atributos de Deus?" é clara e importante, mas resta o fato de que nenhum livro da Bíblia fala nesses termos sobre os *atributos* de Deus. Todo leitor de teologia sistemática entende esses dados.

Em contraste, a teologia bíblica, de forma abrangente, faz e responde perguntas que enfocam as contribuições e os temas de livros e corpos bíblicos específicos, incorporando como eles são detalhados na linha de tempo da historia da redenção. No quanto for possível, as categorias utilizadas são as encontradas no próprio material bíblico. Assim, estamos perguntando e respondendo questões de duas espécies: (1) Quais são os temas de Gênesis (ou Eclesiastes, Lucas, ou Romanos)? Como o livro é elaborado? O que nos ensina sobre os assuntos de que trata? O que Isaías, por exemplo, nos ensina a respeito de Deus? (2) Como esses temas se encaixam na linha de história da Bíblia em seus respectivos pontos da história da redenção, tomando o desenrolar da revelação adiante até Jesus Cristo? Quais são alguns padrões que se descortinam, as trajetórias que vão desde a criação passada e adiante até Jesus, prosseguindo para a consumação?

Os membros do conselho da Coalizão Evangélica querem encorajar a espécie de leitura e pregação da Bíblia que destaca essas trajetórias, para que os cristãos vejam como a leitura fiel e perspicaz da Escritura segue os padrões e as promessas da Bíblia, levando-nos em direção a Jesus e seu evangelho. Por exemplo, não podemos lidar com o relato de Gênesis sobre a criação como se fosse mero dado ou apenas uma sanção para a responsabilidade ecológica ou o estabelecimento de nossa existência física, embora todas essas coisas sejam verdadeiras e tenham sua importância. Dentro de Gênesis, a criação fundamenta a responsabilidade dos portadores da imagem de Deus para com Deus e prepara o palco para a anarquia e idolatria de Gênesis 3, que por sua vez produz o drama da Bíblia *inteira*.

No final, a esperança da raça humana condenada está na semente da mulher, que vem e envolve uma nova criação, e culmina em novo céu e nova terra. Já em Gênesis 1 e 2, contudo, o simbolismo do templo é conectado à criação e ao jardim, estabelecendo uma trajetória relacionada por toda a Bíblia: tabernáculo e templo, com seus sistemas sacerdotais e sacrificais, entretecidos com a queda do templo no início do exílio e a construção de um segundo templo décadas mais tarde. Essa trajetória se apressa em direção à insistência de Jesus de que ele mesmo é o templo, o grande encontro entre Deus e os seres humanos pecadores (João 2.19-22).

Ao longo de uma trajetória levemente adjacente, a igreja é o templo de Deus. Na visão culminante, a "nova Jerusalém" não contém um templo, porque o Senhor Deus todo-poderoso e o Cordeiro são seu templo (Ap 21.22). Enquanto isso, o simbolismo inerente ao jardim do Éden (Gênesis 2) é também captado e utilizado na visão culminante — mas somente depois que o próprio Cristo tenha passado por um jardim bem diferente, jardim de Getsêmane, para assegurar-nos o melhor jardim. Seria fácil seguir essas linhas e muitas outras que se entrelaçam para formar o encantador tecido dos propósitos de Deus em nos conduzir a Jesus Cristo e seu evangelho.

Isso nos leva à segunda parte de nossa resposta àqueles cuja visão é truncada quanto ao que seja o evangelho.

VIDA E PENSAMENTO CRISTÃO QUE FLUEM DE JESUS E DE SEU EVANGELHO

O evangelho de Jesus Cristo não apenas junta a si todas as trajetórias da Escritura, como também, sob os termos da nova aliança, toda a vida e o pensamento cristão, se desenvolvem a partir do que Jesus já realizou. Essa boa nova não somente declara que Deus justifica os pecadores para que nosso *status* diante dele esteja garantido, mas também nos regenera e nos estabelece em seu reino de salvação. O evangelho trata mais do que apenas o judicial, nossa posição diante de Deus, pois é o poder de Deus que traz a salvação (Rm 1.18) — uma transformação que a tudo compreende. Tudo está assegurado por meio da morte e ressurreição de Jesus; tudo recebe o poder do Espírito, que ele outorga; tudo se abre quando o próprio Deus ordena essa grande salvação.

Especialmente marcantes são as cláusulas motivadoras que sustentam a ética cristã. Perdoamos aos outros, porque nós mesmos fomos perdoados (Cl 3.13; Mt 6.12-15; Mc 11.25). Andamos humildemente porque ninguém jamais demonstrou maior humildade que nosso salvador, ao abrir mão de seus direitos como Deus e morrer nossa morte (Fp 2.3-8). Temos fome por viver o amor demonstrado nas pessoas da divindade porque foi por amor que o Pai determinou que todos honrassem ao Filho assim como honram ao Pai, e foi por amor ao Pai que o Filho foi até a cruz, cumprir a vontade paterna (Jo 5.20,23; 14.30-31). Nosso modelo máximo para os relacionamentos de marido e esposa está predicado no evangelho: o laço entre Cristo e a igreja (Ef. 5.22-33). Temos fome pela santidade sem a qual ninguém verá o Senhor, porque o santo não somente estabeleceu nossa posição diante do Pai como também opera em nós para nos tornar santos (Hb 12.14; Fp 2.12-13).

Como toda a ignóbil malícia de várias idolatrias e transgressões é exatamente aquilo que Cristo vence, temos fome de viver como nosso salvador e Senhor Jesus, vivendo de outra forma em nossas vidas particulares, em nossos lares, em nosso mundo (Gl. 5.16-26; Ef. 4.17-6.18). Aprendemos a obediência por meio do sofrimento, porque nosso pioneiro trilhou esse caminho antes de nós (Hb 12.14; Fp 2.12-13). Este e muitos temas semelhantes clamam por serem desvencilhados detalhadamente nos púlpitos e estudos da Bíblia. Não é de admirar que a proclamação desse evangelho, com tantos vínculos transformadores, seja central à nossa existência comprada por sangue.

Em suma, um ministério centrado no evangelho é mandamento bíblico. É a única forma de ministério que simultaneamente trata da necessidade humana conforme Deus a vê, se estendendo em linhas não quebradas até o ministério evangélico em outros séculos e outras culturas, tornando central aquilo que o próprio Jesus estabeleceu como centro.

2 PODEMOS CONHECER A VERDADE?

Richard D. Phillips

O conhecido mestre da Bíblia James Montgomery Boice certa vez viajava de avião quando a mulher a seu lado descobriu que ele era ministro cristão. A reação dessa senhora foi falar de todas as suas objeções à fé cristã. Primeiro, falou contra o pecado original, como isso não fazia sentido e ela não o aceitava. Boice a escutou e então replicou: "Eu entendo. Mas é verdade?"

Em seguida, ela passou ao assunto de juízo e do inferno, dizendo como isso tudo era amoral e incivilizado. "Entendo como você se sente", respondeu Boice, "mas é verdade?"

Finalmente, ela explodiu com seu grande desprezo por quase tudo ensinado na Bíblia: como a Bíblia não era moderna nem atraente no modo de pensar. Quando Boice estava prestes a abrir a boca uma última vez, ela interrompeu: "Ah, eu sei, seu sei. Nada disso importa! O senhor só vai perguntar: É verdade??!"

PODEMOS CONHECER A VERDADE?

Essa conversa ocorreu lá pelo ano de 1990. Tenho minhas suspeitas que se tivesse acontecido em 2010, o final da história poderia ter sido diferente. Em vez dessa mulher concordar com o ponto de que o que importava era a verdade, provavelmente ela teria conduzido a conversa em outra direção: "Como o senhor pode dizer que suas crenças são verdadeiras? Ninguém pode realmente conhecer a verdade, e assim, o que realmente importa é como me sinto com respeito a isso!"

O ponto é que, se os cristãos quiserem comunicar a verdade do evangelho às gerações pós-modernas da atualidade, é provável que tenham de fazer mais que simplesmente declarar a verdade. Em muitos casos, não basta mostrar nossa Bíblia e fazer com que os amigos caminhem pela famosa série de versículos evangelísticos da "Estrada de Romanos". Além e muitas vezes antes disso, teremos de responder perguntas como: "Por que eu deveria aceitar que a Bíblia seja a verdade?" e: "Isso pode ser verdade para você, mas por que deveria ser verdade para mais alguém?" São questões *epistemológicas*, ou seja, sobre nossas crenças e pressuposições quanto ao conhecimento e a verdade. Antes de testemunhar a verdade do cristianismo, muitas vezes teremos de apresentar uma clara visão cristã do que seja a própria verdade.

Uma abordagem evangélica ao conhecimento da verdade terá de incorporar nossas convicções bíblicas sobre Deus, a humanidade, o pecado, a salvação, e mais. Alguns talvez objetem que começar com aquilo que cremos injeta certa subjetividade à questão, já que nossa teoria da verdade pressupõe certas verdades. Nossa resposta é que, como cristãos, não podemos evitar as realidades de quem e o quê somos por meio de nosso relacionamento com Jesus Cristo.

Portanto, o propósito deste capítulo não é apresentar uma epistemologia objetiva que qualquer pessoa — cristã ou não — possa adotar. Pelo contrário, aqui eu falo de uma posição sobre o conhecimento da verdade que reflete as crenças básicas de nossa fé evangélica e valida nossa experiência como crentes em Cristo. Noutras palavras, este capítulo apresenta como os cristãos devem responder às questões sobre o conhecimento da verdade.

Alguns poderão perguntar: não seria melhor encontrar nossos vizinhos descrentes em um terreno epistemológico de objetivo comum? A resposta é que não existe terreno epistemológico comum e objetivo que não requeira que os cristãos ignorem o senhorio de Jesus. Com toda honestidade, não podemos fazer isso. Assim, ficamos sem nada a dizer exceto a frase missionária frustrante de: "Você terá de nascer de novo para entender"? De maneira nenhuma! Como os cristãos têm uma mensagem do evangelho para compartilhar ao mundo, temos também uma resposta de Deus, centrada em Cristo, quanto a importantes questões sobre o conhecimento e a verdade.

A CRISE ATUAL DE VERDADE

Vivemos em um momento de tensão histórica entre dois modelos ou duas teorias quanto ao conhecimento da verdade: o *moderno* e o *pós-moderno*. A modernidade avançou por muitas gerações sobre a inabalável convicção de que a razão humana poderia espelhar com sucesso o conhecimento e aplicar a verdade. Da mesma maneira que a física de Isaque Newton produziu o conhecimento sobre a verdade da gravidade, a modernidade creu em um avanço racional em direção à verdade em quase todos os âmbitos da vida.

Isso continuou até que as realidades do século XX diminuíram a firmeza dessa convicção *inabalável*. A razão não auxiliada não se deu tão bem com as "verdades" da Alemanha nazista, do comunismo pós-Segunda Guerra, ou do Imperialismo Ocidental. O conhecimento da razão não auxiliada não conseguiu tratar a Bíblia e seu evangelho muito favoravelmente. O dogma racionalista substituiu a versão bíblica de Jesus com diversos retratos feitos à sua própria imagem.

Mesmo que cristãos de pensamento moderno procurem usar o racionalismo para sustentar o ensino da Bíblia, pensadores cristãos têm descoberto que essa abordagem racionalista das verdades absolutas se alinha de maneira muito pobre com a verdade sobre humildade e caridade cristã e nosso ensino quanto ao problema humano do pecado. Enquanto o testemunho cristão tem penetrado o século XXI, temos corretamente procurado nos distanciar do racionalismo da modernidade.

APRECIANDO AS LUZES PÓS-MODERNAS

No pensamento secular, o colapso de confiança na modernidade gerou um filho adolescente rebelde, a pós-modernidade, cujo alvo principal é desconstruir tudo que é moderno. Quase que incidentalmente, a pós-modernidade tem também criticado o pensamento cristão. D. A. Carson catalogou numerosos pontos fortes na crítica pós-moderna, mesmo quando aplicada a recentes abordagens evangélicas sobre teologia e apologética.[7]

Primeiro, os cristãos deverão reconhecer o papel do contexto no entendimento e na fé de qualquer pessoa. A "Verdade" sempre é assegurada por pessoas reais, e tais pessoas são profundamente moldadas pela cultura, linguagem, herança e comunidade. Haverá diferenças, que envolvem tanto os pontos fortes quanto as fraquezas, no modo como uma pessoa do ocidente e um cristão africano do Saara lerá determinada passagem da Escritura. Por exemplo, o ocidental é mais propenso a enfatizar o aspecto individualista, enquanto o africano enfatizará o aspecto corporativo do trecho.

Não obstante a pergunta e os aspectos da verdade absoluta em si mesma, a pós-modernidade ressalta corretamente que pessoas são finitas e, portanto, têm um entendimento limitado e subjetivo da verdade. Como Carson coloca, a verdade "é necessariamente exprimida de forma carregada da cultura e crida ou conhecida por pessoas finitas e culturalmente restritas".[8]

---

7   D. A. Carson, *The Gagging of God: Christianity Confronts Pluralism* (Grand Rapids, MI: Zondervan, 1996), 96-102.
8   Ibid., 99.

Segundo, devemos compartilhar com a pós-modernidade a preocupação de que a verdade possa tornar-se mais um objeto de poder do que um meio para esclarecimento. Aqui está o lugar onde a doutrina cristã sobre o pecado — incluindo *nosso* próprio pecado – terá que influir sobre nossa abordagem da verdade. A verdade não implica necessariamente a opressão, mas algumas pessoas têm oprimido a outras com a verdade.

Terceiro, se as críticas pós-modernas fazem com que cristãos (dentre os demais) desconfiem das doutrinas e pontos de vista que se tornaram tradicionais, podemos ser gratos pela oportunidade de reconsiderar, reformular e declarar novamente ensinamentos que se tornaram mofados em nossa prática. Veremos isso especialmente em grupos de igrejas confessionais que procuram manter os dogmas doutrinários. Novos questionamentos e até mesmo dúvidas exigem líderes eclesiásticos que reexaminem a base bíblica para seus ensinos e talvez resultem em autêntico progresso ou algumas reformas necessárias.

Quarto, cristãos podem ser cobeligerantes com os ataques da pós-modernidade contra o modernismo. Carson compara a apreciação que um cristão tem dos argumentos pós-modernos ao pacto dos Aliados Ocidentais com a Rússia comunista contra a Alemanha nazista na Segunda Guerra Mundial. Não será que os cristãos concordarão, no final, com a pós-modernidade, assim como as democracias ocidentais não aprovaram os *Bolsheviks*, mas os cristãos poderão aceitar alguns dos argumentos pós-modernos contra o racionalismo incrédulo, assim como os Aliados do Ocidente foram gratos por todos aqueles tanques russos. Carson escreve:

> A pós-modernidade tem se provado capaz, na providência divina, de lançar numa artilharia muito pesada contra a modernidade que, através de quatro séculos, tem se desenvolvido de tal forma, que cada vez mais zomba o cristianismo confessional. É deliciosa

PODEMOS CONHECER A VERDADE?

a ironia. A modernidade que arrogantemente tem insistido que a razão humana é árbitro final da verdade tem produzido um enteado que se levanta para matá-la.[9]

Dadas as contribuições positivas da epistemologia pós-moderna, devemos reconhecer seus benefícios, e, ao fazê-lo, ser ouvidos por alguns que de outra forma nos rejeitariam.

A CRISE PÓS-MODERNA

Tal apreciação não significa que a epistemologia cristã e o cepticismo pós-moderno sejam uma combinação adequada. Confessamos humildemente que nosso conhecimento da verdade é limitado, que o contexto afeta o modo como comunicamos e recebemos a verdade, e que talvez precisemos repensar os dogmas tradicionais. Mas, diferente de muitos pós-modernos, cristãos creem que a verdade é real e não apenas elaborada.

Cristãos evangélicos, em especial, creem que a verdade deriva e é revelada por Deus. Sendo assim, a verdade tem autoridade. É aqui que a pós-modernidade se separa do cristianismo histórico, pois a visão pós-moderna rejeita a realidade da verdade, postula um relativismo implícito (e em alguns casos, explícito) em que nada é real e finalmente verdadeiro. Inúmeras avaliações demonstram que tal predisposição mental prevalece na cultura ocidental de hoje. "Você acredita na verdade absoluta, ou é tudo verdade relativa?" As maiorias, mesmo entre os que professam o cristianismo, claramente afirmam o dogma pós-moderno de que nada é real e absolutamente verdade.

Além do mais, os pós-modernos insistem constantemente que, mesmo havendo verdade última, homens e mulheres finitos e falhos jamais poderão conhecer autoritativamente a verdade. A junta pós-moderna que

---
9 Ibid., 100.

agora governa a cultura ocidental tem esse relativismo como seu único absoluto: ninguém tem o direito de dizer que possui a verdade absoluta de maneira que outros estejam absolutamente errados. Pode haver "minha verdade" e "a sua verdade", porém a mente pós-moderna proclama contra qualquer um que diga dogmaticamente que tem a verdade (exceto a doutrina pós-moderna contra esse dito dogma). Como resultado, temos o que diz o famoso poema de W. B. Yeats: "As coisas desmoronam, / o centro não pode segurá-las /Mera anarquia é solta sobre o mundo".

A crise da posição pós-moderna está em que ela não consegue crer ou viver segundo suas próprias crenças. A pós-modernidade não tem nada em que crer, incluindo sua própria descrença, a despeito da dolorosa necessidade de saber e de crer. R. C. Sproul relata o encontro em um trem com uma jovem que havia passado tempo em um acampamento da Nova Era. Quando uma senhora interessada perguntou o que ela havia aprendido, a jovem respondeu: "Aprendi que sou Deus". Sproul respondeu com a seguinte pergunta apologética sofisticada: "Você não acredita realmente nisso, acredita?" ao que ela replicou: "Bem, não realmente". É assim com toda a negação da verdade dos pós-modernos: a própria negação do que dizem contra a verdade é, em si, uma verdade na qual os pós-modernos não creem, e assim a epistemologia pós-moderna torna-se um labirinto em que o construtor está, ele mesmo, para sempre perdido.

Por esta razão, quando alguns pós-modernos dizem que não existe verdade e toda verdade é relativa, os cristãos poderão responder com a pergunta de Sproul àquela jovem no trem: "Você realmente não acredita nisso, acredita?" Podemos ressaltar facilmente que os pós-modernos não vivem como se a verdade fosse relativa. Afinal de contas, os desconstrucionistas mais fervorosos esperam que as suas próprias palavras sejam compreendidas. Não escreveriam livros se não cressem na possibilidade do conhecimento e do entendimento. Se alguém desafia o seu argumento contra a verdade, eles contradizem com razões que sustentam a verdade do seu argumento!

Um professor destacou esse ponto depois que sua classe na faculdade tinha se unido contra ele, insistindo que nada, em última análise, é realmente verdade ou moralmente errado num sentido objetivo. No dia seguinte o professor informou seus alunos que não obstante os resultados que obtiveram no exame, eles todos foram reprovados. Uníssonos, os estudantes objetaram: "Isso não é justo. Está errado!", e o ponto do professor quanto ao relativismo ficou claro. Ninguém consegue viver assim, e, portanto, ninguém realmente acredita nisso. É esta a crise da verdade em nossos tempos pós-modernos: nossa sociedade dogmaticamente rejeita a verdade na teoria, mas não pode viver assim na prática.

Por trás de toda verdade está o Deus da verdade. Yeats expressa isso no poema acima citado. Protesta que o centro não mantenha seguro, de modo que as "coisas desmoronam". Na linha anterior, Yeats nota a consequência: "Virando e virando no giro que se amplia / O falcão não pode ouvir o falconeiro".

Aqui está o escopo da crise pós-moderna: não conseguimos ouvir a voz de Deus sem a verdade. Como aquela jovem no trem, aqueles que ficaram tentando construir sua própria verdade também terão de fazer os seus deuses pessoais. Na trajetória marcada pelo relativismo, a razão dá lugar à irracionalidade, e a falta da razão entrega o homem nas mãos dos ídolos.

UMA ABORDAGEM CRISTÃ DA VERDADE

Defender a verdade envolve mais do que nos proteger da descrença. A epistemologia cristã é também um componente vital de nosso ministério do amor de Cristo por um mundo em crise. Na prática isso significa que os cristãos têm de ir além de simplesmente não concordar com a negação pós-moderna da verdade. Temos de articular uma doutrina da verdade destacadamente cristã, baseada no que Deus nos revela na Bíblia, coerente com nossa experiência.

O cristianismo apresenta um legítimo terceiro caminho contra o moderno e o pós-moderno. Com os modernos, cremos que existe verdade acessível, embora rejeitemos firmemente que se possa conhecer exaustivamente a verdade por meio da razão não auxiliada. Com os pós-modernos, duvidamos que seres humanos finitos e falíveis sejam agentes da verdade, embora insistamos que a verdade é real e que podemos conhecê-la. Portanto, uma epistemologia cristã bem sucedida não somente responde à fé cristã e evangélica como também nos capacita a comunicar nossa doutrina do conhecimento a um mundo que tanto duvida quanto deseja grandemente conhecer a verdade.

DEUS, VERDADE E REALIDADE

Uma epistemologia evangélica e cristã começa afirmando que a *verdade* corresponde à *realidade*. O mundo externo em que vive cada indivíduo não é um mundo que construímos subjetivamente por meio de nossa estreita experiência. Pelo contrário, Deus criou a realidade e a sustenta por seu governo e sua providência constantes.

A base para essa doutrina cristã de verdade real está no fato de que Deus existe. Esta pressuposição contrasta com o racionalista moderno bem como com o relativista pós-moderno, pois ambos pressupõem a não existência de Deus. Não é o caso de modernistas e pós-modernistas terem desenvolvido suas teorias sem pressuposições. Em vez disso, os incrédulos modernos e pós-modernos pressupõem que não exista Deus e como resultado acabam se encontrando na crise da falta de razão. Os cristãos escapam dessa crise, não no final, mas desde o começo de sua teoria da verdade, ao pressupor, como disse Francis Schaeffer, "O Deus que intervém". Tendo instado com relativistas pós-modernos a considerar sua crise como resultado de sua negação de Deus, agora os convidamos a considerar a saída da crise pressupondo Deus.

É claro que não é apenas "Deus" que o cristão pressupõe, mas o Deus da Bíblia. As Escrituras Sagradas revelam que "há um só Deus, existindo eternamente em três pessoas igualmente divinas: o Pai, o Filho e o Espírito Santo, os quais conhecem, amam, e glorificam um ao outro".[10] Cada uma dessas declarações tem peso sobre a crença cristã na verdade. Porque há um Deus, e não muitos, existe uma unidade em tudo que Deus criou. Porque este único Deus existe em três pessoas divinas, existe comunicação dentro da própria divindade. Devido à Trindade, o conhecimento e a revelação são intrínsecos a Deus e, portanto, a tudo que Deus criou.

"Deus é amor", escreve João, o apóstolo (1João 4.8),[11] e a natureza do amor é conhecer e ser conhecido. Na verdade, de acordo com a Bíblia, o desejo de Deus é que sua glória seja conhecida e a vontade de cada membro da Trindade é glorificar as outras pessoas divinas. O propósito de Deus na criação, portanto, é revelar a sua glória. Davi cantava: "Tu puseste tua glória acima dos céus" (Salmo 8.1). De acordo com Paulo, a essência do pecado está em ver Deus em sua criação e recusar "honrá-lo como Deus ou ser grato a ele" (Romanos 1. 21). Por esta razão a Declaração Confessional da Coalizão Evangélica afirma: "Ele é o Criador de todas as coisas, visíveis e invisíveis e assim é digno de receber toda glória e adoração."[12]

É por causa de nossa crença no Deus da Bíblia que os cristãos creem que a verdade corresponde à realidade. O mundo não é mera projeção da mente humana. Pelo contrário, Deus criou o mundo com uma realidade objetiva fundamentada em sua existência eterna. As coisas criadas "de-

---

10 Declaração Confessional da Coalizão Evangélica.
11 A menos que seja indicado, as citações bíblicas são estraídas da versão Almeida Revista e atualizada (ARA)
12 Declaração Confessional da Coalizão Evangélica.

claram a glória de Deus" (Sl 19.1) – isso tem de ser real para que se realize o seu propósito designado.

Principal entre as coisas criadas estão os seres humanos, a quem Deus criou à sua imagem para que pudéssemos conhecer Deus e revelá-lo ao resto da criação. O ensino bíblico de que Deus fez os homens à sua imagem inclui nossa capacidade de raciocínio de maneira análoga à razão de Deus. Os humanos são imagem de Deus não de maneira desconhecida, mas mediante o conhecimento de Deus que é o fim de ambos, criação e salvação. A promessa da nova aliança falada por Jeremias é que "todos me conhecerão, desde o menor até ao maior deles, diz o Senhor. Pois perdoarei as suas iniquidades e dos seus pecados jamais me lembrarei" (Jeremias 31.34). Jesus declarou: "E a vida eterna é esta: que te conheçam a ti, o único Deus verdadeiro, e a Jesus Cristo, a quem enviaste" (João 17.3).

Porque Deus deseja ser conhecido em um mundo que projetado para revelá-lo, os cristãos creem que a verdade revelada é real. Deus fez um mundo real e Deus revela a real verdade sobre ele mesmo em e através desse mundo. Em suma, verdade faz parte do mundo real criado por Deus, um mundo que inclui os seres humanos como criaturas especialmente projetadas para receber a verdade, a fim de conhecer Deus.

Mas o ensino da Bíblia envolve mais do que criação e salvação. A Bíblia ensina também que os humanos caíram em pecado e subsequentemente corromperam sua natureza e sociedade. O pecado impede os humanos de receber a verdade. Aqui, a pós-modernidade prudentemente ressalta que mesmo que haja verdade real, os humanos podem não ser capazes de *realmente* conhecer a verdade.

Existem duas razões para essa limitação. Primeiro, os seres humanos são finitos, mesmo sem pecado; eles só podem conhecer parcialmente a verdade, e assim, seu conhecimento é subjetivo, seletivo e incompleto. Segundo, os humanos são pecadores. Quando acrescentamos o problema do pecado, os

PODEMOS CONHECER A VERDADE?

humanos não são mais capazes de conhecer a verdade *de verdade*, de maneira nenhuma. Em rebeldia contra Deus, humanos pecadores tendem a "suprimir a verdade pela injustiça" (Rm 1.18). Paulo chegou a dizer que o homem em sua natureza pecaminosa "não aceita as coisas do Espírito de Deus, porque lhe são loucura, e não pode entendê-las porque elas se discernem espiritualmente" (1Co 2.14). Como, então, podem os cristãos falar sobre conhecer a verdade depois de termos caído nessa terrível condição?

A resposta ao problema do pecado é a boa nova de que Jesus nos salva do pecado. Jesus disse a Poncio Pilatos: "Eu para isso nasci e para isso vim ao mundo, a fim de dar testemunho da verdade. Todo aquele que é da verdade ouve a minha voz." (João 18.37). Jesus chamou a si mesmo de "luz do mundo" (João 8.12) porque ele salva pecadores das trevas da ignorância e descrença. Jesus veio não somente para revelar a glória de Deus em sua humanidade encarnada (ver João 1.14; 14.9), como também enviar o Espírito Santo para dar vida aos espíritos de homens e mulheres pecadores, a fim de que conheçam e creiam na verdade. Assim, na mesma passagem onde declara diretamente que os homens pecadores não podem conhecer a verdade, Paulo revela que o Espírito Santo de Deus resolve esse problema dando nova vida aos pecadores que nada merecem: "Ora, nós não temos recebido o espírito do mundo, e sim o Espírito que vem de Deus, para que conheçamos o que por Deus nos foi dado gratuitamente" (1Co 2.12).

Na criação, queda e salvação, a doutrina cristã da verdade flui da realidade de Deus. Deus criou o mundo para mostrar sua glória, e ele criou os humanos para conhecê-lo e refletir sua glória. O pecado envolve a rejeição da verdade revelada sobre Deus, e assim, perverte como os seres humanos recebem a verdade. A salvação ocorre por meio da revelação de Deus da verdade a respeito de Jesus Cristo (ver 1Pedro 1.23) e progressivamente capacita os humanos pecadores a conhecer e aceitar a verdade.

Ela permanece sempre verdade, pois, como disse Herman Bavinck, é "impossível que Deus se revele plenamente ao homem em suas criaturas, pois o finito não consegue compreender o infinito".[13] Por esta razão, os cristãos admitem livremente as limitações de nossa finitude, além de nossa luta contínua contra o pecado, que impede qualquer homem ou mulher de conhecer perfeita ou completamente a verdade. Contudo, em virtude de Deus ser criador e revelador, os cristãos insistem que existe uma verdade que corresponde a Deus e à sua realidade criada, e que podemos conhecer a verdade porque Deus se revela a nós na sua criação.

Então, como o cristão responde ao incrédulo pós-moderno que simplesmente nega a existência de Deus, negando assim a existência da verdade? Francis Schaeffer reconta uma resposta de uma conversa que teve em uma pequena reunião com estudantes universitários. Um dos estudantes veementemente insistia que não existia verdade. Schaeffer queria fazê-lo ver que, por mais que dissesse não existir verdade, ele não conseguiria *viver* como se essa declaração fosse verdadeira.

Se não existe verdade real, também não há moralidade real. "Não estou correto", Schaeffer perguntou, "ao dizer que com base em seu sistema, a crueldade e a não crueldade são no fim iguais, que não existe diferença intrínseca entre elas?" O moço confirmou que Schaeffer estava correto. Ouvindo isso, outro estudante tomou uma chaleira de água fervente que estava prestes a ser usada para fazer chá e a segurou acima da cabeça do incrédulo. Quando o ateu exigiu uma explicação, o estudante lembrou-lhe de que, como não acreditava haver nenhuma verdadeira diferença entre crueldade e não crueldade, ele não deveria se importar se fosse derramada água fervente sobre sua cabeça.

O moço que negava a existência da verdade correu para fora da sala, provando assim o ponto de Schaeffer: a pessoa que nega a Deus, e assim

---

13 Herman Bavinck, *The Doctrine of God,* trad. William Hendriksen (Edinburgh: Banner of Truth, 1977), 41.

não tem base para a existência da verdade, simplesmente não pode viver e não vive conforme sua doutrina. "Deus nos fecha para a realidade," explicou Schaeffer. "Não podemos escapar da realidade do que existe, não importa o que dizemos crer ou pensar".[14]

DEUS, VERDADE E ESCRITURA

Sendo que os cristãos afirmam a verdade baseada na revelação de Deus, segue que *a Bíblia — revelação escrita de Deus — transmite a verdade*. Conquanto se revele de maneira geral por meio de toda a criação, Deus se revela de maneira especial na Bíblia.

De acordo com a própria Bíblia, "Deus falou a nossos pais pelos profetas" (Hb 1.1). Esta declaração resume a visão cristã das Escrituras Sagradas em que Deus comunica a seres humanos mediante proposições. Deus "falou" mediante bocas humanas, apresentando a verdade sobre a natureza e vontade de Deus, os documentos e significado de eventos históricos redentivos, e outras verdades com respeito à criação, queda e salvação dos humanos. Da mesma forma que meu escrito neste parágrafo faz afirmativas proposicionais sobre a verdade, a revelação escrita da Palavra de Deus declara, explica, e aplica a verdade proveniente de Deus.

A Bíblia declara ser Deus seu autor último, tendo o Espírito Santo usado escritores humanos por meio de um processo conhecido como *inspiração*. Inspiração não quer dizer que os escritores humanos eram "inspirados" por conta própria. Pelo contrário, o Espírito Santo superintendeu os seus escritos de tal modo que o que os autores humanos escreveram veio, em fim, do próprio Deus. Pedro explica, "nenhuma profecia da Escritura provém de particular elucidação; porque jamais qualquer profecia foi dada por vontade humana; entretanto, homens *santos* falaram da parte

---

14 Francis A. Schaeffer, "The God Who Is There", *Collected Works of Francis A. Schaeffer*, 5 vols. (Wheaton, IL: Crossway, 1982), 1:110, 178.

de Deus, movidos pelo Espírito Santo" (2Pe 1.20-21). Paulo escreve: "Toda a Escritura é inspirada por Deus e útil para o ensino, para a repreensão, para a correção, para a educação na justiça, (2Tm. 3.16), concordando com a afirmativa de Deus: "assim será a palavra que sair da minha boca: não voltará para mim vazia, mas fará o que me apraz e prosperará naquilo para que a designei" (Is 55.11). Coerente com este ensino, a Bíblia inteira se apresenta como Palavra de Deus e não um compêndio de ideias humanas.

Os cristãos enfatizam a verdade da Palavra de Deus porque o próprio Deus é verdade. Como Deus infinitamente perfeito, ele se revela sem erro na Escritura e com autoridade divina. Os cristãos sustentam a verdade da Palavra de Deus, não porque sejam capazes de responder a cada objeção à veracidade da Bíblia (embora as boas explicações existam para quase cada objeção), mas por apelar à natureza perfeita do Deus que se revela na Escritura. Já que o Deus perfeito revela-se na Bíblia, podemos confiar nela como sendo verdade e não temos necessidade de separar as porções bíblicas tidas como passíveis de objeção ou difíceis demais de entender.

Como a verdadeira Palavra revelada de Deus, a Bíblia tem a autoridade do próprio Deus. João Calvino declarou, "Devemos à Escritura a mesma reverência devida a Deus, porque ela procede somente dele".[15] Tendo isso em mente, os cristãos afirmam as palavras proferidas pelo moderador da Igreja da Escócia, quando apresentava uma Bíblia ao novo monarca da Grã-Bretanha, no culto de coroação: "A coisa mais preciosa que este mundo oferece, a mais preciosa coisa que esse mundo conhece, é a Palavra viva de Deus".

Como revelação especial de Deus, que contém declarações proposicionais, a Bíblia é especialmente valiosa para revelar verdades *doutrinárias* a respeito de Deus e dos seres humanos. Por exemplo, a divindade de Jesus Cristo é uma verdade doutrinária que a Bíblia declara claramente

---

15 João Calvino, citado em J. I. Packer, "Calvin the Theologian," em *John Calvin: A Collection of Essays*, ed. G. E. Duffield (Grand Rapids, MI: Eerdmans, 1966), 162.

(cf. Tito 2.13). Outras doutrinas, tais como a doutrina da Trindade, são reveladas na Escritura como necessárias implicações de suas declarações a respeito de Deus. Por meio das declarações diretas da Bíblia, e também pelas inferências necessárias derivadas da Escritura, os crentes poderão conhecer a verdade sobre Deus, sobre os humanos, sobre o pecado, a salvação, e todas as demais questões necessárias à fé e à piedade (2Pe 1.3).

Isto não quer dizer que a Bíblia é composta somente de verdades proposicionais ou que a mensagem de Deus aos homens seja restrita à verdade proposicional. A Bíblia apresenta a Palavra revelada de Deus em uma variedade de gêneros literários: narrativa histórica, metáfora, apocalíptica, oráculo profético, epístola e poesia, dando nome a alguns dos mais óbvios. Nem todos esses gêneros podem ser reduzidos a meras proposições; além do mais, o caráter e a vontade de Deus são apresentados biblicamente em outros meios além de proposições.

A verdade comunicada na Escritura Sagrada excede o que as proposições conseguem transmitir, conforme esperaríamos, já que o autor é Deus infinito. Dessa forma, a Bíblia realmente transmite verdade vital em forma proposicional, e declarações doutrinárias podem comunicar tais verdades acuradamente, mesmo quando não puder comunicá-las exaustivamente. O apóstolo Paulo explicitamente endossa a doutrina cristã, insistindo com Timóteo, "Mantém o padrão das sãs palavras que de mim ouviste com fé e com o amor que está em Cristo Jesus" (2Tm 1.13).

Conquanto a Escritura Sagrada revele a verdade de Deus de diversas formas, incluindo grande conteúdo proposicional, receber a verdade pela Escritura é a forma mais completa em uma busca intelectual seca. O Espírito Santo trouxe a Bíblia à existência através de seus autores humanos, e também ilumina as pessoas para que entendam e creiam nela. Por esta razão é que Pedro compara a leitura da Escritura com sua experiência pessoal de ver Jesus manifestando a sua glória: "Temos, assim, tanto mais confirmada a palavra profética, e fazeis bem em atendê-la, como a uma candeia que brilha em lugar tenebroso, até que o dia clareie e a estrela da alva nasça em vosso coração" (2Pe 1.19). Isso expressa perfeitamente a crença cristã não apenas no verdadeiro valor da Escritura como também no valor espiritual de derivar a verdade da Palavra escrita de Deus.

Sem a obra do Espírito Santo, o ser humano é incapaz de conhecer Deus; também não consegue conhecer a si mesmo. O mundo a nosso redor é tão atemorizante, junto com a confusão que se opera dentro de nós pela influência corruptora do pecado, que K. Scott Oliphint declara: "A não ser quando temos uma palavra vinda de Deus, a Palavra de Deus, simplesmente não conseguimos fazer sentido do mundo a nosso redor nem do 'mundo' dentro de nós, e ainda, a verdade mais importante de como agradar a Deus".[16] Somente a Bíblia pode nos ajudar a fazer sentido para nós mesmos e para o mundo de Deus.

VERDADE E A VIDA DE DEUS

A verdade existe porque Deus existe, e a revelação de Deus na Bíblia torna essa verdade conhecida. Além do mais, a verdade corresponde a Deus na realidade, não meramente em teoria, e também em uma relação pactual que é tanto vivida como conhecida.

Formar alianças é sempre uma função do senhorio, de modo que o Deus pactual expressa seu senhorio sobre a criação como um todo, especialmente sobre os seres humanos. Em uma aliança, ambas as partes estão envolvidas. Deus, por sua parte, se vinculou à sua criação para todos os tempos. Uma famosa expressão desse compromisso é a aliança de Deus com Noé após o retroceder das águas do grande dilúvio. Deus prometeu: "Estabeleço a minha aliança convosco: não será mais destruída

---

[16] K. Scott Oliphint, "Non Sola Ratione: Three Presbyterians and the Postmodern Mind," em *The Practical Calvinist: Essays in Honor of Claire Davis*, org. Peter A. Lillback (Fearn, Escócia: Mentor, 2002), 382.

toda carne por águas de dilúvio, nem mais haverá dilúvio para destruir a terra" (Gn 9.11). Além disso, as alianças de Deus o ligam para sempre com os seres humanos, não como iguais, mas sendo ele soberano e Senhor: "Eu serei o vosso Deus, e vós sereis o meu povo; andai em todo o caminho que eu vos ordeno, para que vos vá bem" (Jr 7.23).

De maneira semelhante, a aliança de Deus compromete os humanos também com a criação como um todo. Essa solidariedade entre seres humanos e a criação é vista quando Deus usa o pó da terra para criar Adão, o primeiro homem. "Somos assim ligados à criação, em um sentido, por sermos extraídos dela; somos literalmente parte dela".[17] Ao mesmo tempo que o homem é unido à criação, ele é separado dela por meio de seu relacionamento especial com Deus: "Então, formou o Senhor Deus ao homem do pó da terra e lhe soprou nas narinas o fôlego de vida, e o homem passou a ser alma vivente" (Gn 2.7).

Deus então instalou o primeiro homem e a primeira mulher como seus vice-gerentes sobre a criação, comandando-os a governar e ter domínio, tornar a criação frutífera e multiplicadora (Gn 1.28). Deus, portanto, criou os seres humanos com deveres especiais para com a criação e o criador. Oliphint comenta: "Existe um elo inextricável entre nós e o mundo, uma ligação que foi estabelecida por Deus e tem a intenção de refletir seu caráter. Devido a isso, somos pessoas criadas para conhecer e interagir com nosso mundo, tudo para a glória do Deus trino, nosso Criador."[18]

Devido à natureza pactual da criação, o conhecimento da verdade carrega consigo obrigações para com Deus e para com os outros no mundo ao nosso redor. Receber a verdade de Deus é, portanto, viver a verdade de Deus. Como Moisés explicou a Israel há muito tempo, "As coisas encobertas pertencem ao Senhor, nosso Deus, porém as reveladas

---

17 K. Scott Oliphint, "The Old-New Reformed Epistemology," em *Revelation and Reason: New Essays in Reformed Apologetics*, ed. K. Scott Oliphint e Lane G. Tipton (Phillipsburg, NJ: P&R, 2007), 210.
18 Ibid., 211.

nos pertencem, a nós e a nossos filhos, para sempre, para que cumpramos todas as palavras desta lei" (Dt 29.29).

Assim, não é surpresa que, quando Deus enviou seu Filho ao mundo, ele tenha sido revelado como a verdade encarnada. "A vida estava nele e a vida era a luz dos homens" escreveu João (Jo 1.4). "Eu sou o caminho, e a verdade, e a vida; ninguém vem ao Pai senão por mim" disse Jesus (Jo 14.6). O Filho de Deus veio para encarnar a verdade de Deus, viver a verdade de Deus por sua vida de obediência, e estabelecer a verdade de Deus para a salvação mediante sua morte sacrifical e ressurreição salvadora.

"Portanto, a verdade é uma correspondência entre nossa vida inteira e o coração, palavras e ações de Deus, pela mediação da Palavra e do Espirito".[19] Sendo assim, os cristãos consideram a Bíblia como reveladora de importantes verdades doutrinárias por meio de proposições. Mas, mediante a história da verdade de Jesus e sua vida na Escritura, os cristãos também passam a conhecer aquele que é verdade, amá-lo e obedecer à sua verdade. Conforme um amigo escreveu numa Bíblia que me deu, os cristãos devem "conhecer a verdade, viver a verdade, e falar a verdade", sabedores acima de tudo mais que "Jesus é a verdade", tanto como caminho para Deus pela fé, quanto como aquele que outorga verdadeira vida a todos que recebem a palavra do evangelho em fé.

VERDADE CRISTÃ NA PRÁTICA

Conforme tenho afirmado, os cristãos precisam se firmar em favor da verdade em um mundo que é inclinado a negá-la. Os cristãos precisam tomar esta posição pela verdade — e pelo conhecimento da verdade — por amor de Deus, por amor de nós mesmos, por amor do mundo descrente. Ao declarar que a verdade é real, afirmamos a existência de Deus, o único que fundamenta a realidade, a verdade, e o conhecimento.

---

19 Visão Teológica de Ministério da Coalizão Evangélica.

PODEMOS CONHECER A VERDADE?

PROCLAMAÇÃO DISCIPLINADA DA ESCRITURA

A melhor forma dos cristãos proclamarem a verdade é com a Bíblia na mão, pois, conforme se alegrou Davi: "A lei do Senhor é perfeita e restaura a alma; o testemunho do Senhor é fiel e dá sabedoria aos símplices" (Sl 19.7). Mas, ao proclamar nossa mensagem bíblica, jamais deveríamos nos apresentar como donos da verdade. Mesmo quando apresentamos Jesus Cristo como revelação final e mais verdadeira de Deus, nós o fazemos apenas como servos de nossos ouvintes (ver 2Co 4.5). Ouvindo as críticas de nossos vizinhos pós-modernos e admitindo que a arrogância da modernidade às vezes influencia nossa própria herança, os cristãos devem falar a verdade com um arrependimento disciplinado, menos triunfalista do que anteriormente apresentado. Somos finitos e caídos, e a mensagem que proclamamos deverá ser constantemente comparada com a Bíblia.

Além de toda nossa humildade em apresentar a verdade, e nossa caridade ao criticar as reivindicações dos outros, os cristãos ainda deverão insistir que aquilo que proclamamos da Palavra de Deus é a verdade. Rejeitamos a ideia de que nossa doutrina consiste em nada mais do que uma experiência subjetiva da nossa comunidade da fé, pois a Bíblia que proclamamos apresenta a verdade revelada da parte de Deus. Assim guardados, permanecemos compromissados com a autoridade, o poder, e a revelação singular das Escrituras Sagradas, por meio da qual Deus fala às pessoas hoje.

A PAIXÃO PELA VERDADE E PELA VIDA

Do mesmo modo que os cristãos devem equilibrar corajosa proclamação e humilde apresentação da verdade, devemos também buscar equilíbrio entre um entendimento sadio de doutrina bíblica e paixão pessoal por uma vida entregue a Jesus Cristo. Cremos que, "conquanto a verdade seja proposicional, ela não é apenas algo em que se deve crer, mas também deverá ser recebida em adoração e praticada com sabedoria".[20] A

---
20 Ibid.

verdade cristã jamais envolve apenas uma transferência de informação, mas um relacionamento pessoal de fé e amor. Em nossa pregação e discipulado, somos zelosos pela sã doutrina e apaixonados por uma vida transformada. Por essa razão, a comunidade do povo de Deus transmite mais acertadamente a verdade cristã. As práticas de oração, os sacramentos, a comunhão, o ministério e o testemunho moldam como recebemos e respondemos à verdade da Palavra de Deus.

O ponto não é que os cristãos tenham de labutar por tornar a verdade relevante para Deus, mas que o propósito de Deus em revelar sua verdade sempre envolve um processo transformador de amor e santidade. O que Deus assim ajuntou, os cristãos não devem separar! O amor divorciado da verdade não é amor, e verdade divorciada do amor não é verdade. Por isso é que Paulo escreveu sobre seu ensino: "Ora, o intuito da presente admoestação visa ao amor que procede de coração puro, e de consciência boa, e de fé sem hipocrisia" (1Tm 1.5). A verdade cristã jamais envolve apenas coisas externas, pois "em Cristo Jesus, nem a circuncisão, nem a incircuncisão têm valor algum, mas a fé que atua pelo amor" (Gl 5.6).

Judy Telchin ganhou seus pais, judeus tradicionais, para Cristo pelo seu fervoroso compromisso com a verdade do evangelho e demonstração de amor e santidade cristãos. Uma amiga na faculdade havia dado a Judy uma Bíblia e a ajudou a estudá-la. Judy creu em Jesus Cristo. Sabia que sua família judaica se oporia amargamente à sua conversão, mas corajosamente falou a verdade. Disse a seu pai, Stan Telchin, "Creio que a Bíblia é a Palavra de Deus, e creio que Jesus é o Messias". No começo, Stan sentiu-se totalmente traído. Teria sido melhor, disse ele, se ela tivesse engravidado ou sido expulsa da faculdade em vez de tornar-se cristã.

Judy continuou afirmando a verdade bíblica com humildade e convicção, e apoiava isso com uma vida transformada por amor e santidade. Presenteou seus pais com exemplares do Novo Testamento, dizendo: "Leiam por si mesmo para verificar se é ou não é a verdade". Amolecidos pelo exemplo de amor de Judy, Stan aceitou o desafio, resolvido a provar a falsidade da nova fé de sua filha. Em lugar disso, ele veio firmemente à mesma convicção de sua filha, por meio da revelação da verdade de Deus nas Sagradas Escrituras. Quando Stan finalmente conseguiu coragem para compartilhar com sua esposa a sua crença de que Jesus realmente é o salvador, ela admitiu ter a mesma fé mediante seu próprio estudo da Palavra de Deus.[21]

Para ser uma testemunha efetiva, mesmo em face da oposição ultrajada de sua família israelita tradicional, Judy não precisou se afastar de seu testemunho da verdade do evangelho. No entanto, foi necessário que ela combinasse o seu testemunho com autêntica humildade, amor, e piedade, a fim de que pudesse ser ouvida por pessoas que se importavam com ela. Todo cristão deveria lutar em oração por fazer o mesmo, juntando verdade e amor no poder do Espírito Santo, para que o testemunho quanto à Bíblia seja acompanhado, como disse Paulo, com uma "demonstração do poder do Espírito" (1Co 2.4).

A ESPIRITUALIDADE DA VERDADE

Como as Escrituras Sagradas transmitem a verdade de Deus, conhecer a verdade é sempre uma questão espiritual. Ao defender e declarar a verdade, "não nos pregamos a nós mesmos, mas a Cristo Jesus como Senhor e a nós mesmos como vossos servos, por amor de Jesus" (2Co 4.5). Não somos superiores a outros, nem devemos ser obstinados para com aqueles que se opõem à nossa tradição. Somos gratos porque Deus se fez conhecido a nós em amor. Nosso conhecimento de Deus continua sendo parcial, ainda que acurado. Pelo testemunho do Espírito, podemos saber que recebemos a verdade salvadora em plena segurança. Por causa do papel do Espírito em revelar a verdade de Deus ao nosso coração, temos "plena certeza das

---

21 Stan Telchin, *Betrayed!* (Grand Rapids, MI: Chosen Books, 1981), 11, 22.

verdades em que fomos instruídos" (Lc 1.4). A verdade do evangelho do conhecimento de Deus veio até nós "não somente em palavra, mas, sobretudo, em poder, no Espírito Santo e em plena convicção, assim como sabeis ter sido o nosso procedimento entre vós e por amor de vós" (1Ts 1.5).

Esta reflexão sobre a espiritualidade da verdade — verdade, em última análise, transmitida ao nosso espírito pelo ministério do Espírito Santo e por meio da palavra inspirada por ele — responde como poderemos tomar a conversa que abre este capítulo. James Boice respondeu as objeções da pessoa que sentava a seu lado no avião com: "O que realmente importa é aquilo que é a verdade". À luz da hegemonia relativista dos dias atuais, os não cristãos não são mais propensos a aceitar a verdade como terreno comum em que se basear. Como, portanto, os cristãos deverão proclamar a verdade em um mundo que nem crê mais que ela exista?

A resposta ao desafio de nosso tempo certamente não está em nos afastar do testemunho bíblico para argumentar com complicadas teorias de epistemologia e hermenêutica. Uma abordagem melhor é que os cristãos humildemente respondam:

> Deus proveu para nossa necessidade da verdade enviando o seu Espírito a dar-nos este livro, a Bíblia. Neste livro, Deus apresenta a verdade em forma de uma pessoa, o filho do próprio Deus, Jesus Cristo. Jesus promete que seu Espírito dará entendimento a qualquer que sinceramente buscar a verdade na Palavra de Deus. Posso lhe dar uma cópia da Bíblia de presente? Aqui tem um cartão com meu número de telefone também. Ficarei muito feliz de conversar com você — responder quaisquer perguntas que você tenha e ouvir quaisquer objeções que queira fazer — mas creio sinceramente que você poderá encontrar a verdade aqui se estiver

realmente interessado. Estarei orando para que Deus lhe envie seu Espírito para conduzi-lo à verdade.

Será que nossos amigos e vizinhos pós-modernos responderão a essa espécie de afirmação quanto à verdade? De acordo com a Bíblia, podem ou não fazê-lo, dependendo de como Deus se agrada de usar nosso testemunho. Mas os cristãos podem confiar que muitas pessoas, até mesmo as menos suscetíveis, aceitarão um testemunho corajoso, e ao mesmo tempo humilde, da Palavra de Deus. Como podemos saber isso? Porque sabemos que Jesus falou a verdade quando prometeu enviar "o Espírito da verdade, que procede do Pai" e que, mediante nosso testemunho da verdade e amor das Escrituras, o próprio Espírito, disse Jesus, "dará testemunho de mim" (Jo 15.26).

Porque Jesus é "o caminho, e a verdade, e a vida" (Jo 14.6), nosso chamado é conhecer a verdade mediante a sua Palavra, viver a verdade em santidade e amor, e proclamar a verdade mediante um testemunho à sua Palavra, dirigido pelo Espírito. Será que tal testemunho poderá impactar nosso mundo hoje? O próprio Jesus disse que sim. Na verdade, Jesus nos dá grande confiança no poder de sua verdade hoje, quando ela é levantada, como um dia foi Jesus levantado sobre a cruz. Ele na verdade diz: "E eu, quando for levantado da terra, atrairei todos a mim mesmo" (Jo 12.32).

3 O DEUS TRINO, O ÚNICO CRIADOR E SOBERANO[22]

Franklin Ferreira

Para aqueles que, em meados do século passado, sugeriam a morte da religião, o começo do novo século testemunha um impressionante ressurgimento do interesse por Deus. Artistas invocam o nome de Deus. Políticos tentam igualar sua agenda com uma suposta vontade de Deus. Ataques terroristas são feitos em nome de Deus. As seitas hiperpentecostais dominam os meios de comunicação, prometendo prosperidade ou cura em nome de Deus. Os assim chamados "cristãos progressistas" tentam reinterpretar não apenas quem é Deus, mas também todo o conceito de fé cristã. Falar muito de Deus tornou-se popular na atualidade. Mas quem é Deus? Ou melhor, a pergunta cristã é mais precisa: Quem é aquele que é revelado nas páginas da Escritura? Quem é o Deus que os cristãos adoram e a quem servem? Este é o presente tema: estudar a revelação que

---

22 Este capítulo foi publicado na obra *Curso Vida Nova de Teologia básica: teologia sistemática* (São Paulo: Vida Nova, 2013), de minha autoria. Agradeço a Edições Vida Nova por, gentilmente, permitir a publicação de uma versão revisada e resumida do texto nesta obra.

nos chega por meio das Escrituras sobre o Deus único e verdadeiro que se dá em amor a pecadores, "o *Deus do evangelho* — quer dizer, o Deus que se manifesta no evangelho, que, por si mesmo, fala aos seres humanos, que age neles e entre eles, da maneira por ele mesmo indicada".[23]

UM SÓ DEUS

As páginas de abertura da Escritura começam com esta impressionante afirmação (Gn 1.1):

> No princípio, criou Deus os céus e a terra.

O autor canônico não tem interesse algum em provar a existência de Deus. Para ele, a existência de Deus é um pressuposto além de qualquer dúvida. Para o autor bíblico, somente a partir desse axioma a crença na criação e em seu sentido tem significado. Portanto, seguindo a Escritura, começamos afirmando a fé na existência de Deus.

O mesmo texto bíblico contém outra afirmação importante: existe somente um único Deus criador de todas as coisas. Os livros da Escritura afirmam esta verdade: só há um único Deus, um único e verdadeiro Deus. Podemos citar aqui a famosa confissão de fé do povo de Deus no Antigo Testamento (Dt 6.4):

> Ouve, Israel, o SENHOR, nosso Deus, é o único SENHOR.

Desde cedo, o povo da aliança aprendeu, por meio da revelação, que só há um único Deus, Iavé, o Senhor, criador, sustentador e redentor. É nesse ponto que se traça a história da grande luta do Antigo Testamento: o povo deve adorar apenas o único Deus, o Senhor. Simplesmente pensar

---

23 Karl Barth, *Introdução à teologia evangélica* (São Leopoldo: Sinodal, 1996), 10.

ou sugerir a possibilidade de haver outras divindades, ainda que menores, é infidelidade ou adultério espiritual (cf. Ez 23.1-49).

A afirmação de que existe um único Deus é recorrente no Antigo Testamento. No livro do profeta Isaías (45.18-20), lemos a afirmação de que todas as coisas, inclusive a destruição de Jerusalém e o retorno do exílio, procedem do único Deus:

> Porque assim diz o SENHOR, que criou os céus, o Deus que formou a terra, que a fez e a estabeleceu; que não a criou para ser um caos, mas para ser habitada: Eu sou o SENHOR, e não há outro. Não falei em segredo, nem em lugar algum de trevas da terra; não disse à descendência de Jacó: Buscai-me em vão; eu, o SENHOR, falo a verdade e proclamo o que é direito. Congregai-vos e vinde; chegai-vos todos juntos, vós que escapastes das nações; nada sabem os que carregam o lenho das suas imagens de escultura e fazem súplicas a um deus que não pode salvar.

Os textos bíblicos podem ser multiplicados aqui. O próprio Senhor Jesus afirmou que só existe um único Deus (cf. Mc. 12.29; Jo 5.44). Mas esses dois bastam. O testemunho das Escrituras é totalmente consistente: só existe um único Deus, o Senhor, o Todo-Poderoso, que criou tudo o mais e todas as coisas. Qualquer outra representação que não seja a do Deus que se revela na Escritura ou é uma projeção de nossos sonhos ou é fruto demoníaco. Mas nós precisamos ser mais específicos: quem é o Deus que os cristãos amam e adoram?

O Deus que se revela nas Escrituras é pessoal e infinito — imanente e transcendente. Quando os discípulos pediram ao Senhor Jesus que os ensinasse a orar (cf. Lc 11.1), ele os instruiu a começar a oração da seguinte forma (Mt 6.9):

O DEUS TRINO, O ÚNICO CRIADOR E SOBERANO

Pai nosso, que estás nos céus...

Nessa oração, que se tornou a oração-modelo, o Senhor Jesus une dois conceitos que, com frequência, estão em conflito na mente daqueles que buscam crer e amar a Deus. Jesus afirma que aquele a quem oramos está "nos céus". Isso nos ensina que, em nossa devoção, estamos diante de um Deus infinito e transcendente. Trata-se de um ser que não só existe além do tempo — um ser infinito, sem início ou fim —, mas que também existe acima e além de toda a criação, transcendendo-a. As coisas criadas nem limitam nem contêm o Criador de todas as coisas, uma vez que são finitas. Deus é o totalmente outro, aquele que está acima de toda a criação. Pense no que o pregador escreveu (Ec 5.1, 2):

> Guarda o pé quando entrares na Casa de Deus; chegar-se para ouvir é melhor do que oferecer sacrifícios de tolos, pois não sabem que fazem mal. Não te precipites com a tua boca, nem o teu coração se apresse a pronunciar palavra alguma diante de Deus; porque Deus está nos céus, e tu, na terra; portanto, sejam poucas as tuas palavras.

Note a afirmação enfática do autor bíblico: "Deus está nos céus, e tu, na terra". Deus existe acima e além da criação. Nós, seres humanos, estamos na terra. Quanto contraste! Olhe para os céus. Quantas estrelas você pode contar? Você sabe quantas estrelas existem no universo? Ou quantas galáxias podem ser vistas a olho nu? Ou sabe quantas galáxias existem? Você tem alguma ideia das distâncias entre nosso sistema e outras galáxias? Aliás, pensando apenas na Via Láctea, você sabe que ela tem pelo menos cem mil anos-luz de tamanho e, ainda assim, é considerada uma galáxia pequena? E que outras galáxias têm pelo menos dez vezes ou mais o tamanho da galáxia na qual o planeta Terra se situa?

Isso é espantoso, não? Mas sabe o que é mais chocante? É que aquele que se dirige aos que oram por meio de Cristo é o "nosso Pai", que está "nos céus". Deus é muito maior que toda a criação finita — ele está acima de todas as coisas criadas e finitas, e é infinito e transcendente. Daí o santo temor com que devemos nos apresentar diante do Deus que se revela na Escritura. Ele não é mera projeção de nossa imaginação; ele não se confunde nem se mistura com a coisa criada. Não, aquele que se revela não está contido no tempo, mas o transcende; não está preso à criação finita, mas a transcende.

Por outro lado, somos ensinados a orar àquele que está no céu como o "nosso Pai". Ao final deste capítulo, voltaremos a considerar a paternidade de Deus. Por ora, basta o conhecimento de que o Deus infinito e transcendente também é o Deus imanente e pessoal. Aprendemos isso nos relatos complementares de Gênesis 1 e 2. No primeiro capítulo, são enfatizadas a transcendência e a infinitude de Deus. Ele está acima do tempo e da criação finitos. De acordo com o capítulo de abertura da Escritura, Deus simplesmente dá uma ordem, e tudo se faz. A grandeza e a majestade de Deus são destacadas nessa passagem. E, em Gênesis 2, o autor destaca que esse mesmo Deus é imanente, ou seja, participa da criação, do tempo e da história. E esse Deus imanente é o Deus pessoal, que interage como um Ser pessoal com a própria criação — especialmente a criação dos seres humanos, feitos à sua imagem e à sua semelhança (Gn 1.26). Ele se comunica, revela sua vontade e convida os seres humanos a se achegar a ele como "Pai nosso", por meio de Jesus. Por isso, a oração a Deus por meio de Cristo é uma das principais obras do cristão. Assim, quando o cristão se põe de joelhos e invoca o nome santo de Deus, ele, de fato, testemunha a crença no fato de que o Deus que se revela não é apenas o Deus infinito e transcendente; é também o Deus imanente e pessoal. Como veremos a seguir, Deus existe em uma comunhão de amor entre três pessoas, "cada uma é igual à outra, sendo a mesma em essência e qualidade, mas cada uma é distinta e eternamente diferente como pessoa".[24] Por meio de uma ação graciosa e misericordiosa, o Deus infinito e pessoal age para inserir os pecadores numa comunidade de amor transbordante, na qual há comunhão e amizade.

PAI, FILHO E ESPÍRITO SANTO

A afirmação de que Deus é pessoal nos conduz a outro tema importante de nosso estudo. As Escrituras ensinam que o único Deus se revela em três pessoas distintas, mas que são, ao mesmo tempo, iguais entre si. Voltaremos a essa questão em breve. Precisamos estabelecer o ensino bíblico sobre esse tema, e o melhor é começar considerando o que o apóstolo João escreveu (1Jo 4.7-19) sobre o assunto:

> Amados, amemo-nos uns aos outros, porque o amor procede de Deus; e todo aquele que ama é nascido de Deus e conhece a Deus. Aquele que não ama não conhece a Deus, pois Deus é amor. Nisto se manifestou o amor de Deus em nós: em haver Deus enviado o seu Filho unigênito ao mundo, para vivermos por meio dele. Nisto consiste o amor: não em que nós tenhamos amado a Deus, mas em que ele nos amou e enviou o seu Filho como propiciação pelos nossos pecados. Amados, se Deus de tal maneira nos amou, devemos nós também amar uns aos outros. Ninguém jamais viu a Deus; se amarmos uns aos outros, Deus permanece em nós, e o seu amor é, em nós,

---

[24] J. Scott Horrell, "Uma cosmovisão trinitariana", *Vox Scripturae* v. 4, n. 1 (março de 1994), 59.

aperfeiçoado. Nisto conhecemos que permanecemos nele, e ele, em nós: em que nos deu do seu Espírito. E nós temos visto e testemunhamos que o Pai enviou o seu Filho como Salvador do mundo. Aquele que confessar que Jesus é o Filho de Deus, Deus permanece nele, e ele, em Deus. E nós conhecemos e cremos no amor que Deus tem por nós. Deus é amor, e aquele que permanece no amor permanece em Deus, e Deus, nele. Nisto é em nós aperfeiçoado o amor, para que, no Dia do Juízo, mantenhamos confiança; pois, segundo ele é, também nós somos neste mundo. No amor não existe medo; antes, o perfeito amor lança fora o medo. Ora, o medo produz tormento; logo, aquele que teme não é aperfeiçoado no amor. Nós amamos porque ele nos amou primeiro.

Uma afirmação que se destaca nessa passagem é que "Deus é amor" (1Jo 4.8). O apóstolo não afirma que o atributo divino mais importante é o amor. Como veremos a seguir, não podemos colocar um atributo acima do outro, como se houvesse a possibilidade de um atributo ser mais importante que o outro. O que o apóstolo afirma, na verdade, é que Deus, como um Ser pessoal, é amor. E esse amor é exemplificado no fato de que Deus se revela como Pai, Filho e Espírito Santo. Voltemos ao texto: em que consiste esse amor? No fato de que Deus nos amou "e enviou o seu Filho como propiciação pelos nossos pecados" (1Jo 4.10). Para o apóstolo, esse amor transbordante que há na Trindade nos é revelado na vinda do Filho, o qual vem para propiciar nossos pecados. Devemos notar que o apóstolo usa uma palavra mais vigorosa — "propiciação" — para resumir a obra salvadora de Cristo na cruz. Ao se aplacar a ira de Deus, seu amor se revela no Filho e por meio do Filho. Continuando, o apóstolo mostra como podemos permanecer em Deus: "em que nos deu do seu Espírito" (1Jo 4.13). De acordo com o apóstolo, o Espírito não é apenas o vínculo de amor entre o Pai e o Filho; é também quem nos insere nessa comunhão de amor. Por isso, só conseguimos amar outras pessoas por meio do Espírito. Só conseguimos confessar o Filho como Filho de Deus e Salvador do mundo por meio do Espírito. Só conseguimos ser aperfeiçoados por meio do Espírito. Só permanecemos em Deus por meio do Espírito. E somente por meio do Espírito de santidade somos aperfeiçoados no amor, "para que, no Dia do Juízo, mantenhamos confiança; pois, segundo ele é, também nós somos neste mundo" (1Jo 4.17). No fim, amamos a Deus porque ele nos amou primeiro; e Deus é amor porque é Pai, Filho e Espírito Santo, a santa comunidade do amor pessoal e infinito.

Em resumo, o que o apóstolo ensina é que Deus é pessoal, é amor e só pode ser amor transbordante, gracioso, propiciador e experimental por ser o Deus trino. A declaração apostólica "Deus é amor" é uma declaração trinitária.

No século XII, um monge escocês chamado Ricardo de São Vitor, que vivia no Mosteiro de São Vitor, perto de Paris, ofereceu uma importante contribuição a esse aspecto relacional da Trindade. Em certa medida, seguindo Agostinho de Hipona, ele explorou o amor humano a partir da análise das relações interpessoais da Trindade, concluindo que a pessoa é mais humana e mais próxima de Deus quando ama outra, já que a experiência humana de amor tem suas raízes no mistério da Trindade.

Em resumo, de acordo com Ricardo de São Vitor, não há nada mais perfeito que o amor. Portanto, se Deus possui a plenitude de tudo o que é bom e perfeito, possui a plenitude do amor. Se Deus é a perfeição do amor, o homem, por ter sido criado conforme a imagem de Deus, deve refletir essa perfeição ao máximo. Por isso, crescer na experiência do amor é crescer em direção à imagem de Deus e tornar-se mais unido a ele. Todavia, o exercício do amor exige outra pessoa. Ninguém tem amor para si mesmo. O amor precisa ser direcionado a outra pessoa para que se constitua em verdadeiro amor. Onde existe apenas uma pessoa, não existe amor. Daí, a conclusão lógica de que, se Deus é amor, não pode existir solitariamente, portanto não pode ser um Deus uno. "É baseado nesta relação de amor que Ricardo [de São Vitor] reconhece a necessidade de haver mais do que uma pessoa em Deus. Para ele, um Deus que não tem alguém com igual dignidade com quem possa compartilhar plenamente o seu amor não pode ser um Deus plenamente realizado".[25] Para Ricardo de São Vitor, a natureza pessoal e amorosa de Deus exige que ele seja um Deus trino. O Deus, que, desde toda a eternidade, é um Deus de amor, é amor porque existe eternamente numa relação plena de amor. Assim, podemos afirmar que, mesmo antes de existir qualquer ser criado, Deus já existia como um Deus de amor — Pai, Filho e Espírito Santo, a santa comunhão de amor.

Os pais da igreja classificaram o ensino bíblico sobre as três pessoas divinas em quatro categorias. Essas categorias, por sua vez, foram agrupadas em temas que podem comprovar a divindade de cada pessoa a partir do ensino das Escrituras: ao Pai, são atribuídos os nomes divinos (Mt 5.45; 6.6-15; Mc 14.36; Jo 5.19-12), os atributos divinos (Gn 21.33; Jr 10.10; Mt 11.25; Mc 14.36; Jo 17.11) e as obras de Deus (Jo 5.37; 1Co 8.6; 1Pe 1.3), e ele é digno de louvor (Jo 4.23). Ao Filho, são atribuídos os nomes divinos (Mt 1.23; 12.8; Mc 2.28; Jo 1.1; 20.28; Rm 9.5; 14.9; Tt 1.3; 2.13; 1Jo 5.20; Ap 1.8), os atributos divinos (Mt 18.20; 28.18-20; Jo 1.48; 5.26; 8.46; 16.30; 1Co 1.24; Ef 1.22; Cl 1.17;

---

25 Cf. Ricardo Barbosa de Souza, "A Trindade, o pessoal e o social na espiritualidade cristã", *Vox Scripturae* v. 5, n. 1 (março de 1995), 17-28. Para a fonte desse parágrafo, cf. Ricardo de São Vitor, *De trinitate* III.2-7.

Hb 1.3,8; 13.8; 1Pe 1.19) e as obras de Deus (Mt 1.21; Mc 2.7; Jo 1.3; 5.17; 6.39; Cl 1.16; Hb 1.3,10), e ele é digno de louvor (Mt 14.33; Jo 5.23). Ao Espírito Santo, são atribuídos os nomes divinos (At 1.8; Jo 15.26; Rm 8.14), os atributos divinos (Sl 139.7-10; Lc 1.35,37; 11.20; Jo 14.26, 16.13; Rm 8.2; 1Co 2.10-12; Hb 9.14) e as obras de Deus (Mt 12.28; Jo 3.5; At 28.25; 2Ts 2.13; 1Pe 1.2; 2Pe 1.21), e ele é digno de louvor (Mt 28.19; 1Co 3.16; Jo 4.24).[26]

Por tudo isso, o testemunho da Escritura é que existe um único Deus, e esse Deus existe em uma trindade, em três pessoas, iguais e eternas. Costuma-se falar aqui da Trindade imanente ou ontológica, ou seja, do ser de Deus, em seu íntimo, na eternidade, fora do tempo; Deus existe em três pessoas, as quais são iguais e eternas.[27] Esse ponto pode ser estabelecido pela consideração de algumas passagens bíblicas. Em 2Coríntios 13.13, ao proferir a bênção, o apóstolo Paulo estabelece uma sequência em que estão presentes as três pessoas — o Senhor Jesus Cristo (Filho), Deus (Pai) e o Espírito Santo:

> A graça do Senhor Jesus Cristo, e o amor de Deus, e a comunhão do Espírito Santo sejam com todos vós.

Completando o que o apóstolo Paulo escreveu, podemos ler, na saudação de abertura de 1Pedro 1.2, que os "eleitos que são forasteiros da Dispersão" foram:

---

26 Thomas Oden, *The Living God, Systematic Theology*, v. 1. (San Francisco: Harper Books, 1992), 195-199.

27 A teologia cristã tem distinguido entre Trindade imanente e Trindade econômica. Trindade imanente é aquela considerada em si mesma, em sua eternidade e comunhão pericorética entre o Pai, o Filho e o Espírito Santo. A Trindade econômica, por sua vez, refere-se à sua autorrevelação na história da humanidade e à sua atuação levando em conta nossa participação na comunhão trinitária. Cf. Karl Rahner, "O Deus Trino, fundamento transcendente da história da salvação", em Johannes Feiner & Magnus Loehrer, *Mysterium Salutis: compêndio de dogmática histórico-salvífica* — a histórica salvífica antes de Cristo II/1 (Petrópolis: Vozes, 1972), 292-294, 342-344.

> Eleitos, segundo a presciência de Deus Pai, em santificação do Espírito, para a obediência e a aspersão do sangue de Jesus Cristo, graça e paz vos sejam multiplicadas.

Aqui, devemos notar uma estrutura diferente: Deus Pai, o Espírito Santo e Jesus Cristo (o Filho). Em Judas, versículos 20 e 21, notamos ainda outro arranjo diferente, em que o Espírito Santo é mencionado primeiro, depois Deus (Pai) e, por fim, o Senhor Jesus Cristo (Filho):

> Vós, porém, amados, edificando-vos na vossa fé santíssima, orando no Espírito Santo, guardai-vos no amor de Deus, esperando a misericórdia de nosso Senhor Jesus Cristo, para a vida eterna.

Por fim, devemos citar a bênção batismal de Mateus 28.19, texto em que as pessoas divinas são dispostas como tradicionalmente são mencionadas — o Pai, o Filho e o Espírito Santo:

> Ide, portanto, fazei discípulos de todas as nações, batizando-os em nome do Pai, e do Filho, e do Espírito Santo.

No que diz respeito à Trindade imanente, esses textos estabelecem que as três pessoas divinas não são ordenadas hierarquicamente. Considerando o ser de Deus, ou Deus em si mesmo, na eternidade, afirmamos que não há inferioridade ou subordinação entre as pessoas da Trindade. As distinções entre essas pessoas são relacionais, ou seja, sempre houve um relacionamento pessoal na Trindade, uma relação marcada por comunicação e amor mútuo. O Pai sempre foi o Pai e, desde a eternidade, teve consigo seu eterno Filho. Nunca houve um tempo em que o Pai não tivesse seu amado Filho. O Pai e o Filho se amam intensamente, um amor eterno que se revela na pessoa do Espírito, o vínculo eterno de amor entre o Pai e o Filho. O Espírito Santo é o transbordar do amor pessoal da Trindade: por meio dele, os pecadores salvos são inseridos nessa comunhão de amor.

Esse ensino da autossatisfação divina mostra que, em Deus, não há nenhuma necessidade de acrescentar algo a si ou de criar algo fora de si para a realização do amor que existe entre as pessoas da Trindade. Deus sempre foi, é e será amor, porque existe em três pessoas. No entanto, é importantíssimo enfatizar que, no próprio ser de Deus, sempre houve e haverá igualdade; pensar de outra forma e abrir as portas para algum tipo de subordinação entre as pessoas resultará em distorção do ensino bíblico.

Esse tem sido o ensino da igreja desde os primórdios. Podemos citar o exemplo do pai da igreja Basílio de Cesareia. Recorrendo a uma série de argumentos bíblicos e teológicos, Basílio demonstrou que a glória divina pertence tanto ao Filho como ao Pai e ao Espírito Santo:

> Atesto a todo aquele que confessa o Cristo, mas renega a Deus, que Cristo em nada o ajudará. Dou testemunho ao que invoca a Deus, mas rejeita o Filho, que sua fé é vã, e ao que recusa aceitar o Espírito que a sua fé no Pai e no Filho é vã, e ao que recusa aceitar o Espírito que sua fé no Pai e no Filho cairá num vazio; nem mesmo poderá possuir a fé, se não tiver o Espírito. Efetivamente, não crê no Filho quem não acredita no Espírito; nem crê no Pai aquele que não crê no Filho. Com efeito, "ninguém pode dizer: Jesus é Senhor a não ser no Espírito Santo". "Ninguém jamais viu a Deus: o Filho Unigênito, que está no seio de Pai, este o deu a conhecer." Acha-se também excluído da verdadeira adoração aquele que renega o Espírito. De fato, é impossível adorar

o Filho, a não ser no Espírito Santo, nem é possível invocar o Pai, a não ser no Espírito da adoção filial.[28]

Por isso, Basílio rejeitou a prática de numerar as pessoas da Trindade, pois, ainda que cada uma delas seja designada como uma, não se somam entre si. A razão para isso é que a natureza divina que elas compartilham é simples e indivisível, não existindo nenhuma subordinação entre elas.

Tendo afirmado a plena igualdade das pessoas da Trindade na eternidade, precisamos falar da ação de Deus na história, também chamada Trindade econômica, ou seja, a comunicação das pessoas divinas na história por meio de suas obras e revelação. Já consideramos 1João 4.7-19. Esse texto, ao afirmar que a Trindade é amor, também estabelece alguma distinção de obras na redenção. É Deus Filho quem morre na cruz para a propiciação de pecadores. É o Espírito Santo quem nos insere na comunhão com Deus. Em outras palavras, na obra de Deus na história, as pessoas da Trindade desempenham papéis diferentes, ainda que isso não implique mudança ou algum tipo de subordinação ontológica em Deus. Consideremos Efésios 1.3-14, que é um hino a Deus estruturado em três estrofes. O tema é a obra redentora do Pai, do Filho e do Espírito Santo. Ainda que as três pessoas recebam igual louvor, realizam obras distintas na história da redenção, a fim de nos inserir na comunhão trinitária:

> Bendito o Deus e Pai de nosso Senhor Jesus Cristo, que nos tem abençoado com toda sorte de bênção espiritual nas regiões celestiais em Cristo, assim como nos escolheu, nele, antes da fundação do mundo, para sermos santos e irrepreensíveis

---
28 Basílio de Cesareia, *Tratado sobre o Espírito Santo* (São Paulo: Paulus, 1999), XI.27.

perante ele; e em amor nos predestinou a ele, para a adoção de filhos, por meio de Jesus Cristo, segundo o beneplácito de sua vontade, para louvor da glória de sua graça, que ele nos concedeu gratuitamente no Amado, no qual temos a redenção, pelo seu sangue, a remissão dos pecados, segundo a riqueza da sua graça, que Deus derramou abundantemente sobre nós em toda a sabedoria e prudência, desvendando-nos o mistério da sua vontade, segundo o seu beneplácito que propusera em Cristo, de fazer convergir nele, na dispensação da plenitude dos tempos, todas as coisas, tanto as do céu como as da terra; nele, digo, no qual fomos também feitos herança, predestinados segundo o propósito daquele que faz todas as coisas conforme o conselho da sua vontade, a fim de sermos para louvor da sua glória, nós, os que de antemão esperamos em Cristo; em quem também vós, depois que ouvistes a palavra da verdade, o evangelho da vossa salvação, tendo nele também crido, fostes selados com o Santo Espírito da promessa; o qual é o penhor da nossa herança, até ao resgate da sua propriedade, em louvor da sua glória.

Nos versículos 3-6, o apóstolo estabelece a obra redentora do Pai: ele nos abençoa, nos elege e nos predestina para o louvor da glória de sua graça (6a). Nos versículos 7-12, o foco é a obra redentora do Filho: ele é o redentor e Senhor cósmico, "para louvor da sua glória" (12). Por fim, a obra redentora do Espírito Santo é considerada nos versículos 13 e 14: esse é o selo do crente e o penhor de sua salvação, "em louvor da sua glória" (14). Por isso, podemos afirmar que o Pai não é o Filho (cf. Lc 22.42; Jo 2.24; 5.30; 6.38; 16.30; 17.1-26; 18.37); o Filho não é o Espírito Santo (Jo 14.16; 15.26); e o Espírito Santo não é o Pai (Jo 15.26). Na história da redenção, o Filho, revelado na carne e em fraqueza na cruz, nos conduz ao Pai, por meio da obra poderosa do Espírito Santo. E as três pessoas da Trindade recebem iguais louvor e glória.

A melhor apresentação resumida dessa doutrina se encontra no Credo de Niceia, revisado por cento e cinquenta bispos orientais no Concílio de Constantinopla, de 381 d.C. Nesse credo, afirma-se que, em Deus, há uma única essência, que se revela em três pessoas — um só Deus, em três pessoas distintas: o Pai, sem começo ou fim, o Filho, gerado eternamente do Pai, e o Espírito, que procede do Pai e do Filho, o nome no qual somos batizados (Mt 28.19):

> Cremos em um Deus, Pai todo-poderoso, criador do céu e da terra, de todas as coisas visíveis e invisíveis;

> e em um só Senhor Jesus Cristo, o unigênito Filho de Deus, gerado pelo Pai antes de todos os séculos, Luz de Luz, verdadeiro Deus de verdadeiro Deus, gerado, não feito, de uma só substância com o Pai, pelo qual todas as coisas foram feitas; o qual, por nós, homens, e por nossa salvação, desceu dos céus, foi feito carne do Espírito Santo e da Virgem Maria, e tornou-se homem, e foi crucificado por nós sob o poder de Pôncio Pilatos, e padeceu, e foi sepultado, e ressuscitou ao terceiro dia conforme as Escrituras, e subiu aos céus, e assentou-se à direita do Pai, e de novo há de vir com glória para julgar os vivos e os mortos, e seu reino não terá fim;

> e no Espírito Santo, Senhor e Vivificador, que procede do Pai, que com o Pai e o Filho conjuntamente é adorado e glorificado, que falou através dos profetas;

e na Igreja una, santa, católica e apostólica;

confessamos um só batismo para remissão dos pecados. Esperamos a ressurreição dos mortos e a vida do século vindouro.[29]

O Pai sempre é Pai do Filho, que sempre é Filho, e o Espírito Santo é a aliança de amor entre o Pai e o Filho. Aos catecúmenos da igreja de Constantinopla, Gregório de Nazianzo ofereceu o seguinte resumo da fé trinitária:

> Antes de todas as coisas, conservai-me este bom depósito, pelo qual vivo e combato, com o qual quero morrer, que me faz suportar todos os males e desprezar todos os prazeres: refiro-me à profissão de fé no Pai e no Filho e no Espírito Santo. Eu vo-la confio hoje. É por ela que daqui a pouco vou mergulhar-vos na água e vos tirar dela. Eu vo-la dou como companheira e dona de toda a vossa vida. Dou-vos uma só Divindade e Poder, que existe Una nos Três, e que contém os Três de maneira distinta. Divindade sem diferença de substância ou de natureza, sem grau superior que eleve ou grau inferior que rebaixe (...) A infinita conaturalidade é de três infinitos. Cada um considerado em si mesmo é Deus todo inteiro (...) Deus, os Três considerados juntos (...) Nem comecei a pensar na Unidade, e a Trindade já me banha em seu esplendor. Nem comecei a pensar na Trindade, e a Unidade já toma conta de mim.[30]

---

[29] "O Credo 'Niceno'", em Henry Bettenson (ed.), *Documentos da igreja cristã* (São Paulo: ASTE, 1998), 63-64.
[30] Gregório de Nazianzo, *Oratio* XL.41: SC 358, 292-294 (PG 36, 417).

Concluindo, as seis proposições a seguir expressam a doutrina bíblica da Trindade, como ensinada nas Escrituras e como afirmada nos textos dos antigos pais da igreja:

A UNIDADE DE DEUS	A DIVERSIDADE DE DEUS
O Pai é o Deus único	O Pai não é o Filho
O Filho é o Deus único	O Filho não é o Espírito Santo
O Espírito Santo é o Deus único	O Espírito Santo não é o Pai

Assim, podemos concluir nossa meditação sobre a revelação que Deus faz de si mesmo, como Pai, Filho e Espírito, com o que Horrell escreveu:

> Em seu mistério final, a Trindade não pode ser compreendida de uma maneira exaustiva e completa. Qualquer conhecimento que temos sobre Deus está relacionado com a revelação dada numa situação finita, e em condições que têm significado para nós como seres finitos. Assim, é através da revelação divina que concluímos que Deus, antes de toda e qualquer criação, existia infinito, pessoal, todo-inclusivo, autossuficiente e imutável, de acordo com o elevado conceito da Santa Trindade.[31]

E, embora possamos distinguir a Trindade imanente da Trindade econômica, enfatizamos que essas categorias não podem ser separadas, já que a revelação da Trindade manifesta quem Deus é de forma mais íntima e inseparável. E seu ser e suas obras não podem ser separados.

---

31 J. Scott Horrell, "Uma cosmovisão trinitariana", 59-60.

INFINITAMENTE PERFEITO

Os atributos de Deus são definidos como perfeições que constituem qualidades intrínsecas do Ser divino. Nesse caso, não são, de forma alguma, qualidades assumidas por ele. Esses atributos podem ser divididos em dois grupos: incomunicáveis e comunicáveis. Apesar disso, devemos ter em mente que essa divisão, puramente didática, não implica a existência de uma divisão ontológica na natureza de Deus ou de uma divisão entre seus atributos.

Em primeiro lugar, consideremos os atributos incomunicáveis, que afirmam a grandeza e a majestade absolutas de Deus. São assim chamados porque não podem ser atribuídos a outras criaturas. Esses atributos incomunicáveis podem ser divididos em dois grupos.

O primeiro grupo é formado pelos atributos ligados à soberania divina: Deus é onipresente (Gn 3.11; Js 7.10-26; 2Sm 12.11; 2Rs 5.26; Sl 56.8; 66.12; 90.2; 139.7-12; Is 43.2; At 5.1-11; 17.31; 23.11; Gl 6.7; Ap 6.9; 18.24), transcendendo e preenchendo toda a criação com sua presença, mas sem se confundir com ela (Is 66.1, 2). Deus é onipotente (Gn 17.1; 18.14; Jr 32.27; Lc 1.37; Mc 10.27), por isso todas as coisas são feitas segundo sua vontade (Pv 21.1; Is 43.13; Ef 1.11), sendo sua livre vontade a causa final de todas as coisas acontecerem (Sl 95.6; Pv 21.1; Dn 4.35; Mt 10.29; Lc 22.42; At 2.23; 18.21; Rm 8.29; 15.32; Ef 1.4, 11; Fp 1.29; 1Pe 3.17; Ap 4.11) — de acordo com a Escritura, Deus é o rei, e não o homem (Is 45.6; 43.11; 44.8; 45.21). Deus é onisciente (Sl 139; Jo 21.17; Cl 2.3; 1Jo 3.20; Ap 20.12), por isso nada está oculto a ele. Antes, Deus tem conhecimento perfeito de toda a realidade, em seu passado, presente e futuro, completamente, até mesmo dos pormenores mais insignificantes (Is 41.21-23). Esse conhecimento não vem de outra fonte, já que a existência de toda a criação depende de Deus.

Um segundo grupo de atributos está ligado à glória de Deus. Deus é independente e autoexistente (Gn 1.1; Êx 3.14; Is 40.13s.; At 17.20, 25; Rm 11.36), não tendo necessidade da criação nem necessidade de compartilhar amor. Ele já é totalmente satisfeito em si mesmo, em seu ser Trino. Por ser autoexistente, Deus não deriva seu ser de algo anterior, sendo eterno. Deus é imutável, não havendo mudança em seu ser, em seus planos, propósitos, promessas ou perfeições (1Sm 15.29; Ml 3.6; Tg 1.17; Hb 13.8). Por ser perfeito, ele não pode mudar, pois qualquer mudança implicaria a limitação de sua perfeição, o que é uma impossibilidade (Is 48.12; Ml 3.6; Tg 1.17).[32] Deus é simples (Sl 36.9; Jo 5.26; 1Jo 1.5), não podendo ser dividido. Nenhum de seus atributos pode ocupar lugar de destaque, sendo considerado mais importante que os demais. É necessário deixar claro que todos os atributos de Deus são compartilhados por todas as pessoas da Trindade — o Pai, o Filho e o Espírito Santo. Eles constituem a própria essência e natureza de Deus, não podendo ser divididos ou separados dele, existindo em plena harmonia com os demais. Deus, portanto, é totalmente justo, santo, bondoso etc. O amor de Deus é amor justo, a justiça é santa etc. Nesse sentido, ser fiel ao sentido bíblico é falar do amor santo de Deus, ou do amor fiel, assim como do amor justo, sem incidir no erro de dar mais importância a um atributo em detrimento dos demais. Deus é eterno (Sl 90.2; Rm 11.33; Ef 3.21; 1Tm 6.16), sendo o criador do tempo (Hb 1.2). Por sua eternidade, Deus, como já considerado, é transcendente e imanente, pois não está limitado a tempo ou espaço. Por fim, Deus é a verdade, e sua Palavra é o parâmetro final da verdade. Por não poder mentir nem se arrepender (1Sm 15.29), Deus é o padrão da racionalidade.

---

32 Devemos ter em mente que, de acordo com as Escrituras, Deus interage pessoalmente com suas criaturas (em especial com o homem), relacionando-se pessoalmente com elas. Por isso, Deus é representado na Escritura como se estivesse se arrependendo e mudando de intenção. Tais representações são propriamente entendidas como antropomorfismos ou podem ter melhor explicação do ponto de vista lexical. Cf. Franklin Ferreira & Alan D. Myatt, *Teologia sistemática* (São Paulo: Vida Nova, 2008), 206-207.

O DEUS TRINO, O ÚNICO CRIADOR E SOBERANO

Em segundo lugar, devemos tratar dos atributos comunicáveis. Trata-se de atributos que revelam a condescendência de Deus. São virtudes divinas que se refletem, de forma derivada e limitada, nos homens e nas mulheres, que são criados à sua imagem. Esses atributos também podem ser reunidos em dois grupos.

O primeiro grupo é composto dos atributos ligados à graça de Deus: ele é amor e é a fonte do amor. Esse amor sempre existiu entre as pessoas da Trindade. Seu amor está sempre ligado à misericórdia (Ef 2.4; Tt 3.5). Isso significa que Deus não nos dá o que merecemos, mas, pela graça, nos dá o que não merecemos. A paciência de Deus é evidente em sua graça comum. Por meio dela, Deus concede ampla oportunidade de os homens buscá-lo, dando-lhes as bênçãos da existência, apesar de serem rebeldes contra ele (At 14.16-17; Rm 9.22). A graça especial é aquela pela qual Deus salva os eleitos (Ef 2.8, 9). Como aprendemos nas Escrituras, nem sempre Deus pune os pecadores como merecem, e ainda mostra graça e misericórdia a alguns. Deus é fiel (1Jo 1.9; Ap 19.2). Essa afirmação nos relembra que o povo pactual pode descansar seguro no fato de que Deus cumprirá suas promessas pactuais.

Outro grupo de atributos são aqueles ligados à santidade de Deus. Além de enfatizar a majestade e a glória de Deus (Êx 24.17), que o distinguem de suas criaturas, a santidade de Deus ensina que ele está afastado de qualquer pecado, não tolerando sua presença, revelando a profundidade do pecado, inspirando temor e separação (Jó 34.10; Is 6; 59.2). Sua santidade é revelada na lei moral, tal como resumida nos Dez Mandamentos. Deus é bom, e sua bondade é determinada por Deus, de acordo com sua própria natureza boa. Por isso, não existe nenhum padrão do bem além de Deus. E tudo que ele faz é bom (Sl 145.17). A justiça de Deus está relacionada à sua retidão, sempre agindo de forma consistente com sua justiça. Derivada de sua bondade, justiça e retidão, está a ira de

Deus, da qual é adequado falar. Essa é a expressão de sua justiça contra o pecado, que é contrário à sua santidade (Sl 78.31; Os 5.10; Jo 3.36; Rm 1.18s.; Ef 2.3; 1Ts 1.10; Ap 6.16).

Por fim, não existe tensão entre santidade e amor de Deus. A santidade exige que a pena do pecado seja paga (Rm 1.18-32; 2.1–3.20), enquanto o amor age para que alguns sejam justificados, a fim de que entrem em comunhão com ele (Rm 1.17; 3.21). A união entre esses atributos é demonstrada na cruz. Nela, o eterno Filho de Deus se entregou, na condição de nosso representante (Rm 5.12-21), para satisfazer a santidade do Pai, ofendida por nossos pecados, e para proporcionar perdão a todos que confiam em Cristo.

CRIADOR DE TODAS AS COISAS, VISÍVEIS E INVISÍVEIS

Tradicionalmente, fala-se da criação e da providência como obras de Deus. Como o *Catecismo de Heidelberg* (p. 26) destaca, as doutrinas da paternidade de Deus, da criação e da providência devem ser consideradas em conjunto:

> Creio que o eterno Pai de nosso Senhor Jesus Cristo criou do nada o céu, a terra e tudo o que neles há e ainda os sustenta e governa por seu eterno conselho e providência. Ele é também meu Deus e meu Pai, por causa de seu Filho, Cristo. Nele confio de tal maneira que não duvido de que dará tudo o que for necessário para meu corpo e minha alma; e de que ele transformará em bem todo mal que me enviar nesta vida conturbada. Tudo isto ele pode fazer como Deus todo-poderoso e quer fazer como Pai fiel.

Começaremos, portanto, abordando a criação. O texto básico sobre o ensino bíblico acerca da criação dos céus e da terra é Gênesis 1.1–2.3.

O DEUS TRINO, O ÚNICO CRIADOR E SOBERANO

Ao longo da história da igreja, essa passagem tem sido interpretada de diversas formas e, especialmente no último século, tem sido tema de grande debate e controvérsia. Deixando de lado as tentativas de subordinar o texto bíblico à ciência ou de tentar adequar o texto bíblico a determinado entendimento de como se deu o evento da criação, devemos ter em mente que as Escrituras afirmam que Deus é o criador de todas as coisas, e os pontos essenciais dessa doutrina podem ser resumidos da seguinte forma:

Em primeiro lugar, a criação é obra do Deus trino. Nas Escrituras, a obra da criação é atribuída ao Pai (cf. 1Co 8.6), mas o Filho de Deus também participou da criação (Jo 1.3, 10; 1Co 8.6; Cl 1.16, 17; Hb 1.2), assim como o Espírito Santo (Gn 1.2; Jó 26.13; 33.4; Sl 104.30; Is 40.12, 13). Por isso, a obra da criação deve ser atribuída às três pessoas da Trindade. Tudo foi criado por meio do Pai, por intermédio do Filho, no Espírito Santo.

Em segundo lugar, a criação é um ato da livre vontade de Deus, para sua glória. Deus não precisava criar os céus e a terra, pois ele é satisfeito em si mesmo, tendo vida, amor e comunhão na eternidade. Deus seria o que é, mesmo que não tivesse criado o mundo. Como já visto, Deus é autossuficiente. Ele não precisa de nada. Ele se basta. Ele não precisa do mundo para ser o que é. A criação do mundo, portanto, não é uma necessidade de Deus, mas um ato de sua livre vontade (Ef 1.11; Ap 4.11). Por isso, toda a criação é chamada a glorificar a Deus (Sl 19.1). Ainda que essa criação esteja submetida à futilidade (Rm 8.20) por causa do pecado, o propósito de Deus é redimi-la (Rm 8.21). Como pode ser frisado, a esperança de que a natureza será renovada é parte integrante da visão profética do Antigo Testamento, no qual se destaca a erradicação do pecado (Is 65.17-25; Is 35.1-10; Is 11.6-10).

Em terceiro lugar, a criação é um evento histórico, e o texto de Gênesis deve ser entendido como uma história verdadeira que realmente aconteceu. O Salmo 136 situa a criação no contexto de outros eventos históricos na vida de Israel, não estabelecendo diferenciação entre eles.

Do mesmo modo, várias afirmações de Jesus e dos apóstolos dependem do fato de que a narrativa da criação em Gênesis seja uma história verdadeira (Mt 19.4-6; Mt 24.37; Lc 11.51).

Em quarto lugar, como já vimos, há uma completa distinção entre o Criador e a criatura. O ponto mais importante na doutrina da criação reside no primeiro versículo da Escritura. Deus criou o mundo do nada (*ex nihilo*). Antes da criação, só existia Deus. O universo não é uma emanação do ser de Deus, nem um acidente cósmico. A criação não aconteceu por acaso. Até mesmo o tempo foi criado por Deus. Tudo o que não é Deus derivou sua existência dele. Não existe uma realidade última diferente ou que esteja ao lado do Deus criador.

Por fim, a doutrina da criação também lembra que nada criado é mau. Tudo veio de Deus, e o relato da criação afirma que ele a viu e a considerou boa (Gn 1.10, 12, 18, 21, 25). Além disso, ao completar a criação do homem, Deus viu tudo o que havia feito e considerou tudo muito bom (1.31). Não havia nada de mau na criação original. Todos os elementos da criação são criaturas de Deus, que dependem totalmente de seu Criador. Essas criaturas foram criadas como algo "muito bom".

SUSTENTA E GOVERNA SOBERANAMENTE

A ação de Deus na criação se dá por meio de sua providência, que é seu cuidado permanente sobre toda a criação, guiando a história e dirigindo todas as coisas para seu determinado fim. Afinal, Deus é aquele "que faz todas as coisas conforme o conselho da sua vontade" (Ef 1.11). Como o *Catecismo de Heidelberg* (p. 27) ensina, a providência de Deus "é a força todo-poderosa e presente, com que Deus, como se fosse por suas mãos, sustenta e governa o céu, a terra e todas as criaturas. Assim, ervas e plantas, chuva e seca, anos frutíferos e infrutíferos, comida e bebida, saúde e doença, riqueza e pobreza e todas as coisas não nos sobrevêm por acaso, mas de sua mão paternal". A providência é a criação continuada, assim como a realização da soberania de Deus na história. Essa doutrina encontra seu texto básico em Gênesis 50.17-20:

> Assim direis a José: Perdoa, pois, a transgressão de teus irmãos e o seu pecado, porque te fizeram mal; agora, pois, te rogamos que perdoes a transgressão dos servos do Deus de teu pai. José chorou enquanto lhe falavam. Depois, vieram também seus irmãos, prostraram-se diante dele e disseram: Eis-nos aqui por teus servos. Respondeu-lhes José: Não temais; acaso, estou eu em lugar de Deus? Vós, na verdade, intentastes o mal contra mim; porém, Deus o tornou em bem, para fazer, como vedes agora, que se conserve muita gente em vida.

Deus é soberano sobre todos os detalhes da criação. O mal está sob seu domínio, pois Deus age com o propósito de que "todas as coisas cooperam para o bem daqueles que amam a Deus, daqueles que são chamados segundo o seu propósito" (Rm 8.28), separando e transformando seu povo à sua semelhança (Rm 8.29-30). A ação providencial de Deus se estende até mesmo aos atos maus do homem. Até mesmo o pecado e a loucura humana são usados pelo Senhor para concretizar seu intento. Podemos, portanto, falar de três elementos na providência, que são a preservação, a concorrência e o governo.

Em primeiro lugar, a preservação é a ação de Deus de sustentar a criação, por meio da proteção e do sustento dos elementos ou membros da criação, e de preservar todas as coisas em seu ser e duração. Isso nos lembra que a criação não é autoexistente; ao contrário, encontra seu sustento em Deus. Por meio da preservação, Deus controla ativamente a criação, o que garante a existência dela. Incluído aqui está o socorro de

Deus para com seus servos, que é uma forma de preservação, mesmo em meio à dor e à aflição.

Em segundo lugar, a concorrência é o livre uso que Deus, a causa primária, faz dos meios, ou causas secundárias, para alcançar seu fim, o triunfo de sua causa e do reino. Em outras palavras, toda a criação e todos os seres criados não agem por si mesmos, ou seja, não agem por algum suposto poder inerente à coisa criada. No entanto, agem quando Deus sustenta toda a criação, momento após momento, operando de forma imediata em cada ato da criatura. Em sua liberdade de agir como quer, quando quer e onde quer, muitas vezes ele, soberanamente, usa as causas secundárias, como ensina a *Confissão de Fé de Westminster* (III.1): "nem é violentada a vontade da criatura, nem é tirada a liberdade ou a contingência das causas secundárias". Deus é o princípio ativo e determinante de tudo o que acontece, sem, contudo, haver envolvimento ético com o pecado, visto que o homem comete o pecado por sua livre agência. Os pecados dos homens estão sob o governo divino e ocorrem de acordo com a predeterminação e o propósito de Deus, porém isso não quer dizer que Deus esteja induzindo os homens ao pecado. Para melhor compreensão do que ora afirmamos, vejamos o que diz a declaração dos cristãos em Atos 4.24-30:

> Ouvindo isto, unânimes, levantaram a voz a Deus e disseram: Tu, Soberano Senhor, que fizeste o céu, a terra, o mar e tudo o que neles há; que disseste por intermédio do Espírito Santo, por boca de Davi, nosso pai, teu servo: Por que se enfureceram os gentios, e os povos imaginaram coisas vãs? Levantaram-se os reis da terra, e as autoridades ajuntaram-se à uma contra o Senhor e contra o seu Ungido; porque verdadeiramente se ajuntaram nesta cidade contra o teu santo Servo Jesus, ao qual ungiste, Herodes e Pôncio Pilatos, com gentios e gente de Israel, para fazerem tudo o que a tua mão e

o teu propósito predeterminaram; agora, Senhor, olha para as suas ameaças e concede aos teus servos que anunciem com toda a intrepidez a tua palavra, enquanto estendes a mão para fazer curas, sinais e prodígios por intermédio do nome do teu santo Servo Jesus.

O que é espantoso nessa declaração é que, apesar de os discípulos confiarem que os acontecimentos referentes à morte de Cristo foram predeterminados pela vontade divina, isso não era motivo para que considerassem que os atos pecaminosos dos homens eram desculpáveis: "Olha para as suas ameaças" (At 4.29). Eles suplicam mais coragem, pois sabem que, no fim, Deus usa o pecado, a miséria e a loucura humana para transformar o mal em bem.

Nesse contexto, afirmamos que Deus é soberano sobre o pecado dos homens e sobre a ação satânica, pois a relação de Deus com os ímpios é de eficiência, e não de mera permissão, como se fosse uma pausa da divina providência. Nesse sentido, a Queda ocorre, como ensina a *Confissão de Fé de Westminster* (VI.1), "segundo o seu sábio e santo conselho", quando "foi Deus servido permitir este pecado deles, havendo determinado ordená-lo para a sua própria glória". A Queda aconteceu como um ato de rebelião contra Deus, não como sua ação direta. Portanto, de acordo com o Salmo 115.3, todos os ímpios estão debaixo do poder e da direção de Deus, e mesmo as más intenções dos homens são usadas para realizar o bem que Deus intenta fazer (cf. Jó 1.21; 2Sm 16.22; 1Rs 22.20,22; Jr 1.15; 7.14; 50.25; At 2.23; 3.18). No fim, os homens maus e o diabo são os instrumentos, mas Deus é o senhor soberano (Is 45.1-7). Os agentes ímpios são muitas vezes usados como varas da ira de Deus (cf. 2Sm 16.40), e isso não ocorre por mera permissão, mas pela efetiva ação de Deus, que declara que a cegueira e a loucura são infligidas sobre os ímpios por seu reto juízo (Lv 26.36; 1Sm 26.12; Dt 28.21; Rm 1.28; Êx 14.17; Rm 1.20-24).

Todos os ímpios, até mesmo os anjos caídos, fazem aquilo que é contrário à vontade de Deus, desobedecendo ao seu comando. Mas, por causa da onipotência de Deus, é-lhes impossível realizar qualquer coisa contra essa mesma vontade, "pois, enquanto agem em oposição à vontade de Deus, ela é cumprida por eles. (...) Um Deus bom não permitiria que o mal fosse feito, a não ser que um Deus onipotente pudesse transformá-lo em bem".[33] No entanto, se Deus não somente emprega a instrumentalidade dos ímpios, como também governa seus planos e desejos maus, não seria ele o autor do mal e do pecado? "Tal pensamento é blasfêmia!", como afirma os *Cânones de Dort* (I.15). Ao quebrarem os mandamentos de Deus e ao agirem em conformidade com sua natureza pecaminosa, os seres humanos são indesculpáveis. Ao mesmo tempo que Deus usa soberanamente os atos maus, ele é reto em seu julgamento que se voltará contra os pecadores, pois o Senhor não tolera o pecado e a rebeldia contra ele. Na consumação da criação, todo pecado e todo elemento demoníaco serão julgados e eliminados dos novos céus e da nova terra.

É necessário afirmar que a providência de Deus não tira a responsabilidade do homem, não excluindo o uso da prudência, dos meios de proteção e socorro. Deus é quem estabelece limites à nossa vida, em sua providência, mas isso não quer dizer que não devamos fazer uso dos meios e remédios que ele nos tem dado para a preservação de nossa vida. Afinal, a prudência é um instrumento do cuidado divino. As causas secundárias são reais, por isso é possível falar de uma concorrência da causa primeira com as causas secundárias.

Em terceiro lugar, o governo é a ação de Deus dirigindo toda a história e a criação. A crença na providência é a afirmação de que Deus está

---

33 J. P. Wiles, *Ensino sobre o cristianismo: um resumo de* As Institutas da Religião Cristã (São Paulo: PES, 1984), 104. Resumido de João Calvino, *As institutas da religião cristã*, 1.18.3. Edição latina de 1559 (São Paulo: Cultura Cristã, 2006), 228-229.

ativo em cada detalhe de nossa vida. O governo de Deus é administrado por meio de leis físicas que ele mesmo estabeleceu. Do mesmo modo, Deus governa através das propriedades e leis da mente e também mediante o Espírito Santo, que influencia, instrui e persuade. A providência de Deus envolve a criação inanimada, os animais irracionais, as nações e, finalmente, todos os homens: no nascimento e nos acontecimentos de sua vida; em seus sucessos e fracassos; nos acontecimentos aparentemente acidentais ou insignificantes da vida; nas necessidades do povo de Deus; em seus atos livres; em seus atos pecaminosos; na oração dos servos de Deus. Por isso, a Escritura fala de Deus como Rei, aquele que governa toda a criação. Diante da miséria humana, a esperança e a confiança do cristão consistem em que Deus é o governante do universo. Ele é o Senhor eterno, livre, perfeito, justo, santo, reto, soberano e misericordioso.

>Para ele, "nada é impossível" (Jr 32.17, 27). Dessa forma, a ideia de poder divino todo-poderoso é especificamente israelita. Deve distinguir-se, antes de tudo, de qualquer compreensão grega a respeito de Deus, estando mais relacionada a certas divindades sumérias e babilônicas — conquanto estas nunca fossem os únicos deuses. É verdade que, nas versões gregas primitivas do Credo Apostólico, a afirmação de Deus como todo-poderoso se expressa por meio do título grego *pantocrator*, senhor de tudo, termo também empregado ocasionalmente em referência aos deuses gregos, como, por exemplo, Hermes. No entanto, muito tempo antes, a palavra tornara-se familiar à tradição judaica e cristã, através da tradução grega do Antigo Testamento, na qual a combinação *kyrios pantocrator* era usada como tradução para o nome veterotestamentário de Deus, *Yahweh Sabaoth*. Ademais, tal tradução mostra, mais uma vez, quanto o poder absoluto de

Yahweh permanecia no centro da fé judaica. A menção ao poder divino todo-poderoso no Credo Apostólico, portanto, salienta a identidade do Deus da fé cristã como o Deus de Israel. O fato de nada ser-lhe impossível foi mostrado de forma renovada aos cristãos, por meio da ressurreição de Jesus dentre os mortos (cf. Rm 4.24). O poder todo-poderoso de Deus, contudo, incluía seu caráter como criador de todas as coisas. Quando a confissão de fé em Deus como o todo-poderoso governante de tudo foi mais elucidada pela adição da referência explícita à criação do mundo, tal fato, portanto, não passou de mera expressão daquilo que já estava incluído na ideia de poder todo-poderoso. Se Deus é, de fato, todo-poderoso, não apenas o mundo visível, a terra, mas também o mundo invisível, o céu, são obra de suas mãos.[34]

O propósito supremo do governo providencial é glorificar a Deus por meio das bênçãos que os eleitos recebem, na medida em que todos os eventos da história giram em torno do reino de Deus e de sua consumação na segunda vinda de Cristo. "A chave da história do mundo é o reino de Deus. A história das (...) nações mencionadas no Antigo Testamento só é relevante quando ligada ao destino de Israel. E, supremamente, a história atual só é relevante na medida em que se liga à história" do reino de Deus. Desde a criação, Deus trabalha no estabelecimento de seu reino no mundo, "e ele chama pessoas do mundo todo para dentro desse reino; e tudo o que acontece no mundo tem relevância para esse reino. E ele ainda está em processo de formação, mas finalmente chegará à sua consumação perfeita" quando os novos céus e a nova terra forem inaugurados.[35]

---

34 Wolfhart Pannenberg, *The Apostles' Creed in light of today's questions* (Eugene, OR: Wipf and Stock, 2000), 30-31.
35 D. M. Lloyd-Jones, *Do temor à fé* (São Paulo: PES, 2008), 26.

O DEUS TRINO, O ÚNICO CRIADOR E SOBERANO

OS MILAGRES E A PROVIDÊNCIA DE DEUS

Precisamos fazer mais uma distinção entre a providência ordinária ou geral e a providência extraordinária. A primeira refere-se ao uso que Deus faz das causas secundárias, enquanto a segunda refere-se à ação imediata de Deus, sem as causas secundárias. Os milagres são essa providência extraordinária de Deus. Os termos empregados nas Escrituras para designar esses atos extraordinários são "sinal", "prodígio", "milagre" ou "poder miraculoso". Geralmente, os termos "sinais e prodígios" ou "sinais e maravilhas" são empregados para se referir aos milagres (cf. Êx 7.3; Dt 6.22; Sl 135.9; At 4.30; 5.12; Rm 15.19) e, algumas vezes, os três termos são combinados, como "milagres, prodígios e sinais" (At 2.22) ou "sinais, prodígios e poderes miraculosos" (2Co 12.12; Hb 2.4).

O que torna o milagre uma obra da providência extraordinária é o fato de resultar de uma imediata ação sobrenatural de Deus, sem o concurso das causas secundárias, que operam segundo a uniformidade presente na criação. De outro modo, não seria *sobrenatural*, no sentido de "acima da natureza", ou seja, não seria milagre. Por isso, Deus, na realização de um milagre, algumas vezes faz uso de forças que estão presentes na criação, utilizando-as de maneira inteiramente diferente de seu uso comum, a fim de produzir resultados surpreendentes. Deus, algumas vezes, age até mesmo de forma contrária às causas secundárias e, mesmo quando as causas secundárias são empregadas, o resultado é bem diferente do que seria esperado com o uso habitual delas.

Isso quer dizer que os milagres ocorrem além e acima da uniformidade presente na criação. Mas os milagres seriam contrários a essa uniformidade? Alguns pregadores, influenciados pelas ideias de prosperidade e cura, talvez não hesitem em falar de milagres como uma ruptura ou violação dessa uniformidade. Às vezes, podem até dizer que, ao ocorrer um milagre, a uniformidade da criação é temporariamente quebrada ou suspensa. Entretanto, essa compreensão popular deve ser questionada. Quando os milagres ocorrem, a ordem da criação é contida por uma força sobrenatural. A ação ordinária que sustenta a criação não é suspensa. O mundo físico continua em operação, como sempre esteve desde o início, mas uma força sobrenatural é introduzida. Portanto, uma vez que os milagres apontam para a restauração da criação por meio de um ato divino, podemos definir um milagre como o descortinar do mundo vindouro, no qual o pecado será destruído, e a criação, renovada. Por isso, diz-se nas Escrituras que, no fim dos tempos, haverá uma nova série de milagres, que redundarão na renovação da criação — no estabelecimento final do reino de Deus, nos novos céus e na nova terra.

Os milagres presentes na Escritura não foram realizados arbitrariamente, mas com um propósito definido. Não são meras exibições de poder, destinadas apenas a provocar admiração; eles têm um caráter revelacional, quebrantando pecadores ou endurecendo-os. Os milagres estabelecem a base sobrenatural da revelação, que, muitas vezes, os acompanhava. Além disso, estavam ligados a períodos especiais da história da redenção, especialmente na época do ministério de Cristo e da fundação da igreja. Então, mediante um milagre, Deus nos deu sua revelação especial, verbal e proposicional na Escritura, bem como sua revelação suprema, em Jesus Cristo. Nesse sentido, os milagres ocorrem para glorificar a Deus. Quando, hoje, acontecem milagres, devemos dar todo o louvor a Deus, que é a origem desses milagres, e não aos homens, instrumentos da providência divina.

O estudo desse ensino é muito proveitoso aos cristãos, pois nos instrui a suportar com paciência as tribulações, justamente porque sabemos que tudo, independente do que venha a acontecer, ocorre pela vontade de Deus, que tem o poder de fazer o mal ser transformado em bem. Ao reconhecer o cuidado providencial de Deus, tornamo-nos livres para ter um espírito grato durante todo o tempo e por todas as coisas (Fp 4.10-13). Afinal, essa doutrina nos leva a confiar que criatura alguma ou poder algum podem separar-nos do amor de Deus (Rm 8.31-39). Repousar sobre a providência cuidadosa de Deus gera alegria e certeza antecipada do triunfo final de Cristo sobre toda a maldade, humana e demoníaca. Como John Owen afirmou: "Mesmo que caiamos, a nossa causa será certa, verdadeira e infalivelmente vitoriosa porque Cristo está assentado à mão direita de Deus. O Evangelho triunfará, e isso me conforta extraordinariamente".[36]

A ORAÇÃO E A PROVIDÊNCIA DE DEUS

Ao tratarmos da oração no contexto da providência, devemos fazer referência ao texto de Mateus 6.9-13. Já consideramos a introdução da oração que Cristo ensinou aos seus discípulos logo no começo deste capítulo. Agora, consideraremos a relação entre a oração e a soberania e a presciência divina. Os discípulos são assim ensinados a orar:

> Pai nosso, que estás nos céus, santificado seja o teu nome; venha o teu reino; faça-se a tua vontade, assim na terra como no céu; o pão nosso de cada dia dá-nos hoje; e perdoa-nos as nossas dívidas, assim como nós temos perdoado aos nossos devedores; e não nos deixes cair em tentação; mas livra-nos do mal [pois teu é o reino, o poder e a glória para sempre. Amém]!

Essa oração contém uma introdução, que afirma que o Pai de todos os cristãos reina nos céus. Seguem-se a essa afirmação duas breves e vigorosas seções — a primeira centrada na majestade de Deus e a segunda, nas necessidades dos filhos de Deus. E conclui com uma doxologia. Já

---

36 *The Use of Faith, if Popery Should Return Upon Us*, 1680 [*The Works of John Owen*, 1851, v. 9, 507-508], citado em Iain Murray, *The Puritan Hope: Revival and the interpretation of prophecy* (Edinburgh, Banner of Truth, 1998), xii.

tratamos brevemente da introdução da oração. Tratemos agora das duas seções que guiam a relação entre providência e oração.

As três primeiras petições tratam da santidade, do reino e da vontade de Deus.

A primeira súplica não é um pedido para o acréscimo de santidade ou dignidade a Deus — o que é uma impossibilidade. Trata-se do desejo de que o nome de Deus seja santificado por meio da transformação ética daquele que ora.

A segunda petição é no sentido de que o reino venha. Esse reino pertence a Deus, o grande rei. Ele é o criador de todas as coisas, o Senhor da história, conduzindo cada detalhe segundo a sua vontade. Mas devemos notar o que já consideramos acima: a causa primária, Deus, se agrada de usar as causas secundárias — no caso, a oração dos fiéis — para levar adiante seu propósito santo. O reino já é prometido ao seu povo desde as páginas de abertura das Escrituras. Contudo, Deus estabeleceu que o reino venha por meio das orações de seu povo. O que se estabelece aqui é que nossas orações têm significado diante do Deus poderoso e conhecedor de todas as coisas antes mesmo de as pedirmos (Mt 6.8). Elas são parte integrante do plano de Deus.

A terceira petição é para que a vontade de Deus seja realizada, "assim na terra como no céu" (Mt 6.10). A oração, então, é o meio pelo qual a vontade de Deus é realizada. Não é um meio de impormos nossas vontades a Deus, mas o meio segundo o qual sua vontade e suas promessas se realizarão e se cumprirão em nossas vidas. A oração não é um mero exercício espiritual que tem início por minha vontade. De forma alguma. Somos convidados à oração por Jesus. É ele quem nos instrui na oração. E somente começamos a orar por meio do Espírito Santo (cf. Rm 8.15).[37] A

---

37 "Porque não recebestes o espírito de escravidão, para viverdes, outra vez, atemorizados, mas recebestes o espírito de adoção, baseados no qual clamamos: Aba, Pai". O leitor deve notar que a linguagem "Aba, Pai" é a linguagem da adoção e da oração, e a certeza e a permanência em ambas se dão por meio do Espírito Santo.

iniciativa da oração é de Deus. Até nisso ele tem a primazia. Oramos para que a vontade de Deus seja feita em nossas vidas. Aqui é estabelecido que a oração não muda Deus, mas tão somente aquele que ora.

As outras três petições tratam de tudo aquilo que é necessário para vivermos de forma digna diante de nosso Pai. Somos instruídos a pedir: pão, que engloba toda e qualquer necessidade material; perdão, que deve ser experimentado e repartido; e livramento do mal ou da ação do maligno. A iniciativa e a prioridade de Deus são evidenciadas até mesmo nisto: somos instruídos a pedir ousadamente tudo o que nos é necessário, mas também nos é ensinado que tudo o que recebemos provém da boa mão de Deus, por meio da oração.

No fim, a oração se encerra com uma breve fórmula de louvor. Terminar a petição lembrando que "o reino, o poder e a glória" pertencem exclusivamente a Deus, que é o único digno de recebê-los, é uma atitude bastante apropriada. No entanto, também é adequado terminar a oração glorificando a Deus, pois essa atitude expressa o reconhecimento de que tudo o que somos e tudo o que temos provém de sua boa mão, e tudo isso é recebido pelo meio que ele mesmo estabeleceu, a oração.

PAI

Como já estudado, Deus, o Pai, é uma pessoa distinta do Filho e do Espírito, compartilhando todos os atributos de Deus. Ele é Pai desde a eternidade. O que o distingue das outras pessoas da Trindade é precisamente a sua paternidade. A paternidade divina é a base da paternidade humana. Por outro lado, a paternidade de Deus não implica que haja no ser de Deus uma hierarquia, em que o Pai seja Deus acima do Filho e do Espírito Santo. A figura do Pai é uma expressão da natureza do amor que ele tem para com seu Filho, mas isso não implica uma relação hierárquica entre as três pessoas. Na Trindade imanente, Deus é Pai,

Filho e Espírito Santo em igualdade eterna. Assim, a afirmação da paternidade de Deus não aponta para a existência de uma parte distinta e especial em seu ser, mas simplesmente para o fato de que o Pai é uma das pessoas do Ser divino, com a mesma essência do Filho e do Espírito, e inseparavelmente ligada a eles.

Como já visto, entre as pessoas da Trindade, há uma distinção econômica de papéis na obra da redenção. O Pai é o início da salvação, através da eleição de indivíduos. Os eleitos pertencem ao Pai, e ele os deu ao Filho. Aqueles que o Pai entregou ao Filho recebem a vida eterna, uma vez que foi o Filho que se entregou na cruz para pagar o preço de seus pecados. Mas devemos ter em mente que tudo o que é afirmado de Deus é afirmado igualmente de cada uma das três pessoas da deidade: "O Deus único e verdadeiro não é somente o Pai, mas o Pai, o Filho e o Espírito Santo".[38]

O Pai glorioso é santo, justo, perfeito, misericordioso, gracioso e fiel no cumprimento de suas promessas, incansável, onisciente, todo-poderoso, autoexistente, livre em seus atos; além disso, ele envia seu Filho para salvar seu povo, revela-se através do Filho e escolhe seus filhos adotivos (Dt 7.6-9; Mt 5.48; 7.11; 11.27; Mc 13.32; 14.36; Lc 6.36; 24.49; Jo 5.17, 21, 26; 6.37, 44, 65; 17.1-26; At 1.4, 8; Rm 1.7; 9.14-29; 11.33-36; 2Co 1.3; Ef 1.3, 4, 17; 2Ts 2.13; Tg 1.17; 1Jo 4.14). De forma especial, Deus é o Pai de Jesus Cristo, o Eterno Filho "gerado pelo Pai antes de todos os séculos", e isso é visto por meio de seu amor paternal demonstrado em relação a Jesus (Jo 5.20; 15.9), de sua comunhão com o Filho (Jo 16.32; 8.29) e de sua autoridade, em que ele ordena, e o Filho livremente obedece (Jo 6.38; 17.4, 5; 4.34). Por fim, o Pai exalta o Filho, e o Filho exalta o Pai (Jo 17.1; 5.22).[39]

---

38 Santo Agostinho, *A Trindade* 6.9 (São Paulo: Paulus, 1994), 227-229.
39 J. I. Packer, *O conhecimento de Deus* (São Paulo: Cultura Cristã, 2014), 187-189.

O DEUS TRINO, O ÚNICO CRIADOR E SOBERANO

Devemos destacar que existem imagens maternas de Deus na Escritura. Ele é revelado como a "galinha [que] ajunta os seus pintinhos debaixo das asas" (Mt. 23.37), uma ursa (Os 13.8) e uma "mãe [que] consola" seus filhos (Is 66.13). Deus transcende as categorias do gênero humano. No entanto, em lugar algum a Escritura chama Deus especificamente de "mãe". Esse título não era usado em referência direta a Deus. Portanto, ao reconhecermos a riqueza das imagens bíblicas sobre Deus, não devemos ir além da linguagem que a Escritura emprega ao descrevê-lo.

> Assim, nos lábios de Jesus, o nome "Pai" não é mais o símbolo do Deus de uma sociedade patriarcal. (...) Antes, mesmo no Antigo Testamento, e mais ainda em Jesus, lidamos com modificações significativas nesse simbolismo; e são elas, apenas, que mostram o significado específico do modo pelo qual Jesus falou sobre Deus — e, consequentemente, também o significado da fórmula do credo, com seu lembrete sobre o Deus de Jesus, a quem confessamos quando invocamos nossa fé, fé em Deus Pai. Nos lábios de Jesus, o nome "Pai" indica o modo particular pelo qual o todo-poderoso Deus de Israel, cuja vinda poderosa era esperada para um futuro iminente, foi revelado quando enviou Jesus: ele é aquele que deseja salvar os homens do julgamento em cuja direção caminham. Consequentemente, o nome "Pai" está, desse modo particular, essencialmente relacionado à bondade misericordiosa de Deus. Esse é o modo particular por meio do qual a realidade divina, determinante e plenamente sustentadora foi revelada através de Jesus ou, melhor ainda, o modo pelo qual essa realidade se revelou, pois o próprio Jesus concebia Deus como aquele que, de fato, agia na missão que fora confiada a ele, Cristo.[40]

---

40 Wolfhart Pannenberg, *The Apostles' Creed in light of today's questions*, 32-33.

Como já mencionado, as bênçãos da salvação nos são oferecidas como dom de Deus, o Pai, que é a fonte de nossa eleição (Ef 1.3, 4). Essa eleição tem como alvo a adoção dos fiéis. A ideia de os eleitos serem filhos de Deus foi incluída no plano divino desde o princípio, pois "o elevado termo 'Pai' é usado para descrever um relacionamento de um tipo mais íntimo, o relacionamento no qual Deus se mantém em companhia dos redimidos".[41] Aqueles a quem o Pai elegeu, ele deu ao Filho (Jo 10.29). Esses eleitos pertencem ao Filho e, assim, não podem ser perdidos. São as ovelhas de Jesus, e são ovelhas porque o Pai as entregou ao salvador. Todas elas receberão de Jesus a vida eterna (Jo 10.28, 29). E, no fim, Jesus as entregará ao Pai (1Co 15.28).

Diante do Deus transcendente e glorioso, devemos adorá-lo com todo o nosso fervor. Para o cristão, é impossível permanecer impassível ao estudar e meditar nas perfeições divinas. Somos incluídos na comunhão de amor trina somente pela graça — do começo ao fim. Assim, somos chamados a glorificar o Deus, que é Pai, Filho e Espírito Santo, em tudo o que fazemos nesta vida. Por isso, unamo-nos a toda a comunidade da fé, em louvor e glória ao único Deus:

> A Deus, supremo Benfeitor,
> Anjos e homens deem louvor;
> A Deus, o Filho, a Deus, o Pai,
> E a Deus Espírito, glória dai. Amém.[42]

---

[41] J. Gresham Machem, *Cristianismo e liberalismo* (São Paulo: Shedd, 2012), 57.
[42] "Doxologia", música de Loys Bourgeois (c. 1510–1560), nº 6, em *Novo cântico* (São Paulo, Cultura Cristã, 2003).

4 — O EVANGELHO E A ESCRITURA
Como ler a Bíblia

Mike Bullmore

Os cristãos intuitivamente concordam que existe uma relação necessária e profundamente penetrante entre a Escritura e o evangelho de Jesus Cristo. A natureza exata desse relacionamento é questão mais desafiante. Embora existam muitas linhas de conexão que pudessem ser exploradas de maneira produtiva (e elas têm sido examinadas), este capítulo sugere e desembala duas conexões em especial entre a Escritura e o evangelho: o evangelho é a causa da revelação escriturística e o evangelho é um efeito da revelação da Escritura. Em outras palavras, o grande propósito eterno de Deus de redenção (que é expresso no evangelho) dá surgimento à Bíblia, e a Bíblia serve para realizar o propósito de Deus no evangelho.

O EVANGELHO E AS ESCRITURAS: COMO LER A BÍBLIA

O EVANGELHO COMO CAUSA E EFEITO DA REVELAÇÃO DAS ESCRITURAS

CAUSA

Se pensarmos no evangelho, em termos amplos, como o bom propósito eterno de Deus de redimir um povo para si (1Pe 2.9) e restaurar a sua criação caída (Rm 8.19-21), então essa "Boa Nova" precede e dá surgimento à revelação bíblica. Toda a Escritura é marcada por esse senso de ter sido gerada por alguma grande iniciativa divina. Neste sentido, o evangelho é uma *causa* da revelação bíblica. Conquanto a Escritura em si não seja o evangelho, toda a Escritura está relacionada ao evangelho, e o evangelho é a razão de ser da Escritura. O evangelho é a principal mensagem unificadora da Bíblia.

Os propósitos de Deus na revelação nunca podem ser separados dos seus propósitos na redenção. Na eternidade passada Deus planejou redimir um povo para si.

> Bendito o Deus e Pai de nosso Senhor Jesus Cristo, que nos tem abençoado com toda sorte de bênção espiritual nas regiões celestiais em Cristo, assim como nos escolheu, nele, antes da fundação do mundo, para sermos santos e irrepreensíveis perante ele; e em amor nos predestinou para ele, para a adoção de filhos, por meio de Jesus Cristo, segundo o beneplácito de sua vontade, para louvor da glória de sua graça, que ele nos concedeu gratuitamente no Amado. (Efésios 1.3-6)

O plano de Deus está por trás e traz à luz sua comunicação falada aos seres humanos, que é preservada na Escritura. Inerente à ideia de revelação está a ideia da intenção. Deus intenciona realizar alguma coisa pela revelação que ele faz de si.

> Porque, assim como descem a chuva e a neve dos céus e para lá não tornam, sem que primeiro reguem a terra, e a fecundem, e a façam brotar, para dar semente ao semeador e pão ao que come, assim será a palavra que sair da minha boca: não voltará para mim vazia, mas fará o que me apraz e prosperará naquilo para que a designei. (Isaías 55.10-11).

Deus envia a sua palavra para realizar seu propósito eterno de redimir para si um povo, e Deus fala através de Isaías de ajuntar um povo para si:

> Inclinai os ouvidos e vinde a mim; ouvi, e a vossa alma viverá; porque convosco farei uma aliança perpétua, que consiste nas fiéis misericórdias prometidas a Davi. Eis que eu o dei por testemunho aos povos, como príncipe e governador dos povos. Eis que chamarás a uma nação que não conheces, e uma nação que nunca te conheceu correrá para junto de ti, por amor do Senhor, teu Deus, e do Santo de Israel, porque este te glorificou. (Isaías 55.3–5)

O Novo Testamento com frequência declara claramente este propósito de revelação. Paulo escreve sobre o Antigo Testamento "Pois tudo quanto, outrora, foi escrito para o nosso ensino foi escrito, a fim de que, pela paciência e pela consolação das Escrituras, tenhamos esperança" (Rm 15.4). Esperança do quê? Esperança da plena redenção que o completar dos bons propósitos de Deus realizará (cf. Rm 8.18-25). É por esta razão, diz Paulo, que Deus escreveu as Escrituras. A Escritura é essencial para a revelação do propósito e da atividade de Deus na redenção. Neste sentido, o evangelho é a *causa* da Escritura. Mas o evangelho, em pelo menos um sentido essencial, é também um *efeito* da revelação bíblica.

O EVANGELHO E AS ESCRITURAS: COMO LER A BÍBLIA

EFEITO

Falamos do evangelho no sentido de sua proclamação efetiva. Neste sentido, a revelação necessariamente precede o evangelho, e o evangelho flui efetivamente da revelação da Escritura. O evangelho é a principal mensagem da Bíblia, e pregar o conteúdo da Bíblia — isto é, a antecipação profética do propósito redentivo de Deus em Cristo, a partir do Antigo Testamento, bem como o testemunho apostólico da obra de Cristo realizada no Novo Testamento — desata o poder da mensagem do evangelho e atinge seu propósito ordenado por Deus.

Paulo demonstra isso de maneira a nos compelir, em Romanos 10. Ao falar do propósito de Deus de redimir um povo para si, ele escreve:

> Pois não há distinção entre judeu e grego, uma vez que o mesmo é o Senhor de todos, rico para com todos os que o invocam. Porque: Todo aquele que invocar o nome do Senhor será salvo. Como, porém, invocarão aquele em quem não creram? E como crerão naquele de quem nada ouviram? E como ouvirão, se não há quem pregue? (Rm 10.12-14)

Poucos versículos adiante, Paulo resume com esta declaração: "E, assim, a fé vem pela pregação, e a pregação, pela palavra de Cristo" (v. 17). Noutras palavras, a Escritura fielmente proclamada realiza o bom propósito de Deus de redenção.

Pedro ressalta o mesmo ponto:

> Pois fostes regenerados não de semente corruptível, mas de incorruptível, mediante a palavra de Deus, a qual vive e é permanente. Pois toda carne é como a erva, e toda a sua glória, como a flor da erva; seca-se a erva, e cai a sua flor; a palavra do Senhor,

porém, permanece eternamente. Ora, esta é a palavra que vos foi evangelizada (1Pe 1.23-25).

João ecoa este mesmo tema ao dizer a razão pela qual escreveu o seu evangelho "Estes, porém, foram registrados para que creiais que Jesus é o Cristo, o Filho de Deus, e para que, crendo, tenhais vida em seu nome" (João 20.31). Isto é simplesmente outra maneira de dizer que a revelação bíblica existe para realizar o grande propósito de Deus de redimir um povo para si mesmo em Cristo.

Assim, a Bíblia existe tanto *por causa de* e *para* o evangelho. A chave está em que o evangelho é a mensagem de Cristo. A Bíblia em todas as suas partes aponta para Cristo e o explica de alguma forma. Portanto, a Bíblia, em todas as suas partes, contribui não somente para nosso entendimento do evangelho como também o nosso "ouvir" do evangelho com o intuito de crer, e Deus cumprirá plenamente todo seu bom propósito de redenção. Isso então requer que nos apropriemos da Escritura conforme o bom propósito de Deus.

CONVICÇÕES FUNDAMENTAIS NECESSÁRIAS PARA UMA LEITURA CORRETA DA ESCRITURA

Se a Bíblia for exercer a efetividade especial que Deus propõe, certas convicções fundamentais precisam estar no seu lugar e atuando.

A ESCRITURA É INSPIRADA POR DEUS

Paulo lembra a seu amado filho na fé: "Toda a Escritura é inspirada por Deus e útil para o ensino, para a repreensão, para a correção, para a educação na justiça" (2Tm 3.16). Com isso, Paulo está dizendo que a Escritura tem sua origem na mente de Deus e é falada ("respirada para fora") dessa mente. Que Deus realmente tenha falado a Escritura é uma convicção que os cristãos devem ter profundamente arraigada para que suas vidas possam ser formadas por isso. Quando usamos a frase "Palavra de Deus" com respeito às nossas Bíblias, não podemos perder de vista o que esse termo comunica. Deus falou algo objetivo. Existe algo específico que ele está dizendo. Ele fala. Ele está comunicando. Deus realmente falou, e a Escritura é essa palavra na forma escrita.

A principal implicação dessa convicção é que a Bíblia é confiável e verdadeira. "Toda palavra de Deus é pura; ele é escudo para os que nele confiam" (Pv 30.5). Ter essa convicção vai impactar tanto nossa leitura pessoal da Bíblia quanto nossa resposta a ela. Isso nos liberta de sempre questionar e indagar. Conversamente, se não tivermos tal convicção, nos encontraremos em conjecturas, tendo mente dobre, instável quando enfrentarmos dificuldades na vida ou na Bíblia.

A ESCRITURA PODE SER ENTENDIDA

Paulo diz a Timóteo: "Procura apresentar-te a Deus aprovado, como obreiro que não tem de que se envergonhar, que maneja bem a palavra da verdade" (2Tm 2.15). Existe algo que é manejar corretamente a Palavra de Deus. Noutras palavras, Deus não somente disse algo objetivo e específico, como também quer que nós o obtenhamos. Deus não é uma divindade cruel que brinca conosco na revelação. Ele não disse algo que ele entende e que nós jamais poderemos entender, como algum código impossível de decifrar. Não nos deu uma comunicação projetada a nos frustrar. Não, ele falou por um propósito. O próprio conceito de *revelação* indica a intenção de tornar algo conhecido. Deus está realizando um fim grandemente desejado, e quer que nós entendamos aquilo que ele disse.

Devemos nos lembrar, no entanto, da primeira parte de 2Tm 2.15. Paulo diz a Timóteo que ele deve fazer seu máximo como obreiro esforçado. Ninguém adquire entendimento por vagar sem rumo. Temos de nos ater profundamente à convicção de que a Escritura produzirá estudo crível. Deus quer que entendamos aquilo que ele falou.

A ESCRITURA É ÚTIL

O povo de Deus vive e floresce somente por crer e obedecer à sua Palavra. Ela é singularmente útil e proveitosa. A Escritura é útil, não por alguma operação mística, mas pelo meio muito comum do ensino, repreensão, correção e treinamento na justiça (2Tm 3.16). Por tais meios, a Escritura se demonstra extremamente proveitosa.

A ESCRITURA É EFETIVA

A Escritura se reivindica como útil, mas o que é que ela realmente faz? Considere novamente as palavras de Isaías:

> Porque, assim como descem a chuva e a neve dos céus e para lá não tornam, sem que primeiro reguem a terra, e a fecundem, e a façam brotar, para dar semente ao semeador e pão ao que come, assim será a palavra que sair da minha boca: não voltará para mim vazia, mas fará o que me apraz e prosperará naquilo para que a designei. (Is 55.10-11)

Acrescente a isso as palavras de Hebreus: "Porque a palavra de Deus é viva, e eficaz, e mais cortante do que qualquer espada de dois gumes, e penetra até ao ponto de dividir alma e espírito, juntas e medulas, e é apta para discernir os pensamentos e propósitos do coração" (Hb 4.12). Quando o autor de Hebreus fala da Palavra de Deus como "viva", está se referindo à sua eficácia, ou seja, capacidade de realizar seus propósitos, e diz que o faz com penetrante habilidade.

Considere algumas das coisas muito específicas que a Palavra de Deus diz sobre si:

1) Dá início à fé: "A fé vem pela pregação, e a pregação, pela palavra de Cristo." (Rm 10.17)
2) Ela dá nova vida espiritual: "pois fostes regenerados não de semente corruptível, mas de incorruptível, mediante a palavra de Deus, a qual vive e é permanente." (1Pe 1.23)
3) Ela nos ajuda a crescer espiritualmente: "desejai ardentemente, como crianças recém-nascidas, o genuíno leite espiritual, para que, por ele, vos seja dado crescimento para salvação." (1Pe 2.2)
4) Ela nos santifica: "Santifica-os na verdade; a tua palavra é a verdade." (Jo 17.17)
5) Ela sonda e convence o coração: "Porque a palavra de Deus é viva, e eficaz, e mais cortante do que qualquer espada de dois gumes, e penetra até ao ponto de dividir alma e espírito, juntas e medulas, e é apta para discernir os pensamentos e propósitos do coração." (Hb 4.12)
6) Ela liberta: "Se vós permanecerdes na minha palavra, sois verdadeiramente meus discípulos; e conhecereis a verdade, e a verdade vos libertará." (Jo 8.31-32)
7) Ela refrigera e renova: "vivifica-me segundo a tua palavra!" (Sl 119.25)
8) A Palavra de Deus restaura e ilumina: "A lei do Senhor é perfeita e restaura a alma; o testemunho do Senhor é fiel e dá sabedoria aos símplices." (Sl 19.7; ver também 8-11)

Esta é apenas uma amostra representativa daquilo que a Palavra diz ser capaz. Não é de se maravilhar que Davi tenha dito: "Bem-aventurado o homem que não anda no conselho dos ímpios, não se detém no caminho dos pecadores, nem se assenta na roda dos escarnecedores. Antes, o seu prazer está na lei do Senhor, e na sua lei medita de dia e de noite" (Sl 1.1-2). A pessoa assim será como "árvore plantada junto a corrente de águas, que, no devido tempo, dá o seu fruto, e cuja folhagem não murcha; e tudo quanto ele faz será bem sucedido" (v. 3). Em termos simples, Deus quer nutrir seu povo por sua Palavra. A Escritura é o principal meio pelo qual Deus nos alimenta, nutre, faz-nos florescer e intenta realizar seu bom propósito.

Se essas quatro convicções estiverem presentes e operantes na vida do cristão, então esse crente prevê e espera a graça transformadora de Deus no evangelho mediado por sua Palavra. Mas também outra característica é absolutamente essencial.

UMA NECESSÁRIA POSTURA DO CORAÇÃO: HUMILDADE

Para que nos apropriemos da Escritura conforme o desejo de Deus para nós, temos de ansiosa e voluntariamente colocarmo-nos sob sua autoridade. É comum demais que, em razão de nos considerarmos de maneira altiva, sejamos tentados a nos colocar acima da Palavra como juízes ou críticos. Ouvi a história de um homem que estava em Paris visitando o Louvre. Estava especialmente interessado em ver a *Mona Lisa* de Leonardo Da Vinci. Depois de olhar o quadro algum tempo com olho crítico, anunciou: "Não gostei". O guarda ali parado replicou: "Meu Senhor, essas pinturas não estão mais sendo julgadas. São os observadores que são julgados". O mesmo se dá com a Palavra de Deus, que não está sendo julgada. Seus leitores estão. A pergunta é se o coração do leitor está em postura humilde para submeter-se à autoridade absoluta de Deus mediante a sua Palavra.

O EVANGELHO E AS ESCRITURAS: COMO LER A BÍBLIA

Uma parte da submissão à autoridade da Escritura é a disposição de nos colocar sob o escrutínio da Escritura. Devemos ter o hábito de regularmente examinar nosso coração. Mas este exame não pode ser feito independentemente ou em um vácuo. Tem de ser feito conscientemente, sob a Palavra de Deus. Deus declara: "Eu, o Senhor, esquadrinho o coração, eu provo os pensamentos; e isto para dar a cada um segundo o seu proceder, segundo o fruto das suas ações" (Jr 17.10). Como resposta a isso, nossa oração deve ecoar com a de Davi: "Sonda-me, ó Deus, e conhece o meu coração, prova-me e conhece os meus pensamentos" (Sl 139.23).

O livro de Hebreus nos lembra de que é mediante sua Palavra que Deus discerne os pensamentos e as intenções do coração (Hb. 4.12). Temos de nos colocar regular e seriamente sob o escrutínio da Escritura com o propósito de ser transformados à luz do que a Escritura revela. Esse propósito não deverá ser apenas um dever – devemos alegremente antecipar o fato de ser ela o meio pelo qual Deus realiza seus propósitos redentivos em nossa vida.

É comum demais, quando somos confrontados pela Palavra de Deus, apresentarmos uma explicação pronta do porque ela não se aplica a nós, e no processo, acabamos nos convencendo a evitar exatamente aquilo que Deus deseja para nosso bem. Seria bom que atendêssemos as palavras de Thomas Watson, pastor puritano do século dezessete:

> Tomai cada palavra como dita a vós mesmos. Quando a palavra troveja contra o pecado, pensai assim: "Deus está falando de meus pecados"; quando ela pressiona qualquer dever, "Deus quer que eu faça isto." Muitos tiram a Escritura de si mesmos, como se ela só tivesse relação com aqueles que viveram no tempo em que ela foi escrita; porém, se desejais ter proveito pela palavra, levai-a

para vossa casa. Um remédio não terá nenhum efeito, a não ser que seja aplicado!⁴³

A humildade é absolutamente necessária — é um aguardar ativo, ansioso, humilde, até mesmo alegre da Palavra de Deus cumprindo seu propósito em nossas vidas.

UMA HERMENÊUTICA INDISPENSÁVEL

Tendo tais convicções fundamentais e essa necessária postura do coração, chegamos agora à questão da interpretação da Escritura. O Novo Testamento apresenta dois princípios chaves:

CENTRALIDADE DE CRISTO

Provavelmente não existe passagem mais forte sobre a centralidade de Cristo na Escritura que Lucas 24. Jesus está envolvido, incógnito, em conversa com dois discípulos enquanto caminham para Emaús. Eles tinham acabado de resumir os acontecimentos dos últimos dias, quando, dizem eles, Jesus, em quem haviam depositado suas esperanças, foi morto. Três dias depois houve relatos não confirmados de sua ressurreição. Em resposta, Jesus exclama: "Ó néscios e tardos de coração para crer tudo o que os profetas disseram! Porventura, não convinha que o Cristo padecesse e entrasse na sua glória?" Em seguida, Lucas nos diz: "E, começando por Moisés, discorrendo por todos os Profetas, expunha-lhes o que a seu respeito constava em todas as Escrituras" (Lucas 24.25-27).

Mais adiante no mesmo capítulo, Jesus fala aos doze que estavam reunidos dizendo: "São estas as palavras que eu vos falei, estando ainda convosco: importava se cumprisse tudo o que de mim está escrito na Lei

---

43 De seu sermão entitulado "How We May Read the Scriptures with Most Spiritual Profit," conforme citado em Donald Whitney, *Spiritual Disciplines for the Christian Life* (Colorado Springs: NavPress, 1991), 53.

de Moisés, nos Profetas e nos Salmos. Então, lhes abriu o entendimento para compreenderem as Escrituras" (vv. 44-45). O que fica claro neste trecho é que Jesus entendia todo o Antigo Testamento como que falando de modo real sobre ele. Jesus comunica grande parte da mesma coisa em João 5. Ao falar aos líderes religiosos de Jerusalém, diz: "Examinais as Escrituras, porque julgais ter nelas a vida eterna, e são elas mesmas que testificam de mim. Contudo, não quereis vir a mim para terdes vida" (v.39). Novamente, Jesus entende o Antigo Testamento como falando e apontando para ele.

É evidente que o Novo Testamento trata de Cristo. Os autores apostólicos são extremamente cuidadosos para que seus leitores não abstraiam qualquer parte de seus escritos da pessoa e obra de Jesus Cristo. A Bíblia é toda a respeito de Jesus de algum modo específico e planejado por Deus. No seu livro muito útil, *Christ-Centered Preaching* (Pregação centrada em Cristo), Bryan Chapell resume bem este ponto: "Todo texto [da Escritura] é predicado sobre a obra de Cristo, preparatório para a obra de Cristo, refletivo da obra de Cristo, e/ou resultado da obra de Cristo".[44] Isto, claro, significa que se vamos ler corretamente a Bíblia, temos de vê-la em todas as suas partes conforme está relacionada a Cristo.

Porém, não somos chamados a importar alguma conexão artificial com Jesus quando lemos ou ensinamos um trecho da Escritura. O oposto é verdadeiro. Somos chamados a entender e fazer exposição do modo específico em que as passagens apontam para Cristo, e Jesus pressupõe com suas palavras que, na verdade, toda passagem aponta para ele. Para que nossa leitura da Bíblia seja centrada no evangelho, como deve ser, sempre deverá olhar para e focar em Jesus. É tão possível falhar em fazê-lo quando tratamos o Novo Testamento quanto quando lidamos com o Antigo Testamento.

---

44 Bryan Chapell, *Christ-Centered Preaching: Redeeming the Expositive Sermon* (Grand Rapids, MI: Baker, 1994), 275.

INTERPRETAÇÃO ESPIRITUAL

Não basta apenas reconhecer que a centralidade de Cristo é essencial para a interpretação correta da Escritura. Nossa maneira de lidar com a Escritura tem de estar acompanhada da obra iluminadora do Espírito Santo. A Bíblia é qualitativamente diferente de todos os demais livros, e requer que a leiamos de acordo com sua natureza.

Paulo fala disso em sua primeira carta aos coríntios. Tendo acabado de descrever seu recente ministério de "proclamar-lhes o testemunho de Deus" (1Co 2.1) e lembrar-lhes de que a sua pregação a eles não foi questão de sabedoria humana mas do poder de Deus (vv. 4–5), ele diz:

> Entretanto, expomos sabedoria entre os experimentados; não, porém, a sabedoria deste século, nem a dos poderosos desta época, que se reduzem a nada; mas falamos a sabedoria de Deus em mistério, outrora oculta, a qual Deus preordenou desde a eternidade para a nossa glória; sabedoria essa que nenhum dos poderosos deste século conheceu; porque, se a tivessem conhecido, jamais teriam crucificado o Senhor da glória; mas, como está escrito: Nem olhos viram, nem ouvidos ouviram, nem jamais penetrou em coração humano o que Deus tem preparado para aqueles que o amam. Mas Deus no-lo revelou pelo Espírito; porque o Espírito a todas as coisas perscruta, até mesmo as profundezas de Deus. Porque qual dos homens sabe as coisas do homem, senão o seu próprio espírito, que nele está? Assim, também as coisas de Deus, ninguém as conhece, senão o Espírito de Deus. Ora, nós não temos recebido o espírito do mundo, e sim o Espírito que vem de Deus, para que conheçamos o que por Deus nos foi dado gratuitamente. Disto também falamos, não em palavras ensinadas pela sabedoria humana, mas ensinadas pelo Espírito, confe-

rindo coisas espirituais com espirituais. Ora, o homem natural não aceita as coisas do Espírito de Deus, porque lhe são loucura; e não pode entendê-las, porque elas se discernem espiritualmente (1Co 2.6-14).

Quatro coisas transparecem claramente da passagem de 1Coríntios 2. Primeiro, existe uma sabedoria proveniente de Deus, revelada por ele aos seres humanos (vv. 10, 12). Segundo, essa revelação é feita pelo Espírito (v. 10). Terceiro, como a revelação é feita pelo Espírito, ela requer que o Espírito a interprete (v. 13). Quarto, Deus deu o Espírito aos crentes "para que conheçamos o que por Deus nos foi dado gratuitamente" (v. 12). Isso se aplica tanto aos que ensinam (v.12) quanto aos que ouvem (vv. 13-14). Não podemos entender corretamente a Palavra de Deus sem ser pela obra do Espírito Santo. É ele que dá às pessoas a capacidade de conhecer a Escritura como sendo verdade e de entender essa verdade.

DUAS FORMAS DE SE LER A BÍBLIA

Chegamos agora à prática da leitura da Palavra de Deus. Não estamos falando aqui da habilidade de ler publicamente a Escritura, mas de apropriá-la pessoalmente, quer no estudo particular quer no exercício do discernimento, quando outros ensinam a Bíblia. Como é "manejar bem a palavra da verdade" (2Tm 2.15)?

A Bíblia é incessantemente interessante porque é a história de Deus, e por sua natureza, Deus é infinitamente interessante. A Bíblia é uma fonte sempre a jorrar. Quanto mais a lemos, mais descobrimos sua verdade e beleza inexauríveis. Na verdade, existem muitos métodos de se ler a Bíblia, e porque a Bíblia é inexaurível, muitos métodos podem provar-se frutíferos. Contudo, não estamos tão preocupados aqui com aquilo que poderia ser chamado de "métodos", tanto quanto queremos ver o que podemos chamar de "abordagens". Duas principais abordagens à Bíblia abrem de forma útil o tesouro que é o evangelho.

LER A BÍBLIA COMO UMA NARRATIVA CONTÍNUA (OU HISTÓRIA)

A Bíblia é um relato histórico. É firmemente ancorada em espaço e tempo real na história, com referências regulares e bastante intencionais a conhecidas figuras, eventos, e localizações históricas (por exemplo, Lucas 3.1-3). Sem dúvida, a Bíblia reconta de forma confiável os eventos históricos que apresenta. Poderíamos pensar na leitura da Bíblia a partir de uma perspectiva histórica como leitura "ao longo" da narrativa bíblica. A Bíblia compila muitos escritos por muitos diferentes autores, e isso pode ser um desafio para leitores que estão tentando relacionar todas as partes dessa história.

Mas a Bíblia é mais que uma narrativa relatando a história humana. Existe uma história maior por trás da história. A verdadeira narrativa bíblica é o desenrolar do plano e propósito de Deus. A Bíblia é a história de Deus e sua linha de história é o evangelho: o plano de Deus de redimir um povo para si e restaurar sua criação caída por meio de Cristo.

LER A BÍBLIA COMO UM COMPÊNDIO DE PERSPECTIVAS INSPIRADAS POR DEUS (OU TEOLOGIA)

A Bíblia não apenas reconta a história; ela também a interpreta. A Escritura vem até nós em forma de declarações, leis, promessas, provérbios, convocações, e outras formas semelhantes, como também toda parte dela tem uma perspectiva inspirada por Deus. Poderíamos pensar em ler a Bíblia de uma perspectiva teológica como ler "através" das Escrituras. Aproximando-nos da Escritura segundo essa linha, ajuntamos essas perspectivas em categorias de pensamento e chegamos a um coerente entendimento do que a Bíblia diz cumulativamente. Essa forma de leitura necessariamente dá maior atenção aos contornos de livros e passagens individuais, mas seria sábio lembrar que o significado de qualquer texto da Escritura está relacionado ao significado de todos os outros textos, dado que são todos parte de uma única palavra unificada de Deus.

A MENSAGEM SINGULAR DA BÍBLIA

Em qualquer dessas duas formas de ler a Bíblia, sua mensagem é a mesma. Quando lida como narrativa contínua, a linha de sua história é criação, queda, redenção, e restauração. Se lida como uma coletânea de perspectivas teológicas, os temas que surgem são Deus, pecado, Cristo, e fé. A mensagem de ambas as leituras é o triunfo do propósito redentivo eterno de Deus. As duas formas de ler a Bíblia não são contraditórias. Pelo contrário, são necessárias para se entender plenamente e "ouvir" o evangelho bíblico, e ajuda-nos a ver como todas as partes da Bíblia se mantêm coesas e apontam-nos para Jesus.

UMA ILUSTRAÇÃO DE MATEUS 12

Podemos ilustrar brevemente como essas duas abordagens se complementam, aplicando-as a uma passagem específica da Escritura:

> Por aquele tempo, em dia de sábado, passou Jesus pelas searas. Ora, estando os seus discípulos com fome, entraram a colher espigas e a comer. Os fariseus, porém, vendo isso, disseram-lhe: Eis que os teus discípulos fazem o que não é lícito fazer em dia de sábado. Mas Jesus lhes disse: Não lestes o que fez Davi quando ele e seus companheiros tiveram fome? Como entrou na Casa de

Deus, e comeram os pães da proposição, os quais não lhes era lícito comer, nem a ele nem aos que com ele estavam, mas exclusivamente aos sacerdotes? Ou não lestes na Lei que, aos sábados, os sacerdotes no templo violam o sábado e ficam sem culpa? Pois eu vos digo: aqui está quem é maior que o templo. Mas, se vós soubésseis o que significa: Misericórdia quero e não holocaustos, não teríeis condenado inocentes. Porque o Filho do Homem é senhor do sábado. (Mateus 12.1-8)

Ler esta passagem a partir de uma abordagem narrativa enfoca como o incidente com Davi e seus parceiros em 1Samuel 21 é sombra de Cristo. Qual é exatamente a conexão que Jesus faz entre a situação presente e a história sobre Davi? Esse incidente na vida de Davi aconteceu em um sábado? Simplesmente não sabemos em que dia Davi entrou na casa de Deus. Se for essa a razão que Jesus referenciou o incidente, parece que ele teria mencionado aquela correspondência, mas ele não o fez. Então, qual a ligação? Estaria Jesus dizendo: "Ei! se foi certo quebrar a lei uma vez, está bem quebrá-la de novo?" Podemos dizer com confiança que essa não é a conexão, baseado nas palavras de Jesus proferidas antes sobre seu compromisso para com a Lei (cf. Mt 5.17).

Jesus indica que eles não estão quebrando a lei; estão "sem culpa". A conexão não está no quando ou o quê da história. Está no "Quem" da história, e atenção ao fluxo narrativo da Escritura é o que nos capacita a ver isso. Somente os sacerdotes podiam comer o pão da Presença, a não ser, claro, se viesse alguém de maior autoridade do que os sacerdotes — alguém que já havia sido ungido rei e tinha autoridade sobre a lei.

Será que Jesus, ao recontar esse pedaço da história do Antigo Testamento, estaria sugerindo que alguém tão grandioso, ou talvez ainda maior do que Davi, estivesse presente e que os fariseus deveriam, como Aimeleque lá em 1Samuel 21, reconhecer a autoridade maior? Esta verdade, implícita nos versículos 2 e 3, se torna explícita nos versículos seguintes, quando Jesus anuncia a sua superioridade sobre ambos, sacerdócio e templo. Tudo se resume em quem é Jesus, e essa linha narrativa que procede desde Davi é que nos aponta até ali. Essa abordagem ressalta a linha davídica até Cristo, prenhe com todas as implicações de reinado e autoridade que o relato das palavras de Cristo feito por Mateus traz à luz.

Mas onde é que a leitura dessa passagem, conforme uma abordagem mais temática, teológica, nos leva? Tal aproximação chama a atenção ao tema da presença de Deus, que está tão ricamente presente em todo o Antigo Testamento. O templo em toda sua significância surge com perfil maior, e Jesus referindo a si mesmo como "algo maior do que o templo" toma o palco central, apresentando Cristo como a nova presença de Deus no mundo, particularmente entre seu povo. Nesta conexão, a soberania de Jesus sobre ambos, o sábado e aqueles que guardam o sábado, faz maior sentido.

No final, ambas as abordagens conduzem-nos a Cristo, e insiste como o próprio Cristo faz conosco: "Vinde a mim, todos os que estais cansados e sobrecarregados, e eu vos aliviarei. Tomai sobre vós o meu jugo e aprendei de mim, porque sou manso e humilde de coração; e achareis descanso para a vossa alma" (Mt 11.28-29). Desta forma, as duas abordagens contribuem para ouvir a mensagem do evangelho.

Em passagem após passagem, o efeito da leitura da Bíblia deverá ser, no mínimo, um ouvir duplamente reforçado do evangelho. Em todo texto há pelo menos ênfase dupla do evangelho, uma narrativa e a outra temática, cada qual combinando com a outra a fim de fortalecer e tornar mais vívida a verdade e o poder do evangelho de Jesus Cristo.

CONCLUSÃO: O EVANGELHO COMO CAUSA E EFEITO DA ESCRITURA

Concluímos da maneira que começamos. O grande plano eterno redentivo de Deus é do que trata a revelação escriturística. É o que deu origem à Escritura, e é o que Deus designou que a Escritura fizesse. A boa nova é o tema singular e majestoso da Escritura: por meio da vida sem pecado, morte substitutiva, ressurreição, ministério presente, e volta triunfal de Cristo — quando todas as coisas, "coisas no céu e na terra", serão unidas nele (Ef. 1.10) — Deus realizará o seu propósito perfeito com os seres humanos e com toda a criação (Rm 8.21).

Então, é isto que deve informar e controlar todo nosso "manejo" da Palavra de Deus, tanto em nossa apropriação pessoal dessa Palavra quanto em nossa jubilosa proclamação dela, para a glória de Deus e o bem de todos os redimidos.

5 CRIAÇÃO

Andrew M. Davis

Existem duas categorias nas quais cabem todas as coisas do universo, e há uma distância infinita entre as duas: o Criador e a criação. Somente Deus não teve início. Ele existe por si mesmo e não depende de nada para sua existência contínua. Tudo mais no universo foi criado por Deus e para Deus. Neste capítulo, temos a deleitosa tarefa de considerar a doutrina da criação, entender o seu significado, e aplicar suas verdades às nossas vidas.

A NATUREZA E O PROPÓSITO DA CRIAÇÃO

Toda a informação que possuímos sobre a criação do universo vem por revelação de Deus. As duas grandes fontes desse conhecimento são a criação física ao nosso redor e a Escritura, que a descreve de maneira acurada. Desde o princípio, Deus elaborou um universo que revela a sua existência e verdadeira natureza, para que possamos conhecer e adorá-lo.

Romano 1.20 afirma: "Porque os atributos invisíveis de Deus, assim o seu eterno poder, como também a sua própria divindade, claramente se reconhecem, desde o princípio do mundo, sendo percebidos por meio das coisas que foram criadas".

Deus fez o universo para mostrar a sua glória. Com certeza não foi por faltar alguma coisa da parte de Deus, como se Deus precisasse de alguma coisa, mas sim, por um desejo de dar generosamente pela grandeza de seu ser. Os vinte e quatro anciãos em volta do trono no livro do Apocalipse estão cumprindo o propósito da criação quando o usam para o louvor da glória de Deus: "Tu és digno, Senhor e Deus nosso, de receber a glória, a honra e o poder, porque todas as coisas tu criaste, sim, por causa da tua vontade vieram a existir e foram criadas" (Ap 4.11).

Enquanto Deus criava o universo, derramava sua glória em cada átomo e cada sistema complexo, quer no cosmos quer na ecosfera. Como diz o Salmo 19.1: "Os céus proclamam a glória de Deus, e o firmamento anuncia as obras das suas mãos". A criação não está esperando para demonstrar a glória de Deus; ela já o está fazendo. Os serafins voando em volta do trono do Senhor constantemente proclamam isto: "Santo, santo, santo é o Senhor dos Exércitos; toda a terra está cheia da sua glória" (Is 6.3).

O PROPÓSITO DA HUMANIDADE: CONHECER A GLÓRIA DE DEUS

Uma profecia de Habacuque declara o propósito da humanidade (e da história da redenção): "Pois a terra se encherá do conhecimento da glória do Senhor, como as águas cobrem o mar" (Hc 2.14). Como a terra já demonstra a glória de Deus, tudo que falta é que a terra seja repleta do *conhecimento* dessa glória. Esta tarefa não pode ser realizada pela atmosfera da terra, pelos majestosos cedros do Líbano, pelas altaneiras montanhas do Himalaia, no Nepal, por águias que voam mais alto, ou por poderosos. Embora todos esses seres criados *demonstrem* a glória de Deus, eles não podem *conhecer* a glória de Deus. A tarefa vital de adoração foi designada à raça humana, criada à imagem de Deus para sondar as demonstrações, tanto as óbvias quanto as escondidas, da glória de Deus em todos os aspectos da criação.

Porém, a imensurável tragédia da rebeldia de Adão no jardim do Éden é que o coração humano, que deveria se deleitar em Deus, adorou a criação em lugar do criador (Rm 1.25). Assim, conquanto a raça humana tenha sido frutífera e se multiplicado e em grande medida enchido a terra com a imagem de Deus, o intento original do Senhor — uma terra cheia do conhecimento de sua glória — ainda aguarda seu cumprimento.

Existe apenas uma força no universo com o poder de transformar os corações idólatras dos seres humanos naqueles que conhecerão a glória do Senhor, conforme demonstrado na criação: o evangelho de Jesus Cristo. Por este evangelho nossos corações de pedra são transformados, vivificados para a glória de Deus que brilha a nosso redor. O cumprimento dessa grande promessa que embarca todas as coisas aguarda um novo céu e nova terra, em que a glória de Deus iluminará todas as coisas e os próprios justos "resplandecerão como o sol, no reino de seu Pai" (Mt 13.43).

UMA EDUCAÇÃO PESSOAL E GLOBAL EM TEOLOGIA

Nossa educação em teologia — a existência e os atributos Deus — começou no momento que fomos concebidos no ventre materno e continuou a cada dia, muito antes que aprendêssemos a falar. Fomos educados pelo som das batidas do coração de nossa mãe, a sensação de calor, os sabores em nossa boca, o lampejo cegante de luz no nascimento, o brilho das cores, os aromas de nosso bercinho e nossas roupas. Davi disse no Salmo 22.9: "Contudo, tu és quem me fez nascer; e me preservaste, estando eu ainda ao seio de minha mãe." Quando Davi ainda era infante lactante, Deus o ensinou a confiar enquanto sua mãe provia suas necessidades físicas. Deus o estava preparando para colocar em Deus sua confiança para a salvação de sua alma. Desta forma, a criação física nos prepara para a fé salvífica.

Quando, caminhávamos pela beleza de uma floresta no esplendor do outono, crianças ainda, respirando fundo o cheiro mofado do chão da floresta, sentindo as cálidas brisas de uma tarde de outono sobre o rosto, tendo o fôlego roubado pela glória incandescente de uma repentina vista cênica — uma montanha magnífica, salpicada dos vermelhos e dourados das árvores que se preparam para o inverno prestes a chegar —, nossos corações estavam sendo formados para a realidade central do universo: Deus Todo-Poderoso.

Esta educação está acontecendo a redor de nosso mundo; não é específica para uma só nação ou única região da terra. O Salmo 19.3-4 fala da maneira como os céus declaram a glória de Deus em uma linguagem universal e sem palavras: "Não há linguagem, nem há palavras, e deles não se ouve nenhum som; no entanto, por toda a terra se faz ouvir a sua voz, e as suas palavras, até aos confins do mundo." A criação física é uma educação teológica individual para pessoas em toda parte de nosso globo terrestre.

TODAS AS COISAS FORAM CRIADAS POR CRISTO E PARA CRISTO

Todas as coisas no céu e na terra foram criadas por Cristo e para Cristo:

> Todas as coisas foram feitas por intermédio dele, e, sem ele, nada do que foi feito se fez. (Jo 1.3)

> Este é a imagem do Deus invisível, o primogênito de toda a criação; pois, nele, foram criadas todas as coisas, nos céus e sobre a terra, as visíveis e as invisíveis, sejam tronos, sejam soberanias, quer principados, quer potestades. Tudo foi criado por meio dele e para ele. (Cl 1.15-16).

> Nestes últimos dias, nos falou pelo Filho, a quem constituiu herdeiro de todas as coisas, pelo qual também fez o universo. (Hb 1.2)

De alguma forma misteriosa, Deus falou e o universo passou a existir, saído do nada. Cristo foi a palavra pela qual Deus realizou esta poderosa fala criativa (Jo 1.3). O universo foi criado *para* Cristo (Cl. 1.16) e Deus apontou a Cristo como "herdeiro de todas as coisas" (Hb 1.2). Assim, de alguma forma surpreendente, todo átomo do universo físico e toda entidade do âmbito espiritual pertence por direito a Cristo.

Ainda mais surpreendente, o universo que Deus criou depende de Cristo a cada momento para sua existência contínua: "Ele [Cristo] é antes de todas as coisas. Nele, tudo subsiste" (Cl 1.17). Isso mostra o quadro de um universo carente que cessaria de existir se Cristo não exercesse sua poderosa vontade de mantê-lo em existência. Que uma parte do mundo físico possa ser analisado e compreendido em termos estritamente físicos, na visão da Bíblia, não muda o equilíbrio soberano de Deus sobre todas as suas partes. Os escritores bíblicos conheciam a respeito do ciclo das águas, mas frequentemente preferem falar que Deus envia chuva, pois os dois modos de falar não cancelam um ao outro. Devido à força da gravidade, uma ave ferida cai ao chão, mas nenhum pardal cai dos céus sem a sanção do pai celeste, de acordo com Jesus. A física moderna tem identificado quatro forças fundamentais que mantém juntas todas as coisas, mas isso não impede de reconheçamos que Jesus sustém todas as coisas por sua poderosa palavra.

CRIAÇÃO

A AMEAÇA DO NATURALISMO

Em última análise, existem apenas duas explicações para a existência do universo: criação especial por um ser divino ou evolução naturalista por forças impessoais. No sentido estrito dos termos, a criação e a evolução são mutuamente exclusivos. Permanece o fato, porém, que nem "criação" nem "evolução" sejam sempre usadas nesses fortes sentidos antitéticos, e isso ajuda a tornar a discussão das questões mais que um pouco complicadas.

De acordo com a Bíblia, Deus insiste que a humanidade pecadora, a despeito de estar cercada por claras evidências da existência e natureza do Deus invisível, suprime a verdade pela injustiça (Rm 1.18). Noutras palavras, fazemos um esforço voluntário de abafar aquilo que consideramos uma feia verdade: existe um criador todo-poderoso e santo, a quem devemos responsabilidade terna. Ironicamente, este ponto às vezes é reconhecido por ateus. Richard Dawkins assevera: "Biologia é o estudo de coisas complicadas que dão a aparência de terem sido projetadas com um propósito"![45] Em outras palavras, temos de abafar o ímpeto de notar que isso ou aquilo foi desenhado tendo em vista um propósito!

Vale a pena de reconhecer que tanto os cientistas quanto os intérpretes da Bíblia estão longe de concordar entre seus próprios domínios de inquirição. Ou seja, possuem interpretações um tanto diversas dos dados científicos, bem como da Bíblia. Acrescentado a essa confusão, não são poucas as pessoas que ocupam ambos os papéis — isto é, são tanto cientistas como também intérpretes cristãos da Escritura — e essas pessoas nem sempre concordam com seus colegas cientistas ou com seus pares na interpretação da Bíblia.

Alguns exemplos podem ajudar. Ao lado da Bíblia, alguns cristãos se atêm à teoria de lacuna (que existe uma fenda de comprimento indeter-

---

45 Richard Dawkins, *The Blind Watchmaker* (New York: Norton, 1991), 1.

minado entre Gênesis 1.1 e 1.2); alguns afirmam uma teoria de dia-era (cada dia de Gênesis 1 representa uma era); alguns afirmam a teoria da terra jovem (cada dia é um dia de vinte e quatro horas e a criação ocorreu não mais que dez mil anos atrás); outros creem no que poderia ser chamado de semana literária (cada dia é um dia de vinte e quatro horas, mas a semana inteira é uma criação literária que não pretende contar-nos exatamente "o que aconteceu", mas visa ordenar o relato por razões simbólicas e teológicas entendidas de diversas maneiras).

Várias dessas teorias são compatíveis com "evolução teísta", mas a própria expressão é em si bastante ambígua. No pensamento de algumas pessoas, o termo pressupõe a evolução, que não pode ser distinguível de um relato naturalista de evolução, exceto por asseverar que Deus estava soberanamente, se bem que benignamente, presidindo sobre o desdobramento da evolução. (De maneira muito semelhante a ele presidir em sua providência sobre o sol e a chuva hoje, tornando possível que se fale que Deus manda o sol brilhar e a chuva cair). No pensamento de outros, conquanto a evolução por alguma espécie de seleção "natural" ocorra (presidida por Deus), em vários pontos Deus interveio de maneira milagrosa para causar resultados que não poderiam ter acontecido naturalmente. (Por exemplo, Deus fez os seres humanos qualitativamente diferentes dos outros primatas: são portadores de sua imagem, destinados para a vida eterna).

Francamente, muitos cristãos enxergam uma ou mais dessas opções como estando fora dos limites e estão abertos apenas para uma ou duas dessas opções. Por exemplo, frequentemente se argumenta que não existe razão bíblica convincente para ver bilhões e bilhões de anos em Gênesis 1. As razões pelas quais alguns cristãos mudam sua interpretação do texto vêm de fora da Bíblia: geólogos e outros cientistas nos dizem que a evidência de que a terra tenha bilhões de anos é esmagadora.

CRIAÇÃO

Devido a esses argumentos, alguns cristãos reinterpretam Gênesis 1 para se encaixar na posição científica que prevalece na atualidade, adotando interpretações que jamais teriam sido "descobertas" no texto, não fossem as reivindicações da ciência. Este resultado, eles argumentam, "domestica" a Bíblia e distorce seu senso mais claro. Mas a questão é complicada. Muito antes do surgimento da ciência moderna, Agostinho (quarto século) afirmou que a interpretação de Gênesis 1 é difícil, mas, pelo que achava serem razões bíblicas e teológicas convincentes, defendeu que o universo foi criado instantaneamente. A semana de criação de Gênesis 1, para ele, é uma criação literária carregada de símbolos, projetada para expor uma ampla gama de pontos teológicos, não sendo o menor destes a ordenação da semana humana e o estabelecimento do sábado.

Noutras palavras, alguma espécie de teoria de semana literária é de data anterior ao surgimento da ciência moderna.

Os demarcadores da Coalizão Evangélica não estão todos na mesma página com respeito a todos os detalhes, mas todos nós insistimos que somente Deus é autoexistente, criador de tudo, que criou tudo bom. Que Adão e Eva foram figuras históricas das quais o resto da raça humana surgiu. O problema fundamental que enfrentamos hoje foi introduzido pela idolatria e rebeldia humana e a maldição em que incorreram. As razões pelas quais consideramos essas questões como sendo não negociáveis estão jungidas a muitas passagens da Escritura, não apenas aos capítulos iniciais de Gênesis. Por exemplo, Paulo nos diz que Deus "de um só fez toda a raça humana para habitar sobre toda a face da terra, havendo fixado os tempos previamente estabelecidos e os limites da sua habitação" (At 17.26).

Do lado da ciência, bem como do lado da interpretação bíblica, existe mais incerteza e diversidade de opinião, pelo menos em algumas questões, do que se reconhece comumente. A grande maioria dos cientistas se atém à teoria do *big bang*, afirmando que tudo no universo esteve compactado em um corpo incrivelmente denso que em algum ponto explodiu numa "singularidade" (ou seja, um evento em que as conhecidas leis da física não prevaleceram). Essa explosão, depois de cerca de quinze bilhões de anos, produziu o universo como conhecemos. Porém, existe uma minoria de cientistas que permanece com suspeitas. Mais importante, não existe nenhuma teoria amplamente aceita de como esse corpo incrivelmente denso veio à existência no princípio. Uma teoria postula um universo alternadamente expandindo e contraindo, mas as especulações envolvidas são tão extravagantes que a teoria tem obtido pouca tração.

Se deixarmos de lado perguntas sobre como esse corpo denso veio a ser o foco sobre o planeta terra, vemos que as teorias quanto ao desenvolvimento da vida ao longo das linhas evolutivas, foram submetidas a repetidas ações. Os documentos fósseis preservam tantas lacunas na esperada sequência de formas de transição, que hoje é comum seguir a proposta do recentemente falecido teórico da evolução da Universidade de Harvard, Stephen Jay Gould. Ele sugere que, em vez de um brando desenvolvimento evolucionário realizado pela seleção natural, deve-se postular "equilíbrio acentuado"; ou seja, que a evolução ocorre em surtos periódicos de atividade, tão breves que não puderam ser capturados pelos registros fósseis. Além do mais, a despeito dos mais valorosos esforços de pesquisa, o caminho da matéria inorgânica até a célula reprodutora é ainda surpreendentemente opaco sobre os pressupostos do materialismo filosófico.

Igualmente complexos são os debates mais recentes sobre *design* inteligente. No decorrer das últimas duas décadas, um pequeno grupo de cientistas e filósofos tem argumentado que muitas estruturas biológicas são caracterizadas por "complexidade irredutível". Com isso, querem dizer que para que tais estruturas (como, por exemplo, o olho) funcionem e sejam sustentáveis, teria que haver tantos desenvolvimentos evolutivos ocorrendo no mesmo lugar e ao mesmo tempo, que a probabilidade estatística se aproxima de zero. Os componentes da estrutura não poderiam ter se desenvolvido gradativa ou fragmentadamente, porque não têm nenhuma função a não ser no seu lugar e papel na estrutura como um todo. Isso eles tomam como evidência de *design* (ou projeto) inteligente.

Uma grande maioria de cientistas responde que isso soa como a teoria fora de moda de "Deus das lacunas": sempre que a ciência não consegue explicar alguma coisa, apelamos a Deus, mas o triste efeito disso é que, enquanto a ciência explica cada vez mais das "lacunas", Deus se torna cada vez menor. Aqueles que defendem o *design* inteligente insistem que aquilo que estão defendendo é muito diferente: nós realmente entendemos muita coisa a respeito dessas estruturas. A evidência dessas estruturas, vinda da própria ciência, está em que tenhamos que levar em conta, para a explicação, um *design* inteligente.

Torna-se claro que cada vez mais, por trás desse debate, está uma disputa fundamental sobre a própria natureza da ciência. Um lado vê a ciência como um conjunto de disciplinas, teorias testáveis, a natureza da realidade física. Aqueles que se opõem ao projeto inteligente pensam na ciência como um conjunto de disciplinas, teorias que podem ser testadas, procedimentos que podem ser repetidos, medidas e inferências necessárias que nos tornam capazes de fazer sentido e compreender cada vez mais a natureza da realidade física *não apenas em base exclusivamente materialistas, mas também com o pressuposto de que tais métodos e resultados não possam falar sobre a existência de qualquer coisa ou qualquer pessoa fora da ordem material.*

Noutras palavras, essa visão da ciência tem compromisso de funcionar como materialismo filosófico. Por definição Deus é excluído. Muitos cientistas que têm esse ponto de vista não são ateus, claro, mas acham que aquilo que tem a ver com Deus não possui intersecção com a ordem material, a que devem ser permitidas suas disciplinas e resultados investigativos sem ser verificada qualquer coisa fora de si mesma.

Naturalmente, a ironia surge quando muitos cientistas, entre eles não poucos ateus, falam sobre a ordem e beleza da ciência e dos números em termos reverentes, cheios não somente de um senso de maravilha como também de adoração. São relativamente poucos cientistas que escrevem sobre essas questões tratando a ordem material como totalmente fria, resultado de um choque estatístico de moléculas e partículas atômicas e sub-atômicas.

Essas reflexões abrem caminho para uma leitura mais focada de textos bíblicos.

O DESENROLAR DA SEMANA DA CRIAÇÃO: GÊNESIS 1

A primeira afirmação na Bíblia é fundamental a tudo mais que segue: "No princípio, criou Deus os céus e a terra" (Gn 1. 1). Isso nos ensina pelo menos três verdades significativas:

1) Deus preexistia ao universo. Deus estava lá no princípio e agiu para fazer com que tudo mais viesse a existir.
2) O universo teve um começo. Não é eterno (como alguns cientistas ensinam) ou cíclico (como algumas religiões orientais ensinam).
3) Deus criou pessoalmente tudo do universo. Nada surgiu apenas por forças físicas impessoais, como ensinam os evolucionistas ateístas.

A doutrina da criação é fundamento de tudo que segue cronologicamente e teologicamente, e a história redentiva depende de suas verdades.

CRIAÇÃO

"A terra, porém, estava sem forma e vazia; havia trevas sobre a face do abismo, e o Espírito de Deus pairava por sobre as águas" (Gn 1.2). Este universo carente requeria o trabalho contínuo de Deus para trazê-lo à plenitude de ordem e beleza. O fato que "o Espírito de Deus pairava por sobre as águas" nos oferece o primeiro vislumbre do papel do Espírito como doador de vida, papel progressivamente desenvolvido através de toda a Bíblia.

Então, Deus falou as palavras de seu soberano poder: "'Haja luz', e houve luz" (Gn 1.3). Aqui somos apresentados à força e poder central de Deus no universo: a sua poderosa palavra. É por meio de palavras que Deus cria, e pelas palavras ele reina sobre sua criação. "Os céus por sua palavra se fizeram, e, pelo sopro de sua boca, o exército deles" (Sl 33.6). Em seguida, Deus organizou os ritmos da vida terrena em um ciclo que rotulou como sendo "dia" e "noite". "Chamou Deus à luz Dia e às trevas, Noite. Houve tarde e manhã, o primeiro dia" (Gn 1.5). Esse ritmo de noite e manhã e a contagem de dias através de Genesis 1 estabelecem um modelo do desenrolar do tempo como nós seres humanos o conhecemos.

Um dos focos da discussão contemporânea sobre a interpretação de Gênesis 1 está no significado da palavra "dia". Embora a palavra hebraica "yōm" (dia) possa fazer referência a um período estendido de tempo, como uma época da história, o significado muito mais comum é o período de vinte e quatro horas ou período da luz do sol versus o período de trevas ("dia e noite"). Com certeza, em Gênesis 1, o ritmo repetido de "E houve tarde e manhã, o primeiro [segundo, terceiro, etc.] dia" é um argumento em favor dos dias comuns de vinte e quatro horas. Tal entendimento é confirmado por outra passagem: "porque, em seis dias, fez o Senhor os céus e a terra, o mar e tudo o que neles há e, ao sétimo dia, descansou; por isso, o Senhor abençoou o dia de sábado e o santificou" (Ex 20.11). É claro que temos de reconhecer que, se carregada de símbolos, for adotada a teoria de Agostinho, ou de algum de seus equivalentes contemporâneos, esses dias de Gênesis 1 podem bem ser de períodos de vinte e quatro horas como parte de uma estrutura literária e retórica pela qual a criação está sendo interpretada.

O que permanece claro é que, intrínseco aos primeiros três dias da criação, estava o princípio da separação — disto e daquilo: luz das trevas, água acima da água embaixo, mar da terra seca. Deus estabelece linhas de limites aparentemente frágeis entre as poderosas ondas do oceano e a terra seca, como qualquer que tenha estado na praia poderá testificar. Há, às vezes, sinais que nos proíbem de andar sobre as dunas de areia para que a relva das dunas não seja tripudiada e destruída. O capim das dunas evita a erosão da frágil linha da costa, e a costa nos protege das ondas enfurecidas. A mesma espécie de reflexão se acha na autorrevelação que Deus faz a Jó: "Ou quem encerrou o mar com portas, quando irrompeu da madre; quando eu lhe pus as nuvens por vestidura e a escuridão por fraldas? Quando eu lhe tracei limites, e lhe pus ferrolhos e portas, e disse: até aqui virás e não mais adiante, e aqui se quebrará o orgulho das tuas ondas?" (Jó 38.8-11).

Uma vez que a terra seca foi desimpedida, Deus tinha uma tela em branco sobre a qual pintar as maravilhas da vida. Falou e assim formou a vida vegetal sobre a terra, as plantas carregadas de sementes de toda espécie. As palavras *semente* e *espécie* falam da receita genética para cada tipo de vegetação e seu poder de reproduzir e espalhar pela superfície da terra. Quem pode deixar de notar a majestosa variedade da vegetação sobre a terra? Deus falou, e poderosas sequóias, frágeis avencas, fragrantes orquídeas e flores silvestres espetaculares vieram à existência. Deus teceu toda coisa que vive e cresce. E tornou bela a terra seca, em um complexo sistema biológico de vida vegetal que pudesse extrair os nutrientes do solo, gás carbônico do ar, e energia do sol para que vivessem e crescessem e produzissem alimentos para os animais e seres humanos que viriam mais tarde.

No quarto dia da criação, Deus começou a espalhar sua glória pelo cosmos todo. Embora tivesse criado a luz bem no princípio, agora quis delegar a responsabilidade de dar luz à terra a entidades criadas — o sol, a lua, as estrelas. Tudo que conhecemos da luz hoje vem finalmente do sol e das outras estrelas, mas no relato de Gênesis os corpos celestes são acrescentados depois. O sol é uma criação surpreendente — um inferno feroz de poder que de alguma forma demonstra a transcendência de Deus a uma arrogante raça humana.

Não há nada que a humanidade possa fazer para o sol, bom ou mau. Não podemos torná-lo mais brilhante nem ofuscar o seu brilho, fazê-lo maior ou menor, aproximar ou afastá-lo mais, torná-lo mais quente ou mais frio. Se nós decidíssemos, como raça humana, que queríamos destruir o sol, não haveria nada que pudéssemos fazer para tanto. Se ajuntássemos todas as nossas armas termonucleares e as mandássemos ao espaço intergaláctico para explodir a superfície do sol, elas jamais conseguiriam chegar, antes, seriam incineradas milhões de quilômetros antes de seu destino. Atualmente, a NASA planeja uma missão de sonda solar que só conseguirá chegar a 3,5 milhões de milhas da superfície.

O sol continua queimando, dia após dia sem qualquer diminuição visível de seu poder, com tanto brilho que não podemos olhar diretamente para ele sem ficar cegos. O sol glorifica a Deus por seu surpreendente poder e brilho, contudo, foi tendo em mente os seres humanos que o sol, brilhando no céu, foi criado: "e os colocou no firmamento dos céus para alumiarem a terra" (Gn 1.17).

Deus criou a lua com o mesmo propósito centrado no homem, mas diferente do sol, ela dá à terra uma luz emprestada. A lua reflete a luz solar para a terra, assim como nós crentes, em sentido metafórico, um dia brilharemos com a luz de Cristo no céu. Então vem essa declaração lacônica: "e fez também as estrelas." (Gn 1.16). Recentes avanços em cosmologia, tais como o telescópio espacial *Hubble* que orbita ao redor da terra e projeta de volta imagens absolutamente estupefacientes das hostes estelares, têm nos mostrado quão imenso é o universo que Deus criou.

No quinto dia, Deus encheu os mares com criaturas que nadam e os céus com criaturas que voam. A incalculável variedade de espécies de peixes e aves espanta a mente para a glória de Deus. Deus criou baleias que são os maiores seres vivos na terra, abrindo então sua mão para alimentá-las com cerca de 1,300 kg de planctos a cada dia. Existem peixes tropicais espetacularmente belos, exibindo pinturas vívidas que irradiam com cada cor do espectro de cores existentes. E existem também peixes de aspecto grotesco, chamados de brotulídios, que conseguem sobreviver quase oito quilômetros abaixo da superfície do oceano. As aves também exibem a estonteante criatividade de Deus, pois algumas delas — como as águias – voam sobre termais, quase nunca batendo as asas, enquanto outros—como os colibris—batem suas asas até oitenta batidas por segundo. Os falcões *Peregrine* são as criaturas mais velozes da natureza, viajando até 240 milhas [380 km] por hora em mergulhos verticais.

Deus abençoou os peixes e as aves, comandando-os a encher o mar e o céu.

No sexto dia, Deus voltou sua atenção à terra seca e trouxe à existência os animais da terra — animais domésticos, animais selváticos, e criaturas que rastejam sobre a terra. A complexidade e variedade dessas espécies são claras testemunhas da sabedoria e bondade de Deus. Algumas das criaturas são grandes e poderosas, como o elefante, que consegue levantar mais de 1000 quilos com sua tromba. Outras são tímidas e minúsculas, como o texugo das rochas, que vive nas saliências das rochas das montanhas e chupa a umidade dos líquens que crescem nos penhascos. Foi Deus quem criou o poderoso leão que ruge, a lontra que nada, o hipopótamo que domina os rios africanos e o leopardo chita que corre como o vento.

O CLÍMAX DA CRIAÇÃO: A IMAGEM DE DEUS

Tendo colocado o palco em seu devido lugar, um universo completo, plenamente equipado pela amorosa provisão divina, chegou o tempo para o clímax da criação: a formação do ser humano, macho e fêmea, à imagem de Deus:

> Também disse Deus: "Façamos o homem à nossa imagem, conforme a nossa semelhança; tenha ele domínio sobre os peixes do mar, sobre as aves dos céus, sobre os animais domésticos, sobre toda a terra e sobre todos os répteis que rastejam pela terra." Criou Deus, pois, o homem à sua imagem, à imagem de Deus o criou; homem e mulher os criou (Gn 1.26-27)

Os seres humanos são únicos, especiais, porque Deus os criou à sua imagem. Os homens não foram criados para serem deuses, e sim, para refletirem a imagem de Deus. No que consiste essa "imagem"? Existem pelo menos duas maneiras significantes em que a humanidade se firma como imagem de Deus. (1) Em *nossa natureza*. Somos como Deus em certas capacidades (capacidade de pensar, raciocinar, planejar, amar, escolher, desejar, comunicar, etc.) e atributos (justiça, santidade, misericórdia, compaixão, sabedoria, e assim em diante). (2) Em *nossa posição no mundo*. Deus estabeleceu a raça humana como governantes da terra (Gn 1.26,28).

A criação de Deus também estabelece o modelo de gênero. Deus criou os seres humanos macho e fêmea, cada qual igualmente à sua imagem, no entanto, tendo ênfases e papéis distintos — tudo pelos desígnios de Deus. A homossexualidade e outras formas de confusão de gênero apagam as distinções entre macho e fêmea. Deus intencionou as distinções de gênero como coisa boa desde o princípio. É muito bom o homem ser homem e a mulher ser mulher.

Deus planejou que a raça humana se multiplicasse e enchesse o mundo com a imagem de Deus e que essa multiplicação fosse resultado de sua bênção pessoal. Quando Deus abençoa o homem e a mulher (isto é, o marido e sua esposa, conforme aprendemos a chamá-los em Gênesis 2), nascem crianças, e a imagem de Deus se espalha. Assim, os filhos são bênção do Senhor, e não uma maldição cara e inconveniente, como pensam algumas pessoas egoístas em nossa sociedade.

A amorosa provisão de Deus para a raça humana e para todos os animais é exposta no final do relato da criação — plantas e árvores portando sementes para o homem e vegetais verdes para os animais. Isso estabelece de maneira belíssima a soberana providência para a continuidade da vida. Como já mencionamos, Deus criou um universo carente, e Deus é grandemente glorificado na dependência de sua criatura. A bondade de Deus na provisão do alimento é o tema da meditação do salmista no Salmo 104: "Todos esperam de ti que lhes dês de comer a seu tempo. Se lhes dás, eles o recolhem; se abres a mão, eles se fartam de bens" (vv. 27-28).

A BONDADE DE DEUS NA BONDADE DA CRIAÇÃO

Deus completa o relato de sua criação do universo com esta arrebatadora avaliação: "Viu Deus tudo quanto fizera, e eis que era muito bom" (Gn 1.31). Esta é uma declaração de suma importância, pois afirma a bondade essencial do mundo físico, e especialmente do corpo humano. Deus declarou que tudo que fez era bom. Mais importante ainda, é que a criação mostrava que o próprio Deus é bom.

CRIAÇÃO

Vivemos em um universo inteligente e amorosamente criado por um Deus que é bom e ama o que ele habilidosamente criou. Vivemos em um planeta preparado de maneira única para a vida humana em particular. A terra se move a exatamente 66.600 milhas por hora em sua órbita em volta do sol. Essa velocidade é exatamente a necessária para equiparar o repuxo gravitacional do sol e manter a terra na distância certa para que nela viceje a vida. Foi a bondade de Deus que marcou o ângulo de inclinação do eixo da terra — 23,5 graus relativos ao sol — dando uma bela variação de estações aos hemisférios. Se a inclinação fosse aumentada para 25 graus, o verão seria muito mais quente e o inverno muito mais frio, resultando na devastação da vida vegetal da terra. Sendo assim, a velocidade e a posição da terra são "muito boas" para a vida humana.

Deus também ajustou com muita precisão a atmosfera da terra, diferente de qualquer outra atmosfera no sistema solar. Bem longe acima de nossas cabeças, o ozônio bloqueia a radiação do sol potencialmente causadora de câncer. A atmosfera faz um escudo protegendo a terra de meteoros, queimando até 70.000 toneladas de lixo espacial por ano. Ela contém 78 por cento de nitrogênio e 21 por cento de oxigênio – exatamente perfeito para a vida. Sem o oxigênio, toda a vida animal seria incapaz de sobreviver, mas, se essa quantia fosse aumentada para, digamos vinte e cinco por cento, incêndios romperiam sobre toda a terra, e seria quase impossível apagá-los. O nitrogênio não apenas dilui o oxigênio como também oferece um fertilizante essencial para a vida das plantas. Surpreendentemente, durante tempestades elétricas em toda a terra, os raios combinam o nitrogênio e o oxigênio em compostos essenciais para a vida vegetal, e esses compostos são então levados ao solo pela chuva. Assim, a atmosfera é "muito boa" para a vida humana.

Pouco antes de sua morte, em maio de 1543, o astrônomo polonês Nicolau Copérnico publicou seu livro seminal, *Sobre a revolução das esferas celestiais*. Ali demonstrou que o sol, e não a terra, é o centro do sistema solar. A ciência provou seu ponto de vista fisicamente, mas Gênesis 1 ainda demarca o conceito central que não pode ser biblicamente controvertido: a terra é o centro dos propósitos de Deus para o universo. De acordo com Gênesis 1.14-18, todas as razões pelas quais Deus criou o sol, a lua, e as estrelas eram razões centradas na terra: dar luz para a terra, separar dia da noite, marcar as estações, os dias e os anos. Essa visão da terra como centro do cosmos é também confirmada no livro do Apocalipse, quando os eventos sobre a superfície da terra e na história humana chegam ao clímax: as estrelas caem do céu como figos sacudidos de uma figueira (Ap 6.13). A terra é peça central do plano de Deus para o universo.

O DESCANSO DO SÁBADO

O relato de Gênesis dos sete dias da criação fecha com o descanso de Deus. "E, havendo Deus terminado no dia sétimo a sua obra, que fizera, descansou nesse dia de toda a sua obra que tinha feito. E abençoou Deus o dia sétimo e o santificou; porque nele descansou de toda a obra que, como Criador, fizera" (Gn 2.2-3). É claro que nunca deve ser entendido que Deus descansou no sábado porque seu trabalho na criação do universo havia feito com que se cansasse e precisasse renovar as forças. Isaías 40.28 deixa obvio: "Não sabes, não ouviste que o eterno Deus, o Senhor, o Criador dos fins da terra, nem se cansa, nem se fatiga? Não se pode esquadrinhar o seu entendimento".

Também não devemos imaginar que Deus tenha parado de exercer sua força para com o universo que criou. Deus criou um universo necessitado e dependente, que precisa dele para sua existência a cada momento. Na verdade, o sábado de repouso de Deus significa duas coisas: (1) é uma demonstração de seu direito soberano de reger o universo, como um rei que anda pela sala do trono, sobe ao estrado, vira de frente para sua corte e com grande solenidade se assenta no trono para reinar; (2) uma demonstração de sua bondade para com os seres humanos, dando-lhes oportunidade de entrar no descanso de Deus na era presente, um dia em sete, como também por toda eternidade no céu por meio da fé em Cristo (Hb 4.1-11).

A CRIAÇÃO ESPECIAL DOS HUMANOS: OS DETALHES DE GÊNESIS 2

Alguns comentaristas têm dificuldade de reconciliar os diferentes relatos da criação dados em Gênesis 1 e 2. Porém, como Charles Spurgeon disse certa vez sobre outra questão teológica: "Eu nunca tento reconciliar amigos!" Gênesis 2 é complemento perfeito de Gênesis 1. Gênesis 1 dá o grande relato, que como um arco, cobre tudo da criação do cosmo de Deus, e especialmente de seus propósitos na criação dos humanos como macho e fêmea à imagem de Deus. Mas Gênesis 2 entra para o cerne de detalhes indispensáveis sobre a formação do primeiro homem e primeira mulher e seus propósitos especiais para cada um. Gênesis 1 e 2 são como um mapa da Califórnia com um mapa inserido de Los Angeles na mesma página.

UMA TERRA GLORIOSA, PORÉM CARENTE, AGUARDA SEU ZELADOR E GOVERNADOR

Gênesis 2 mostra o retrato de uma terra adornada com a glória de Deus e ainda assim, necessitada, que aguarda seu zelador e regente. Embora a terra tivesse sido declarada "muito boa" em Gênesis 1, isso não quer dizer que ela não pudesse ser mais desenvolvida e melhorada. Assim, Gênesis 2.5 fala de certa categoria de plantas que precisam do cultivo e agricultura humana para alcançar todo seu potencial.

Onde o primeiro homem adquiriria tal habilidade? Essa viria da instrução direta do seu pai celestial. Deus tinha o plano de treinar seu filho Adão nos caminhos da terra. Uma surpreendente passagem em Isaías 28 mostra a direta intervenção de Deus na educação agronômica do homem:

> Porventura, lavra todo dia o lavrador, para semear? Ou todo dia sulca a sua terra e a esterroa? Porventura, quando já tem nivelado a superfície, não lhe espalha o endro, não semeia o cominho, não lança nela o trigo em leiras, ou cevada, no devido lugar, ou a espelta, na margem? Pois o seu Deus assim o instrui devidamente e o ensina. Porque o endro não se trilha com instrumento de trilhar, nem sobre o cominho se passa roda de carro; mas com vara se sacode o endro, e o cominho, com pau. Acaso, é esmiuçado o cereal? Não; o lavrador nem sempre o está debulhando, nem sempre está fazendo passar por cima dele a roda do seu carro e os seus cavalos. Também isso procede do Senhor dos Exércitos; ele é maravilhoso em conselho e grande em sabedoria. (Is 28.24-29)

O PRIMEIRO HOMEM FOI CRIADO UMA ALMA VIVENTE

Gênesis 2.7 relata a criação especial do primeiro homem do pó da terra: "Então, formou o Senhor Deus ao homem do pó da terra e lhe soprou nas narinas o fôlego de vida, e o homem passou a ser alma vivente." Eu me lembro de ver uma exposição no museu de ciências de Boston que mostrava o esboço de um homem, e dentro daquele esboço, havia uma série de garrafas de substâncias químicas de diversos tamanhos, cheios de compostos secos. Representava o corpo humano do qual toda a água havia sido retirada (o corpo humano é composto mais de 60 por cento de água), e o que sobrava era um punhado de minerais e compostos químicos, podendo todos ser extraídos da terra! O primeiro homem era da terra, terroso (1Co 15.47), e após a queda em pecado, Deus disse a Adão que ele morreria e retornaria à terra, "pois dela foste formado; porque tu és pó e ao pó tornarás" (Gn 3.19).

No entanto, por mais terrestres que sejamos, ainda é impressionante meditar sobre a complexidade do corpo humano feito por Deus, de maneira assombrosamente maravilhosa, desses diversos compostos terrenos (Sl. 139.14). A ciência genética moderna nos diz que o DNA encontrado nos trilhões de células em um único ser humano, se desenrolados da complexa hélice dupla encontrada em toda célula e colocada uma após a outra, alcançaria 10 a 20 bilhões de milhas.

Quão mais surpreendente é a maravilha do cérebro humano, que é a coisa física mais complexa que Deus criou, tendo cem bilhões de neurônios (aproximadamente o mesmo número de árvores na floresta Amazônica)?

OS MANDAMENTOS ESPECIAIS DE DEUS

Embora Deus tenha formado um mundo inteiro cheio de sua glória, o Senhor havia preparado de maneira muito especial um lugar para Adão e sua esposa começarem sua incrível jornada de exploração e desenvolvimento. Era "no Oriente, no Éden" (Gn 2.8), e ali Deus colocou o homem que havia formado. Ele havia suprido abundantemente o jardim do Éden com toda espécie de árvore frutífera, lindas ao olho, agradáveis ao paladar. No centro do jardim estava a árvore da vida. Também no jardim havia a árvore do conhecimento do bem e do mal. Essas árvores eram o foco do mandato especial que Deus estava prestes a confiar a Adão.

Gênesis 2.10-14 descreve quatro rios, cuja origem estava no jardim do Éden (e descobertas arqueológicas surpreendentes continuam sendo feitas sobre esses rios): "Tomou, pois, o Senhor Deus ao homem e o colocou no jardim do Éden para o cultivar e guardar" (v. 15). Deus tomou o homem e o colocou no jardim do Éden para cultivar e guardá-lo. Os verbos "cultivar" ou trabalhar e "guardar" são palavras muito comuns no Antigo Testamento, e seu significado raiz é algo como nosso "servir" e "proteger." Adão deveria servir o jardim do Éden com seu trabalho, esforçando-se para ressaltar todo seu potencial sob a tutela de seu pai celeste. As ervas e outras plantas cultivadas mencionadas em Gênesis 2.5 receberiam o cuidado necessário enquanto cresciam. O segundo mandamento, proteger, implica que perigo iminente ameaçava a beleza e paz do Éden. Esse perigo fica claro em Gênesis 3, onde Satanás chega em forma de serpente para tentar Eva e Adão e levá-los (e o jardim do Éden) à morte.

Tendo colocado Adão no Éden, Deus deu-lhe clara ordem: "De toda árvore do jardim comerás livremente, mas da árvore do conhecimento do bem e do mal não comerás; porque, no dia em que dela comeres, certamente morrerás" (Gn 2.16-17). Aqui Deus coloca uma restrição a Adão. É uma lei, uma admoestação, uma limitação. Adão recebe responsabilidade de governar sobre toda a terra, mas tem de se submeter a Deus.

A CRIAÇÃO DE EVA E O CASAMENTO

Os seres humanos, macho e fêmea são, cada um, criados à imagem de Deus e comandados a ser frutíferos, multiplicar e encher a terra (Gn 1.26-27). Mas Adão foi criado sozinho e anda sozinho por algum tempo. Embora Deus tivesse declarado não ser bom que Adão permanecesse só (Gn 2.18), não foi acidente que Deus tenha o criado primeiro, permitindo que por breve tempo ele estivesse sozinho. Deus fez isso para estabelecer Adão como chefe de sua esposa e mostrar o papel dela como "auxiliadora que lhe seja idônea" (Gn 2.18, ver 1Co 11.2-16; Ef 5.22-33; 1Tm 2.11-15).

Depois de Adão nomear todos os animais (Gn 2.19-20), fica claro que entre eles não existe ajudador propício para o homem. Adão não poderia frutificar sozinho, nem amar e relacionar-se a outro da imagem de Deus como era projetado para ser. Assim, Deus causou um profundo sono a Adão, e tirou-lhe uma costela, formando dela uma mulher, enquanto o homem dormia. Deus a trouxe e apresentou-a ao homem para ser sua esposa. E em voz poética, Adão celebra: "Esta, afinal, é osso dos meus ossos e carne da minha carne; chamar-se-á varoa, porquanto do varão foi tomada" (v. 23).

Ao dar-lhe nome, Adão demonstra sua autoridade no casamento, mas na celebração da sua essencial igualdade com ele, demonstra a parceria que teriam como seres iguais criados à imagem de Deus. Esta foi a origem do casamento, a primeira relação humana na Bíblia, e o molde para todos os casamentos futuros. É também um retrato de Cristo e da igreja (Ef 5.32). Antes de pecarem contra Deus, os dois eram tão livres que "estavam nus e não se envergonhavam" (Gn 2.25). Nenhum dos dois tinha qualquer coisa que tivessem de esconder – tão diferente da desditosa situação que prevaleceu uma vez que o pecado entrou no mundo.

UMA TRÁGICA QUEDA PARA A CRIAÇÃO

A criação que hoje nos cerca é muito diferente do mundo perfeito que cercava Adão e Eva no Éden. Adão, representando a raça humana, *deixou de servir e proteger* sua esposa e o próprio jardim do Éden. Ele ficou negligentemente de lado enquanto Satanás tentava a sua mulher, e então a seguiu em rebeldia aberta, comendo da árvore do conhecimento do bem e do mal (Gn 3.1-7).

Deus veio como juiz de toda a terra e confrontou primeiramente a Adão, depois a Eva, e depois a Serpente. Amaldiçoou a cada um dos três, e com a maldição de Adão a própria terra se tornou maldita:

> Visto que atendeste a voz de tua mulher e comeste da árvore que eu te ordenara não comesses, maldita é a terra por tua causa; em

fadigas obterás dela o sustento durante os dias de tua vida. Ela produzirá também cardos e abrolhos, e tu comerás a erva do campo. No suor do rosto comerás o teu pão, até que tornes à terra... (Gn 3.17-18).

Desde aquele tempo, a criação geme, presa à corrupção e futilidade, desejosa da gloriosa inteireza da salvação humana (Rm 8.18-22). Vemos evidências desse gemido, dessa prisão, dessa corrupção e futilidade a cada dia. E nós mesmos ansiamos pelo dia em que a criação será livre para ser mais uma vez perfeita e gloriosa.

A NOVA CRIAÇÃO

O evangelho de Jesus Cristo desencadeou o poder de Deus de trazer aquele dia a lume. Uma nova era na história humana começou com a ressurreição de Cristo. O corpo ressurreto de Cristo — um "corpo espiritual" — é o protótipo para um novo universo. Ele é "as primícias" dos que morreram (1Co 15.20,23). Enquanto o evangelho da morte redentora e da gloriosa ressurreição de Cristo vai se espalhando pelo mundo, os pecadores descendentes de Adão estão se arrependendo e crendo em Cristo, encontrando nele a redenção. Nesse momento, tornam-se espiritualmente "novas criaturas" em Cristo (2Co 5.17), e começam a ansiar também pela nova criação física.

Sendo assim, os cristãos e o universo gemem interiormente enquanto aguardam avidamente nossa redenção final, a ressurreição de nosso corpo (Rm 8.23). Na segunda vinda de Cristo, essa fervorosa esperança será cumprida e a própria criação será refeita. O universo, espiritual e físico, será de alguma maneira ressurreto como os nossos corpos, e assim, haverá continuidade e diferença. Esse novo universo tem um glorioso nome, "novos céus e nova terra, nos quais habita justiça" (2Pe 3.13).

APLICAÇÕES DA DOUTRINA DA CRIAÇÃO

A doutrina da criação deveria abrir nossos olhos para a glória de Deus ao nosso redor e nos capacitar a ter uma corrente sem fim de razões para louvar e adorar a Deus. Devemos estar prontos para agradecer a Deus pela beleza da terra, pela exibição de sua bondade e seu amor, por sua variedade, por sua doce provisão de todas as nossas necessidades, a despeito de todos os sinais da maldição que a afligem.

Não somente a criação demonstra o poder de Deus o criador. Como Davi no Salmo 139, devemos nos maravilhar que Deus tenha nos entretecido pessoalmente no ventre materno e nos sustente a cada momento de nossa vida. Precisamos compreender que "nele vivemos, e nos movemos, e existimos, como alguns dos vossos poetas têm dito: Porque dele também somos geração" (At 17.28). Devemos conhecer que Deus segura em suas mãos a nossa vida e todos os nossos caminhos (Dn 5.23). Isso deve nos levar à espécie de intimidade maravilhada com Deus que Davi demonstra no Salmo 139: "Sonda-me, ó Deus, e conhece o meu coração, prova-me e conhece os meus pensamentos" (v. 23).

Nossa regeneração é semelhante ao que Deus fez bem no início da criação: "Porque Deus, que disse: Das trevas resplandecerá a luz, ele mesmo resplandeceu em nosso coração, para iluminação do conhecimento da glória de Deus, na face de Cristo" (2Co 4.6). Isso demonstra claramente a absoluta soberania de Deus em nossa conversão. Assim como Deus falou ao escuro nada da criação, dizendo "Haja luz" e houve luz, Deus falou nas trevas do nada de nossos corações para criar uma nova luz espiritual — a luz de Cristo. Isso é regeneração, e somente o Deus soberano pode realizá-la. Quando Deus quer fazê-lo, não existe poder no universo que o possa impedir!

A criação é o ponto mais simples, claro e inicial para os pais ensinarem aos pequeninos sobre a existência e os atributos de Deus. Os pais deveriam saturar constantemente sua própria linguagem com palavras de louvor e gratidão a Deus criador, e então buscar essas analogias espirituais mencionadas no ponto anterior, ensinando aos filhos o evangelho de Jesus Cristo.

Muitos livros da Bíblia começam a sua apresentação da verdade do evangelho com a doutrina da criação (por exemplo, Gênesis, João, Romanos, Colossenses, Hebreus). Este é um ponto de contato que podemos fazer com um mundo biblicamente analfabeto. Ao procurar levar o evangelho até os confins da terra, aos grupos de povos não alcançados, inevitavelmente o ponto de partida de nossa proclamação será a criação. Isso é cada vez mais verdadeiro também em nossa própria cultura, pois cada vez menos pessoas no mundo ocidental conhecem as Escrituras. Também, a própria mensagem do evangelho deve estar intimamente ligada à criação.

A terra nos foi confiada pelo Criador, e nós, portanto, somos meros mordomos da pose de outra pessoa. Devemos respeitar a terra como criação de nosso Pai celestial, e cuidar dela com amor. Devemos servir e proteger a terra, levando-a a todo seu potencial sob Deus, sem adorar a criação.

Todos os crentes chamados a estudar as ciências deverão fazê-lo como adoradores acima de tudo mais. Os cientistas devem ver seu trabalho como a descoberta das maravilhas de Deus o criador, disponibilizando essas maravilhas aos seus irmãos e irmãs com o propósito de adoração e para benefício da humanidade. Cientistas não devem entregar seu compromisso à verdade da Bíblia enquanto descobrem novas verdades na criação.

A Bíblia é a maior e mais clara revelação da mente de Deus à raça humana, mas a própria Bíblia não é inteligível separada da criação em sua volta. A Bíblia nos fala na linguagem deste mundo, utilizando analogias físicas para nos ensinar verdades espirituais. Jesus fazia isso todo o tempo: "Considerai como crescem os lírios do campo" (Mt 6.28); "O vento sopra onde quer,; ouves a sua voz, mas não sabe donde vem nem para onde vai. Assim é todo o que é nascido do espírito" (Jo 3.8). "O reino dos céus é semelhante ao fermento que uma mulher tomou e escondeu em três medidas de farinha, até ficar tudo levedado" (Mt 13.33).

Ao passarmos pela vida neste mundo amaldiçoado pelo pecado, podemos facilmente ficar cansados e desanimados. O Salmo 23 diz: "Ele restaura minha alma" (v. 3). Tantas vezes, Deus faz isso pelo poder regenerador de sua criação. Faça excursões na natureza como parte regular de sua caminhada com Cristo. Vá à praia e escute o bater das ondas. Suba uma montanha e observe as águias plainando sobre os ventos termais. Viaje para o Grand Canyon e fique estupefato por sua imensidade e suas cores deslumbrantes. Permita que a criação de Deus refrigere a sua alma.

Romanos oito fala sobre a esperança do cristão na ressurreição do corpo e implicitamente do universo também. Viva a sua vida na fervorosa esperança da nova criação que virá. Anseie por ela, ore por ela, viva por ela, e apresse a sua vinda evangelizando os que estão perdidos.

6 PECADO E A QUEDA

Reddit Andrews III

Algo está severamente errado com os seres humanos e seu mundo. Pessoas de todas as convicções, religiosas e não religiosas, reconhecem isso. Por exemplo, conquanto a humanidade na era moderna tenha conseguido gigantescos avanços tecnológicos e médicos, também têm criado uma terrível confusão. Estima-se que 188 milhões de pessoas tenham morrido devido à guerra e opressão apenas no século XX,[46] e muitas dessas foram estupradas, mutiladas ou torturadas antes de morrer. Christopher Wright reporta:

> O mundo foi horrorizado pelo ataque sobre as torres gêmeas do *World Trade Center* de Nova York em 11 de setembro de 2001, onde umas três mil pessoas morreram. A África sofre o equivalen-

---

46 Matthew White, "Deaths by Mass Unpleasantness: Estimated Totals for the Entire 20th Century," http://users.erols.com/mwhite!&/warstat&.htm.

te a dois "onze de setembro" a cada dia que passa.... O *tsunami* no Oceano Índico em dezembro de 2004 aniquilou cerca de 300.000 pessoas em um único dia. HIV/AIDs inflige o equivalente a um *tsunami* sobre a África a cada mês.⁴⁷

O que exatamente está errado com os humanos?

RESPONDENDO À SITUAÇÃO DESAGRADÁVEL DO SER HUMANO

Muitas pessoas—incluindo líderes nas ciências, educação, política e religião — analisam a situação humana enquanto presumem que a teoria naturalista da evolução seja verdadeira. Essa teoria conclui que o mal faz parte do tecido original do qual a história humana é confeccionada. Por exemplo, Paul Ricoeur, filósofo francês, escreveu:

> Sentimos que o próprio mal seja parte da economia da superabundância. [...] Temos de ter, portanto, coragem para incorporar a maldade ao épico da esperança. De uma forma desconhecida por nós, o mal em si coopera, trabalha em prol do avanço do Reino de Deus... A fé justifica o homem do *Aufklarung* [Esclarecimento, Iluminismo], pelo qual, no grande romance da cultura, o mal é um fator na educação da raça humana, e não o puritano, que jamais obtém sucesso em dar o passo da condenação para a misericórdia.⁴⁸

Em algum sentido, o Islão também vê o mal como parte natural e inevitável do progresso humano. Isso foi expresso por Nomanul Haq:

---

47 Christopher J. H. Wright, *The Mission of God: Unlocking the Bible's Grand Narrative* (Downers Grove, IL: InterVarsity, 2006), 433–434.
48 Citado por Henri Blocher, *Original Sin: Illuminating the Riddle, New Studies in Biblical Theology 5* (Downers Grove, IL: InterVarsity, 1997), 61.

A saída humana do Jardim, então foi... igual a um nascimento natural — um bebê que sai do ventre da mãe, um pássaro que sai de um ovo que se quebra, um botão que rompe do galho. Na verdade, como na natureza, Adão teve de evoluir, moralmente, espiritualmente, intelectualmente — assim como um bebê cresce e se torna adulto, e a semente cresce e vem a ser uma imponente árvore.[49]

Assim, no Islão, a condição humana não envolve uma recuperação da queda para restabelecer algum estado original de glória, mas inclui o cumprimento de um conjunto de obrigações dadas por Deus no Alcorão. O cristianismo, por outro lado, analisa de forma singular a condição humana.

O cristianismo analisa o mal o colocando sob duas categorias inter-relacionadas: pecado e a queda. O mal existe devido ao pecado, e o pecado existe por causa da queda que ocorreu no início da história da humanidade. Em seu grande tratado sobre o pecado original, Jonathan Edwards contende que o pecado de Adão trouxe o mal ao mundo:

> Vejo a doutrina como de grande importância; que certamente todos considerarão importante se for verdade. Pois, se este for o caso, e todos os homens se encontram por natureza em estado de ruína total, tanto no que diz respeito à maldade moral da qual são súditos, como também ao mal aflitivo a que estão expostos, sendo um a consequência e castigo do outro, então, indubitavelmente, a grande salvação terá de admití-lo, e toda fé real, ou verdadeira noção do evangelho, terão de ser edificados sobre ela.[50]

---

49 Citado por Harold G. Coward, *The Perfectibility of Human Nature in Eastern and Western Thought* (Albany, NY: State University of New York Press, 2008), 83.
50 Jonathan Edwards, *The Complete Works of Jonathan Edwards* (Carlisle, PA, Banner of Truth, repr. 1995), 1:145.

PECADO E A QUEDA

Blaise Pascal escreve:

> É coisa surpreendente, porém, que o mistério que está mais longe de nosso conhecimento — o mistério da transmissão do pecado — é algo sem o qual não podemos ter conhecimento de nós mesmos! Pois não há dúvida que nada choca mais nossa razão do que dizer que o pecado do primeiro homem foi a causa da culpa daqueles que estavam tão longe daquela fonte de infecção. Parece-lhes impossível que pudessem ter se contaminado com ela. A transmissão do pecado nos parece não apenas impossível como também muito injusta. O que poderia ser mais contrário às regras de nosso triste sistema de justiça, que a condenação eterna de uma criança incapaz de ter força de vontade para pecar, tendo havido parte tão pequena, e que foi cometida seis mil anos antes que ela nascesse? Nada, com certeza, é mais chocante para nós do que essa doutrina, no entanto, sem este mistério, que é ainda mais incompreensível de tudo, nós seríamos impossíveis de ser entendidos por nós mesmos. O nó confuso da nossa condição adquiriu suas retorcidas e confusas voltas naquele abismo, de forma que o homem seja mais impossível de ser compreendido sem o mistério do que o mistério é para o homem.[51]

Somente o cristianismo analisa adequadamente a situação humana. O mal existe devido ao pecado, e o pecado existe em razão da queda. O pecado não se originou sobre a terra, mas no próprio céu. "O pecado não surgiu sobre a terra no primeiro instante, mas no céu, na presença imediata de Deus, e ao pé do seu trono. O desejo, o anseio, a vontade de resistir a Deus surgiu primeiro no coração dos anjos."[52]

---

51 Citado por Blocher, *Original Sin*, 83-85.
52 Herman Bavinck, *Our Reasonable Faith* (Grand Rapids, MI: Eerdmans, 1956) 221.

A ENTRADA DO PECADO

"No princípio, criou Deus os céus e a terra" (Gn 1.1). Os anjos responderam com cântico cheio de alegria: "Sobre que estão fundadas as suas bases ou quem lhe assentou a pedra angular, quando as estrelas da alva, juntas, alegremente cantavam, e rejubilavam todos os filhos de Deus?" (Jó 38.6-7). Após criar o universo, "Viu Deus tudo quanto fizera, e eis que era muito bom" (Gn 1.31). Mais tarde, os anjos pecaram e foram lançados para fora (2Pe 2.4; Judas 6). Adão, que tinha um relacionamento paralelo a Cristo (Rm 5.12-16; 1Co 15.22, 45-49), representa a raça humana: "O Senhor Deus lhe deu esta ordem: De toda árvore do jardim comerás livremente, mas da árvore do conhecimento do bem e do mal não comerás; porque, no dia em que dela comeres, certamente morrerás" (Gn 2.16-17).

O pecado entrou na raça quando Adão e Eva desobedeceram a Deus e comeram o fruto proibido.

> Portanto, assim como por um só homem entrou o pecado no mundo, e pelo pecado, a morte, assim também a morte passou a todos os homens, porque todos pecaram. Porque até ao regime da lei havia pecado no mundo, mas o pecado não é levado em conta quando não há lei. Entretanto, reinou a morte desde Adão até Moisés, mesmo sobre aqueles que não pecaram à semelhança da transgressão de Adão, o qual prefigurava aquele que havia de vir. (Rm 5.12-14).

Satanás se aproximou de Adão por meio de Eva, sua esposa.

> Vendo a mulher que a árvore era boa para se comer, agradável aos olhos e árvore desejável para dar entendimento, tomou-lhe do fruto e comeu e deu também ao marido, e ele comeu. Abriram-

-se, então, os olhos de ambos; e, percebendo que estavam nus, coseram folhas de figueira e fizeram cintas para si (Gn. 3.6-7)

JUSTIÇA ORIGINAL

Deus criou Adão em retidão. Ele possuía o que poderíamos chamar de justiça original. Este era um período probatório em que Adão e Eva estavam expostos à tentação e cederam a ela. Era possível para eles não pecar, e era também possível que eles pecassem.

> Deus deu ao homem o poder da escolha contrária. Por sua própria vontade, o homem, sem nenhuma compulsão ou determinação externa, poderia ter usado esse poder cometendo pecado. Não havia necessidade surgida de sua condição física, nem de sua natureza moral, nem pela natureza de seu ambiente, para que ele cometesse pecado. Foi um movimento livre dentro do espírito do homem. Usando as palavras de Laidlaw: "Surgiu com uma sugestão externa, e sobre uma ocasião externa, mas era uma crise interna".[53]

A tentação de Adão foi razoável, mas sua capitulação não foi. Deus havia abençoado Adão com o domínio sobre a terra, uma esposa que lhe correspondia, e comunhão com o próprio Deus. Deus colocou toda a criação — exceto uma única árvore — sob domínio de Adão. Os benefícios de Deus eram extremos, e a ameaça se ele comesse o fruto proibido também era extrema.

O MAL E A VONTADE DE DEUS

Deus decretou soberanamente que o pecado entraria no mundo, e Adão foi responsável por pecar livremente.

---

53 John Murray, *Collected Writings of John Murray: Lectures in Systematic Theology* (Carlisle, PA, Banner of Truth, 1978), 2:69.

> Desde toda a eternidade, Deus, pelo muito sábio e santo conselho da sua própria vontade, ordenou livre e inalteravelmente tudo quanto acontece, porém de modo que nem Deus é o autor do pecado, nem violentada é a vontade da criatura, nem é tirada a liberdade ou contingência das causas secundárias, antes estabelecidas. (*Confissão de Fé de Westminster* 3.1)

Muitas pessoas questionam se Deus foi sábio e justo em ordenar o mal. Deus, que é santo e não é autor do mal, não apenas "permitiu" o mal. Não é como se Deus não tivesse ordenado o mal, mas permitiu que ocorresse. O ponto de vista de que Deus apenas permite o mal não oferece uma resposta que remova a tensão que vem de afirmar que Deus ordena o mal, porque nos dois casos Deus ordena a entrada do pecado. Bavinck observa:

> Ele [Deus] não temia sua [do pecado e do mal] existência e poder. Ele permitiu por sua vontade para que em e contra ele pudesse trazer à luz os seus atributos divinos. Se Deus não tivesse permitido a existência do mal, sempre teria havido uma defesa da ideia de que ele não era, em todos os seus atributos, superior a um poder cuja possibilidade fosse inerente à própria criação. Pois todas as criaturas racionais, como criaturas, como seres finitos, limitados, que mudam, têm a possibilidade de apostatar. Mas Deus, porque ele é Deus, jamais temeu o caminho da liberdade, a realidade do pecado, o surgimento da maldade ou o poder de Satanás. Assim, tanto em sua origem quanto em seu desenvolvimento, Deus sempre exerce seu domínio sobre o pecado. Ele não o força nem o bloqueia com violência, mas permite que esse atinja sua plena dinâmica potencial. Ele permanece sendo rei, no entan-

to dá-lhe plena liberdade em seu reino... Permite que tenha tudo — seu mundo, suas criaturas, até mesmo o seu ungido — pois os maus não podem existir sem os bons. Permite que o mal use tudo que lhe pertence; Ele dá a oportunidade de mostrar o que pode fazer a fim de que, no final, como rei dos reis, ele deixe o teatro da batalha. Pois o pecado é de tal natureza que destrói a si mesmo pela própria liberdade que lhe foi concedida. Ele morre de suas próprias doenças; ele condena a si mesmo à morte. No ápice de seu poder, é, somente pela cruz, publicamente exibido em toda sua falta de poder (Cl 2.15).[54]

O PRIMEIRO PECADO E SUA REALIZAÇÃO

Os efeitos do pecado de Adão são profundos. Afetam todos nós.

O PECADO É AUSÊNCIA DE LEI QUE GERA JUÍZO

O pecado é quebrar a lei do Deus que é rei do céu e da terra.

Todo aquele que pratica o pecado também transgride a lei, porque o pecado é a transgressão da lei. (1Jo 3.4)

E o Senhor Deus lhe deu esta ordem: De toda árvore do jardim comerás livremente, mas da árvore do conhecimento do bem e do mal não comerás; porque, no dia em que dela comeres, certamente morrerás (Gn 2.16-17).

Em resposta à rebeldia de Adão, Deus amaldiçoou tanto os seres humanos quanto o seu mundo (Gn 3.16-19). Morte física e espiritu-

---

54 Herman Bavinck, *Reformed Dogmatics: Sin and Salvation in Christ* (Grand Rapids, MI: Baker Academic, 2004), 3:64-65.

al entraram. E com um olho na redenção final da ordem criada, Deus amaldiçoou o mundo: "Pois a criação está sujeita à vaidade, não voluntariamente, mas por causa daquele que a sujeitou, na esperança de que a própria criação será redimida do cativeiro da corrupção, para a liberdade da glória dos filhos de Deus" (Rm 8.20-21). Isso explica o mal natural, porque não haveria terremotos, tornados, inundações ou furacões se não tivesse havido a queda.

O PECADO RESULTA EM ALIENAÇÃO DE DEUS

O pecado de Adão quebrou a comunhão que ele gozava com Deus. Um pecado individual poderá parecer insignificante aos humanos, mas não para um Deus santo, que é "tão puro de olhos, que não podes ver o mal e a opressão não podes contemplar" (Hc 1.13). Então, "E, expulso o homem, colocou querubins ao oriente do jardim do Éden e o refulgir de uma espada que se revolvia, para guardar o caminho da árvore da vida" (Gn 3.24).

Os seres humanos são inimigos de Deus, mas quando Jesus salva as pessoas, ele as reconcilia com Deus: "Deus estava em Cristo reconciliando consigo o mundo, não imputando aos homens as suas transgressões, e nos confiou a palavra da reconciliação" (2Co 5.19). "Porque, se nós, quando inimigos, fomos reconciliados com Deus mediante a morte do seu Filho, muito mais, estando já reconciliados, seremos salvos pela sua vida" (Rm 5.10).

O PECADO É UNIVERSAL

Portanto, assim como por um só homem entrou o pecado no mundo, e pelo pecado, a morte, assim também a morte passou a todos os homens, porque todos pecaram... Pois assim como, por uma só ofensa, veio o juízo sobre todos os homens para condenação, assim também, por um só ato de justiça, veio a graça sobre todos os homens para a justificação que dá vida. Porque, como, pela desobediência de um só homem, muitos se tornaram pecadores, assim também, por meio da obediência de um só, muitos se tornarão justos (Rm 5.12, 18-19).

Visto que a morte veio por um homem, também por um homem veio a ressurreição dos mortos. Porque, assim como, em Adão, todos morrem, assim também todos serão vivificados em Cristo (1Co 15.21-22).

Cristo e Adão habitam papéis representativos paralelos.

Os cristãos discordam quanto ao modo pelo qual a culpa e corrupção de Adão foram transmitidas aos humanos. Alguns acham que é impossível conhecer, enquanto outros creem que Adão está organicamente ligado a todos os humanos, que estavam presentes em Adão quando ele pecou (ver Hb 7.9-10). Mais persuasivo é o fato de que Adão é o representante federal da humanidade.[55] O seu pecado foi imputado a toda sua posteridade física.

PECADO É DEPRAVAÇÃO

O pecado penetra de modo invasivo e corrompe radicalmente as pessoas. Alguns chamam isso de "depravação total", um termo facilmente incompreendido. Não quer dizer que as pessoas são tão más quanto possível ou que não conseguem fazer qualquer espécie de bem. Significa que o pecado afeta a pessoa em sua totalidade: "Todo ser humano está alienado de Deus, corrupto em todos os aspectos de seu ser (ou seja, fisicamente, mentalmente, em sua volição, emocionalmente, espiritualmente)".[56]

---

55 Ver Robert L. Reymond, *A New Systematic Theology of the Christian Faith*, 2ª ed. (Nashville, TN: Nelson, 1998), 436-39.
56 Declaração Confessional da Coalizão Evangélica.

Quando Adão e Eva pecaram, imediatamente experimentaram um senso de vergonha e tentaram cobrir sua nudez. Também se sentiram culpados, e assim se esconderam. Nunca antes haviam sentido isso, e agora nunca conseguiriam livrar-se da culpa, vergonha e corrupção (ver Gn 3.8-13). Satanás prometera que teriam o conhecimento do bem e do mal, mas não lhes disse que não conseguiriam lidar com isso. Bavinck nota:

> De acordo com a ciência contemporânea, a doença não é uma substância particular da matéria, mas um viver em circunstâncias mudadas, de maneira que na verdade as leis da vida realmente permanecem as mesmas que em um corpo saudável, mas os órgãos e as funções dessa vida são perturbadas em sua atividade normal. Até mesmo em um corpo morto o funcionamento não cessa, mas a atividade que ali se inicia é de espécie destrutiva e desintegrada. Neste mesmo sentido, o pecado não é uma substância e, sim, as o tipo de perturbação de todos os dons e energias dadas ao homem, que o fazem agir em outra direção, não para Deus, mas longe dele. Razão, vontade, interesses, emoções, paixões, habilidades psicológicas e físicas de uma e de outra espécie – tudo isso outrora era arma de justiça, mas agora, pela misteriosa operação do pecado, se tornaram armas da injustiça. A imagem de Deus que o homem recebeu na criação não era uma substância, no entanto, era tão própria à sua natureza que ele, ao perdê-la, tornou-se totalmente mal formado e deformado.[57]

"Enganoso é o coração, mais do que todas as coisas, e desesperadamente corrupto; quem o conhecerá?" (Jr 17.9). "Obscurecidos de entendimento, alheios à vida de Deus por causa da ignorância em que vivem, pela dureza do seu coração" (Ef 4.18). Dabney explica:

---

57 Bavinck, *Our Reasonable Faith*, 229.

A sede dessa *habitação* moral viciosa está, falando claramente, na propensão moral. Mas como isso dá direção ativa a todas as faculdades e partes da alma e do corpo, em ações que tenham qualquer qualidade moral, deve-se dizer que, pela acomodação da linguagem, são todos moralmente corrompidos. A consciência (o mais alto departamento de intuição racional) na verdade não foi destruída, mas a acurácia de seu veredito está grandemente alterada pelo desejo do mal, e as emoções morais instintivas que deveriam acompanhar tais vereditos, estão tão cauterizadas pela negligência que parecem fracas, ou temporariamente mortas. A visão do entendimento quanto a todos os assuntos morais ficou pervertida por propensões erradas do coração, a ponto de chamar o bem de mal e o mal de bem. Assim resulta a "cegueira de entendimento" quanto a todos os assuntos morais. A memória se torna um armazém de imagens e recordações corrompidas. Isso fornece material para a imaginação que polui a ambos. Os apetites corpóreos, sendo estimulados pelas concupiscências da alma, por uma memória ou imaginação corrompida, e por tolerância desenfreada, torna-se tirana e desordenada. Os membros e órgãos dos sentidos se tornam servos da injustiça. Assim, aquilo que não pode literalmente ser impuro passa a ser usado de forma não santa.[58]

PECADO RESULTA EM INCAPACIDADE

Depravação total descreve a condição humana universal. Incapacidade total descreve o resultado dessa condição: sem a intervenção graciosa do próprio Deus, os seres humanos são incapazes de remediar sua condição. Dabney explica:

---

58 R.L. Dabney, *Systematic Theology* (Carlyle, PA:. Banner of Truth, 1985), 323.

Todo ato moral tem uma tendência de gerar a propensão que ele favorece. Você diz que deve ser uma força muito pequena produzida por um único ato, um pequeno vínculo de hábito, que consiste em um único fio! Nem sempre. Mas a balança, ainda se virada levemente, é virada: começa a carreira descendo o morro, por pelo menos um passo, e o momento aumentado com certeza acontecerá, ainda que aos poucos. O desordenado amor a si mesmo torna-se agora um princípio de ação, e continuará a asseverar o seu domínio. [...] A depravação natural é total, neste sentido, ou seja, no que diz respeito à autorrecuperação do homem, decisivo e final. O pecado original institui a tendência direta para a depravação progressiva, e finalmente, à depravação total. Em uma palavra: é morte espiritual. A morte corporal pode deixar sua vítima mais ou menos com medo. Um cadáver pode estar horrivelmente espectral. Um corpo morto também pode estar apenas um pouco emaciado, ainda morno, ainda maleável, tendo ainda um pouco de cor na face e um sorriso nos lábios. Pode ainda ser precioso e belo aos olhos daqueles que o amavam. Mas está morto, e uma putrefação repugnante se aproxima, mais cedo ou mais tarde. É apenas uma questão de tempo.[59]

Não é como se os seres humanos quisessem submeter-se a Deus e não conseguissem. Sua vontade está corrompida de forma a não querer fazer o que é certo. "Por isso, o pendor da carne é inimizade contra Deus, pois não está sujeito à lei de Deus, nem mesmo pode estar" (Rm 8.7). Os humanos continuam resistindo a Deus — que é exatamente o que querem fazer — até que Deus transforme sua vontade para que queiram submeter-se a Deus.

---

[59] Ibid., 313, 324.

PECADO E A QUEDA

O PECADO RESULTA EM ESCRAVIDÃO SATÂNICA

Quando Adão pecou, o domínio da terra foi transferido de Adão para Satanás. Satanás lidera uma força ampla, organizada e poderosa de demônios opostos a Deus e dedicados à destruição do povo de Deus. Ele acusa e tenta as pessoas (veja Jó 1; 1Cr 21.1; Zacarias 3).

O título Satanás significa "adversário". Ele é também chamado de Diabo (que quer dizer "caluniador"), o mau, o acusador, o tentador, Belial (que significa imprestável), Belzebu (nome dado ao deus das moscas em Ecron), o príncipe dos demônios, o príncipe dos poderes do ar, o príncipe deste mundo, o deus deste século, o grande dragão, e a antiga serpente. Ele é o deus deste mundo que cega a mente dos descrentes até que Deus brilhe a luz libertadora de Cristo em seus corações (2Co 4.1-6). "O mundo inteiro jaz no Maligno" (1Jo 5.19). Por esta razão é que Paulo escreve:

> Ele vos deu vida, estando vós mortos nos vossos delitos e pecados, nos quais andastes outrora, segundo o curso deste mundo, segundo o príncipe da potestade do ar, do espírito que agora atua nos filhos da desobediência; entre os quais também todos nós andamos outrora, segundo as inclinações da nossa carne, fazendo a vontade da carne e dos pensamentos; e éramos, por natureza, filhos da ira, como também os demais (Ef 2.1-3).

Bavinck observa:

> Uma visão orgânica é aplicável também aos pecados, que se manifestam em áreas específicas da vida humana. Existem pecados pessoais e individuais, mas existem também pecados sociais comuns, os pecados específicos de famílias, nações e povos... Acontece que só notamos uma pequena porção dos pecados de nosso

grupo limitado, e isso apenas de modo superficial. Mas, se pudéssemos penetrar a essência das aparências, e traçar a raiz dos pecados no coração das pessoas, provavelmente chegaríamos à conclusão que no pecado também existe unidade, ideia, plano, modelo — em suma, que existe um sistema no pecado... Em princípio e essência nada mais é que inimizade contra Deus, e no mundo seu objetivo não é senão obter domínio soberano. Todo pecado, até mesmo o menor, sendo que é transgressão da lei divina, serve ao objetivo final ligado a todo o sistema. A história do mundo não é um processo evolutivo que opera cegamente, mas um terrível drama, uma batalha espiritual, que dura há séculos, uma guerra entre o Espírito do alto e o espirito de baixo, entre Cristo e o anticristo, entre Deus e Satanás.[60]

COMO ENTÃO VIVEREMOS?

Políticos, filósofos, cientistas, psicólogos e sociólogos modernos muitas vezes propõem remédios para os males de nosso mundo. Mas remédios que não levam em conta este entendimento do pecado são apenas brincadeira de criança, pois não começam a compreender a profundidade da situação humana. Os seres humanos não conseguem resolver seu problema profundo e universal do pecado. Só Deus poderá fazê-lo.

> É este o problema que deparamos. Existe em nós, no homem, essa terrível e poderosa força que nos leva a odiar a Deus, e ao mesmo tempo nos rebaixa e conduz ao que só pode ser descrito como repulsivo. Como é fútil pensar nessas coisas e discuti-las teoricamente. Quão criminoso é olhar a vida através de lentes cor-de-rosa. É somente quando enfrentamos os fatos, e reconhecemos a

---

60 Bavinck, *Our Reasonable Faith*, 248.

verdadeira natureza do problema, que passamos a ver o único poder que é suficiente e adequado para tratá-lo — o poder de Deus.[61]

Estamos inteiramente à mercê de Deus.

Quando entendemos que nossa necessidade é assim extrema, é melhor que apreciemos o grande amor de Deus, sua compassiva misericórdia, e gloriosa graça que nos livra do pecado. Isso nos compele a adorar a Deus por tão grande salvação.

A capacidade de destruição do pecado é quase tão infinita quanto possível ao finito. Temos de temer e detestá-lo. É tão grande que somente a morte do filho de Deus pode nos libertar. Assim, lembremos:

> Porque, se vivermos deliberadamente em pecado, depois de termos recebido o pleno conhecimento da verdade, já não resta sacrifício pelos pecados; pelo contrário, certa expectação horrível de juízo e fogo vingador prestes a consumir os adversários. Sem misericórdia morre pelo depoimento de duas ou três testemunhas quem tiver rejeitado a lei de Moisés. De quanto mais severo castigo julgais vós será considerado digno aquele que calcou aos pés o Filho de Deus, e profanou o sangue da aliança com o qual foi santificado, e ultrajou o Espírito da graça? Ora, nós conhecemos aquele que disse: A mim pertence a vingança; eu retribuirei. E outra vez: O Senhor julgará o seu povo. Horrível coisa é cair nas mãos do Deus vivo (Hb 10.26-31).

---

61 D. Martyn Lloyd-Jones, *The Plight of Man and the Power of God* (Ada, MI: Baker, 1982) 57.

O PLANO

Colin S. Smith

Algumas pessoas têm a ideia de que Deus tinha um plano maravilhoso para o mundo, mas que de maneira terrível, as coisas deram erradas e Deus teve de inventar uma custosa iniciativa para consertar a confusão. Não é isso que a Bíblia ensina.

Deus não é como o governo, respondendo a circunstâncias imprevistas e fazendo ajustes para as consequências não intencionais. Ele não é como um cientista, fazendo experimentos para ver o que dá certo, ou um empresário que tem sucesso por encontrar novas ideias que atendam às necessidades que surgem.

Conduzir os pecadores à vida eterna por meio de Cristo sempre foi o plano de Deus. Deus prometeu vida eterna "na esperança da vida eterna que o Deus que não pode mentir prometeu antes dos tempos eternos e, em tempos devidos, manifestou a sua palavra mediante a pregação que me foi confiada por mandato de Deus, nosso Salvador" (Tito 1.2-3). Antes de criar o mundo, Deus viu a alegria que viria de redimir uma vasta multidão de pecadores, vindos de todas as circunstâncias da vida, de todos os continentes do mundo, e de cada geração da história. Conhecendo bem o preço, ele determinou fazê-lo.

É por isso que a Bíblia descreve Cristo como "Cordeiro que foi morto desde a fundação do mundo" (Ap 13.8). A morte de Cristo sobre a cruz não foi algo que Deus inventou em resposta ao triunfo de Satanás no jardim do Éden ou último recurso quando se tornou evidente que os homens e as mulheres não conseguiriam obedecer aos Dez Mandamentos. A redenção dos pecadores de todas as nações por Jesus Cristo foi plano de Deus desde o princípio.

O plano de Deus é muito diferente dos nossos planos. Quando eu digo: "Eu vou me encontrar com você para o café da manhã na terça-feira que vem", quero dizer: "Presumindo que eu esteja vivo, que eu tenha transporte e que não surja alguma outra emergência, e aquele restaurante esteja aberto para servir o café da manhã, eu o verei na próxima terça-feira".

Nossos planos são contingentes. Dependem de como os acontecimentos se desenvolvem e se teremos a capacidade de fazer acontecer. Muitas coisas na vida estão além de nosso controle.

Mas Deus é soberano. Ele cumpre os seus planos em seu próprio tempo por seu próprio poder, e ninguém o impedirá. Deus conhece exatamente o que está fazendo em todos os pontos da história, em todas as nações do mundo e por meio de todos os acontecimentos na sua vida.

Isso deveria ser de grande conforto para você. Nada que você faça pega Deus de surpresa. Nada que tenha acontecido com você foi desconhecido de Deus. Nada que você faça e nada que aconteça pode impedir Deus do cumprimento de seu plano nem fazer com que ele demore mais. É isso que significa Deus ser soberano.

Deus sabe exatamente o que faz. Você pode ter confiança em saber que os eventos de sua vida não estão fugindo do controle ou sendo resolvidos por acaso, mas estão nas mãos de Deus, que em amor planeja tudo para você. Os cristãos encontram alegria em saber que o plano de Deus levará à maior demonstração possível de sua glória e à maior alegria possível para seu povo.

Eu o convido a fazer uma viagem rápida pela linha de história da Bíblia, onde Deus revela o esplendor de seu propósito, que é de tirar o fôlego, e que vai desde a eternidade passada, atravessando as eras da história humana até a eternidade futura.

Comecemos com o Antigo Testamento, onde Deus estabelece o projeto de seu plano. Então, nos Evangelhos, veremos como Jesus Cristo faz tudo que é necessário para realizar esse plano. Finalmente, olharemos as cartas do Novo Testamento e nos alegraremos em como o Espírito Santo entrega tudo que Deus prometeu e tudo que Cristo realizou na vida do povo de Deus.

DEUS FAZ UMA PROMESSA: A HISTÓRIA DO ANTIGO TESTAMENTO

Deus desenvolve o seu plano por meio de sete iniciativas cheias de promessas para todo seu povo.

CRIAÇÃO

"No princípio, criou Deus os céus e a terra" (Gn 1.1). Tente imaginar nada. É quase impossível! Mas antes da criação não havia nada, exceto Deus. Deus criou todas as coisas e todas as coisas pertencem a ele. "Ao Senhor pertence a terra e tudo o que nela se contém, o mundo e os que nele habitam" (Sl 24.1).

Olhe de maneira nova para o que Deus criou hoje. Olhe o céu que proclama a obra das mãos de Deus. Escute os pássaros – eles testificam o terno cuidado de Deus. Cada floco de neve é testemunha da majestade de Deus. Cada nascer do sol fala de sua fidelidade. "Os céus proclamam a glória de Deus, e o firmamento anuncia as obras das suas mãos. Um dia discursa a outro dia, e uma noite revela conhecimento a outra noite. Não há linguagem, nem há palavras, e deles não se ouve nenhum som" (Sl 19.1-3).

Toda a criação reflete a glória de Deus, mas Deus fez algo de ordem diferente quando criou o primeiro homem e a primeira mulher. Sabemos isso porque Deus disse: "Façamos o homem à nossa imagem, conforme a nossa semelhança; tenha ele domínio sobre os peixes do mar, sobre as aves dos céus, sobre os animais domésticos, sobre toda a terra e sobre todos os répteis que rastejam pela terra." (Gn 1.26).

Deus fez o homem e a mulher à sua imagem. Por isso é que você é diferente da planta, de um animal, um peixe ou uma ave. Todos esses foram feitos por Deus, mas somente os humanos foram feitos como Deus. Isso dá à vida humana um valor singular.

Deus escolheu trazer você à existência. Jamais criou alguém exatamente como você, nem fará outro exatamente como você é. Você não é um acidente. A sua vida não é produto do acaso. Você foi feito por Deus, e foi feito para Deus. O propósito último de sua vida é que você irradie um reflexo especial de Jesus Cristo. Você foi feito para glorificar a Deus e gozá-lo para sempre.

O que Deus promete? *Deus promete dar vida a pessoas que refletirão a sua glória.*

A Bíblia nunca explica totalmente a origem do mal; simplesmente nos diz que Deus colocou o homem e a mulher em um jardim onde tudo era muito bom. Seu alimento era provido nas árvores; seu trabalho era gratificante; sua união e alegria no casamento era completa, e viviam em comunhão com Deus, que vinha para eles e andava com eles no jardim.

Naquele jardim havia uma árvore chamada "árvore do conhecimento do bem e do mal," e Deus disse ao casal que não comessem dela (Gn 2.17). Como tudo que eles conheciam era bom, a única coisa que poderiam ganhar ao desobedecer a Deus era o conhecimento do mal.

Veio uma serpente seduzindo-os com o conhecimento do mal, e foi exatamente isso que eles escolheram. No ato de desobedecer a Deus, obtiveram o conhecimento do mal, e desde então estamos todos presos a isso. Mas Deus tomou a iniciativa e fez outra promessa.

DESTRUIÇÃO

Deus disse à Serpente "maldita és" (Gn 3.14). Maldizer é destinar à destruição. Deus estava dizendo à Serpente: "o que você fez não permanecerá. Você será destruído, e tudo que é mau será destruído com você". A maldição de Deus sobre a Serpente abre a porta da esperança para nós.

Então disse Deus a Adão: "maldita é a terra por tua causa" (Gn 3.17). A terra não havia feito nada de errado! Adão merecia a maldição devido a seu pecado. Mas Deus desviou a maldição do homem e da mulher e a fixou sobre o chão para que, em vez deles serem destruídos com a Serpente, se reconciliassem com Deus.

O que Deus promete? *Ele promete destruir o mal e livrar o mundo da maldição.*

Como isso aconteceria? Deus disse ao Maligno: "Porei inimizade entre ti e a mulher, entre a tua descendência e o seu descendente. Este te ferirá a cabeça, e tu lhe ferirás o calcanhar" (Gn 3.15).

A raça humana sempre estaria em conflito com o mal. Isso tem se provado verdade para todas as pessoas, em todas as culturas, em cada geração. Mas Deus fala de um descendente, alguém que viria na linha da história humana, nascido de mulher, que estaria de nosso lado. Ele ficará firme conosco neste grande conflito e agirá por nós contra todos os poderes do mal. Satanás ferirá seu calcanhar, mas enquanto a Serpente morde seu pé, nosso campeão esmagará a cabeça da Serpente.

A vida continuou para Adão e Eva fora do jardim de Éden. A graça de Deus os havia salvado do juízo imediato e lhes dado esperança de eventual restauração, mas eles logo descobriram que o mal desencadeado por sua desobediência trouxe mudanças arrasadoras dentro deles e em sua volta.

A primeira família humana foi novamente dilacerada quando Caim assassinou seu irmão Abel e passou o resto da vida temendo que seu feito fosse vingado (Gênesis 4). O conhecimento do mal já estava provando ser tremenda desvantagem. Já havia separado o homem e a mulher de Deus. Agora estava assolando uma família.

À medida que a violência aumentava, as pessoas se ajuntavam para construir uma cidade, esperando que a segurança coletiva fosse a resposta (Gênesis 11). Mas aquilo que começou como uma grande esperança acabou sendo uma decepção, quando as pessoas se dispersaram para o norte, sul, leste, e oeste, impelidos por medo e divididos pela língua.

Então, das tribos e nações emergentes do mundo, Deus escolheu um homem.

ELEIÇÃO

"Ora, disse o Senhor a Abrão:... eu te abençoarei, e te engrandecerei o nome. Sê tu uma bênção! ...em ti serão benditas todas as famílias da terra" (Gn 12.1-2). Abraão não sabia absolutamente nada sobre Deus. Era idólatra, vivendo em completas trevas espirituais (Js. 24.2). Mas Deus entrou de arrastão em sua vida e o transformou para sempre.

Se Deus esperasse que você ou eu o buscássemos, ele ainda estaria esperando. Ninguém busca a Deus (Rm 3.11). Ninguém! Por natureza fugimos de Deus. Se o buscamos, é porque ele já tomou a iniciativa de nos buscar e atrair-nos a ele.

Deus deixou claro a Abraão que era precisamente isso que intentava fazer na vida de gente de todas as nações deste planeta. Deus ajuntaria um povo de cada raça e língua, todo nível de renda e educação, e os conduziria ao pleno conhecimento de sua bênção.

O que Deus promete agora? *Deus promete abençoar pessoas de todas as nações.*

Esta bênção não viria às pessoas de todas as nações por meio do próprio Abraão ou de seus descendentes em geral, mas por um filho chamado de "semente" que nasceria na linha de Abraão (Gl 3.16). É por isso que o Antigo Testamento segue a história dos descendentes de Abraão.

Abraão e Sara estavam ficando velhos e não tinham filhos. Mas por um milagre da graça de Deus, Sara concebeu em sua velhice e deu à luz um filho, Isaque. O filho de Isaque, Jacó, teve doze filhos que se tornaram pais das doze tribos de Israel.

Deus cuidou dessa família extensa de maneira especial. Quando a fome ameaçou suas vidas, Deus providenciou-lhe o alimento no Egito. Nos anos que seguiram, Deus os abençoou, multiplicando seu número, de modo que a grande família de cerca de setenta pessoas cresceu e se tornou uma comunidade de cerca de dois milhões de pessoas em um período de uns quatrocentos anos.

Ao crescer em número, o povo de Deus foi desprezado. Eram ameaçados com grande crueldade e se tornaram escravos no Egito. Mas Deus viu o seu sofrimento e deles teve compaixão.

REDENÇÃO
Disse o Senhor:

> Certamente, vi a aflição do meu povo, que está no Egito, e ouvi o seu clamor por causa dos seus exatores. Conheço-lhe o sofrimen-

to; por isso, desci a fim de livrá-lo da mão dos egípcios e para fazê--lo subir daquela terra a uma terra boa e ampla, terra que mana leite e mel; o lugar do cananeu, do heteu, do amorreu, do ferezeu, do heveu e do jebuseu. (Ex 3.7-8)

Deus levantou um homem chamado Moisés e o mandou para o rei pagão do Egito com esta ordem: "Deixa meu povo ir" (Ex. 5.1). O rei não reconhecia a autoridade de Deus, e recusou o seu mandamento, vindo sob ele juízo divino. Deus enviou uma série de pragas que levaram a juízo arrasador, onde a morte veio sobre toda a terra.

Antes que Deus mandasse esse juízo, deu a seu povo um mandamento e uma promessa: cada família deveria matar um cordeiro e tomar o sangue, pintando-o sobre as ombreiras das portas, para indicar que a morte já havia vindo à sua casa (Ex 12.7). Então Deus disse: "quando eu vir o sangue, passarei por vós" (Ex 12.13).

Na noite da Páscoa, o sacrifício de Deus tirou o seu povo da escravidão e livrou-os do juízo. Depois disso, Deus fez com eles uma aliança: "Andarei entre vós e serei o vosso Deus, e vós sereis o meu povo" (Lv 26.12).

Deus deu a seu povo mandamentos e sacrifícios. Precisamos dos mandamentos porque Deus chama seu povo a andar em seus caminhos. Aqueles que têm seu nome terão de refletir o seu caráter. Mas o povo de Deus precisa mais do que mandamentos. Temos necessidade dos sacrifícios, porque mesmo quando melhores, somos ainda pecadores que carecem da glória de Deus.

O povo de Deus havia sido libertado do juízo pelo sangue de um cordeiro que foi morto. Da mesma forma, sua comunhão com Deus seria sustentada mediante um sacrifício oferecido pelos seus pecados. O que Deus promete agora? *Deus promete reconciliar os pecadores consigo mesmo mediante um sacrifício pelo pecado.*

O povo de Deus não estava satisfeito com essa provisão — queriam um rei. Deus lhes deu o tipo de rei que queriam, e ele acabou sendo uma desgraça. Então, Deus lhes deu outro rei, e a esse homem Deus fez uma promessa extraordinária.

DOMÍNIO
"Quando teus dias se cumprirem e descansares com teus pais, então, farei levantar depois de ti o teu descendente, que procederá de ti, e estabelecerei o seu reino. Este edificará uma casa ao meu nome, e eu estabelecerei para sempre o trono do seu reino." (2Sm 7.12-13)

O povo de Deus teve uma prova da bênção no tempo do rei Davi que ultrapassava qualquer coisa que tivessem conhecido antes. Com os inimigos subjugados e os limites seguros, o povo de Deus prosperava. Mas o que aconteceria depois de Davi?

Todo pai deseja o melhor para seu filho, e assim, Deus tinha a atenção de Davi quando lhe falou sobre seu descendente. Deus prometeu levantar o próprio filho de Davi para estabelecer seu reino. O filho de Davi cumpriria seu sonho de construir uma casa para o nome de Deus.

Então, Deus deu uma promessa tão grande que Davi teve de sentar para absorver. Deus prometeu estabelecer o reino do filho de Davi para sempre, dizendo: "Eu lhe serei por pai, e ele me será por filho". (2Sm 7.14). O primeiro filho em vista era o filho imediato de Davi, Salomão, que segue seu pai ao trono. Mas a promessa de uma dinastia eterna para Davi (2Sm 7.16) antevê um filho que ultrapassa tanto Davi quanto Salomão. Como um reino pode durar para sempre? E em que sentido esse filho de Davi seria também filho de Deus?

Ao viajarmos pela história do Antigo Testamento, estamos construindo um retrato do plano de Deus e da pessoa que cumprirá aquilo que Deus promete: Deus promete dar vida às pessoas que refletirão sua glória, destruir o mal e livrar o mundo da sua maldição, abençoar os povos de todas as nações, e reconciliar os pecadores consigo mesmo mediante um sacrifício pelos pecados.

Aquele que cumprirá essa promessa será nascido de uma mulher, da semente de Abraão e descendente de Davi, um rei que trará a bênção do reinado de Deus. Deus será seu pai, e ele será filho de Deus. Deus estabelecerá o trono de seu reinado para sempre. O que Deus promete agora? *Deus promete que seu povo viverá sob a bênção de seu reinado eternamente.*

Depois de Davi, seguiu-se uma linhagem de reis, alguns bons, mas a maioria deles era má. O povo de Deus adorou outros deuses e andava nos seus maus caminhos. Deus enviou mensageiros chamados "profetas" para chamar seu povo de volta à obediência. Sua mensagem era em grande parte ignorada. Assim, Deus, cuja palavra jamais falhará, se moveu para disciplinar e corrigir seu povo.

CORREÇÃO

Assim diz o Senhor: Logo que se cumprirem para a Babilônia setenta anos, atentarei para vós outros e cumprirei para convosco a minha boa palavra, tornando a trazer-vos para este lugar. Eu é que sei que pensamentos tenho a vosso respeito, diz o Senhor; pensamentos de paz e não de mal, para vos dar o fim que desejais. (Jr 29.10-11).

A terra que Deus dera a seu povo estava dominada por inimigos, e o povo de Deus foi exilado. Viveram na Babilônia sob disciplina de Deus e choravam enquanto caminharam setenta anos de tristeza e arrependimento.

Porém, mesmo sob a mais severa disciplina, Deus estava cumprindo o propósito para seu povo. Deus nos recebe em nosso pecado, mas jamais nos deixa em nossos pecados. Ele é inexorável em nos chamar para seguir seus caminhos e em nos corrigir quando nos desviamos deles. O que Deus promete agora? *Deus promete que todo seu povo andará em seus caminhos.*

Quando a obra redentora de Deus em sua vida estiver completa, você amará a Deus de todo coração, entendimento, alma e força, e você amará a seu próximo como a si mesmo, compartilhando a alegria desse amor com todo o povo de Deus para sempre.

Até esse dia, Deus não descansará contente onde seus filhos se prendem a pecados que ele disse claramente que abandonássemos. Deus não transporta pecadores não transformados e egocêntricos para as alegrias da vida eterna. Deus nos chama à obediência, e quando resistimos seu chamado podemos esperar ficar sob sua amável disciplina, que recusa largar de nós.

Depois de setenta anos, Deus trouxe seu povo castigado de volta à Terra Prometida. Esta restauração foi milagre da graça de Deus que parecia impossível. Mas então, Deus deu a um homem uma visão daquilo que estava prestes a fazer.

RESTAURAÇÃO

> Então, me disse: Filho do homem, estes ossos são toda a casa de Israel. Eis que dizem: Os nossos ossos se secaram, e pereceu a nossa esperança; estamos de todo exterminados. Portanto, profetiza e dize-lhes: Assim diz o Senhor Deus: Eis que abrirei a vossa sepultura, e vos farei sair dela, ó povo meu, e vos trarei à terra de Israel. Sabereis que eu sou o Senhor, quando eu abrir a vossa sepultura e vos fizer sair dela, ó povo meu. (Ez 37.11-13)

As promessas de Deus são tão grandes que a fé cambaleia diante delas. Foi assim com o povo de Deus no tempo de Ezequiel. Jerusalém jazia em ruínas; a maioria das pessoas havia fugido ou morrido; e os que sobreviveram eram exilados na Babilônia sob um regime que não tinha a mínima intenção de deixá-los ir embora.

O povo de Deus conhecia as suas promessas, mas a destruição do mal, as bênçãos de Deus sobre todas as nações, e as alegrias do reino davídico pareciam de outro mundo, longe de sua lida diária. Seu povo achava difícil cantar seus louvores nessa terra estranha.

Então Deus deu ao profeta Ezequiel uma visão em que ele viu um vale de ossos secos. O quadro cabia bem nos sentimentos do povo de Deus, que estava dizendo "Os nossos ossos se secaram, e pereceu a nossa esperança; estamos de todo exterminados" (Ez 37.11). Eles sentiam que a situação era sem esperança.

Na visão, Ezequiel falou a palavra de Deus aos ossos, e enquanto o fazia, os ossos começaram a se ajuntar. Em seguida, ficaram cobertos de tendões, carne e pele, e o Espírito de Deus soprou vida sobre os cadáveres, assim como tinha soprado vida em Adão. Deus estava trazendo nova vida da sepultura. O que Deus promete agora? *Deus promete nova vida depois da sepultura.*

CONCLUSÃO

O Antigo Testamento é a história das maravilhosas promessas de Deus. Dê um passo para trás e tente absorver isso tudo:

1) Deus promete dar vida a pessoas que refletirão sua glória.
2) Deus promete destruir o mal e livrar o mundo da maldição.
3) Deus promete abençoar pessoas de todas as nações.
4) Deus promete reconciliar pecadores consigo mesmo mediante um sacrifício pelos pecados.
5) Deus promete que seu povo viverá sob a bênção de seu reino para sempre.

6) Deus promete que todo seu povo andará em todos os seus caminhos.

7) Deus promete trazer nova vida depois da sepultura.

Por qualquer padrão, estas promessas são maravilhosas. Só Deus poderia fazê-las, e só Deus poderá cumpri-las. Para descobrir como ele fez isso e o que tais promessas poderão significar para você, vamos agora ao Novo Testamento.

CRISTO CUMPRE A PROMESSA: A HISTÓRIA DOS EVANGELHOS

As promessas que Deus faz são tão grandes que somente Deus as poderia cumprir, e assim, ele se tornou carne humana em Jesus Cristo. O Criador entrou na própria criação. Deus veio e ficou junto a nós, agindo por nós, a fim de cumprir sua promessa. O Verbo "estava no princípio com Deus. E o Verbo se fez carne e habitou entre nós, cheio de graça e de verdade, e vimos a sua glória, glória como do unigênito do Pai" (Jo 1.2,14). Os Evangelhos nos contam o que Jesus Cristo realizou para seu povo.

ENCARNAÇÃO

"Respondeu-lhe o anjo: Descerá sobre ti o Espírito Santo, e o poder do Altíssimo te envolverá com a sua sombra; por isso, também o ente santo que há de nascer será chamado Filho de Deus." (Lucas 1.35)

O anjo anunciou a Maria que Jesus seria "O filho do Altíssimo" e "o filho de Deus" (Lucas 1. 32,35), e Mateus documenta que ele é "chamado pelo nome de Emanuel (que quer dizer: Deus conosco)" (Mt 1.23). João o descreve como verbo de Deus que se encarnou (Jo 1.14).

Deus falou sua promessa com palavras. Então, quando sua palavra tornou-se carne, a sua promessa foi cumprida. Somente Deus pode cumprir aquilo que Deus prometeu. É por esta razão que o louvor e as ações de graças cristãs estão tão intimamente ligadas com a confissão de que Jesus Cristo é Deus e que Jesus Cristo é também ser humano. Como nós nascemos, Cristo também nasceu — para viver nossa vida e morrer nossa morte. Ele veio até nós e fica junto a nós para agir em nosso favor. Como Deus, ele cumpre o que Deus prometeu; como homem, ele cumpre o que Deus prometeu a nós.

O anjo anunciou também que Jesus é santo: "o ente santo que há de nascer" (Lucas 1.35). Aqui temos algo que nunca antes foi visto na história do mundo, nem será visto outra vez: um *homem* santo por natureza. Este homem pertence por direito ao céu e, porque é Deus, tem a capacidade de levar outros até lá com ele.

A união de Deus e homem em Jesus Cristo, o santo, abre para nós a porta da esperança. João Calvino o diz de maneira belíssima:

> Em suma, como não pudesse sendo Deus somente, sentir a morte, nem pudesse vencê-la apenas como homem, ele aliou a natureza humana com a natureza divina para fazer expiação pelo pecado, para que submetesse a fraqueza de um à morte; e para que, lutando com a morte pelo poder da outra natureza, ele pudesse obter a vitória por nós.[62]

É este o propósito da encarnação. Somente o Deus-homem poderia cumprir as promessas de Deus aos homens e mulheres. O nascimento do santo de Deus levou à vida perfeita, sem pecado, de nosso Senhor Jesus Cristo.

TENTAÇÃO

"Jesus, cheio do Espírito Santo, voltou do Jordão e foi guiado pelo

---

[62] João Calvino, *Institutas da Religião Cristã*, 2.12.3 (http://www.ccel.org/ccel/calvin/institutes.iv.xiii.html).

mesmo Espírito, no deserto, durante quarenta dias, sendo tentado pelo diabo. Nada comeu naqueles dias, ao fim dos quais teve fome" (Lucas 4.1-2). Cristo confrontou a Satanás quando foi levado pelo Espírito para ser tentado, e triunfou onde Adão falhou. A Serpente tentou a Jesus três vezes, assim como fizera com Eva e Adão. Os paralelos são óbvios, mas também não podemos deixar de observar as diferenças.

O ambiente era claramente diferente. Eva e Adão enfrentaram a tentação em um jardim com alimento suprido pelas árvores ao redor. Cristo enfrentou a tentação num deserto onde não havia comida, e estava faminto. As iniciativas eram diferentes. Satanás veio procurando a mulher no jardim. Mas Cristo foi atrás de Satanás no deserto. O Espírito Santo o levou a um confronto com o Diabo. Cristo chegou até Satanás, o atraiu abertamente e iniciou o confronto.

A maior diferença estava no resultado. Onde Adão falhou, Cristo triunfou. Tendo apresentado a Cristo sua tentação mais atraente, Satanás foi forçado a retirar-se "até um tempo oportuno" (Lucas 4.13). Claramente não era uma opção vencer o santo pela tentação.

O triunfo de Cristo sobre a tentação tem enorme significado para nós. O fracasso de Adão trouxe miséria a todos nós. Ele passou os efeitos de sua falha a todos que dele derivam sua vida. Por natureza pertencemos a Adão, que fracassou. Partilhamos de sua falha. Estamos "debaixo do pecado" (Rm 3.9).

Mas a vitória de Cristo nos traz esperança. Assim como Adão transmitiu os efeitos de seu fracasso a todos que dele derivam suas vidas, Cristo transmite os efeitos de seu triunfo a todos que recebem dele a nova vida. Pela graça mediante a fé pertencemos a Cristo que venceu. Partilhamos de seu triunfo. Estamos "debaixo da graça" (Rm 6.14).

A fraqueza de Adão, que falhou, está em você, portanto, esteja vigilante quanto à tentação. Mas a força de Cristo, que venceu, também está em você pelo Espírito Santo, e assim, quando somos tentados, podemos permanecer firmes.

Depois de seu triunfo no deserto, Jesus "regressou para a Galileia, e a sua fama correu por toda a circunvizinhança" (Lucas 4.14). O que aconteceu em seguinte ajuda-nos a entender nossa experiência de vida no mundo de hoje.

REJEIÇÃO

> O Espírito do Senhor está sobre mim, pelo que me ungiu para evangelizar os pobres; enviou-me para proclamar libertação aos cativos e restauração da vista aos cegos, para pôr em liberdade os oprimidos, e apregoar o ano aceitável do Senhor...Todos na sinagoga, ouvindo estas coisas, se encheram de ira (Lucas 4.18-19, 28).

Imagine a pequena multidão reunida na sinagoga quando Jesus leu a Escritura e explicou seu significado. Suas palavras estão cheias de esperança, mas o povo não responde com alegria, e sim com imensa ira. Estavam "furiosos." Em alguns círculos do ministério de Jesus Cristo, que vem ao nosso encontro para ajudar, ele foi rejeitado desde o começo, e este tema percorre todos os Evangelhos.

Em outra ocasião, Jesus curou um homem de mão paralisada. Foi um milagre surpreendente, mas observe a resposta dos fariseus: "Mas eles se encheram de furor e discutiam entre si quanto ao que fariam a Jesus" (Lc 6.11). De outra vez, Cristo expeliu demônios de um homem que havia aterrorizado a comunidade com violência. Mas quando o povo viu o homem que tanto os tinha perturbado assentado, vestido, de mente sã, pediram que Jesus fosse embora da região (Lucas 8.37).

Esse modelo de rejeição culminou com a multidão gritando para que Jesus fosse crucificado. Pilatos tentou interferir, "Mas eles instavam com grandes gritos, pedindo que fosse crucificado. E o seu clamor prevaleceu" (Lucas 23.23).

Vivemos em um mundo que rejeita a Cristo. Não podemos entender o mundo em que vivemos até entender o seguinte: Cristo "Veio para o que era seu, e os seus não o receberam." (Jo 1.11).

Quando acontecem desastres naturais, as pessoas perguntam: "Por que Deus não faz algo a esse respeito?" Mas quando ele veio e acalmou a tempestade, nós o rejeitamos. Quando bandidos armados aterrorizam as escolas, perguntamos: "Por que Deus não faz nada sobre isso?" Mas quando ele veio e expulsou os demônios, pedimos que ele fosse embora. Quando chega o câncer, perguntamos: "Por que Deus não faz nada?" Mas quando ele veio e curou os enfermos, as pessoas o rejeitaram.

"Veio para o que era seu, mas os seus não o receberam". Graças a Deus não termina ali. "Mas a todos quantos o receberam, deu-lhes o poder para serem filhos de Deus, a saber, aos que creem em seu nome" (Jo 1.12).

Eis nossa posição como cristãos: vivemos em um mundo com todo seu pecado e morte, que rejeita Cristo, mas pertencemos a uma família que exalta a Cristo, com toda sua vida e alegria. *Ao mesmo tempo* experimentamos tanto a dor deste mundo caído quanto a esperança de todos os que estão em Cristo.

Enquanto o mundo o rejeitava, Jesus subiu uma montanha com três de seus discípulos.

TRANSFIGURAÇÃO

"E aconteceu que, enquanto ele orava, a aparência do seu rosto se transfigurou e suas vestes resplandeceram de brancura" (Lucas 9.29). Pedro, Tiago e João viram a glória, o brilho e esplendor de Jesus Cristo. Viram o que os anjos veem no céu e que num dia futuro todo olho humano verá. Qual o brilho do lampejo de um raio? Jesus, a quem esses homens conheciam como amigo, era e é o brilho da glória do Pai (Hb 1.3).

Mas existe mais: "Eis que dois varões falavam com ele: Moisés e Elias, os quais apareceram em glória e falavam da sua partida, que ele estava para cumprir em Jerusalém." (Lucas 9.30-31) Moisés e Elias haviam vivido e morrido centenas de anos antes. Agora aparecem, tão grandes como se vivos, compartilhando a glória de Jesus.

Então a voz do Todo-Poderoso falou da nuvem dizendo: "Este é o meu Filho, o meu eleito; a ele ouvi" (Lc 9.35). Hoje o mundo rejeita Cristo. Mas Deus chama para que o ouçamos. Ele é o eleito de Deus, e é capaz de trazer homens mortos à glória!

Os discípulos não permaneceram na montanha. A nuvem desapareceu; Moisés e Elias desapareceram de vista, e o rosto de Jesus voltou a ser como eles conheciam antes. Os discípulos tiveram de viver pela fé, assim como nós, e quando desceram a montanha, voltaram para um mundo cheio de grande maldade e profunda necessidade.

CRUCIFICAÇÃO

"Quando chegaram ao lugar chamado Calvário, ali o crucificaram, bem como aos malfeitores, um à direita, outro à esquerda." (Lucas 23.33). Nosso pecado atingiu todo seu horror e encontrou sua mais terrível expressão na cruz. Todos nós desobedecemos aos mandamentos de Deus; então crucificamos o seu filho. O juízo de Deus teve de cair sobre a raça humana, mas ele desviou a condenação que nós merecemos para outro lugar.

Enquanto os soldados estavam pregando Jesus à cruz, nosso Senhor orou: "Pai, perdoa-lhes, porque não sabem o que fazem (Lucas 23.34). Quando Jesus disse isso, estava se isolando sob o juízo de Deus. Sabia que esse juízo viria naquele dia, como aconteceu. Mas ele clamou ao Pai: "Não deixe que caia sobre eles. Deixe cair sobre mim!"

Foi o que aconteceu no Calvário. O castigo devido a seu pecado foi derramado sobre Jesus. Cristo tornou-se para-raios do nosso juízo, e o perdão foi concedido mediante o seu sofrimento e morte na cruz por nós. A maldição caiu sobre Jesus, pois ele carregou, "ele mesmo em seu corpo, sobre o madeiro, os nossos pecados, para que nós, mortos para os pecados, vivamos para a justiça; por suas chagas, fomos sarados" (1Pe 2.34). O peso de nossa culpa "o Senhor fez cair sobre ele a iniquidade de nós todos" (Is 53.6), e ele tornou-se sacrifício pelos nossos pecados.

A morte de Cristo muda a morte para todos que são seu povo. Quando você morre, não levará seu pecado e culpa porque ele já a carregou em *sua* morte por você. Se você está em Cristo, jamais saberá o que é morrer uma morte que carrega o pecado.

Quando nosso pecado atingiu todo seu horror, o amor de Deus foi demonstrado em toda sua glória. Se você duvida do amor de Deus por você, olhe para a cruz. Nenhum outro amor pode se igualar a este. Nada mais em nossa experiência chega perto. O amor de Deus por nós em Cristo é maior do que jamais poderíamos ousar sonhar.

RESSURREIÇÃO
"Ele não está aqui, mas ressuscitou!" (Lucas 24.6). Na manhã da Páscoa um grupo de mulheres foi até a sepultura onde o corpo de Jesus havia sido colocado e encontraram-no vazio. A boa nova que ouviram não era que "Jesus está vivo", mas que "Ele ressuscitou". O filho de Deus estava vivo no céu antes de tomar a carne humana. Poderia ter voltado ao céu, deixando no túmulo o seu corpo crucificado. Os anjos poderiam ter dito: "Seu corpo está no túmulo, mas não tenham medo, seu espírito está com o pai no céu". Porém, isso não teria cumprido o plano de redenção de Deus por nós.

O PLANO

Quando Deus criou os anjos, ele os fez almas sem corpos, e quando criou os animais, ele os fez corpos sem almas. Mas ele nos criou como integração singular de corpo e alma juntos.

A morte separa aquilo que Deus uniu. É o desfazer de nossa natureza, e é por isso que a morte é inimiga tão terrível. Mas Cristo passou pela morte, triunfou sobre ela, e saiu da morte. Veio redimir a nossa vida — alma e corpo — e apresentar-nos por inteiro, sem falha e com grande alegria, a nosso pai no céu (Judas 24).

Cristo então mostrou aos discípulos que toda a mensagem da Bíblia conduz e flui de sua morte e ressurreição. "Então, lhes abriu o entendimento para compreenderem as Escrituras; e lhes disse: Assim está escrito que o Cristo havia de padecer e ressuscitar dentre os mortos no terceiro dia e que em seu nome se pregasse arrependimento para remissão de pecados a todas as nações, começando de Jerusalém" (Lucas 24.45-47).

Cristo falou claramente sobre a mensagem que os apóstolos haveriam de pregar: arrependimento e perdão dos pecados. Arrependimento significa completa mudança de mende quanto a nossos pecados e toda nossa posição para com Jesus Cristo. Separamo-nos da rejeição que o mundo faz de Jesus, e assumimos nossa posição diante dele, confiando em sua misericórdia e colocando-nos sob sua autoridade.

Perdão significa que Jesus Cristo nos abraça em amor. Ele limpa nossa culpa, nos reconcilia com Deus o Pai, e entra em nossa vida por meio de seu Espírito — dando-nos poder para viver a nova vida de fé e obediência à qual ele nos chama.

ASCENSÃO

"Erguendo as mãos, os abençoou. Aconteceu que, enquanto os abençoava, ia-se retirando deles, sendo elevado para o céu" (Lucas 24.50-51). O último vislumbre que os discípulos tiveram de Jesus foi com suas mãos erguidas, abençoando-os. A obra expiadora de Cristo na cruz estava terminada. Mas sua obra de abençoar os discípulos continuou mesmo enquanto ele subia ao céu. Essa maravilhosa realidade deve ter selado sua mente e coração pelo modo da ascensão de Cristo.

Hoje, à destra do pai, Cristo continua a abençoar seu povo. Suas mãos não estão levantadas contra nós, mas em nosso favor. Ele não nos fala de condenação, mas de bênção. Suas palavras são vida. Quando você está "em Cristo," tudo que é dele torna-se seu. Sua morte, que carregou nossos pecados, é nossa, a sua vida ressurreta é nossa, e um dia compartilharemos também de sua ascensão.

> Porquanto o Senhor mesmo, dada a sua palavra de ordem, ouvida a voz do arcanjo, e ressoada a trombeta de Deus, descerá dos céus, e os mortos em Cristo ressuscitarão primeiro; depois, nós, os vivos, os que ficarmos, seremos arrebatados juntamente com eles, entre nuvens, para o encontro do Senhor nos ares, e, assim, estaremos para sempre com o Senhor. Consolai-vos, pois, uns aos outros com estas palavras. (1Ts 4.16-18)

Quando Cristo vier em glória, todo seu povo compartilhará de sua ascensão. O corpo daqueles que morreram ressuscitará. Os corpos dos que estão vivos serão transformados, e o povo de Deus, redimido em Cristo, estará com ele para sempre.

CONCLUSÃO

Eis o estarrecedor alcance do que Deus nos promete em Jesus Cristo. Jesus veio, viveu, morreu e ressurgiu para que:

1) Pudéssemos ser nova criação que reflete plenamente a imagem de Deus.

2) Pudéssemos ser libertos da maldição do pecado
3) Pudéssemos gozar a bênção de Deus juntos com uma imensa companhia de pessoas redimidas de todas as nações.
4) Fôssemos reconciliados com Deus mediante Cristo, que ofereceu a si mesmo como
sacrifício por nossos pecados.
5) Pudéssemos viver sob a bênção do governo de Deus para sempre.
6) Andássemos nos caminhos de Deus, amando-o de todo coração e ao próximo como a nós mesmos.
7) Recebêssemos nova vida do túmulo.

Deus sela todas as suas promessas com o seu próprio "sim" em Jesus (2Co 1.20). Jesus é o sinaleiro verde sobre todas as promessas de Deus, e podemos ter plena confiança de que tudo que Deus prometeu é nosso nele.

Em seguida, vamos para as cartas do Novo Testamento, onde vemos como o Espírito Santo aplica tudo que Cristo fez na vida de seu povo.

A IGREJA COMUNICA A PROMESSA: A HISTÓRIA DE ATOS

Antes de Jesus subir ao céu, prometeu enviar o Espírito Santo a seus discípulos. Cristo estava retornando ao pai celeste, mas sua presença e poder estaria com eles por meio do Espírito Santo. A promessa de Cristo foi cumprida no dia de Pentecostes. Pedro falou a uma grande multidão de pessoas ajuntadas de todas as nações em Jerusalém. Ele descreveu a vida, morte, e ressurreição de Jesus, e em seguida, cheio do Espírito Santo, declarou: "a este Jesus, que vós crucificastes, Deus o fez Senhor e Cristo" (Atos 2.36).

As pessoas creram claramente naquilo que Pedro estava lhes falando. Se não fosse assim, teriam discutido ou simplesmente se afastado.

Mas não foi essa a sua reação. "Ouvindo eles estas coisas, compungiu-se-lhes o coração e perguntaram a Pedro e aos demais apóstolos: Que faremos, irmãos?" (Atos 2.37).

Pedro respondeu: "Arrependei-vos" (Atos 2.38). Isto é importante. A verdadeira fé é carregada de arrependimento, e o verdadeiro arrependimento está carregado de fé. Fé e arrependimento são como dois lados de uma moeda. Não se pode ter um sem ter o outro. Fé e arrependimento nascem juntos quando você vê o amor e a misericórdia de Deus por você em Jesus Cristo.

Pedro continuou, "Arrependei-vos, e cada um de vós seja batizado em nome de Jesus Cristo para remissão dos vossos pecados, e recebereis o dom do Espírito Santo" (Atos 2.38). Pedro lhes diz que devem identificar-se publicamente com o Senhor Jesus Cristo e receber a marca, o sinal, o selo da promessa de Deus. Deus promete o perdão dos pecados e o dom do Espírito Santo a todos quantos ele chama (Atos 2.38-39). Deus o perdoa. Deus o reconciliará com ele. Cristo lhe dará nova vida pelo Espírito Santo que concederá a você.

Vale a pena de lembrar que Pedro estava falando na mesma cidade onde Jesus tinha sido crucificado apenas cinquenta dias antes. Alguns que estavam naquele dia de Pentecostes também teriam estado na multidão que clamou para que ele fosse crucificado, dizendo: "Caia sobre nós o seu sangue e sobre nossos filhos!" (Mt 27.25). Foi a *esse mesmo povo* que Pedro fala sobre o perdão de Cristo e o dom do seu Espírito Santo: "Pois para vós outros é a promessa, para vossos filhos e para todos os que ainda estão longe, isto é, para quantos o Senhor, nosso Deus, chamar" (At 2.39).

A promessa é para "vocês". Se você crê no Senhor Jesus Cristo e deixa o seu pecado, Deus o perdoará de tudo que tiver feito. Ele lhe dará seu Espírito Santo, tornando possível que você se livre dos antigos caminhos e viva uma vida nova.

O PLANO

A promessa é para "seus filhos". Isso quer dizer que não se limita a uma única geração que viveu há dois mil anos. Não está trancada no passado. A promessa nunca fica obsoleta. Ela se estende pelos séculos e é para nós hoje.

A promessa é para todos que estão "longe". A promessa de perdão e nova vida em Jesus Cristo é para gente de toda origem. Se você sente que hoje está longe de Deus, esta promessa é para você.

Deus prometeu que por meio da semente de Abraão, pessoas de todas as nações da terra seriam abençoadas. Perdão e nova vida em Jesus Cristo é a promessa de Deus para gente da África, Ásia, das Américas, Europa, Austrália, e Antártida. A missão da igreja é levar esta boa nova de Jesus Cristo a todas as pessoas.

A promessa é para "todos quantos o Senhor nosso Deus chamar". Ele nos chama por meio do evangelho. Deus estava chamando aquelas pessoas ali, enquanto Pedro lhes falava sobre Cristo. Deus o está chamando hoje, enquanto você lê as boas novas do evangelho. Há perdão e nova vida para você em Jesus Cristo hoje.

O ESPÍRITO SANTO CUMPRE A PROMESSA: A HISTÓRIA DAS CARTAS DO NOVO TESTAMENTO

Como é essa nova vida em Cristo? O que acontece quando o Espírito Santo entrega a promessa de Deus em uma pessoa que se arrepende e crê? O que Deus fez por você por meio de Jesus Cristo?

As cartas do Novo Testamento nos conduzem para dentro da promessa de Deus mostrando-nos tudo que nos pertence em Jesus Cristo. Quero que você veja a amplidão do que inclui a obra redentora de Deus em uma vida humana. Tudo começa com a regeneração.

REGENERAÇÃO: TEMOS UMA NOVA VIDA

Bendito o Deus e Pai de nosso Senhor Jesus Cristo, que, segundo a sua muita misericórdia, nos regenerou para uma viva esperança, mediante a ressurreição de Jesus Cristo dentre os mortos. [...] pois fostes regenerados não de semente corruptível, mas de incorruptível, mediante a palavra de Deus, a qual vive e é permanente. (1Pe 1.3,23).

Quando Deus criou os céus e a terra, nosso planeta era sem forma e vazia — um caos escuro e aquoso. O Espírito de Deus pairava sobre as águas (Gn 1.2). Então Deus falou luz às trevas, trazendo vida ao mundo. Deus formou toda a beleza da terra.

O mesmo Espírito que pairou sobre as águas na criação é como vento soprando sobre a vida humana (Jo 3.8). Ele dá luz a pessoas que não conseguem enxergar a glória de Cristo (2Co 4.4), e traz vida nova a pessoas que estavam mortas para com Deus (Ef 2.1).

Jesus disse: "o que é nascido do Espírito é espírito" (Jo 3.6). Quando o Espírito Santo regenera uma pessoa, ele transforma a alma para que, com mente nova e novo coração, a pessoa ame Cristo, confie nele e livremente o siga. Jesus descreve este milagre como "nascer de novo" ou "nascer do Espírito" (Jo 3.7-8). Por trás de toda essa crença está o milagre da graça regeneradora de Deus.

O intercâmbio de regeneração e fé é um mistério que deve nos conduzir à adoração. Os filhos de Deus estão envolvidos e se caracterizam pela fé no Senhor Jesus Cristo. "Mas, a todos quantos o receberam, deu-lhes o poder de serem feitos filhos de Deus, a saber, aos que creem no seu nome" (João 1.12).

Mas por que você creu quando outros não creram? Por que você veio à fé quando veio e não antes ou depois? Deus tomou a iniciativa de regenerá-lo. Deus abriu os seus olhos para ver a glória de Cristo. O Espírito Santo pairou sobre o escuro caos de sua vida e fez de você uma nova criatura em Cristo.

O PLANO

Você vê como Deus realizou algo maravilhoso em sua alma, dando-lhe nova vida do alto? Deus lhe deu um novo coração. Ele colocou seu Espírito em você. Deu-lhe o novo para uma viva esperança por meio da ressurreição dos mortos de Jesus Cristo (1Pe 1.3).

UNIÃO: VOCÊ ESTÁ EM CRISTO

"Ou, porventura, ignorais que todos nós que fomos batizados em Cristo Jesus fomos batizados na sua morte? Fomos, pois, sepultados com ele na morte pelo batismo; para que, como Cristo foi ressuscitado dentre os mortos pela glória do Pai, assim também andemos nós em novidade de vida" (Rm 6.3-4).

Quando batizo uma pessoa, eu a mergulho na água. Quando uma pessoa é batizada no Espírito Santo, ela é mergulhada "no Espírito", e assim, unida a Cristo. Essa união com Cristo é a maravilhosa realidade à qual o batismo em água aponta.

Tomando a deixa do Novo Testamento, Martinho Lutero descreve a união do crente com Cristo usando a analogia do casamento:

> A fé... une a alma a Cristo como a noiva é unida a seu noivo. Por este mistério, como o apóstolo ensina, Cristo e a alma tornam-se uma só carne. E se são uma carne e há entre eles um verdadeiro casamento... segue que tudo que eles possuem, eles o tem em comum... Sendo assim, o crente pode jactar-se ou gloriar em tudo quanto é de Cristo como se fosse dele próprio.[63]

Recentemente, eu estive pensando sobre pessoas da igreja que servimos na Inglaterra e quão pouco eu havia feito para manter contato com

---

[63] Martinho Lutero, "The Freedom of a Christian," em *Martin Luther: Selections from His Writings*, ed. João Dillenberger (New York: Anchor, 1962), 60.

eles. Pensava também sobre alguns outros projetos em que estou atrasado, e estava tendo um daqueles dias em que me sentia "Miserável homem que sou!" Na manhã seguinte, minha esposa, Karen, estava sentada à mesa de jantar, trabalhando nas cartas de Natal. Ela manda mais de cem cartões para a Inglaterra — cada um com um bilhete escrito à mão, e assina cada um: "De Karen e Colin".

Lá estava eu, pensando em minha falha em manter contato com essas pessoas, quando na verdade tenho escrito para eles anualmente durante os últimos quatorze anos! Isoladamente, tenho feito um pobre trabalho, mas quando vejo que estou unido a minha esposa, tenho alegria porque tenho parte naquilo que ela tem feito. Uma carta é enviada em meu nome a cada ano!

Cristo fez por nós aquilo que nós falhamos em fazer por nós mesmos. Ele tem vivido a vida que nós não vivemos nem conseguimos viver. Mas quando estamos "em Cristo", tudo que ele tem feito é nosso — sua vida, morte, e ressurreição portam nosso nome como se fossem nossos. Isso é união com Cristo. Para ele, isso significou a crucificação. O que quer dizer para nós é justificação.

JUSTIFICAÇÃO: SOMOS DECLARADOS JUSTOS

"Justificados, pois, mediante a fé, temos paz com Deus por meio de nosso Senhor Jesus Cristo" (Rm 5.1). "Justificados" é uma palavra legal que descreve um veredicto. Quando Deus justifica, ele declara a pessoa justa. Quando ele condena, ele declara a pessoa culpada. Justificação e condenação tratam do reconhecimento de algo que já é verdadeiro.

Quando prevalece a justiça, um homem culpado será sentenciado e a pessoa inocente será absolvida. Ser absolvido não torna a pessoa inocente; é a inocência da pessoa que leva a ser ela absolvida. Da mesma maneira, ser sentenciado não é o que faz um homem ser criminoso; é o crime do homem que o leva a ser sentenciado.

Como questão de simples justiça, deveríamos esperar que Deus condenasse os pecadores e justificasse os justos. Mas aqui temos algo realmente surpreendente: Deus justifica pecadores. Tente permitir que essa gigantesca contradição penetre sua cabeça. Deus justifica *pecadores*! Como pode isso?

Deus apresenta Jesus como propiciação por nossos pecados (Rm 3.25). Isso quer dizer que, quando Jesus morreu, toda a ira e inimizade que Deus justamente tem para com o pecado, a maldade, o mal, foram derramados sobre ele. Como um copo repleto do juízo de Deus, Jesus sorveu tudo até que estivesse completamente vazio. Na cruz Cristo absorveu o juízo de Deus que era-nos devido por nosso pecado.

A fé nos une a Cristo, e quando estamos "em Cristo," Deus conta nossos pecados todos como se fossem dele, e a sua justiça como se fosse nossa. Ele carregou nossa condenação, e somos justificados nele. Pela cruz, Deus demonstrou ao mesmo tempo a sua justiça de forma que ela fosse justa e aquele que justifica aos que têm fé em Jesus (Rm 3.26).

Se Deus justificasse apenas os justos, como nós poderíamos ter esperança? A boa nova é que Deus justifica o injusto (Rm 4.5). Quando a fé nos une a Jesus Cristo, o poder de seu sacrifício expiatório torna-se nosso. Somos libertos do temor da condenação devido ao nosso pecado e culpa, e trazidos para o seu maravilhoso amor.

ADOÇÃO: SOMOS AMADOS

Vindo, porém, a plenitude do tempo, Deus enviou seu Filho, nascido de mulher, nascido sob a lei, para resgatar os que estavam sob a lei, a fim de que recebêssemos a adoção de filhos. E, porque vós sois filhos, enviou Deus ao nosso coração o Espírito de seu

Filho, que clama: Aba, Pai! De sorte que já não és escravo, porém filho; e, sendo filho, também herdeiro por Deus. (Gl 4.4-7)

Por meio de Cristo, Deus nos adota em sua família e nos ama como seus próprios filhos e filhas. Nenhuma outra experiência de amor se compara ao amor de Deus por você em Cristo. Alguém poderá jurar nos amar "até que a morte nos separe", mas Deus jura seu amor por nós na vida, atravessando a morte e por toda a eternidade. Ninguém mais consegue nos dizer: "De maneira alguma te deixarei, nunca jamais te abandonarei" (Hb 13.5).

Deus nos ama com amor eterno. Isso quer dizer que Deus nos amou antes que nascêssemos e até mesmo antes da criação do mundo. Cristo nos tinha em vista quando veio ao mundo, quando pendurado sobre a cruz, e quando ressurgiu da morte.

É obra especial do Espírito Santo nos convencer de que somos filhos profundamente amados de Deus. "Ora, a esperança não confunde, porque o amor de Deus é derramado em nosso coração pelo Espírito Santo, que nos foi outorgado" (Rm 5.5). O Espírito torna real o amor de Deus em nossa experiência. Ele nos conecta à realidade do amor de Deus por nós que foi demonstrado de maneira conclusiva na cruz.

Um dos desafios que você encontra na vida cristã é livrar-se do hábito de entender o amor de Deus com base nos sentimentos ou circunstâncias. Nosso instinto natural é achar que Deus nos ama quando estamos com saúde, temos bom emprego, e tudo vai bem na vida. Mas quando as rodas começam a cair, nosso primeiro instinto é questionar o amor de Deus e pensar o pior.

O que deveríamos fazer é lembrar-nos da incalculável demonstração do amor de Deus na cruz. "Aquele que não poupou o seu próprio Filho, antes, por todos nós o entregou, porventura, não nos dará graciosamente com ele todas as coisas?" (Rm 8.32).

O PLANO

SANTIFICAÇÃO: VOCÊS SERÃO SANTOS

"O mesmo Deus da paz vos santifique em tudo; e o vosso espírito, alma e corpo sejam conservados íntegros e irrepreensíveis na vinda de nosso Senhor Jesus Cristo. Fiel é o que vos chama, o qual também o fará!" (1Ts 5.23-24).

A santificação é a obra progressiva do Espírito Santo no crente, pela qual crescemos na vida que Deus nos chama a viver. É o desejo e o anseio do coração de todo cristão. Bishop Ryle diz:

> A maioria dos homens têm esperança de ir ao céu quando morre, mas poucos, pode-se temer, se dão ao trabalho de considerar se gostarão de estar no céu se ali chegarem. O céu é essencialmente um lugar santo... O que um homem não santificado poderia fazer no céu, se por acaso chegasse até lá?[64]

Parafraseando John Owen quanto ao mesmo ponto:

> Não existe ideia mais tola ou perniciosa que esta — que uma pessoa não santificada, não tendo santidade nesta vida atual, pudesse depois ser conduzida à benção que consiste no prazer de Deus. Tal pessoa não tem prazer em Deus, nem Deus seria recompensa para ela. A santidade é aperfeiçoada no céu, mas sempre tem seu começo neste mundo.[65]

Justificação e santificação estão sempre juntas em Cristo, e o entendimento de como elas se interrelacionam é crucial para a compreensão do evangelho. Os dois erros mais comuns são confundir ou separá-las. Confusão acontece se você desliza o pensamento para achar que sua posição

---

64 J. C. Ryle, *Holiness* (repr., Chicago: Moody, 2010), 58–59.
65 As palavras originais de Owen são citadas por Ryle, *Holiness*, 76-77.

com Deus depende de alguma forma de seu desempenho na vida cristã. Não depende. Você foi justificado pela fé na obra acabada de Cristo.

A separação ocorre quando um cristão fica com a ideia de que, como somos justificados somente pela fé, a obediência a Cristo realmente não tem importância. Ela é importante. Cristo guarda *em si mesmo* as bênçãos da justificação e santificação. Quando abraçamos a Cristo pela fé, esses dons tornam-se juntamente nossos. Ninguém tem um sem ter o outro.

Por isso é que a Bíblia diz: "sem a santificação ninguém verá o Senhor" (Hb 12.14). Isso não quer dizer que somos salvos por sermos santos, mas que a busca da santidade é evidência de que estamos em Cristo, que nos justifica pelo seu sangue.

Paulo ora pela santificação dos crentes: "O mesmo Deus da paz vos santifique em tudo" — e devemos orar também por nossa santificação. Mas a santificação é também uma promessa: "Fiel é quem vos chama, o qual também o fará" (1Ts 5.23-24).

Segure firme nessa promessa quando você estiver desanimado quanto à falta de progresso na vida cristã. Aquilo que a graça de Deus começou em você será completado por sua glória e para a sua alegria. Deus lhe dará o desejo do coração. Você será conformado à semelhança de seu filho, para sempre (Rm 8.29).

GLORIFICAÇÃO: REFLETIREMOS A GLÓRIA DE CRISTO

"Quando Cristo, que é a nossa vida, se manifestar, então, vós também sereis manifestados com ele, em glória" (Cl 3.4). Nossas vidas continuam sendo uma massa de contradições. Isso é verdade em todo cristão. Amamos Cristo, mas sentimos o repuxo do mundo, da carne e do Diabo. Confiamos em Cristo, mas lutamos com muitas dúvidas e muitos temores. Temos nova vida em Cristo, mas ao mesmo tempo, nossos corpos estão sujeitos a doenças, envelhecimento, e morte.

O PLANO

Os cristãos são uma massa de contradições, mas isso não será assim para sempre. O seu amor por Cristo será completo, a sua fé se tornará em visão, e você experimentará as alegrias da vida eterna em um corpo ressurreto. Estará com Cristo em glória para sempre.

Não somente estará na glória de Cristo, como também a sua glória estará em você. Paulo diz: "Porque para mim tenho por certo que os sofrimentos do tempo presente não podem ser comparados com a glória a ser revelada em nós" (Rm 8.18). A sua vida cristã é como uma árvore no inverno. Parece nua, mas está viva, e quando chega a primavera, florescerá. A sua plena glória ainda está para se ver.

Aprender a antever a nossa glória futura é de grande benefício na vida cristã. Precisamos usar esta verdade em nosso favor quando parece que tudo está contra nós. Foi o que fez Paulo: "Por isso, não desanimamos; pelo contrário, mesmo que o nosso homem exterior se corrompa, contudo, o nosso homem interior se renova de dia em dia. Porque a nossa leve e momentânea tribulação produz para nós eterno peso de glória, acima de toda comparação" (2Co 4.16-17). O apóstolo está nos dizendo, de sua própria experiência, como estar certos de não nos desanimar.

Deus opera nas provações debilitantes de nossa vida formando um reflexo singular de Cristo em nós que permanece para a glória de Deus e para a nossa alegria eterna. Naquele dia, tudo que Deus promete será nosso:

1) Refletiremos plenamente a imagem e semelhança de Deus.
2) Seremos libertos da maldição do pecado.
3) Compartilharemos a alegria da vida eterna com pessoas redimidas de todas as nações.
4) Entraremos na presença de Deus redimidos pelo sangue de Jesus.

5) Viveremos esta vida sob a bênção do governo de Cristo em seu reino para sempre.

6) Amaremos a Deus de todo coração, alma, entendimento e força, e amaremos nosso próximo como a nós mesmos.

7) Regozijaremos para sempre desta nova vida além do túmulo que é nossa por meio de Jesus Cristo nosso Senhor.

CONSUMAÇÃO: VEREMOS DEUS

"Vi novo céu e nova terra, pois o primeiro céu e a primeira terra passaram, e o mar já não existe" (Ap 21.1). João viu um novo céu e uma nova terra — não uma terra a diferente, mas uma nova terra. Esta terra finalmente será redimida da maldição e liberta de sua prisão de deterioração (Rm 8.21).

Então João disse: "Vi também a cidade santa, a nova Jerusalém, que descia do céu, da parte de Deus, ataviada como noiva adornada para o seu esposo" (Ap 21.2). A cidade tinha portões ao norte, sul, leste, e oeste, indicando que Deus havia cumprido sua promessa de ajuntar uma vasta comunidade de pessoas de todas as nações da terra e trazê-las para a alegria da vida em seu reino eterno.

Um quadro nunca é suficiente para mostrar a glória do que Cristo tem preparado para nós. Sendo assim, ao lado da cidade João vê a imagem de uma noiva ataviada para seu esposo (Ap 21.2). Cristo é o centro da alegria do céu, e toda nossa alegria estará nele.

João ouviu uma grande voz do trono do céu dizendo: "Eis o tabernáculo de Deus com os homens. Deus habitará com eles. Eles serão povos de Deus, e Deus mesmo estará com eles". (Ap 21.3). Tudo que nos separa de Deus acabou. Deus partilha a vida eterna com todo seu povo redimido. Deus enxugará toda lágrima de seus olhos. A tristeza não fará mais parte da experiência do povo de Deus. Não haverá mais morte ou luto ou choro ou dor.

CONCLUSÃO

Deus tem dado maravilhosas promessas que só ele pode cumprir. Elas são realizadas em Jesus Cristo, o verbo encarnado. Essas promessas incluem regeneração, união com Cristo, justificação, adoção, santificação, glorificação, e a promessa de alegria eterna na consumação do propósito redentor de Deus.

Tudo isso pertence àqueles que estão em Jesus Cristo. Poderá ser seu. A promessa é para você e seus filhos e para todos aqueles que estão longe. Arrependa-se. Creia no Senhor Jesus Cristo. Ao crer, você terá vida em seu nome (João 20.31).

8 O QUE É O EVANGELHO?

Bryan Chapell

Os acontecimentos que conduziram à prisão de meu irmão estavam sendo elaborados durante muitos anos. Quando eu era menino, a frase polida que nossa família usava para descrever a capacidade mental dele era: "Ele tem mais dificuldade de aprendizado do que a maioria". Embora sua mente tivesse permanecido subdesenvolvida, o corpo de David e suas vontades se tornavam cada vez mais fortes enquanto meus pais envelheciam. A pressão de lidar com ele, como também com suas próprias questões, levaram nossos pais a se separar, criando ainda maiores dificuldades com meu irmão. Como adulto, o desejo de David por independência e suas dificuldades de desenvolvimento eram preocupações constantes. Por amizades e sensações, ele cultivava os relacionamentos que só podiam dar problemas. O resultado era previsível.

Seu aprisionamento e confinamento eram mais do que sua mente conseguiria processar. Ele conhecia o medo avassalador que somente alguém com capacidade mental de criança experimentaria em uma cela de prisão. Ficou amontoado num canto, tremendo.

O óbvio temor de meu irmão acendeu algo no coração de outro homem naquela cela. Apesar dos próprios problemas, esse colega de prisão compartilhou com David a mensagem da misericórdia de Deus: "Jesus pode ajudá-lo. Confie nele".

As verdades das lições de escola dominical ministradas em classes para alunos com necessidades especiais que David frequentara quando menino, correram de volta para ele. Ele orou pedindo a Deus que o perdoasse e confiou em Jesus como salvador.

David estará preso por muito tempo. Também estará com Jesus para sempre — perdoado, restaurado, prezado e transformado. Este é o evangelho para meu irmão e para todos que confiam em Jesus.

Evangelho simplesmente quer dizer "boa notícia". A Bíblia usa o termo em referência à mensagem de que Deus cumpriu sua promessa de enviar um salvador que resgata pessoas quebrantadas, restaura a glória da criação e reina com compaixão e justiça sobre todos. Por isso um bom resumo do evangelho é "Cristo Jesus veio ao mundo para salvar pecadores" (1Tm 1,15).

O resgate, a restauração e o governo de Deus se aplicam a nossa condição espiritual, mas não se limitam às realidades espirituais. Por meio de Jesus Cristo, nosso Deus livra seu povo das consequências eternas do pecado humano que atingem todas as coisas. Nossa salvação nos inclui, porém, é também maior do que nós.

Antes de examinar mais fundo essas surpreendentes verdades, temos de reconhecer que a Bíblia não as proclama apenas para nos deslumbrar. Deus revela-nos estas verdades para que pecadores como David e você possam ser livres para sempre da culpa e do poder do pecado, ao confiar na boa nova de que Jesus é o Senhor que vem nos salvar. A seguir, temos dois aspectos-chave dessa boa nova.

O QUE DEUS REQUER, ELE PROVÊ[66]

Talvez não gostemos da ideia de alguém nos identificar como "pecadores," especialmente quando usamos esse termo apenas para falar de assassinos brutais e pedófilos. Mas a Bíblia diz que Deus é absolutamente santo e todos que não atingem a sua perfeição são "pecadores", termo que significa simplesmente *faltosos* em relação ao padrão de Deus. Se pecarmos, em qualquer medida que for, tornamo-nos diferentes do que Deus intentou para nós (Rm 3.23; Tg 2.10). Ele nos fez para refletir sua natureza santa (1Pe 1.16). Sendo assim, nossas culpas ferem não somente a nós como também maculam nosso relacionamento com Deus (Ef 4.30).

A IMAGEM DE DEUS

Nossos problemas relacionais com Deus começaram quando nossa natureza humana foi corrompida pelo pecado de nossos primeiros pais (Rm 5.12). Desde Adão e Eva, todo ser humano conhece o que é falhar com pessoas amadas, ferir o próximo e abandonar os próprios ideais. Todos nós conhecemos a vergonha e o remorso. Essas coisas, na verdade, refletem uma realidade espiritual que talvez não tenhamos reconhecido: sentimos culpa porque fomos feitos para ser como Deus, mas falhamos em viver desse modo (Rm 3.10).

Fomos feitos à imagem de Deus (Gn 1.26-27). Ele nos projetou para sermos como ele, para que o amássemos e amássemos nosso próximo, também criado à sua imagem. Quando pecamos, vamos contra nossa natureza original, e estremece algo no fundo de nós. A culpa sentida é eco da dor que nosso coração registra cada vez que o pecado nos distancia da relação que fomos projetados a ter com nosso Deus.

---

[66] Esta parte da história se relaciona aos temas de "Criação da Humanidade", "A Queda", "O Plano de Deus", "A Redenção de Cristo", e "A Justificação de Pecadores" na *Declaração Confessional da Coalizão Evangélica*.

O QUE É O EVANGELHO?

Deus requer santidade para que tenhamos intimidade com ele, mas tanto nossa natureza quanto nossas ações nos distanciam. Como consertar isso? Não podemos. Somos criaturas imperfeitas e não podemos nos tornar santos, assim como uma mão enlameada não consegue limpar uma camisa branca.

Deus é o único que pode consertar nosso relacionamento com ele, e o faz, provendo a santidade que ele requer. Deus toma a iniciativa (1João 4.19). Por meio de Jesus, o nosso Deus nos salva das consequências do pecado. Ele provê aquilo que nós não podemos, e é por isso que às vezes nos referimos à sua provisão como "o evangelho da graça". Graça significa "dom" — algo dado aos que não podem prover o que precisam — como uma roupa limpa dada àqueles que sujaram as suas camisas de lama.

A SANTIDADE DE DEUS

O nome Jesus Cristo comunica muito sobre como ele nos torna santos. O nome Jesus significa "libertador". Sua missão era nos libertar (ou salvar) das consequências do nosso pecado. A palavra que se acrescenta, Cristo, é mais uma descrição de seu propósito do que um nome. É um título que significa "ungido". Deus pai ungiu Jesus para ser seu enviado especial, que provê sua santidade para toda a humanidade. Por muitos séculos, Deus prometeu, por meio de seus profetas, que enviaria o seu ungido para resgatar seu povo (Atos 3.18-20). Assim mesmo, a maioria das pessoas ficou surpresa quando viram que o ungido era o próprio Filho de Deus.

Jesus veio como perfeito portador da imagem de Deus. Mesmo sendo divino, Jesus tomou sobre si qualidades humanas (Gl 4.4-5; Fp 2.6-11). Tornou-se Deus encarnado (a palavra significa "em carne"). Jesus era como nós, com exceção de uma coisa: ele não tinha pecado (Hb 4.15). Não somente Jesus não cometia nenhum erro, como também, porque foi concebido milagrosamente pelo Espírito Santo no ventre da virgem Maria, ele não tinha nenhuma corrupção natural como os outros seres humanos partilham (Mt 2.20-23).

A santidade de Cristo faz duas coisas para nós. Primeiro, nos mostra como viver para Deus. Se nossa vida fosse cheia de amor e vazia de egoísmo, então pareceria a vida de Jesus (1João 3.16). Por ele, aprendemos como viver ao máximo, ser como Deus nos projetou para ser — plenamente humanos e assim mesmo estando em plena comunhão com Deus. O que dizer se tal conduta e comunhão fogem de nós? O que fazer? Precisamos então da segunda provisão da santidade de Jesus. Essa provisão vai além de nos mostrar como viver *para* Deus e realmente nos capacita a viver *com* Deus, satisfazendo os padrões que Deus estabelece.

JUSTIÇA DE DEUS

A santidade de Jesus tornou-o perfeito sacrifício por nosso pecado. Isso parece estranho aos ouvidos modernos, mas é a mensagem que a Bíblia apresenta do começo ao fim. Nosso pecado não é apenas uma irritação para Deus. O pecado da humanidade tem como resultado inestimável sofrimento. Deus não ignora a raiva que desencadeamos, o abuso que infligimos, o sofrimento que descartamos, a injustiça que ignoramos. Um Deus santo não pode simplesmente fechar os olhos ou cobrir os ouvidos para tais pecados. As suas vítimas clamam por justiça, e a compaixão de Deus provê aquilo que sua justiça requer, mediante o sacrifício de Jesus.

Como o Filho de Deus não teve pecado, a sua disposição de sofrer numa cruz e aceitar a penalidade do que nós merecemos vai muito além de qualquer recompensa que a humanidade possa prover. A justiça de Cristo contra-equilibra de tal maneira nossa injustiça, que o seu sacrifício é suficiente para compensar pelos pecados do mundo inteiro e por todas as épocas (Rm 5.15-19; Hb 9.26-28; 1Pe 3.18; 1Jo 2.2). Deus aceitou o sacrifício de Jesus em substituição ao nosso castigo (1Pe 2.24). Pagou a justa dívida que nós não podíamos pagar (Sl 47.7-9; Tt 2.11-14). O seu sofrimento faz expiação (cobre) nossos erros (1João 4.10). Sua morte nos resgata do inferno que merecemos (Gl 3.13-14).

Para aqueles de nós que lutamos com a culpa, a provisão de Cristo é uma notícia surpreendentemente boa. Na prisão, meu irmão David não tem como pagar a dívida pelos crimes que cometeu, assim como nós que somos culpados do pecado, não conseguimos pagar a dívida que devemos a um Deus santo pela quebra de sua lei. Contudo, porque Jesus veio pagar a nossa dívida espiritual, a despeito de nossa penúria espiritual, David, você e eu podemos viver com o coração livre de vergonha.

A RETIDÃO DE CRISTO

O sacrifício de Cristo satisfaz a justiça divina (Rm 3.20-26). Meu *status* espiritual fica sendo "como se eu nunca tivesse pecado" (Is 1.18). Teólogos se referem à declaração de Deus dessa nova e santa posição como "justificação". Justificação é resultado de uma maravilhosa troca que aconteceu na cruz de Cristo. Ele tomou nosso pecado sobre si, consequentemente, provendo-nos de sua retidão (2Co 5.21; 1Pe 3.18). Ele tornou-se como um de nós (pecadores), para que nós pudéssemos ser como ele (santos).

A grande provisão de Cristo pelo pecado permite que eu confesse a magnitude do pecado de meu irmão — e o meu, e o que você tem. Todas as pessoas — não obstante a monstruosidade do mal em sua vida — podem também ter seus pecados expiados pelo sacrifício de Jesus.

Uma das provas desta boa nova está no resto do versículo citado no começo deste capítulo. O apóstolo Paulo escreve: "Cristo Jesus veio ao mundo para salvar pecadores — dos quais sou o principal" (1Tm 1.15). Mais cedo na sua vida, Paulo havia blasfemado contra Jesus e matado seus seguidores. Mas agora o apóstolo exulta porque a remissão de Cristo compensa plenamente por esses erros — não por causa da insignificância dos pecados de Paulo, mas por causa da enormidade da cruz. O sacrifício de Jesus Cristo era suficiente para expiar pelo maior dos pecados e o maior dos pecadores.

O AMOR DE DEUS

Como, porém, ter certeza de que as provisões de Cristo se aplicam a nós? Mesmo Jesus falava que algumas pessoas iriam para o inferno (João 3.18; Mateus 23.33), e assim, sabemos que a expiação de Cristo — embora seja suficiente para todos — não se aplica a todas as pessoas. Que segurança temos de que ela se aplica a nós? A resposta está na lembrança de que Deus provê aquilo que ele requer.

Deus não requer que ganhemos seu perdão por trabalho merecido. Ele não nos diz para realizar alguma grande tarefa espiritual ou sentir remorso especialmente profundo para compensar por nosso pecado. Em vez disso, a boa nova é que Deus providencia seu perdão somente pela graça (Rm 3.23-24). Ele nos dá o seu amor em vez de exigir que façamos por merecê-lo.

Se tivéssemos de ganhar, por nossos merecimentos, o amor de Deus, seria muito difícil obedecer seu maior mandamento: "Amarás o Senhor, teu Deus, de todo o teu coração, de toda a tua alma e de todo o teu entendimento" (Mt 22.37). Sempre que as pessoas tornam seu amor condicional a nosso serviço, podemos até servi-las, mas não amá-las. Se pai ou mãe dizem a um filho: "Só vou amá-lo se você tirar nota dez em matemática, cortar a grama do quintal e não se esquecer de dar comida para o gato", a criança até poderá obedecer, mas no fim, não vai amar aquele cujo amor é tão manipulativo.

Assim também o Senhor, que requer que o amemos, provê para que o façamos, tornando o seu amor em dom incondicional. A Bíblia diz: "Nós amamos porque ele nos amou primeiro" (1João 4.19). Deus toma a iniciativa para demonstrar o seu amor incondicional.

FIDELIDADE PACTUAL

A Bíblia nos ensina mais sobre o amor de Deus que sempre toma a iniciativa, documentando as alianças (os pactos) que faz com seu povo. Por meio dessas alianças Deus promete amar seu povo incondicionalmente. Estas alianças não são contratos. Um contrato pode ser quebrado quando as suas estipulações não são cumpridas, mas a falta de bom desempenho não anula a aliança de Deus. Por isso é que o povo de Deus pode dizer: "Se somos infiéis, ele permanece fiel" (2Tm 2.13).

O Êxodo, a saída de Israel da escravidão, é um dos melhores exemplos desta aliança de amor. Séculos antes, Deus prometera amar Abraão e seus descendentes. Contudo, vez após vez, esse povo falhou para com Deus. Tornaram-se escravos no Egito até que Deus mandasse Moisés para libertá-los. Foi só depois de sua libertação que Deus deu os mandamentos que dariam condições aos israelitas de viver uma vida santa.

A ordem desses acontecimentos é crucial para nosso entendimento do pacto de amor de Deus. Deus libertou o povo antes de dar-lhes a lei. Não esperou que eles o obedecessem antes de salvá-los (ver Deuteronômio 5.6). Ele não disse: "Obedeçam-me, e então eu lhes amarei." Na fidelidade da aliança, ele disse: "Eu já os amei e resgatei, e é por essa razão que vocês devem seguir estas leis que abençoaram as suas vidas".

A graça de Deus para conosco — em nos amar mesmo antes que nós o amássemos ou obedecêssemos — é parte essencial das boas novas do evangelho (Rm 5.8). Se Deus ficasse esperando que nós endireitássemos nossa vida antes de nos amar, não haveria esperança para alguém como meu irmão naquela cela de cadeia. A vida de David era uma confusão total. Não havia como corrigir o mal que havia feito. Ele não tinha liberdade física nem capacidade mental para reverter o mal que fizera a outras pessoas. Mas quando reconheceu a verdade de que Jesus o amava e o ajudaria, então a graça de Cristo foi aplicada a David a despeito de anos de pecado e toda uma vida de incapacidade.

Durante toda sua vida de adulto, David falara à família com simples frases e grunhidos. Mas quando confiou no amor de Jesus por ele, começou a nos mandar cartas. Nós nem sabíamos que ele era capaz de escrever. A ortografia e gramática eram infantis, mas melhoraram com o tempo — como também melhorou a capacidade de David descrever a sua fé. Da prisão ele escreveu: "Deus pode fazer coisas milagrosas para todos que creem nele. Eu creio em Deus. Ele mandou seu filho Jesus para morrer por nossos pecados. Deus tanto amou o mundo que deu seu único filho. Qualquer um que nele crê não perece, mas terá vida eterna".

Tornando suas as palavras de João 3.16, David contou a todos que conhecia sobre o evangelho de Jesus Cristo: é grande bastante para todo o mundo; é grande bastante para todos os nossos pecados; e está disponível a todos que creem nele.

FÉ EM CRISTO

O evangelho se aplica a todos que *creem* em Jesus. Deus não diz que vai salvar aqueles que sobem montanhas ou se limpam dos vícios ou combatem a pobreza ou atingem determinado nível de bondade. Ele salva os que creem simplesmente em Jesus como seu salvador (João 3.16).

A situação de David nos ajuda a entender a natureza dessa fé. Não devemos ser abalados por ideias errôneas de que a fé em Jesus identifica algo bom em nós e faz que ele nos ame. De acordo com tal pensamento, a fé apenas nos torna um pouco melhores do que as outras pessoas. Mas essas definições de fé não fazem sentido. Como é possível que uma coisa pequena como reconhecer que Jesus morreu pelos pecados possa compensar pela blasfêmia e assassinato cometido pelo apóstolo Paulo? Como a simples fé de meu irmão no sacrifício de Cristo poderia compensar os crimes passados que ele cometeu? Se Deus estivesse equilibrando a balança da justiça com nossa fé, ele não seria justo. Temos de compreender que o sacrifício de Cristo, não nossa fé, é a obra que equilibra a balança da justiça divina.

Se nossa fé ganhasse a graça de Deus por nosso mérito, então seríamos os responsáveis por nossa salvação. Teríamos o crédito. Porém, a Bíblia é clara: Jesus salva. Nossa fé não ganha como pagamento o amor de Deus nem nos faz merecer a sua graça. Pense em como seria estranho se um homem que fora salvo de se afogar andasse pela praia se gabando: "Estou vivo porque fui bom o bastante para chamar o guarda-vidas para me salvar". Todos reconheceriam que o nadador salvo não tinha causa para se jactar. Seu salvamento foi inteiramente resultado de depender da boa vontade e capacidade do guarda-vida.

Depender totalmente de outro é a antítese de um segundo conceito errado muito comum quanto à fé que salva: ela se torna suficiente por sua força própria. As pessoas acham que determinado grau de esforço psicológico ou estudo teológico injetarão fé suficiente no coração para garantir o amor de Deus. Mas achar que a salvação depende de ter fé superior é apenas outro jeito de tornar a fé uma obra que temos de fazer para ser melhor que os outros. É como se aquele nadador se gabasse: "Fui salvo porque agarrei no salva-vidas com mais força do que os outros".

Compreender a fé bíblica requer que pensemos em nós mesmos como totalmente exaustos por tentar sobreviver espiritualmente e depender inteiramente na força do salva-vidas (Jesus) para nos salvar. Nossa esperança não pode ser baseada na força de nossa fé — as ondas de fraqueza e dúvida são fortes demais para isso — tem de ser somente na provisão de Jesus.

Imaginando a figura de meu irmão agachado num canto de uma cela de cadeia, com limitada capacidade mental, emoções exaustas e grande culpa, não desejo que sua base de esperança esteja na força de sua fé. Quero que sua esperança se baseie na força do amor de Jesus. David não possui força de mente ou coração para qualquer outra coisa. A sua esperança tem de ser a mesma que a do apóstolo Paulo, que sabia o que significava chegar ao fim de sua sabedoria, zelo ou força como base para a aprovação de Deus. Paulo escreveu: "Porque pela graça sois salvos, mediante a fé; e isto não vem de vós; é dom de Deus; não de obras, para que ninguém se glorie" (Ef 2.8-9).

A fé não é obra ou exercício mental ou experiência emocional. Não podemos nos gabar de ter fé suficiente para merecer o amor de Deus. Fé salvadora expressa a total entrega do ser humano a Deus e confessa que não existe nada a nosso respeito que pudesse fazer com que Deus nos amasse. Confiamos tão somente em Jesus para nos salvar do pecado. Não confiamos que qualquer feito nosso seja suficiente para fazer com que Deus nos ame — não nossas boas obras, não nossos pensamentos sábios, nem mesmo a força de nossa fé. Simplesmente confiamos que Jesus salva.

Fé somente em Cristo — um abandono do eu como base para a aprovação divina — é o efeito que Deus opera em nosso coração enquanto utiliza todo nosso desespero e nossos desapontamentos para nos levar à completa dependência dele. Quando não temos base de esperança a não ser Jesus, deixamos tudo mais para segui-lo. Isto é uma razão pela qual Paulo diz que até mesmo a fé que temos é dom de Deus (Ef 2.8-9). A fé que salva não pode ser conjurada por nossos esforços. Se Deus não fizesse nossos corações bater por ele, ainda estaríamos espiritualmente mortos (Ezequiel 36.26; Efésios 2.1).

O QUE É O EVANGELHO?

DESCANSO EM CRISTO

A fé bíblica não é tanto confiar no grau de nosso conhecimento, fervor, ou autorreprovação quanto é descansar sobre a obra de Cristo. Não dependemos da força de nossa fé para nos segurar nele, mas da força do amor Cristo, que nos levanta e atrai para si. Como um homem forte que entra em um elevador não depende de seus músculos para fazê-lo subir, mas dos cabos acima que o levantam, assim também a fé bíblica não trata do esforço espiritual que exercemos, mas da dependência espiritual em que vivemos. Não dependemos tanto de nossa grande fé em Jesus quanto descansamos em seu grande amor por nós (Is 30.15; Hb 4.9-11). Confiamos na misericórdia infinita e inabalável de um Deus onipotente, e não nos escassos e confusos esforços de nossa humanidade.

Ao abrirmos o coração para a realidade do amor incondicional de Deus, descobrimos uma doce e surpreendente paz (Rm 5.1-2). Em vez de nos preocupar incessantemente com satisfazer as expectativas de Deus ou aplacar a sua ira, descobrimos a aceitação divina (Ef 2.17-19). Descobrimos também que confiar nossa alma a Jesus não é viver no pavor diário da desaprovação de Deus. Nossa fé está somente na obra salvadora de Cristo, e assim, a vida cristã não é uma esteira rolante cansativa, onde tentamos manter-nos nas boas graças de Deus. Descansamos certos de que a graça que cobre nosso pecado vence nossas falhas, e nos concede a justiça de Jesus.

Não estamos mais lutando e nos esforçando para forçar que Deus nos ame. Ele nos ama! Se o rei do céu sorri sobre nós, então não precisamos desfalecer por algumas de suas criaturas que não nos apoiam ou por que nossas circunstâncias nos pareçam desanimadoras. Quer nosso pecado seja monstruoso quer ordinário, quer acreditemos que nossa vida seja fútil ou cheia demais, quer vivamos em uma linda casa quer em cela de uma prisão — a graça de Deus nos torna justos, como Jesus, diante da face de Deus. Ele nos ama tanto quanto ama Jesus. Para todos que têm lamentado sua culpa, lastimado seus fracassos, e temido por seu futuro, este amor é um maravilhoso consolo em que repousamos. Mas existem ainda mais boas novas no evangelho.

O QUE DEUS PROVÊ, ELE APERFEIÇOA[67]

Ser justificado pela graça é maravilhoso, mas o plano de Deus não é só isso. Jesus Cristo não apenas nos salva dos pecados passados, mas assegura também nossa eternidade com ele. Por isso que Jesus disse que quem crê nele "não perece, mas tem vida eterna" (João 3.16). A salvação de Deus não é como ser salvo de um ataque de tigre num dia e jogado de volta à selva no dia seguinte. O evangelho inclui o modo como Deus nos guarda para sempre seguros espiritualmente.

UNIÃO COM CRISTO

Deus não apenas nos ama tanto quanto ama Jesus. Sua graça, na verdade, nos torna seus filhos. O apóstolo João escreve: "Vede que grande amor nos tem concedido o Pai, a ponto de sermos chamados filhos de Deus; e, de fato, somos filhos de Deus. Por essa razão, o mundo não nos conhece, porquanto não o conheceu a ele mesmo (1João 1.3). Mas como alguém pode ser filho de Deus quando nascemos de pais naturais? Amplas implicações da graça estão contidas nesta resposta: fomos adotados pelo pai celestial (Ef 1.5-6).

Como funciona esse processo de adoção? Já descrevemos a essência do processo: dependemos de Cristo para nossa vida espiritual com Deus. Fazemos isso confessando nossa necessidade de Jesus para tornar-nos santos, reconhecendo nosso pecado e a inadequação de nos-

---

[67] Esta porção da história está relacionada aos temas de "Poder do Espírito Santo", "O Reino de Deus", "O Novo Povo de Deus", "Batismo e Ceia do Senhor [i.e., meios de graça]", e "A Restauração de Todas as Coisas" em *Declaração Confessional da Coalizão Evangélica*.

sos pensamentos, palavras, atos, para reconciliar-nos com Deus. Deus, então, nos justifica por sua graça somente, e tornamo-nos tão justos e amados quanto Jesus.

Ainda não tratamos de todas as implicações dessa total dependência espiritual. Se toda nossa luta não é o que produz vida espiritual com Deus, então, pelos padrões da realização humana, estamos mortos. Por mais que isso pareça estranho, o evangelho diz que tal conclusão é exata. E essa morte na verdade é a porta para a vida nova na família de Deus.

UNIDOS NA MORTE DE CRISTO. Depois de concluir que não há qualquer quantidade de boas obras que justifique a pessoa diante de um Deus santo, o apóstolo Paulo acrescenta: "Estou crucificado com Cristo; logo, já não sou eu quem vive, mas Cristo vive em mim; e esse viver que, agora, tenho na carne, vivo pela fé no Filho de Deus, que me amou e a si mesmo se entregou por mim" (Gl 2.20). Por mais horríveis que soem essas palavras, são a conclusão óbvia do que significa estar diante de Deus com base no sacrifício de Jesus e não em nossa própria santidade. O que ele fez – não o que nós fazemos – é nossa esperança. Nossa posição espiritual — nossa identidade — está envolvida na dele.

Pode parecer terrível estar unido na morte de Cristo, mas é, na realidade, uma coisa muito boa. Se tudo que é verdade sobre nós estiver pregado na cruz, então todo nosso pecado, nossas falhas e fracassos, estão também sobre aquela cruz. Tudo que poderia nos separar espiritualmente de Deus está na cruz, portanto, ele pode nos atrair para mais perto dele. Mas de que adianta tal intimidade, se estivermos espiritualmente mortos? Paulo responde, lembrando-nos de que nossa vida espiritual – nossa identidade diante de Deus – agora vem de outra fonte.

UNIDOS NA VIDA DE CRISTO. Não estamos apenas unidos na morte de Cristo, como também em sua vida. Paulo escreve: "Estou crucificado com Cristo e não sou eu quem vive, mas *Cristo vive em mim*"; (Gl 2.20). Tais palavras nos asseguram não somente da nova vida com Cristo, como também tocam em um aspecto-chave do evangelho que até agora quase não mencionamos: a ressurreição.

Quando Jesus sofreu na cruz por nossos pecados, cancelou também a pena que veio quando a humanidade abandonou de princípio os caminhos de Deus. Deus disse a Adão que se ele desobedecesse, certamente morreria (Gn 2.17). O pecado de Adão quebrou a ligação íntima de vida entre um Deus santo e o coração humano. Deus respondeu ressuscitando Jesus da morte pelo poder do Espírito Santo, para mostrar que os efeitos do pecado original já foram cancelados pelo sacrifício de Cristo (Rm 8.11; 1Co 15.15-20).

A vida de Jesus após a morte prova que a promessa de Deus de cancelar o pecado e dar vida eterna é real para nós. Os nossos pecados não acabaram com nosso relacionamento com Deus, e o fim da vida sobre a terra não termina nossa relação com Deus. Quando nossos corpos mortais falharem, nosso espírito continuará em comunhão com o Senhor para sempre. Haverá também um tempo quando Deus ressuscitará nosso corpo, assim como ressuscitou a Jesus, de forma que estaremos reunidos em corpo e espírito com Jesus. Mas isso é mais um aspecto da boa nova que discutiremos mais para frente.

Para o momento, é importante reconhecer que, como resultado da ressurreição de Jesus, o espírito de todo crente já está unido a Cristo. Embora tenha morrido, Jesus viveu novamente e vive dentro de nós — em união espiritual com nosso espírito. Relembro que o apóstolo Paulo diz "Cristo vive em mim". Se vivemos como se estivéssemos mortos (pois nada que fazemos nos oferece posição espiritual diante de Deus) e Jesus está vivo em nós (porque seu espírito está unido ao nosso), temos a identidade de Jesus. Tudo que é verdadeiro quanto a ele — sua sabedoria, santidade, e justiça — substituem nossa estupidez, nosso pecado e rebeldia (1Co 1.31). O apóstolo apropriadamente se alegra porque Cristo é nossa vida (Cl 3.4) e "para mim o viver é Cristo" (Fp 1.21). Pela nossa união espiritual com Cristo, tudo que nos envergonha está morto, e tudo que o honra nos pertence.

PRIVILÉGIOS FAMILIARES

Porque compartilhamos a identidade de Cristo, somos membros da família de Deus (Hb 2.11). Não importa que tenhamos origens terríveis. As coisas velhas já passaram; temos nova vida em Cristo (2Co 5.17). Todo aquele que está unido a Cristo é filho de Deus tanto quanto Cristo. Por meio dessa "adoção", Deus nos dá segurança especial para que possamos honrar a Cristo, cuja identidade partilhamos.

STATUS QUE NÃO MUDA. A primeira segurança é que nosso *status* não muda. Quando meu irmão foi sentenciado pelo seu crime, foi permitido à nossa família reunir-se com ele em uma cela de espera antes que ele fosse levado à prisão. Em lágrimas, meu pai citou um velho hino para meu irmão recém-convertido que estava rumo à cadeia: "Prisões, palácios provariam ser se Jesus comigo ali morando estiver."[68]

Com a terna expressão dessas palavras, meu pai afirmou o seu amor, como também o consolo do amor do Senhor, para David. Embora ele tivesse humilhado e traído de maneira terrível a meu pai, David ainda era seu filho. Nada que David tivesse feito mudaria esse relacionamento.

Do mesmo modo, nossas ações não mudam nosso relacionamento com Deus (Hb 10.14). Mesmo quando pecamos e traímos seu amor, não deixamos de ser seus filhos. Nosso *status* espiritual não é determinado por aquilo que fazemos, mas por aquilo que Cristo fez por nós. Já que Cristo habita em nós, Deus nos ama. A segurança de sua bondade infi-

---

68 "How Tedious and Tasteless the Hour," John Newton (1779).

nita nos dá o desejo de honrá-lo e a disposição de retornar a ele quando tivermos pecado (Rm 2.4).

Talvez Deus nos discipline para nos fazer desviar das consequências mais perniciosas de nossa rebeldia, mas essa correção espiritual não é por nos amar menos. O alvo da disciplina do pai celestial é nos ajudar, jamais nos prejudicar. Mesmo quando estivermos sofrendo as piores disciplinas que Deus pode dar, somos amados de maneira infinita e estamos sendo espiritualmente protegidos (Hb 12.5-11). Como filhos de Deus, nosso *status* nunca muda.

PROTEÇÃO PERPÉTUA. Porque nosso *status* não muda, temos também de Deus a segurança de sua perpétua proteção. Embora essa promessa de perpétua proteção possa causar uma risada de mofa daqueles que sabem sobre os mártires cristãos ou mesmo crentes comuns que tenham sofrido grandes dores e tragédias, a proteção de Deus é real e confiável.

Como é possível que as pessoas que experimentam constantemente as dificuldades da vida creiam na proteção perpétua de Deus? A resposta está em lembrar que esta vida não é o fim de nossa existência nem a parte mais importante dela. Jesus disse: "Não temais os que matam o corpo e não podem matar a alma; temei, antes, aquele que pode fazer perecer no inferno tanto a alma como o corpo" (Mt 10.28).

Deus está mais preocupado em assegurar nosso estado eterno do que tornar nossa existência temporal mais fácil. Por esta razão, ele coloca uma cerca espiritual em redor de nossas vidas para que nada que possa destruir nosso estado eterno com ele entre. Afinal, como Deus poderia nos amar tanto quanto nos ama, se ele permitisse que disséssemos ou experimentássemos algo que resultasse em uma eternidade no inferno? Neste mundo caído, enfrentaremos muitas dificuldades (Gn 3.17-19), mas Deus jamais permitirá que qualquer coisa corte nossa relação com ele (Rm 8.35-39).

O QUE É O EVANGELHO?

É provável que não conheçamos as razões específicas para qualquer provação particular até que nosso Senhor venha a explicá-la no céu, mas já conhecemos os propósitos gerais de Deus. O apóstolo Paulo escreve: "Sabemos que todas as coisas cooperam para o bem daqueles que amam a Deus, daqueles que são chamados segundo o seu propósito." (Rm 8.28). Esta é uma promessa maravilhosa: os acontecimentos do universo não são aleatórios. Deus trabalha todas as coisas para o bem de seu povo. Paulo continua descrevendo o que é esse "bem". Diz ele que todas as coisas contribuem para nos tornar mais semelhantes ao Filho de Deus, "a fim de que ele seja o primogênito entre muitos irmãos." (Rm 8.29).

Deus está no empreendimento diário de amadurecer e expandir sua família para que o céu seja habitado por amplo número de filhos parecidos com Jesus. A fim de construir em nós (e demonstrar aos outros) caráter e compaixão como de Cristo, nosso Deus nos permite experimentar as provações deste mundo. Essas provações nos livram de amor excessivo pelas coisas temporais e nos ajudam a compreender e viver pelo maior valor das prioridades eternas de Deus (2Co 4.17). Mesmo assim, ele nunca permite mais do que podemos suportar (1Co 10.13), nunca afasta sua presença amorosa (Hb 13.5), e, em meio às provações que esticam nossa fé, mais frequentemente dá-nos bênçãos que fortalecem o coração (Lm 3.23).

Deus mede tanto as lágrimas quanto o riso necessários à receita de nosso bem eterno (e de nosso próximo). É por essa razão que não foi ingenuidade meu irmão David escrever certa noite da prisão: "Estou tão triste quando penso em mamãe e papai (sofrendo) e vou chorar por um tempo antes de orar e ir para a cama". Uma pessoa sofisticada talvez zombe dessa oração para um Deus que permitiu a causa das lágrimas. Contudo, as lágrimas de David não negavam a mão de Deus em sua vida, mas era a própria razão pela qual ele precisava orar. David creu que Deus trabalharia além de sua rebeldia e dor passada para efetuar um bem maior. Naquele tempo, David não tinha como conhecer o bem maior que Deus estava operando, mas logo ele o conheceria, enquanto Deus também revelava o poder das suas orações.

PODER PESSOAL. Uma terceira segurança de nossa adoção está no poder pessoal. Mais surpreendente que a promessa de Deus de fazer todas as coisas cooperarem para o bem são os meios que ele usa. Por exemplo, a promessa de todas as coisas trabalharem para nosso bem vem em meio a um discurso sobre oração. O apóstolo reconhece primeiro: "porque não sabemos orar como convém" (em forte contraste a alguns de nossos contemporâneos que fingem saber exatamente por que orar). Daí Paulo acrescenta: "Também o Espírito intercede por nós sobremaneira, com gemidos inexprimíveis... nos assiste em nossa fraqueza; segundo a vontade de Deus é que ele intercede pelos santos" (Rm 8.26-27). Maravilha! Mesmo que não saibamos o suficiente para direcionar Deus a fazer o que é melhor, o Espírito Santo traduz nossas orações em petições perfeitas para que a vontade dele seja feita.

Quando oferecemos nossos pedidos no contexto maior de ser feita a vontade de Deus (cf. Mt 6.10), ele responde fazendo com que *todas as coisas* cooperem para nosso bem. Deus reformula o mundo a nosso redor para que aconteça aquilo que é espiritualmente melhor para nós. Por meio de nossas orações, somos cocriadores com Deus de uma nova realidade. Tudo muda porque oramos — não porque nossas orações são tão boas ou poderosas, mas por causa do Deus a quem oramos.

A frequente declaração evangélica nos autores do Novo Testamento era simplesmente que Jesus é Senhor. Não era mera retórica, mas o verdadeiro anúncio de que aquele que criou todas as coisas veio, conforme Deus prometera, a fim de, pelo seu divino poder, livrar seu povo (Marcos 1.15; Atos 2.36; 10.36). Esse poder conhecerá sua plena expressão na consumação de todas as coisas, mas mesmo agora está transformando toda a realidade por meio de nossas orações.

A minha família descobriu que tais promessas do evangelho não são vazias (Is 65.24; Ef 3.20). Uma das razões que meu irmão David chorou por meus pais era pela separação deles um do outro. Décadas de tensões os haviam afastado um do outro, tornando ainda mais difícil de lidar com o julgamento de meu irmão. Portanto, depois de sua conversão, David começou a orar por nossos pais idosos, que estavam separados havia quase quinze anos, para que voltassem a ficar juntos. Eu não tinha coragem de dizer a David como achava fútil essa oração. Mas eu estava prestes a ser relembrado de verdades bíblicas que meu coração precisava novamente apropriar.

Poucas semanas antes do casamento de minha filha mais velha, minha mãe veio dizer que ela e meu pai tinham feito planos para vir. Acrescentou: "Vamos ficar no mesmo hotel — no mesmo quarto". E ao ver meu choque silencioso, sussurrou: "Isso não é um escândalo. Lembre-se, nós ainda estamos casados!"

Perguntei-lhe: "Mãe, as coisas estão melhorando entre você e papai?"

Ela respondeu com olhos cheios de lágrimas: "Ao lidar com as dificuldades do seu irmão, seu pai e eu aprendemos novamente a apoiar-nos um no outro". Então eu chorei – maravilhado com o Deus que faz tudo cooperar para o bem e usa as coisas simples deste mundo para envergonhar os sábios (1Co 1.27). Eu deveria ter esperado mais de meu Senhor do que esperei. Mas meu irmão mais novo, mentalmente limitado, condenado por um crime, confinado a uma prisão, simplesmente creu na Palavra de Deus e orou pedindo a ajuda de Deus. Deus respondeu como ele sabia que seria o melhor.

Agora, quando meus pais de setenta e nove e oitenta e dois anos de idade visitam meu irmão na prisão, eles passam de mãos dadas pelos portões de arame farpado. E digo a todos quantos ousam crer comigo: "O evangelho é real; ele muda o mundo". Não posso prometer que Deus responderá exatamente como pedimos ou que sempre vejamos os resultados das nossas orações durante o tempo de nossa vida, mas prometo — porque a Escritura faz o mesmo — que Deus fará tudo cooperar para o bem daqueles que o amam.

CRESCIMENTO ESPIRITUAL. O poder pessoal assegurado por nossa adoção não se aplica apenas ao mundo fora de nós, mas também ao nosso ser interior. Crentes fazem bem em não pedir nada com maior afinco do que glorificar com suas vidas ao seu salvador. Contudo, continuamos assoberbados por tentações e muitas vezes vencidos por nossas fraquezas espirituais. Para tais lutas o evangelho traz uma quarta segurança aos filhos de Deus: Deus nos dá os recursos interiores para vencer o pecado.

O processo pelo qual crescemos à semelhança de Cristo é chamado "santificação". Existem numerosas formas práticas da Palavra de Deus nos ajudar a amadurecer nisso. Primeiro, a Bíblia diz o que Deus espera de nós. Deus não nos deixa fazendo adivinhações. Em vez disso, nos dá instruções que nos fazem espiritualmente seguros e realizam nosso desejo de glorificá-lo. Enquanto o mundo pensa nas leis de Deus como estraga prazeres, os cristãos compreendem que os mandamentos de Deus, na verdade, nos conduzem nos caminhos mais agradáveis a ele, e que mais nos satisfazem.

A fim de que não sejamos arrastados pelos enganos do mundo, Deus também manda que aprendamos de sua Palavra, tenhamos comunhão com ele em oração, o adoremos junto com o seu povo, e busquemos conselho dos que são mais maduros nos seus caminhos. Pela utilização regular desses "meios de graça", crescemos em piedade. Em algum grau, tais meios de graça tem efeito simplesmente porque somos seres naturais que respondem aos processos naturais de aprendizado e comportamento. Se temos sede, um copo de água nos ajuda; e se estamos lutando com uma tentação, o aconselhamento bíblico nos ajuda a fugir dela.

Porém, nossa santificação não é simplesmente um processo natural. A Bíblia diz que nossas lutas espirituais não são contra carne e sangue, mas contra males espirituais — dentro e fora de nós (Ef 6.12). Isto exige maior resistência do que a decisão humana pode dar. Assim, o Senhor também usa os meios de graça para nos prover poder sobrenatural para as vitórias espirituais que necessitamos.

O poder espiritual entra em nossa vida com a fé de que somos o que a Palavra de Deus diz: novas criaturas em Cristo Jesus. Antes da presença de Cristo em nosso coração, não tínhamos capacidade de *não* pecar. Mas Jesus nos transforma. Ele prové o Espírito Santo ao nosso coração, convencendo-nos do pecado (ou seja, convencendo-nos de que o pecado é realmente errado) e fortalecendo nossa resistência com seu poder. Não somos impotentes [incapazes] diante de Satanás (Cl 1.13). O apóstolo João escreve: "maior é aquele que está em vós [o Espírito Santo] do que aquele que está no mundo [Satanás]" (1João 4.4). O mesmo Espírito que ressuscitou Jesus dos mortos habita em nós e provê-nos o poder de vencer o pecado.

Satanás ainda tentará convencer-nos de que é natural fracassar e que não conseguimos resistir ao pecado. Contudo, a Palavra de Deus diz que podemos resistir sim, porque não dependemos mais apenas dos poderes naturais (Rm 8.11). Claro, se não cremos que a vitória é possível, então já perdemos a batalha. Por esta razão é que a simples fé na verdade da Palavra de Deus é o começo da vitória espiritual. O uso regular dos meios de graça fortalece a fé pela qual agimos sobre a realidade de nosso poder.

SEGURANÇA ESPIRITUAL Os meios de graça são também meio para plantar bem fundo em nós a convicção de que mesmo que não vençamos todas as batalhas, ainda assim somos amados. Com grande sabedoria um amigo escreve: "As únicas pessoas que conseguem melhorar espiritualmente são as que sabem que mesmo quando nunca parecem estar melhorando, ainda são profundamente amadas". Isso soa impossível e retrógrado. Se as pessoas sabem que seu fracasso não diminui o amor de Deus, será que elas não vão persistir em seu pecado? Sim, algumas almas rebeldes ou insensíveis procurarão tirar vantagem da graça, mas não as que estão entregues ao Espírito de Deus.

Antes que entendamos como o amor inabalável de Deus, na verdade, promove a santidade, temos de considerar uma questão-chave: "O que dá poder ao pecado na sua vida?" A resposta: "O pecado tem poder em nossa vida porque gostamos dele." Se o pecado não nos atraísse, não teria poder de nos tentar. Agora, outra pergunta: "Qual a única maneira de deslocar o amor pelo pecado?" A resposta é: "Com um amor maior." Quando amamos Jesus mais do que amamos o pecado, queremos agradar a ele mais do que ceder ao erro (João 14.15). Amor por Jesus expulsa de nossas vidas o amor do mal, que dá ao pecado sua força.

Agora, uma pergunta final: O que faz com que você ame a Jesus? Novamente, a Bíblia responde simplesmente: "Nós amamos porque ele nos amou primeiro" (1João 4.19). Finalmente entendemos porque não é verdade que "se Deus nos ama a despeito de nosso pecado, podemos 'cair na gandaia'". Quando amamos verdadeiramente a Deus, queremos agradá-lo. E o que mais nos faz desejar agradá-lo é o conhecimento de que o firme e constante amor do Senhor jamais cessará (Lm 3.22-23). Sua graça perseverante para com seus filhos é o poder motivador da santidade em nossos corações (Rm 12.1-3).

Logo depois de estar preso, David começou a enviar-nos cópias rabiscadas de versículos bíblicos e letras de cânticos de louvor que seu grupo de oração cantava. Também começou a assinar cada uma de suas cartas: "Deus abençoe você". Mesmo que ele esteja na prisão — com as tentações e sofrimentos além do que posso conhecer — ele vê a si como instrumento de proclamar a glória de Deus. Ele quer que sua vida reflita a graça que ele experimentou. Ninguém o força a escrever essas palavras; ninguém conseguiria. Mas seu amor por Jesus tem se tornado força que compele sua vida, como sempre acontece aos que conhecem o amor incondicional de Cristo e a sua infinita graça.

HERANÇA ETERNA. Um quinto aspecto da segurança dos filhos de Deus está em sua herança (Ef 1.14; 2.7). A Bíblia diz que como filhos adotivos de Deus, somos coerdeiros com Cristo (Rm 8.17). Só podemos mencionar alguns aspectos essenciais dessa boa nova neste breve espaço. O primeiro é a vida eterna, que não significa anos sem fim de tocar harpas nas nuvens. Quando os crentes morrem, sua alma imediatamente entra na gloriosa presença de nosso pai celestial (1Co 5.8; Fp 1.21-24). Plena aceitação, alegria completa, plena paz são nossos imediatamente, mas essa não é a história completa (Lucas 23.43). Um dia Cristo voltará e renovará a terra que originalmente foi criada tão boa (Is 65.17-19; Rm 8.21-23). Todos os benefícios que a humanidade originalmente gozou no Éden serão restaurados — um mundo cheio da provisão de Deus e ausente de sofrimento (Ap 21.4).

A criação será restaurada, e nós seremos renovados de espírito, corpo e mente (1Co 15.52-54). Não somente meu irmão preso, David, conhecerá o pleno perdão de Deus, como também seu corpo será novamente puro e sua mente saudável e íntegra pela primeira vez. Meu irmão será mais glorioso do que os anjos (1João 3.2-3). Andará de cabeça erguida na nova criação, livremente, com olhos brilhando e coração regozijando pela beleza que o cerca. A minha família, aqueles que já partiram e aqueles que ainda vão entrar no céu, terá uma reunião com ele e com todos que amam a Jesus (1Ts 4.14-18). Banquetearemos à mesa do nosso Senhor, deleitando em sua bondade, e gozando para sempre um mundo que foi feito perfeito pela graça de nosso Deus. Aquele que veio salvar os pecadores provê uma salvação tão grande que restaura toda a terra, envolve todo nosso ser, e dura pela eternidade (Ap 21.1).

A QUEM DEUS APERFEIÇOA ELE USA[69]

PROPÓSITO INDIVIDUAL

O expansivo amor de Cristo por seu povo e pelo mudo — tornado visível por sua redenção dos dois — tem profundo efeito sobre todos os que o amam. Porque o amamos, também amamos *aquilo* e *aqueles* que ele ama. Pouco tempo após ter se entregue a Cristo, meu irmão David — antes profano em palavra e obra —escreveu: "Amo tanto a Jesus [que agora] não suporto quando as pessoas tomam seu nome em vão. Quero que elas conheçam o quanto ele é bom". Quando Jesus habita nosso coração, o seu coração se torna nosso (Rm 6.4-11).

Pessoas que amam a Jesus querem agradá-lo amando aqueles a quem ele ama. Temos maior prazer em ser seus embaixadores aos perdidos, suas mãos para os carentes, sua voz para os oprimidos, e mordomos da criação que ele fez, como provisão para todos os povos. Regozijamo-nos porque sua família se estende além dos limites humanos de raça, região, classe e cultura, e nos deleitamos em amar de acordo com isso. Ao expressar o amor de Cristo em nós, nós que éramos outrora carentes, acabamos descobrindo um aspecto final da salvação de Cristo: seu divino propósito.

Fomos libertados de vidas vazias, assim como libertos da vida de pecado (1Pe 1.18). Jesus torna útil aquilo que estava quebrado. Jesus não tinha terminado seus planos na vida do homem cujas falhas o colocaram na cela de prisão com meu irmão. Quando aquele homem compartilhou

---

69 Esta parte da história se relaciona aos temas de "Como devemos nos relacionar à cultura ao nosso redor?" e "O que é ministério centrado no evangelho?" na *Visão Teológica de Ministério da Coalizão Evangélica*.

sua fé com meu irmão — homem de outra raça — ambos souberam do amor de Cristo e se tornaram irmãos espirituais para a eternidade.

Vez após vez o meu irmão deficiente em seu desenvolvimento tem sido auxiliado na prisão por homens cuja raça e origens antes os teriam separado na sociedade comum. Enquanto David tem aprendido sobre um amor maior que todos os seus preconceitos, ele tem se tornado instrumento também do amor de Cristo. A sua simples confiança e amizade com aqueles que são diferentes dele, inicia dentro das paredes da prisão, a glória de uma irmandade eterna no céu.

PROPÓSITO CORPORATIVO

Participamos dos propósitos transformadores de Cristo como indivíduos, mas também como povo reunido. Por meio da igreja, proclamamos as boas novas de Cristo em palavra e ação, de forma que seu governo se espalhe de coração para coração, atravessando todas as nações (Cl 1.22-2.4). Seu reino máximo é a história que as Escrituras revelam desde as primeiras páginas. Nosso Deus não deixaria uma criação ferida no seu sofrimento. A despeito da traição que levou à dilaceração do mundo e de seus habitantes, nosso Deus jamais abandonou nem um nem o outro. Ele redime as pessoas para que elas conheçam e espalhem sua graça. Assim, a salvação que ele traz é para e por meio dos pecadores. Na igreja nos reunimos para louvá-lo por sua bondade, encorajarmos uns aos outros a viver para ele, e ajudar o próximo a compreender e experimentar o seu amor transformador.

A antiga história da salvação que se desenvolve é para nós, nos inclui, e nos envolve em um abraço mais amplo. Temos um propósito além de nós mesmos e, ao cumpri-lo com o próximo, celebramos nossa identidade corporativa com o corpo de Cristo. Coletivamente, ele concede-nos cumprimento e participação em promover seu reino de maneira que transforma todas as coisas para sua glória (Ef 1.21). Ao vivermos em comunidade, encorajando, instruindo, fortalecendo e perdoando uns aos outros, tornamo-nos sal e luz transformadores para o mundo em que vivemos (Mt 5.13-16; Ef 3.10-21).

PROPÓSITO REDENTIVO

Fomos salvos para o grande privilégio de participar da obra transformadora de Cristo, e por este mesmo grande propósito, honramos nosso rei e refletimos a sua graça em todas as dimensões de nossa vida — nossos relacionamentos, nosso lazer, nossa adoração. Não há um aspecto sequer de nossa vida que não reflita a glória de Deus enquanto ele espalha seu reino por sobre ela.

As distinções sagradas e seculares não podem ser usadas para isolar as questões de Cristo de quaisquer esferas da vida. Ele é o Senhor que veio e virá para estender seu reino gracioso sobre todas as coisas. Ele nos salva para colocar sobre nós sua reivindicação. À medida que encontramos nossa maior satisfação em dedicar todo aspecto de nossa vida a ele, ele deleita em usar-nos para seus eternos propósitos e para redimir o mundo através de nossos esforços individuais e corporativos.

Quando os escritores do Evangelho escreveram as boas novas de Jesus, foi tipicamente com a declaração de que veio o Senhor de todos. Nenhuma alegria teria acompanhado tal pronunciamento se marcasse o início de um governo despótico. Mas se o rei veio salvar pecadores e se sua salvação inclui um coração renovado, uma vida de poder, e um mundo transformado, com certeza o propósito deste rei, e deles, é realmente uma boa nova. A notícia é tão boa que até os anjos anseiam por ela, e nós que amamos quem provê este evangelho também amamos a sua proclamação (1Pe 1.10-12). Mesmo que tenhamos conhecido a prisão de corpo, mente, hábito, culpa, relação ou circunstância, Jesus Cristo veio nos salvar eternamente de tudo isso. Esta é uma maravilhosa notícia – e é o evangelho!

9 A REDENÇÃO DE CRISTO

Sandy Willson

Quando um de meus filhos formou-se da faculdade, era tradição na escola onde ele estudou ter um culto na noite anterior à formatura. Historicamente, é claro, os cultos de formatura foram estabelecidos para que um ministro do evangelho entregasse o sermão. Hoje em dia, porém, a não ser que a instituição que promove o culto de formatura seja evangélica, não se espera ouvir pregado um sermão cristão, e com certeza eu não esperava um sermão desse tipo. De fato, um rabino judeu havia sido convidado a entregar o discurso para os bacharelandos, rabino este que eu conhecia. Ele é brilhante, simpático e interessante, e assim, não fiquei surpreso por achar seu discurso edificante, prático e bem refletido. De fato era o melhor discurso de formatura que eu me lembro de ter ouvido; percebi que eu concordava com tudo que ele disse, sem exceções.

Ao sair daquela experiência, não pude deixar de refletir no estado de grande parte da pregação cristã de hoje em dia. Em geral é menos interessante que a pregação do rabino, e muitas vezes não contém nada com que o próprio rabino discordaria. Muitos dos sermões pregados na televisão, no rádio e nos púlpitos das igrejas estão tristemente ausentes de qualquer coisa distintamente cristã. Frequentemente consistem de coisas de "bom senso" com as quais pessoas de boa vontade geralmente concordam. Muitas vezes, simplesmente oferecemos a mesma sabedoria prática de "autoajuda" que os outros oferecem, exceto fazendo referência a uma história da Bíblia ou uma verdade bíblica. O meu amigo rabino também usa histórias e princípios tanto do Antigo quanto do Novo Testamento, e o faz muito bem. Então, qual seria a característica que distingue a pregação cristã?

A pregação cristã é fundamentalmente a respeito de Jesus Cristo e o que ele fez para redimir seu povo. O evangelho o proclama. O evangelho glorifica a Deus Pai glorificando a Cristo. Se entendermos ou interpretarmos erradamente quem Cristo é e o que Cristo fez, colocamos em perigo nossa salvação eterna. No coração da declaração confessional da Coalizão Evangélica, portanto, está nossa declaração sobre Jesus Cristo e sua grande obra da redenção. Isto está no cerne do que ensinamos, pregamos e aconselhamos.

CRISTO, O FILHO ETERNO

"Cremos que, movidos por amor e em obediência ao Pai..."[70] Desde o princípio, nossa declaração confessional trata esta questão: "Por que Jesus Cristo teria feito o que fez?" O que aprendemos da Bíblia é uma única explicação: Jesus Cristo nos ama, não pelo que nós somos mas por causa de quem ele é. Não existe maneira de compreender Jesus Cristo sem ser pelo amor. O amor motivava tudo que ele fez. Se

---

[70] Aqui e em todo este capítulo estão excertos da *Declaração Confessional da Coalizão Evangélica*, que está reproduzida na íntegra no apêndice deste volume.

nós não pudermos receber amor, não podemos receber Cristo. Se não pudermos dar amor, não podemos servir a Cristo. O grande motivo por trás de todas as suas palavras e obras, por trás de seu grande sacrifício por nós, é seu amor imerecido, não mitigado, não devido a qualquer esforço nosso.

O que torna esse amor mais surpreendente é que antes que Jesus Cristo viesse à terra, ele existia como segunda pessoa da Divindade, o eterno filho de Deus. João disse: "No princípio era o Verbo, e o Verbo estava com Deus, e o Verbo era Deus" (João 1.1). João também o chama de "Filho unigênito" (João 1.14). Ele era "antes de todos os mundos, Deus de Deus, Luz das Luzes" (Credo Niceno). Desde a eternidade ele era perfeitamente contente, coigual a Deus pai e Deus Espírito Santo. Não tinha necessidade de amigos, pois havia comunhão íntima, que satisfez infinitamente o Pai e assim, gozava todos os prazeres da beatitude eterna.

O amor que o levou a deixar seu ambiente abençoado e vir ao mundo é um amor que ele tem com o Pai desde toda a eternidade — por nós! Jesus disse que veio fazer a vontade do pai, e a vontade do pai é que todo seu povo seja salvo. O filho de Deus compartilha completamente desse amável intento — amor tão puro, tão poderoso e tão gracioso, que homens e anjos jamais o podem compreender.

CRISTO, NOSSO HUMILDE SALVADOR

"O Filho eterno tornou-se humano..." Uma das mais surpreendentes características de Jesus Cristo é sua humildade. Não se pode imaginar a profundidade da humildade necessária para deixar o trono do céu para nascer na terra, de uma pobre mulher camponesa. Milhares de hinos e poemas foram escritos em tentativa de descrever essa maravilhosa realidade.

REDENÇÃO DE CRISTO

> Tu, rico que eras, além de todo esplendor
> te fizeste pobre, tudo por amor;
> Tronos trocaste por tosca mangedoura,
> Praças de safiras calçadas por chão de estrebaria.
> Tu, que eras rico, além de todo esplendor,
> te tornaste pobre e por amor.[71]

Paulo se junta ao coro quando diz: "pois ele, subsistindo em forma de Deus, não julgou como usurpação o ser igual a Deus; antes, a si mesmo se esvaziou, assumindo a forma de servo, tornando-se em semelhança de homens; e, reconhecido em figura humana, a si mesmo se humilhou, tornando-se obediente até à morte e morte de cruz!"(Fp 2.6-8).

Esta humildade foi necessária para que os seres humanos fossem salvos de nossa terrível condição. Nossas circunstâncias eram tais que nenhum esforço humano poderia nos salvar. O que Jesus Cristo fez por nós, jamais poderíamos fazer. A única forma de sermos resgatados seria se Deus condescendesse à nossa miserável condição em nosso mundo dilacerado. Ele teria de vir e nos tomar. Foi exatamente o que ele fez.

A vida de Jesus Cristo pode ser dividida em duas sequências históricas: sua humilhação e sua exaltação. Quando falamos de humilhação, geralmente incluímos sua encarnação, sua perfeita submissão à lei de Deus, e seus sofrimentos, morte, e sepultamento. Podemos ver essa sequência em nossa declaração confessional. Cada um dos aspectos de sua humilhação é essencial para a redenção do povo de Deus, e, portanto, é justo e bom que creiamos nessas coisas, as contemplemos, celebremos e vivamos à luz delas.

---

71 Frank Houghton, "Thou Who Wast Rich" [Tu que foste rico] (1894-1972).

SUA ENCARNAÇÃO

"O Verbo se fez carne, plenamente Deus e plenamente ser humano, uma Pessoa em duas naturezas. O homem Jesus, Messias prometido de Israel, foi concebido pela agência milagrosa do Espírito Santo, e nasceu da virgem Maria". A concepção e o nascimento de Jesus Cristo não é apenas incomum ou milagrosa, mas também *sui generis* (única dessa espécie). Com certeza, há no Antigo Testamento algumas concepções e nascimentos incomuns, sendo as principais o de Abraão (noventa e nove anos de idade) e Sara (noventa anos de idade), pais de Isaque. Também são estranhos os nascimentos de Samuel (1Samuel 1), Sansão (Juízes 13), e João Batista (Lucas 1), mas todos esses, como também todos os nascimentos que já ocorreram, envolviam um pai e uma mãe humanos.

Somente no caso de Jesus de Nazaré um ser humano foi concebido e nascido apenas de uma mãe humana e Deus. Através dos anos e até hoje, alguns dizem que a doutrina do nascimento virginal é *boazinha*, mas desnecessária, algo pelo qual não deveríamos brigar ou nos esforçar muito. Porém, o grande teólogo Atanásio (AD 296-372) ensinou que a plena humanidade de Cristo era necessária, pois Deus só poderia salvar aquilo em que Cristo se tornou, e assim, se Cristo não fosse plenamente humano, os seres humanos não poderiam ser plenamente salvos. Anselmo (AD 1033-1109) ensinou que Cristo teria de ser plenamente Deus para que seu sacrifício fosse suficiente para todo o povo de Deus; outrossim, um homem poderia no máximo ser substituído por apenas mais uma pessoa.

Cremos nisto ainda hoje, não principalmente porque Anselmo e Atanásio assim ensinaram, mas porque os escritos de Mateus e Lucas, inspirados por Deus, ensinam isto (Mateus 1; Lucas 1-2). Como podemos compreender a profundidade da humildade de Cristo na encarnação? Se Bill e Melinda Gates abandonassem sua residência palacial na Costa Oeste e passassem a morar no meio da favela de Quibera, em Nairobi, no

Quênia, ainda não chegariam perto do nível de autoabnegação que Jesus suportou para se encarnar. Que salvador amável!

SUA PERFEITA SUBMISSÃO AO PAI

"Ele obedeceu perfeitamente ao pai celestial, viveu uma vida sem pecado, realizou sinais milagrosos..." Há não muito tempo, minha igreja, Segunda Presbiteriana de Memphis, Tennessee, concedeu em que minha esposa e eu tivéssemos um sabático e passamos quatro semanas viajando. A cada domingo, visitamos uma igreja diferente, e fiquei chocado por ouvir pregadores em dois domingos consecutivos, separados por centenas de milhas, pedindo desculpas às suas congregações pela impaciência, petulância e insensibilidade de Cristo. Quase não pude acreditar no que estava ouvindo. Quem esses pregadores pensam que são? Entendem as implicações de sua heresia? Percebem que se Cristo fosse pecador de qualquer grau ou espécie, ele teria sido um sacrifício "maculado", indigno de fazer expiação por nossos pecados?

Mas, louvado seja Deus, a Bíblia declara que ele é sacrifício digno porque, embora fosse tentado em todas as coisas como nós, nunca pecou — em pensamento, palavra, ou ato. Não somente sua vida foi sacrifício digno pelos nossos pecados, mas a Bíblia também ensina que ele voluntariamente se colocou debaixo da lei, a fim de realizar por nós tudo aquilo que nosso primeiro pai humano, Adão, falhou em fazer. Jesus "nasceu sob a lei" (Gl 4.4-7), foi circuncidado (Lucas 2), criado por pais (Lucas 2), e batizado por João (João1), a fim de cumprir toda a justiça a nosso favor.

SOFRIMENTO, MORTE E SEPULTAMENTO

"... foi crucificado por Pôncio Pilatos..." Jesus sofreu muitas coisas durante seus três anos de ministério público: as demandas dos pobres e coxos e enlutados, o desprezo dos líderes religiosos, a incredulidade de seus próprios discípulos, e a brutalidade dos dominadores romanos em

Israel. Mas seu maior sofrimento veio das mãos de seu próprio pai. Na noite anterior à crucificação, no jardim de Getsêmane, sob grande pressão e angústia, ele orou: "Pai, se queres, passa de mim este cálice; contudo, não se faça a minha vontade, e sim a tua" (Lucas 22.42). E então, falando da cruz, em cumprimento do salmo messiânico (Salmo 22), Jesus clamou ao Pai: "Deus meu, Deus meu, por que me desamparaste?" (Mt 27.46).

Por que Deus permitiria, até mesmo preordenaria, tal aparente revestimento de justiça? (Atos 2.22-23). O Alcorão propõe uma resposta a essa pergunta, dizendo que Jesus realmente não teria morrido. Foi outra pessoa (Judas) que apenas parecia ser como Jesus. O Alcorão concebe que um profeta justo como Jesus não poderia ter sido assim humilhado; Deus não o permitira. Mas — coisa maravilhosa — Deus não somente o permitiu como também o declarou desde a eternidade (1Pe 1.19-20). Jesus, por nos amar, sofreu a indignidade máxima de ter sido fustigado e crucificado como criminoso comum. *Maravilhoso amor! Como pode ser que tu, Deus meu, morreste por mim?*

CRISTO, NOSSO SENHOR EXALTADO

Podemos imaginar o desespero mudo dos discípulos no sábado depois da crucificação de Jesus. Eles tinham crido que ele era o Messias há muito tempo esperado. Mas todo mundo sabia que o messias tinha de reinar; e para reinar, tinha de estar vivo. Jesus agora estava morto. Sua morte contradizia tudo que eles tinham ouvido e visto a seu respeito nos três anos que viajaram com ele.

Eles tinham servido com ele, comido com ele, dormido junto dele e orado com ele, sem jamais ouvir uma palavra de pecado, observado uma atitude contrária ou falta de amor para com os carentes, e nunca o tinham visto ficando confuso por clero ou acadêmicos estudiosos. Eles o viram acalmar o vento e as ondas, expelir demônios, curar os cegos e até mesmo ressuscitar os mortos. Eles o chamaram "o Cristo", e lhes foi assegurado que o Espírito Santo era quem lhes revelara essa verdade. Tudo apontava para o fato de ele ser o Messias. Como poderia estar morto? Um "messias morto" é um oxímoro, como "gelo frito".

Na manhã de domingo após sua crucificação, algumas das mulheres foram até o túmulo de Jesus para cuidar e honrar seus restos mortais com especiarias. Foram elas as primeiras testemunhas humanas à maior reversão da fortuna, jamais experimentada por qualquer ser humano. Jesus estivera morto. Agora estava vivo! O que os teólogos chamam de exaltação de Cristo havia sido inaugurado. A exaltação de Cristo consiste em sua ressurreição, ascensão, seu assentar à destra de Deus e sua gloriosa volta.

SUA RESSURREIÇÃO

"Ressurgiu corporalmente dos mortos ao terceiro dia..." A ressurreição de Jesus Cristo é o evento que coroa todas as poderosas obras de redenção de Deus — mais magnífica do que partir o Mar Vermelho, mais surpreendente que o terremoto no Monte Sinai, mais tremendo que a derribada dos muros de Jericó, mais impressionante que o triunfo de Davi sobre Golias. O futuro de toda a ordem criada repousa sobre este grande ato de Deus. A esperança de todo verdadeiro crente repousa sobre a realidade histórica deste evento.

A ressurreição de Cristo não foi, como querem alguns, apenas uma ideia. Não era alguma espécie de "ressurreição espiritual", mas a ressurreição do mesmo corpo que havia agonizado e morrido na cruz do Calvário. Por esta razão foi que os primeiros discípulos, com poder, coragem, e implacavelmente proclamaram: "a este Jesus, que vós crucificastes, Deus o fez Senhor e Cristo" (Atos 2.36). Os discípulos tiveram grande alegria no fato de que seu senhor, Jesus, havia sido completamente vindicado e exaltado acima de tudo: "foi designado Filho de Deus com poder, segundo o espírito de santidade pela ressurreição dos mortos, a saber, Jesus Cristo, nosso Senhor" (Rm 1.4).

SUA ASCENSÃO

"Subiu ao céu..." Os discípulos se alegraram não só porque sabiam que Jesus está vivo, mas porque viram-no ascender ao céu (Lucas 24; Atos1). Pela cruz e pelo túmulo vazio, ele havia conquistado todos os inimigos, seus e nossos, e agora, diante dos olhos deles, retornava à sua casa como rei. Não seria mais sujeito ao orgulho dos fariseus, às tramas dos saduceus, ou às crueldades dos romanos. Não seria mais maltratado por Caifás, Pilatos e seus subordinados — nem mesmo pelo próprio Diabo. Ele subiu à mão direita de Deus, seguro para sempre, para sempre feliz, para sempre rei.

> Olhai, vós santos, a gloriosa visão:
> Vede agora o Homem de Dores;
> Retornar, vitorioso da luta,
> Ele a quem todo joelho se dobrará;
> Coroai-o, Coroai-o,
> Coroai-o, Coroai-o,
>
> A coroa condiz à fronte do Vitorioso,
> Coroas condizem com a fronte do Vencedor...
> Eis os fortes acordes triunfais!
> Jesus toma o mais alto estado;
> Ah! Que alegria a visão nos dá!
> Coroai-o, Coroai-o!
> Coroai-o! Coroai-o,
> Rei dos reis e Senhor dos senhores!
> Rei dos reis e Senhor dos senhores![72]

---

[72] Thomas Kelly, "Look, Ye Saints! The Sight Is Glorious" [Olhai, vós santos! É gloriosa a vista] (1809).

REDENÇÃO DE CRISTO

SEU ASSENTAR-SE

"Como Rei mediador, ele está assentado à destra de Deus Pai, exercendo no céu e na terra toda a soberania de Deus, e é nosso Sumo Sacerdote e justo Advogado."

Há alguns anos, eu liderava um grupo de oração de pastores, missionários, e suas esposas. Antes de orarmos, pedi que fechassem os olhos e simplesmente imaginassem Jesus Cristo. Depois de alguns momentos pedi que compartilhassem com o grupo o que "viram" em sua imaginação. Uma pessoa viu Jesus amando e abençoando as criancinhas, outra o viu ensinando as multidões, outro o viu multiplicando os pães e peixes; outro o viu orando no jardim de Getsêmane.

Ao refletir, percebemos algo significativo (além do fato de que a maioria de nossas imagens vinha das pinturas de uma antiga Bíblia de família na versão *King James*): todas as figuras que fazíamos dele eram antes de sua ascensão. Não estávamos pensando em Jesus como hoje ele é, mas como era antigamente. A exaltação de Jesus Cristo não foi apenas um evento histórico, mas é também uma realidade presente. Jesus não está mais vestido de carne perecível, mas revestido de glória imperecível. Quando em uma visão, o apóstolo João vê Jesus como ele é, cai como morto. Somente o próprio Deus pode revivificá-lo (Ap 1.17).

Este Cristo de pujante brilho, exaltado, é o Cristo a quem João veio conhecer, amar, adorar e servir. Cristo agora reina como rei e mediador, intercedendo por nós, governando sobre nós e sendo nosso advogado. Ele tomou nossa carne aos conselhos do Deus trino, onde estamos representados perfeitamente e somos continuamente protegidos. Portanto, não temos nada a temer a não ser o temor do próprio Deus (Mt 10.28).

SEU GLORIOSO RETORNO

Cristo voltará em glória para consumar todas as coisas e tomar seu lugar por direito como rei e exaltado Senhor, em quem e sob quem todo o cosmos está unificado em louvor sem fim (Ef 1.10).

CRISTO, NOSSO REPRESENTANTE E SUBSTITUTO

"Cremos que, por sua encarnação, vida, morte, ressurreição, e ascensão, Jesus Cristo agiu como nosso representante e substituto. Ele o fez para que nele nos tornássemos justiça de Deus". Teríamos causa suficiente para louvar e adorar a Jesus Cristo se apenas soubéssemos dele aquilo que já foi abordado neste capítulo: sua eterna divindade, sua amorosa obediência ao pai, sua humildade, e sua glória sem rival à mão direita de Deus. Porém, a Bíblia, nos fornece razões ainda mais pessoais para amar e servi-lo. Tudo quanto ele fez, ele o fez por nós.

Nasceu neste mundo por nós (Gl 4.4-7); foi crucificado por nossos pecados (Gl 3.13); ressurgiu para nossa justificação (Rm 4.25); subiu ao céu para nos preparar lugar (João 14.12). Aprendemos na Escritura que Cristo fez isso se tornando nosso substituto, para fazer em nosso lugar aquilo que não éramos capazes por nós mesmos. Tal conceito está no coração da fé cristã, e sem ele, o evangelho perde seu poder singular.

Muitas religiões ensinam que precisamos nos reformar, e algumas até oferecem os três grandes protótipos que devemos imitar: Abraão e Moisés (judaísmo), Jesus (cristianismo), Maomé (Islão), Buda e o Dalai Lama (budismo), Confúcio (confucionismo), etc. Mas uma única religião (o cristianismo evangélico) ensina que alguém já, em nosso lugar (1) viveu essa vida; (2) tomou sobre si o castigo que nós merecíamos por todos os nossos pecados; e (3) atingiu uma vida ressurreta e *status* exaltado, para que estejamos, falando espiritualmente, já assentados à destra de Deus. É este o profundo mistério da fé cristã (Cl 1.25; 1Tm 3.16): por meio da vida e morte substitutiva de nosso senhor Jesus Cristo, somos feitos justiça de Deus (2Co 5.21).

UMA VIDA SEM PECADO PARA NÓS

A Bíblia ensina que Adão, o primeiro homem, era, na verdade, nosso primeiro representante (Rm 5.12). Se ele obtivesse êxito, nós seríamos bem-sucedidos, mas se ele falhasse, nós também falharíamos. Ele falhou. Nós falhamos. Ele pecou, e nós pecamos. Tornou-se pecador, portanto, todos nós somos pecadores. Parece injusto? Você pensa que teria feito melhor que ele? Lá vai seu orgulho, mais uma vez provando que você é pecador.

Mas a beleza da história está em que, após a queda do homem, Deus imediatamente prometeu um novo representante, uma semente de Eva que um dia esmagaria nosso inimigo, Satanás (Gn 3.15). Jesus, o segundo Adão, é esta semente, e ele viveu perfeitamente por nós para que, quando colocamos nele nossa confiança, recebamos todos os benefícios de seu desempenho perfeito, sua perfeita obediência ao pai. Tudo que ele fez vai para o nosso registro. Quando Deus olha o "registro de desempenho" dos cristãos, ele vê a ficha realizada por seu amado filho Jesus. Estamos revestidos de Cristo, e Deus nos imputou os méritos da vida perfeita de seu filho. É uma verdade bendita que Jesus viveu uma vida sem pecado *por nós*.

UMA MORTE DOLOROSA POR NÓS

Muitas vezes subestimamos a extensão de nossos problemas morais e espirituais. O resultado da queda de Adão, é que somos pecadores culpados, objetos da ira de Deus; corruptos em todos os aspectos de nossa natureza humana. Somos alienados de Deus, tendo nos tornado seus inimigos; moral e espiritualmente somos incapazes de mudar ou de salvar a nós mesmos. Só a morte substitutiva de nosso senhor Jesus Cristo pode resolver estes problemas profundos.

Jesus morreu em nosso lugar. Ele não merecia morrer. Nós merecemos. Ele morreu porque Deus, por sua própria glória e infinita graça por nós, imputou nossos pecados sobre seu filho amado. E Jesus Cristo, por sua morte sacrificial (derramando seu sangue), carregou nossos pecados em seu corpo, levando-os para longe de nós. João Batista apontou a Jesus, dizendo: "Eis o Cordeiro de Deus, que tira o pecado do mundo" (João 1.29). Jesus Cristo expiou (removeu) nosso pecado, tomando-os sobre si. "Aquele que não conheceu pecado, ele o fez pecado por nós; para que, nele, fôssemos feitos justiça de Deus" (2Co 5.21).

Paulo explica por que Jesus realmente morreu numa cruz de madeira: "Cristo nos resgatou da maldição da lei, fazendo-se ele próprio maldição em nosso lugar: porque está escrito: 'Maldito todo aquele que for pendurado em madeiro'" (Gl 3.13). Ao tornar-se maldição em nosso lugar, Jesus Cristo satisfez a justa ira de Deus contra todos que pecam. Isto é, Cristo "propiciou" a Deus. Ele desviou de nós a ira de Deus. Satisfez as retas demandas da justiça de Deus. Esse sacrifício substitutivo é necessário para nossa salvação porque "Por isso, quem crê no Filho tem a vida eterna; o que, todavia, se mantém rebelde contra o Filho não verá a vida, mas sobre ele permanece a ira de Deus" (João 3.36).

Paulo descreveu-nos em nossa condição natural e caída como estando "mortos nos vossos delitos e pecados, [...] por natureza filhos da ira" (Ef 2.1,3). Mas enquanto ainda éramos pecadores, inimigos de Deus, Cristo morreu por nós (Rm 5.8). No fim, o sangue de Cristo, sua morte sacrificial por nós, nos reconcilia com Deus para que recuperemos a intimidade que perdemos no jardim do Éden pelo nosso pecado. Paulo coloca desta forma: "Ora, tudo provém de Deus, que nos reconciliou consigo mesmo por meio de Cristo e nos deu o ministério da reconciliação, a saber, que Deus estava em Cristo reconciliando consigo o mundo, não imputando aos homens as suas transgressões, e nos confiou a palavra da reconciliação" (2Co 5.18-19). A sua dolorosa morte *foi por nós*.

UMA RESSURREIÇÃO TRIUNFAL PARA NÓS

Devido a nossos pecados, ficamos sujeitos a todas as misérias desta vida, morte, e inferno eterno. Por sua obra substitutiva, redentiva, Jesus venceu o pecado, a morte, e todos os principados e poderes que procuram nos destruir. Por sua ressurreição da sepultura, somos justificados finalmente e para sempre diante de Deus, e ressurretos para a vida eterna. Mediante a fé em Jesus Cristo, já fomos ressurretos espiritualmente com ele, e um dia seremos como ele, em corpo novo e ressurreto. Nosso futuro está ligado nele: assim como nossa humilhação tornou-se a sua humilhação, a sua exaltação se torna nossa exaltação. Somos ressurretos, ascendemos à presença de Deus; reinamos com Cristo; e um dia seremos como ele, com corpos glorificados. A sua triunfal ressurreição *foi para nós*.

UMA ASCENSÃO GLORIOSA PARA NÓS

Quando Jesus estava com seus discípulos no cenáculo, anteviu a ansiedade quanto à sua futura partida. Ele explicou que sua partida era realmente uma boa coisa por duas razões. Primeiro, ele lhes mandaria o Espírito Santo, o consolador, que os guiaria, encorajaria e ensinaria. Segundo, ele ia para a casa do pai a fim de preparar-lhes lugar.

Quando eu era criança, um dos pontos altos de minha existência era visitar minha avó materna, geralmente uma vez por ano, e ficávamos em sua casa pequenina por vários dias. Ela era mulher simples que morava em um vilarejo rústico nas *Montanhas Smoky*. Talvez alguém indague por que um menino de oito anos ficava tão animado por visitar um lugar onde não havia TV, ginásio de basquete ou brinquedos modernos, tendo um pequeno armazém geral no final da rua. Era porque vovó estivera esperando por nós durante meses. Quando chegávamos, ela estava esperando na sacada dos fundos de sua casa. Corríamos para receber seu abraço carinhoso. Ela tinha um apelido para cada um de nós. Subíamos para os quartos no andar de cima, debaixo do telhado de zinco que fazia barulhos gloriosos à noite quando chovia, e mais tarde éramos regalados com todos aqueles pratos e sobremesas deliciosos que vovó tinha preparado para nós. Fazíamos caminhadas e atividades simples, planejados pela vovó. Acima de tudo, simplesmente nos aquecíamos no amor completo, efervescente, incessante que a mãe de nossa mãe tinha por nós.

Ora, se minha avó de setenta e cinco anos, com recursos muito limitados e imaginação bastante finita era capaz de preparar um lugar maravilhoso para mim, você consegue imaginar o que o senhor Jesus Cristo, com seus vastos recursos, infinito poder e imaginação, e seu amor sem limites, fará por nós? Ele espera nossa chegada, tem um nome especial preparado para todos que fazem parte de seu povo, preparou sua residência palacial para nos trazer alegria constante. Nadaremos no oceano de seu afeto por nós. A sua gloriosa ascensão *foi para nós*.

CRISTO, NOSSA ÚNICA ESPERANÇA

"Cremos que a salvação não se encontra em nenhum outro, pois não existe outro nome dado debaixo do céu pelo qual devemos ser salvos." Existem diversos aspectos da fé cristã que os não crentes através dos séculos acham ofensivos. Esses incluem a depravação total do coração humano, a incapacidade do homem de salvar a si mesmo de sua condição de perdido, e a realidade do inferno. No tempo do apóstolo Paulo, havia outros ensinos que também provocavam respostas hostis: o juízo de Deus sobre Israel, a inclusão da igreja e dos gentios, e nossa liberdade das leis rituais do Antigo Testamento.

REDENÇÃO DE CRISTO

Talvez uma das doutrinas mais ofensivas em nossos dias, uma que a mídia contemporânea certamente menciona em entrevistas religiosas com cristãos evangélicos, é o ensino da Bíblia sobre a singularidade de Jesus Cristo como único caminho para a vida eterna. A razão de se ofenderem tanto é óbvia: os cristãos estão dizendo que somente eles conhecem e proclamam o único Deus vivo e verdadeiro, e que todos os demais estão claramente errados, sendo que são terrivelmente brutais as consequências desse erro.

Além disso, alguns cristãos tomam essa posição com insuportável arrogância e aparente insensibilidade para com o julgamento implícito sobre todo não cristão e todos os outros grupos religiosos. Por que, então, nós da Coalizão Evangélica faríamos dessa doutrina um dos compromissos doutrinários não negociáveis? Eis as razões:

1) A não ser que se abrace esta verdade de todo coração, a pessoa não compreende o evangelho de Cristo. Se crermos no que a Bíblia ensina sobre a condição da humanidade caída (nossa depravação moral, nossa morte espiritual, o justo juízo do inferno eterno), somente então compreenderemos plenamente e acolheremos o remédio único que Deus oferece, o único remédio que pode redimir-nos de nossa condição. Porque não possuímos justiça por nós mesmos, temos de confiar somente na justiça de Cristo. Porque, por natureza, estamos mortos em nossas transgressões e pecados, temos de receber o milagre da vida ressurreta de Cristo. Porque a justiça de Deus contra nosso pecado tem de ser completamente satisfeita, temos de receber a expiação perfeita, substitutiva de Cristo. Como não podemos nos aproximar de Deus por nossos próprios méritos, temos de depender da advocacia de Cristo por nós diante do trono de Deus. Estas são as realizações singulares da obra redentora de

Cristo que resolvem de maneira única nosso problema do pecado. "Eu sou o caminho, e a verdade, e a vida; ninguém vem ao Pai senão por mim" (João 14.6).

2) Se houvesse outro modo de receber a vida eterna, Deus seria culpado da mais gigantesca violação da justiça na história do cosmos. A crucificação de Cristo, em nível meramente humano, seria a maior caricatura da justiça em toda a história humana. Conforme vimos, Jesus é o único ser humano que jamais falou uma palavra má, nunca abrigou um pensamento mau, nunca cometeu um ato pecaminoso. Com amor ele serviu o pobre, teve compaixão dos fracos e solitários, e curou os enfermos. Foi o maior ser humano que já existiu, contudo, sofreu o mais severo castigo de qualquer criminoso na história. Mais surpreendente ainda, Deus ordenou este fiasco, entregando seu Filho a homens ímpios, para sofrer a agonia excruciante da morte em uma cruz de madeira (Atos 2.23). Se houvesse outro modo das pessoas serem salvas de sua condição de pecado, se outro caminho desse tão certo quanto o "caminho de Jesus", teríamos de concluir que a morte de Jesus Cristo não era realmente necessária para a salvação dos pecadores. Teríamos de concluir ainda que Deus era o perpetrador de uma violação grotesca e sem sentido de sua justiça. Mas Jesus é o único caminho, e, portanto, o solene decreto de Deus de sacrificar seu filho unigênito não é a maior injustiça do mundo e sim, o maior ato de amor que já se fez.

3) Se existisse outra maneira de ser salvo, teria de ser baseada no desempenho moral humano, pois o evangelho de Cristo somente salva pela graça. Assim, qualquer outro modo de salvação contradiz diretamente a salvação somente pela graça, conforme Paulo ensina em suas cartas. Se existisse outro caminho de salvação,

a noção da graça seria fútil e inútil, e com certeza, não haveria nenhum evangelho cristão.

4) Se houvesse alguma alternativa para a salvação, seria impossível reconciliar essa ideia com as claras declarações da Escritura (João 14.6; Atos 4.12; Rm 3.19-20; 1Tm 2.5-6). Se a Escritura não for confiável como dando relato correto desta doutrina cardeal, como poderíamos confiar na acurácia da Bíblia em qualquer outra área?

5) Se houvesse alguma alternativa para a salvação, presumivelmente seria designado para aqueles que nunca ouviram o evangelho mas querem ir para o céu. Mas o que faz pensar que a pessoa natural queira ir ao céu? A Bíblia nos ensina que os cidadãos do céu estão de tal modo obcecados com o louvor de Jesus Cristo — exatamente o que o homem natural rejeita. Qualquer um que ainda não ame a Cristo naturalmente odiaria o céu. Por outro lado, podemos verdadeiramente dizer que ninguém que realmente deseje ir ao céu será dele excluído. Os corações dos humanos pecadores anseiam pelo céu apenas por ouvir e crer no evangelho, e isso, é claro, significa que a obediência da igreja à Grande Comissão é de suma importância.

Aquele que descobriu o amor de Deus na obra redentora de Jesus Cristo não fica chocado que ele tenha provido apenas um caminho para a salvação. Na verdade, fica cada vez mais maravilhado e confuso por Deus ter provido um caminho. À medida que o discípulo cristão cresce no entendimento de si, tornando-se consciente de seu intenso egoísmo, enorme orgulho, negligência proposital das necessidades do próximo, e sua indesculpável rebeldia contra os santos mandamentos de Deus todo-poderoso, ele pergunta, atônito e maravilhado, como essa bondade inefável, paciência, misericórdia, e fidelidade de Deus vieram até ele.

Por que Deus salvaria qualquer pessoa? Para sua glória. Foi por isso que ele escolheu demonstrar sua graça a pecadores indignos. Os cristãos nunca se deram ao trabalho de escrever hinos como "Surpreendente Justiça" ou "Maravilhosa Ira"— a sua ira e sua justiça não nos surpreendem. Fomos devidamente advertidos de sua ira no jardim do Éden. Não, os cristãos têm escrito "Maravilhosa Graça" (John Newton) e "Como pode ser" (Charles Wesley).

Entre todos aqueles líderes religiosos que disseram ajudar, guiar e salvar as pessoas, somente Jesus Cristo o fez de verdade, e o fez com o preço de seu próprio sangue.

CRISTO, NOSSO TUDO EM TODAS AS COISAS

A declaração confessional da Coalizão Evangélica diz: "Porque Deus escolheu as coisas humildes deste mundo, as desprezíveis, as coisas que não são, para aniquilar as que são, nenhum ser humano poderá se jactar diante dele — Cristo Jesus se tornou para nós sabedoria de Deus — ou seja, nossa justiça, santidade, e redenção" (ver 1Co 1.28-30).

Há uns vinte anos, imediatamente após o culto do domingo pela manhã, eu achei que tivesse entregue um sermão especialmente bom (teologicamente são, exegeticamente perceptivo, com ilustrações de grande ajuda) e havia recebido vários elogios de pessoas da igreja confirmando a minha avaliação sanguínea. Então uma das queridas senhoras mais idosas ficou para trás para falar comigo. Eu esperava que ela seguisse a linha dos outros gratos adoradores, mas fui parado e profundamente humilhado quando ela disse: "Pastor, obrigada por seu brilhante sermão; mas semana que vem, o senhor poderia falar-nos só sobre Jesus?"

Percebi naquele momento que eu falhara em fazer de Jesus meu tudo em tudo na pregação, e a certo grau, em minha vida.

Para que tornemos Cristo tudo em tudo para nós, temos de fazer duas coisas. Primeiro, temos de nos esvaziar. Nós o proclamamos aos outros somente quando conhecemos o quão desesperadamente temos necessidade dele. O apóstolo Paulo diz que certas pessoas não herdarão o reino de Deus: os sexualmente imorais, idólatras, adúlteros, que praticam a homossexualidade, ladrões, avarentos, bêbados, difamadores e enganadores caloteiros. Em seguida ele diz: "Tais fostes alguns de vós" (1Co 6.9-11).

Ao descrever a origem natural dos cristãos de Corinto, Paulo escreve: "não foram chamados muitos sábios segundo a carne, nem muitos poderosos, nem muitos de nobre nascimento" (1Co 1.26-27). Deus não nos escolheu porque tivéssemos feito ou porque faríamos algo que merecesse seu mínimo favor. Pelo contrário, a sua escolha é completamente gratuita. Ele nos escolheu a despeito de nossa indignidade. Paulo explica o efeito desta realidade quanto à nossa autoavaliação: "Onde, pois, a jactância? Foi de todo excluída. Por que lei? Das obras? Não; pelo contrário, pela lei da fé" (Rm 3.27). Se somos salvos pelo evangelho, temos de reconhecer que "em mim, isto é, na minha carne, não habita bem nenhum, pois o querer o bem está em mim; não, porém, o efetuá-lo" (Rm 7.18).

Segundo, se temos de parar de nos gabar de nós mesmos quando nos achegamos a Cristo, temos também de começar a nos orgulhar em Cristo. "Mas longe esteja de mim gloriar-me, senão na cruz de nosso Senhor Jesus Cristo, pela qual o mundo está crucificado para mim, e eu, para o mundo" (Gl 6.14). Temos agora apenas uma glória: o próprio Deus. O rei Davi exclamou: Gloriar-se-á no Senhor a minha alma; os humildes o ouvirão e se alegrarão. Engrandecei o Senhor comigo, e todos, à uma, lhe exaltemos o nome". (Sl 34.2-4). Por que nos gloriamos nele? Porque somente Deus fez por nós tudo de valor permanente:

nossa aceitação diante de Deus, nossa alegria na vida, nossa sabedoria para viver, e nossa esperança para o futuro. Ele é nosso tudo em tudo. Cristo, por sua gloriosa redenção dos pecadores, tornou-se centro de nossas vidas.

Podemos contemplar os relatos do evangelho para ver o que significa ter Cristo no centro de nossa vida. No evangelho de Mateus, por exemplo, aprendemos que, se tivermos uma vida centrada em Cristo, adoramos sua majestade (Mateus 2); cremos em sua mensagem (Mateus 4); obedecemos seu ensino (Mateus 5-7); chamamos a Deus "Pai" (Mateus 6); experimentamos a sua cura (Mateus 8-9); nos envolvemos em sua missão (Mateus 10); tomamos nossa cruz (Mateus 16); amamos a sua igreja (Mateus 18); retribuímos o seu amor (Mateus 26); nos gloriamos em sua cruz (Mateus 27); celebramos sua ressurreição (Mateus 28). É disso que a vida verdadeira trata.

À luz de nosso vazio e da sua plenitude, nosso pecado e sua justiça, nossa loucura e sua sabedoria, existem algumas implicações óbvias à obra redentiva de Jesus Cristo:

1) Temos de encontrar nosso contentamento somente nele. Vamos parar de reclamar e lutar inquietos pelos prazeres deste mundo. Não é ele suficiente para nós? Se temos Jesus, como seria possível maior contentamento? Olhe o exemplo de Paulo de completo contentamento, não obstante duras circunstâncias, em Filipenses 4.10-20.

2) Temos de derramar sobre nossos ministérios cristãos o evangelho de Cristo. Nossa pregação e ensino têm de ser focados nele; nosso aconselhamento dentro da igreja tem de estar centrado em nossa relação com ele (a resposta final a todo problema de aconselhamento); nosso culto e reuniões de oração têm de estar centrados

nele; todos os programas da igreja e esforços missionários têm de estar nele. Eis por que: sempre que glorificamos o senhor Jesus Cristo e nos deleitamos em sua obra redentora, glorificamos o Deus trino que se fez plenamente conhecido em Cristo.

A redenção de Cristo está no cerne da teologia cristã. Que ela esteja também no coração de cada cristão.

10 JUSTIFICAÇÃO

Philip Graham Ryken

Imagine a cena: Um criminoso acusado se coloca diante de um juiz imparcial para receber sua justa sentença. Os procedimentos legais começam com um oficial do tribunal recitando as leis do reino. Enquanto ele escuta, o criminoso começa a perceber que está fadado à condenação, pois ele violou cada uma das leis do livro. Qualquer que seja a acusação, certamente que ele é culpado. Quando o juiz finalmente vira para o réu e pergunta como ele se declara, o homem não tem palavras. Ele se posta diante do juiz em mudo terror, incapaz de dizer qualquer coisa em sua defesa.

A NECESSIDADE UNIVERSAL E DESESPERADA DE JUSTIFICAÇÃO

Esta é a situação legal de desespero descrita nos primeiros capítulos de Romanos. A humanidade está no banco dos réus. Religiosos e não

JUSTIFICAÇÃO

religiosos, judeus e gentios, crentes e ateus— todos têm de comparecer diante do trono de Deus para julgamento. O padrão de justiça é a lei perfeita de Deus. Por esse padrão, todo mundo merece a condenação, "pois todos pecaram e carecem da glória de Deus" (Rm 3.23); "Não há um justo, nem um sequer" (Rm 3.10; cf. Sl 14.3).

Quando é lida a lei, portanto, todo mandamento é uma acusação. Não há nada que possamos dizer em nossa defesa: "Ora, sabemos que tudo o que a lei diz, aos que vivem na lei o diz para que se cale toda boca, e todo o mundo seja culpável perante Deus, visto que ninguém será justificado diante dele por obras da lei, em razão de que pela lei vem o pleno conhecimento do pecado" (Rm 3.19-20).

O problema da humanidade é, clara e simplesmente, o pecado. Somos pecadores culpados que nada merecem senão a ira de Deus. Não há nada que possamos fazer para salvar a nós mesmos. Os requisitos da justiça de Deus não podem nos salvar; só nos condenam porque não os conseguimos cumprir. Assim, quando comparecemos diante de Deus para julgamento, não existe a mínima chance de sermos aceitos com base em qualquer coisa que tenhamos feito. Este não é um julgamento em que somos inocentes até que seja provada nossa culpa. Ao contrário, é um tribunal onde já fomos provados culpados e temos de permanecer culpados até que sejamos declarados justos.

Somente quando reconhecemos como é desesperada nossa situação do ponto de vista legal começamos a entender a doutrina bíblica da justificação. Um poderoso exemplo do desespero de um pecador vem da vida de Donald Smarto. Enquanto estudava para o sacerdócio, Smarto desempenhou papel de cardeal em uma peça teatral religiosa. Para ajudá-lo a parecer o que representava, seu monastério tinha arranjado o empréstimo de paramentos da sua diocese. "Eu estava empolgado com isso", escreve Smarto em sua autobiografia, "e quando chegaram, fui até meu quarto, tranquei a porta e com cuidado removi a batina vermelha com faixa e capa do porta-terno".[73]

Enquanto Smarto colocava essas vestimentas antes do espetáculo de cada noite, elas se tornavam em crescente obsessão:

> Apesar do espetáculo teatral começar às vinte horas, eu me encontrava colocando as vestimentas cada vez mais cedo. Levava cerca de meia hora para fechar todos os botões, mas chegando os últimos dias da peça, eu estava vestido lá pelas duas da tarde, cinco horas antes de começar a peça. Eu me aproava e andava para lá e para cá diante de um espelho de corpo inteiro, e ao fazê-lo um sentimento me dominava. Fiquei por longo tempo olhando meu reflexo, e gostei do que via... Tinha um sentimento de que era santo. Simplesmente não me achava pecador; estava confiante de que minhas obras agradavam a Deus.[74]

A falsa confiança de Smarto foi despedaçada quando viu como a pessoa por baixo das vestimentas era realmente. Aconteceu no cinema:

> Um bispo subiu ao palco no filme. Usando uma linda vestimenta incrustada de joias brilhantes, ele saiu devagar de trás de uma cortina. Porém, ao andar, uma forte lufada de vento abriu sua vestimenta, revelando um esqueleto putrefato por baixo. Num instante, minha mente disse: Isso *sou eu*... Imediatamente bloqueei o pensamento... "Isso não sou eu!" disse... Eu queria empurrar as imagens do filme para longe de minha cabeça, mas não deu certo. [...] Fiquei tentando forçar-me a sentir melhor. "Faz

---

73 Donald Smarto, *Pursued: A True Story of Crime, Faith, and Family* (Downers Grove, IL: InterVarsity, 1990), 105.
74 Ibid., 105–106.

esse sentimento desaparecer," eu disse a Deus. "Eu *não sou* hipócrita. *Não* sou um ator. Sou uma *boa* pessoa!" Fiquei pensando em todas as coisas boas que eu havia feito. [...] No entanto, tais pensamentos não me traziam consolo.[75]

É somente quando enxergamos a dura e feia realidade de nosso pecado que estamos realmente prontos a voltar para Deus pedindo ajuda — de modo específico, pelo perdão dos pecados e pela justiça de Jesus Cristo. Como escreveu James Buchanan em seu famoso livro sobre justificação: "O melhor preparo para o estudo desta doutrina não é grande capacidade intelectual, nem muito aprendizado acadêmico, mas uma consciência impregnada por um senso de nossa real condição como pecador diante da vista de Deus".[76]

A CENTRALIDADE DA JUSTIFICAÇÃO: "DOBRADIÇA," "FUNDAMENTO," "ARTIGO PRINCIPAL"

Havendo descrito nossa condição em todos os seus mínimos detalhes, o apóstolo Paulo anuncia que um remédio legal foi disponibilizado: "Mas agora, sem lei, se manifestou a justiça de Deus testemunhada pela lei e pelos profetas" (Rm 3.21). As palavras "mas agora" marcam uma grande transição no argumento de Paulo. Mais que isso, elas introduzem o grande ponto de virada na história da salvação. Até aqui, nós estávamos condenados. A lei perfeita de Deus diz que não podemos ser declarados justos no tribunal de justiça de Deus. Mas agora uma justiça *vinda de* Deus foi revelada. Deus providenciou o caminho para que fôssemos declarados justos. Ou, colocando em termos bíblicos, ele proveu um caminho para sermos *justificados*.

---
75 Ibid., 119-20.
76 James Buchanan, *The Doctrine of Justification* (1867; repr., Grand Rapids, MI: Baker, 1955), 222.

Existe mais na salvação do que apenas a justificação pela fé. Contudo, sem exagerar sua importância, tem de ser dito que esta doutrina tem seu lugar próximo ao centro do evangelho. A justificação é um dos temas centrais da Escritura, especialmente do Novo Testamento, onde várias formas da palavra "justificar" (*dikaioø*) aparecem mais que duzentas vezes.[77] A prevalência deste vocábulo serve como índice à importância da justificação na teologia bíblica.

A centralidade da justificação tem sido reconhecida por muitos teólogos na história da igreja cristã. João Calvino a chamou de "principal dobradiça sobre a qual gira a salvação".[78] O reformador inglês Thomas Cranmer a descreveu como "a forte rocha e fundamento da religião cristã".[79] Martinho Lutero, talvez o mais famoso de todos, chamou a justificação de "principal artigo da doutrina cristã", então, "quando tiver caído a justificação, tudo mais terá caído".[80] Quer pensemos na justificação com dobradiça, fundamento, ou artigo sobre o qual fica de pé ou cai toda a salvação, não há esperança de salvação sem ela. Em outra ocasião, Lutero disse: "Esta é a doutrina que gera, nutre, edifica, preserva e defende a igreja de Deus; e sem ela a igreja de Deus não poderá existir uma hora sequer".[81]

O SIGNIFICADO DE JUSTIFICAÇÃO: DECLARAR JUSTO

A justificação é central ao evangelho cristão porque responde uma pergunta fundamental: "Como pode um humano pecador ser justo diante de um Deus santo?" A resposta está no ensino bíblico sobre justificação, que a declaração confessional da Coalizão Evangélica define a seguir:

---

77 Leon Morris, *The Apostolic Preaching of the Cross*, 3ª ed. (Grand Rapids, MI: Eerdmans, 1965), 251.
78 João Calvino, *Institutas da Religião Cristã*, Library of Christian Classics 20–21, ed. John T. McNeill; trad. Ford Lewis Battles (Philadelphia: Westminster, 1960), 3.11.1.
79 Thomas Cranmer, "Sermon on Salvation," em First Book of Homilies (1547, repr. London: SPCK, 1914), 25-26.
80 Martinho Lutero, *What Luther Says: A Practical In-Home Anthology for the Active Christian*, ed. Ewald M. Plass (St. Louis, MO: Concordia, 1959), 705, 715.
81 Ibid., 704.

JUSTIFICAÇÃO

> Cremos que Cristo, por sua obediência e morte, pagou inteiramente a dívida de todos aqueles que são justificados. Por seu sacrifício, ele carregou em nosso lugar o castigo que nos era devido pelos nossos pecados, satisfazendo de modo próprio, real, e pleno a justiça de Deus em nosso favor. Por sua perfeita obediência, ele satisfez as justas exigências de Deus em nosso favor, pois somente pela fé essa perfeita obediência é creditada a todos quantos confiam somente em Cristo por sua aceitação com Deus.

O vocabulário da justificação vem do tribunal da lei, onde "justificar" é um verbo declarativo. Em sua forma nominal "justificação" é um termo legal que refere à posição judicial da pessoa. Os termos bíblicos em volta de justificação encontram sua origem nos relacionamentos legais. O verbo grego *dikaioø*, que significa "justificar," é essencialmente um termo forense que "denota basicamente uma sentença de absolvição".[82] Justificar é render veredicto favorável, declarar que uma pessoa está certa, anunciar o perdão em termos legais. Justificação é vindicação. É uma decisão do tribunal declarando que alguém está em relação certa com Deus e sua lei. É o pronunciamento de que — quanto ao que concerne a lei — o réu não é culpado, mas inocente.

Uma boa maneira de definir a justificação é contrastá-la com seu oposto: a condenação. Condenar é declarar a pessoa injusta. É o veredicto judicial que — no que concerne a lei — ela é culpada. Este ato de condenação não é, naturalmente, o que torna culpado o criminoso. Os próprios atos é que fazem dele culpado, e ele se torna culpado no exato momento que quebrou a lei. Quando é finalmente condenado, portanto, o tribunal simplesmente o declara ser aquilo que ele já é: pecador culpado.

---

82 Morris, *Apostolic Preaching of the Cross*, 260.

A justificação é o oposto da condenação. Justificar e declarar um veredicto de inocência. Na justificação a pessoa não é *tornada* justa, mas *declarada* justa. A justificação não é um processo, mas um ato. Não é a concessão da justiça mediante a fé mais as obras e os sacramentos, como alguns teólogos tentam afirmar, mas a imputação da justiça somente pela fé.

O verdadeiro significado da justificação — que é "legalmente declarar justo", e não "tornar realmente justo" — pode ser demonstrado na Escritura. Por exemplo, em Deuteronômio 25.1, a Bíblia ensina que "Em havendo contenda entre alguns, e vierem a juízo, os juízes os julgarão, justificando ao justo e condenando ao culpado". É óbvio que um juiz não é quem torna culpada a pessoa. Ele simplesmente declara que ele é culpado, assim o condenando à sua sentença. Por analogia, a palavra "inocentar" (que na verdade é o verbo hebraico *hatsdiq*, "justificar") quer dizer "declarar juto".

Ou considere Provérbios 17.15: "O que justifica o perverso e o que condena o justo, abomináveis são para o Senhor, tanto um como o outro". Aqui novamente a palavra "justificar" (*hatsdiq*), obviamente refere a uma declaração legal. Ao lamentar a justificação daquele que é culpado, Deus não está tentando impedir que alguém transforme o culpado em ótimos e honrados cidadãos. Se justificar o culpado significasse fazê-los justos, certamente Deus seria a favor disso! A sua objeção é em declarar inocentes os que são culpados, o que é falso e pernicioso.

Quando voltamos ao Novo Testamento, encontramos a justificação usada de maneira muito semelhante. Como no Antigo Testamento, justificar é o contrário de condenar. Isso fica claro, por exemplo, no contraste que Paulo faz entre o pecado de Adão e o dom de Cristo: "O dom, entretanto, não é como no caso em que somente um pecou; porque o julgamento derivou de uma só ofensa, para a condenação; mas a graça transcorre de muitas ofensas, para a justificação"(Rm 5.16). Portanto, justificar significa declarar que um réu é inocente da acusação. No contexto da salvação, é a declaração de Deus que a pessoa é aceitável aos seus olhos e agora está diante dele em justiça.

Observe que justificação significa algo mais que apenas inocentar. Inocentar é declarar que a pessoa "não é culpada". Mas na justificação, Deus não limpa simplesmente todas as acusações do pecador; ele declara positivamente que esse pecador é justo. Justificação é a declaração legal de Deus que, tendo como base a vida perfeita e morte sacrificial de Jesus Cristo, recebido pela fé, o pecador é tão justo quanto seu próprio filho amado.

Alguns teólogos objetam que isso coloca ênfase exagerada nas categorias judiciais. Eles rejeitam a ideia de que a cruz fosse uma transação legal em que uma vítima inocente pagou a pena pelos crimes de outros. No entanto, a Bíblia ensina justificação forense (isto é, judicial) — e por boa razão. Embora existam muitas maneiras de descrever a graça salvadora de Deus, a categoria legal de justificação é fundamental ao evangelho. Sendo Deus tanto juiz como pai, nosso relacionamento com ele tem de ser justo. Eliminar a base legal dessa qualidade de certo (ou seja, justificação) seria tornar impossível que o pecador conhecesse Deus de modo a ser salvo. Pior ainda, é crer em um Deus de amor injusto que perdoa as pessoas sem que tenha direito para tanto.

A FONTE DA JUSTIFICAÇÃO: A GRAÇA GRATUITA DE DEUS

Se a justiça é necessária para a justificação, de onde ela vem? Conforme vimos, nosso problema é que não possuímos nenhuma justiça de nós mesmos. Então, qual é a fonte da justiça justificadora?

A origem de nossa justificação é a graça gratuita de Deus. O apóstolo Paulo diz muito simplesmente: somos "justificados gratuitamente, por sua graça, mediante a redenção que há em Cristo Jesus" (Rm 3.24). A declaração confessional da Coalizão Evangélica nos dá uma resposta mais expandida:

> Sendo que Cristo foi dado pelo pai por nós, e sua obediência bem como seu castigo foram aceitos em nosso lugar, livremente e não por qualquer coisa que houvesse em nós, esta justificação é totalmente de livre graça, a fim de que a exata justiça e rica graça de Deus sejam glorificados na justificação dos pecadores.

Dizer que somos justificados pela graça é dizer que a justificação é muito maior do que merecemos. É um ato do imerecido favor de Deus. Conforme escreveu Thomas Cranmer em sua *Homília sobre Salvação*: "Nenhum homem pode, por suas próprias obras, ser justificado e tornado justo diante de Deus. Porém todo homem, por necessidade, é constrangido a buscar outra justiça ou justificação, a fim de ser recebido nas próprias mãos de Deus".[83] A mensagem do evangelho é que Deus oferece esta justiça aos pecadores como dom: "É Deus que justifica" (Rm 8.33).

Isto nos leva a um ponto disputado na interpretação do Novo Testamento. O dom da justiça justificadora de Deus é duas vezes mencionado em Romanos 3, tanto no versículo 21 ("Mas agora, sem lei, se manifestou a justiça de Deus testemunhada pela lei e pelos profetas") quanto no versículo 22 ("justiça de Deus mediante a fé em Jesus Cristo"). Tecnicamente, no entanto, esses versos não falam de "uma justiça *vinda de* Deus", como a *Nova Versão Internacional* coloca, mas da "justiça *inerente a* [de] Deus".

Existe mais que uma maneira de interpretar esta frase. Talvez a palavra "de" na frase "justiça *de* Deus" seja o que os gramáticos cha-

---

[83] Thomas Cranmer, citado em Edmund P. Clowney, "The Biblical Doctrine of Justification by Faith," em *Right with God: Justification in the Bible and the World*, ed. D. A. Carson (Exeter: Paternoster, 1992) 17.

mam de "genitivo possessivo". Um exemplo seria a frase "as pessoas de Deus", onde as pessoas em questão pertencem a Deus, e Deus é aquele a quem elas pertencem. Assim, talvez "a justiça de Deus" seja simplesmente a justiça que Deus possui, que pertence a ele e que ele demonstra na salvação. Encontramos essa ideia no Salmo 98.2, entre outros lugares: "O Senhor fez notória a sua salvação; manifestou a sua justiça perante os olhos das nações".

Há, porém, outra possibilidade. As palavras "de Deus" pode explicar de onde vem a justiça — o que os gramáticos chamam "genitivo de origem". Um exemplo disso está na frase "música de Beethoven", onde a música na questão tem sua origem em Beethoven. Se a "justiça de Deus" for genitivo de origem, então Deus é a origem da justiça. É óbvio que esta é a interpretação que a *Nova Versão Internacional* favorece ao falar de "uma justiça *de* Deus." Nesta leitura, Deus é a fonte da justiça que ele concede aos pecadores.

Que interpretação seria correta? Será que a justiça pertence a Deus, ou ela vem de Deus como um dom? Certamente ambas as declarações são verdadeiras. Justiça pertence a Deus como um de seus atributos essenciais. Na verdade, a dramática conclusão do argumento de Paulo em Romanos 5.17 é que até mesmo quando ele justifica os pecadores, entre todas as pessoas, Deus ainda preserva a sua justiça! Na justificação, Deus "demonstra a sua justiça no tempo presente, a fim de ser justo e aquele que justifica os que têm fé em Jesus" (Rm 3.26).

No entanto, a justiça de Deus é também "aquela justiça que a sua justiça exige que ele requeira",[84] e que tão graciosamente ele oferece como dom a todos quantos creem. Existe para nós uma justiça proveniente *de* Deus, portanto — justiça essa que Deus não somente possui e demonstra,

---

84 Thomas Chalmers, citado por Donald Grey Barnhouse, *The Invisible War* (Grand Rapids, MI: Zondervan, 1965), 116.

mas também concede. A questão em jogo na justificação não é simplesmente se Deus é justo, mas se é possível que nós sejamos encontrados justos. Paulo parece duvidar disso no versículo 20, onde chega à alarmante conclusão de que "ninguém será justificado diante dele por obras da lei, em razão de que pela lei vem o pleno conhecimento do pecado".

Agora, no versículo 21 ele anuncia a boa nova de que podemos ser declarados justos diante de Deus, não por causa de nossa própria justiça, mas devido à justiça que vem de Deus. Essa interpretação ainda é confirmada no versículo 22, que deixa claro que a justiça de Deus se manifestou a "todos os que creem". Isso ainda se confirma por Romanos 5.17, que fala daqueles que receberam a abundante provisão da graça de Deus e do seu *dom* da justiça.

Portanto, a justiça não é apenas um atributo que Deus demonstra, também é um dom que ele concede. Usando uma frase memorável de John Stott, a "justificação é a forma justa de Deus fazer justiça aos que são injustos".[85]

Se fomos declarados justos com base em um dom, então a fonte de nossa justificação tem de ser a graça de Deus. Pois isto é o que é graça: o presente gratuito de Deus para pecadores totalmente não merecedores. Este é o presente da justiça que Paulo tinha em mente quando testemunhou aos filipenses que ele queria "ser achado nele, não tendo justiça própria que procede da lei, senão a que é mediante a fé em Cristo, a justiça que procede de Deus, baseada na fé" (Filipenses 3.9; cf. Hb 11.7).

É também o que Martinho Lutero queria dizer quando falava de uma "justiça estrangeira". Como não existe justiça em nós, podemos ser justificados somente por uma justiça que vem de algum lugar fora de nós. Esta é a própria justiça de Deus, que ele concede-nos pela fé em Jesus Cristo.

---

85 John R. W. Stott, *The Cross of Christ* (Downers Grove, IL: InterVarsity, 1986), 190.

JUSTIFICAÇÃO

A BASE PARA A JUSTIFICAÇÃO: VIDA PERFEITA E MORTE SACRIFICIAL DE JESUS

Sobre que base legal Deus concede o dom de sua justiça? A Bíblia ensina que Deus "justifica o ímpio" (Rm 4.5). Mas se de fato somos ímpios, como ele pode declarar sobre nós aquilo que não somos? E como pode justificar os ímpios sem ser considerado ímpio ele mesmo? Seria ultrajante um Deus justo simplesmente ignorar ou dar desculpas pelo pecado. Se ele intenta justificar os pecadores, portanto, terá de ter alguma base jurídica legítima para tanto. "Justificação não é sinônimo de anistia", escreve John Stott,

> o que estritamente seria perdão sem princípio, um perdão que ignora — até mesmo esquece — o mal feito e se recusa a levá-lo à justiça. Não, a justificação é um ato de justiça, de graciosa justiça. [...] Quando Deus justifica o pecador, não está declarando que pessoas más sejam boas nem dizendo que, afinal de contas, elas não são tão pecadoras. Ele as está pronunciando legalmente justas, livres de qualquer dívida para com a lei quebrada, porque ele mesmo, na pessoa de seu filho, suportou a penalidade da quebra da lei.[86]

Como, então, Deus mantém sua justiça ao mesmo tempo em que justifica o ímpio? A resposta para este problema teológico é que Deus justifica pecadores com base na perfeita vida e morte sacrificial de Jesus Cristo. Dizer que Jesus viveu uma vida perfeita é afirmar que ele guardou a lei de Deus em toda sua perfeição, sem jamais cometer a mínima transgressão. "Ele obedeceu perfeitamente seu pai celeste". A Coalizão Evangélica escreve em sua declaração doutrinária "A redenção de Cristo".

---

[86] Ibid., 190.

Isso é condizente com a Escritura, que diz "ele não cometeu pecado algum" (1Pe 2.22). Jesus viveu a vida de retidão que Deus requer.

Além do mais, quando recebemos Jesus pela fé, sua justiça conta para nós, como se nós mesmos tivéssemos vivido a vida de justiça que Deus requer. Citando novamente a declaração confessional da Coalizão Evangélica: "por sua perfeita obediência [Jesus] satisfez as justas demandas de Deus em nosso favor, pois somente pela fé essa perfeita obediência é creditada a todos quantos confiam somente em Cristo para sua aceitação diante de Deus".

Em virtude de sua vida perfeita, quando Jesus morreu na cruz, ele ofereceu perfeito sacrifício por nossos pecados, e isso também faz parte da base de nossa justificação: "sendo justificados gratuitamente, por sua graça, mediante a redenção que há em Cristo Jesus, a quem Deus propôs, no seu sangue, como propiciação, mediante a fé, para manifestar a sua justiça, por ter Deus, na sua tolerância, deixado impunes os pecados anteriormente cometidos" (Rm 3.24-25). É por seu sangue vivo que Jesus assegura nossa justificação. Como Paulo continua em Romanos 5.9: "Logo, muito mais agora, sendo justificados pelo seu sangue". Não existe justificação sem a crucificação. O evangelho assim fundamenta o dom da justiça salvadora sobre a morte sofredora de Jesus Cristo. John Stott escreve:

> A obra salvadora de Deus foi feita mediante o derramar do sangue, ou seja, o sacrifício da morte substitutiva de Cristo... A morte de Jesus foi o sacrifício expiatório do qual Deus desviou de nós sua ira, o preço de resgate pelo qual fomos redimidos, a condenação do inocente para que o culpado pudesse ser justificado, sendo que aquele sem pecado tornou-se pecado por nós.[87]

---

87 Ibid., 202.

JUSTIFICAÇÃO

Mais cedo, consideramos a experiência chocante de Don Smarto, descobrindo que debaixo das orgulhosas vestimentas de sua justiça externa havia um esqueleto de pecado. Essa história tem mais: Quando Smarto retornou ao monastério naquela noite, lutou tentando justificar-se diante de Deus. Ficava tentando dizer que era bom o bastante para Deus. Ele vagou pelos milharais em volta de onde estava, andando ao luar. Logo a lua estava encoberta de nuvens e a noite ficou negra. Enquanto Smarto cambaleava no escuro, coração batendo forte, clamou a Deus: "Diz que eu estou fazendo a coisa certa. Diz-me que tudo que eu faço agrada a ti me. Fala me com clareza!"

Quase totalmente desesperado, Smarto ouviu um estranho som de zunido e andou até ele. Estendeu a mão no escuro e tocou um pedaço sólido de madeira. É claro! Era apenas um poste de telefone. Mas ao olhar para cima, as nuvens começavam a dissipar e ele pôde ver a barra de cruz que segurava as linhas de telefone. Ali, em silueta contra o luar, estava a forma da cruz. Don Smarto estava ao pé da cruz, por assim dizer, procurando Jesus para sua salvação. Eis o que Smarto escreveu sobre seu encontro com Jesus e a cruz:

> Agora eu sabia, sabia de verdade, que Cristo havia morrido por mim. Isso estava junto à revelação ainda mais importante de que eu era pecador, que eu não era a pessoa boa que pensara ser momentos antes. De repente, abracei o poste e comecei a chorar. Devo ter abraçado aquele pedaço de madeira por quase uma hora. Consegui imaginar Jesus pregado neste poste, sangue pingando de suas feridas. Senti como se o sangue estivesse pingando sobre mim, limpando-me do meu pecado e de minha indignidade.[88]

---

[88] Smarto, *Pursued*, 122.

O que Don Smarto recebeu neste encontro dramático é realmente o que toda pessoa penitente recebe ao pé da cruz: o sacrifício purificador do sangue que expia o pecado e justifica o pecador diante de Deus.

A JUSTIÇA DA JUSTIFICAÇÃO: UMA IMPUTAÇÃO TRIPLA

Quando Jesus morreu na cruz, foi tratado como um criminoso condenado. Os romanos reservavam a crucificação para os de mais baixo calão — traidores, assassinos e outros malfeitores desprezíveis. Jesus não era traidor nem assassino. Na verdade, conforme vimos, ele jamais cometeu pecado algum (ver Hb 4.15). Contudo, Deus permitiu que ele fosse crucificado a fim de tirar nosso pecado. Usando o termo técnico, Deus imputou nosso pecado sobre Cristo. Imputar é creditar algo à conta de alguém, o que é precisamente o modo que nos tornamos pecadores no início: o pecado de Adão foi cobrado em nossa conta (ver Rm 5.12-19). Pela imputação do pecado de Adão, fomos considerados pecadores.

Felizmente, existe uma segunda imputação — a imputação de nosso pecado sobre Jesus Cristo. Jesus era perfeitamente justo, mas morreu a morte de um pecador. Como Deus poderia permitir que isso ocorresse? A resposta tem a ver com a imputação. Deus removeu nosso pecado e o creditou na conta de Cristo, assim como prometera por meio de seu servo Isaías: "o meu Servo, o Justo, com o seu conhecimento, justificará a muitos, porque as iniquidades deles levará sobre si" (Is 53.11). Uma vez que nossos pecados tenham sido imputados dessa forma sobre Cristo, ele foi condenado à morte — não por seus próprios pecados, mas por nossos pecados. Jesus foi considerado injusto sobre a cruz. Como estava carregando sobre si a culpa de nosso pecado, Deus condenou em sua carne o nosso pecado (ver Rm 8.3). Como diz a Escritura: "Aquele que não conheceu pecado, ele o fez pecado por nós; para que, nele, fôssemos feitos justiça de Deus." (2Co 5.21). E ainda: "Pois também Cristo morreu, uma única vez, pelos pecados, o justo pelos injustos, para conduzir-vos a Deus; morto, sim, na carne, mas vivificado no espírito" (1Pe 3.18).

Mas a morte de Cristo não é o final da história. A Escritura menciona também uma terceira imputação: "Aquele que não conheceu pecado, ele o fez pecado por nós; para que, nele, fôssemos feitos justiça de Deus" (2Co 5.21). Se vamos ser justificados, não basta que nossos pecados sejam imputados a Cristo – a sua justiça tem de ser também imputada a nós. Somente então poderemos ser declarados justos. Foi exatamente o que Deus fez. Assim, foi-nos dada a justiça de Deus, imputada a nós com base na vida perfeita e morte sacrificial de Cristo.

Aqui pode ser de ajuda fazer distinção entre justiça ativa e passiva. Jesus demonstrou sua justiça ativa cumprindo os preceitos da lei, e demonstrou sua justiça passiva pagando a penalidade pelo pecado. Cristo obedeceu a lei de Deus em nosso favor (justiça ativa) e sofreu a pena por nossa desobediência (justiça passiva).

Justiça ativa e passiva são dois aspectos diferentes de uma única, completa e total justiça de Jesus Cristo. Ambos são necessários para a plena justificação. Para que sejamos declarados "não culpados", é necessário que recebamos a justiça passiva de Cristo mediante sua morte expiadora. Para que sejamos declarados positivamente justos, porém, precisamos da justiça ativa de Cristo atribuída à nossa conta. Não é somente sua morte expiatória que nos salva, portanto, mas também a sua vida de obediência.

A imputação desta justiça não é apenas uma "ficção legal," como alguns dizem, mas uma realidade legal baseada na nossa verdadeira conexão espiritual com Jesus Cristo. Como cada benefício da salvação, a justificação flui de nossa união com Cristo. Jesus é nossa justiça (1Co 1.30), e assim, é por meio de nossa participação nele que fomos considerados justos. Conforme Calvino explicou:

> Cristo, tendo sido feito nosso, torna-nos participantes com ele nos dons com os quais ele foi dotado. Portanto, não o contemplamos de longe, fora de nós mesmos para que sua justiça nos seja imputada, mas nos revestimos de Cristo e somos enxertados em seu corpo — em suma, porque ele condescende em nos tornar um com ele. Por esta razão, gloriamo-nos por ter comunhão de justiça com ele.[89]

A salvação depende de uma tríplice imputação: primeiro, pela queda de Adão, o pecado foi imputado à raça humana; segundo, em arrependimento, o pecado do crente é imputado a Cristo; terceiro, pela fé, a justiça de Cristo é imputada ao pecador que crê. Paulo resume tudo isso em Romanos 5, onde escreve:

> Pois assim como, por uma só ofensa, veio o juízo sobre todos os homens para condenação, assim também, por um só ato de justiça, veio a graça sobre todos os homens para a justificação que dá vida. Porque, como, pela desobediência de um só homem, muitos se tornaram pecadores, assim também, por meio da obediência de um só, muitos se tornarão justos (Rm 5.18-19).

A imputação da justiça que justifica restaura a justiça que a humanidade havia perdido pelo pecado original. Maravilhoso é dizer que essa justiça é restaurada sem fazer qualquer injustiça ao caráter de Deus. Deus tratou com justiça nosso pecado, punindo-o na pessoa do Cristo crucificado. Também tratou-nos com justiça declarando-nos justos em Cristo. Deus realizou essa obra justificadora por meio da cruz, "tendo em vista a manifestação da sua justiça no tempo presente, para ele mesmo ser justo e o justificador daquele que tem fé em Jesus". (Rom. 3.26)

---
89 Calvino, Institutas, 3.11.10.

Sendo assim, a justificação dos pecadores é também a justificação ou vindicação de Deus. Na justificação, Deus prova a sua justiça tratando os pecadores tanto com justiça como também com misericórdia, mediante a cruz. Foi feita uma transação: nosso pecado foi imputado a Cristo, e ele, sendo justo, foi condenado; a sua justiça foi imputada a nós, e assim, somos justificados.

O MEIO DA JUSTIFICAÇÃO: FÉ EM CRISTO

Mais cedo, definimos a justificação. Agora estamos em posição de enriquecer nosso entendimento um pouco mais com mais reflexão teológica:

> Justificação significa uma mudança permanente em nossa relação judicial a Deus, mediante a qual somos absolvidos da acusação de culpa, e pela qual Deus perdoa todos os nossos pecados com base na obra completa e acabada de Jesus Cristo. Sem Cristo, nossa relação judicial a Deus é de condenação — estamos condenados devido a nosso pecado, tanto o original quanto o atual. Quando somos justificados, nossa relação judicial a Deus é mudada da condenação para a de absolvição.[90]

O *Breve Catecismo de Westminster* oferece uma definição concisa: "A Justificação é ato da livre graça de Deus, pela qual ele perdoa todos os nossos pecados, e nos aceita como justos em sua vista, somente pela justiça de Cristo, imputada a nós e recebida somente pela fé" (R. 33).

A última frase na definição do catecismo é essencial porque identifica a fé como único instrumento da justificação. Fé é mencionada pelo menos seis vezes em Romanos 3: "justiça de Deus mediante a *fé* em Jesus Cristo,

---

[90] Anthony A. Hoekema, Saved by Grace (Grand Rapids, MI: Eerdmans, 1989), 178.

para todos *e sobre todos* os que *crêem*; porque não há distinção" (Rm 3.22). "a quem Deus propôs, no seu sangue, como propiciação, mediante a fé, para manifestar a sua justiça, por ter Deus, na sua tolerância, deixado impunes os pecados anteriormente" (Rom. 3.25). No versículo 26, Deus é descrito como "justo e o justificador daquele que tem fé em Jesus". No versículo 27 a jactância é excluída do princípio da fé: "Onde, pois, a jactância? Foi de todo excluída. Por que lei? Das obras? Não; pelo contrário, pela lei da *fé*. Concluímos, pois, que o homem é justificado pela *fé*, independentemente das obras da lei." (Rm 3.28, cf. 5.1). O que essa passagem enfatiza vez após vez é essencial ao evangelho: somos justificados *pela* fé.

Às vezes as pessoas perguntam o que têm de fazer para se justificar diante de Deus. A resposta é que não podemos fazer nada senão crer. É aqui que o cristianismo difere de todas as outras religiões, de toda tentativa meramente humana de alcançar a justiça. Mais do que qualquer outra coisa, é essa a diferença tão difícil para o descrente entender: Será que não há nada que possamos fazer para tornar-nos bons o suficiente para Deus?

Um exemplo marcante da errada confiança da humanidade nas obras para nos justificar vem de uma inscrição do epitáfio em um túmulo do primeiro século:

> Aqui jaz Regina... Ela viverá novamente, voltará novamente à luz, pois ela pode esperar que ressuscitará para a vida prometida, como real segurança, pelos dignos e piedosos atos pelos quais ela mereceu possuir uma habitação na terra santificada. Isso tua piedade tem te assegurado, esta tua vida casta, este teu amor por teu povo, esta tua observância da Lei, tua devoção ao teu casamento, cuja glória era querida por ti. Por todos esses feitos a tua esperança para o futuro é garantida.[91]

---

91 Pieter W. Van Der Horst, "Jewish Funerary Inscriptions," Biblical Archaeology Review. 18:5 (1992): 55.

JUSTIFICAÇÃO

O epitáfio de Regina é típico, especialmente para pessoas religiosas. Presume que os atos de justiça são a melhor e única garantia de que alguém chegará ao céu. Contudo, qualquer que espere ganhar a aceitação de Deus por guardar a lei caiu em legalismo que destrói a alma. Martinho Lutero destacou este ponto com seu modo original e provocativo ao dizer que achar que merecemos a graça pelas nossas obras é realmente uma tentativa de "aplacar a Deus com nossos pecados".[92]

Quando Jesus explicou o caminho verdadeiro da justificação a seus discípulos, teve o cuidado de distinguir entre fé e obediência. Os discípulos perguntaram: "Que faremos para realizar as obras de Deus?" Jesus respondeu: "A obra de Deus é esta: que creiais naquele que por ele foi enviado" (João 6.28-29). O carcereiro de Filipos fez a mesma pergunta básica ao apóstolo Paulo: "Senhores, que devo fazer para que seja salvo?" Paulo deu a mesma resposta que Jesus dera: "Crê no Senhor Jesus e serás salvo, tu e tua casa" (Atos 16.30-31). Noutras palavras, não existe nada que possamos fazer para nos justificar diante de Deus. A única justiça que ele aceita vem "sem lei" (Rm 3.21).

Assim, a única coisa que podemos fazer é colocar nossa fé em Jesus Cristo para a salvação. Se confiamos nele e em sua obra de justificação sobre a cruz, Deus nos declara justos. Somos aceitáveis a Deus, não por guardar sua lei, mas por confiar no único homem que a guardou — Jesus Cristo.

A diferença entre ser justificado por *fazer* e ser justificado por *crer* é ilustrada de maneira muito bela na conversão de Martinho Lutero. No tempo em que ele era ainda monge, o famoso teólogo estava profundamente impressionado por um versículo do profeta Habacuque, citado pelo apóstolo Paulo em sua carta aos Gálatas: "O justo viverá pela fé" (Gl 3.11; cf. Hb 2.4).

---

92 Martinho Lutero, *Lectures on Galatians, Luther's Works*, ed. e trad. Jaroslav Pelikan (St. Louis, MO: Concordia, 1963) 26:126

Lutero encontrou este verso no monastério de Erfurt, embora a princípio ele não tivesse certeza do que significava. Mais tarde, passou por um período negro de doença e depressão em que se imaginou debaixo da ira de Deus. Deitado em uma cama na Itália, temendo morrer logo, Lutero se encontrou repetindo as palavras muitas vezes: "O justo viverá pela fé. O justo viverá pela fé. O justo viverá pela fé."

Pela misericórdia de Deus, Lutero se recuperou, e não muito depois, foi até Roma, onde visitou a igreja de São João Laterano. O papa prometera uma indulgência perdoando os pecados de qualquer peregrino que subisse a escadaria da igreja, que alegavam ter vindo do tribunal de Jesus perante Pôncio Pilatos. Crendo que os degraus tivessem manchados pelo próprio sangue de Cristo, os peregrinos subiam a escadaria de joelhos, parando frequentemente para orar e beijar a escadaria sagrada.

A história de Lutero continua com as palavras do seu filho (de um manuscrito preservado na biblioteca de Rudolstadt): "Aos repetir suas orações na escadaria laterana, as palavras do profeta Habacuque vieram de repente à mente: 'O justo viverá pela fé'. Dali ele parou de rezar, voltou a Wittenberg, e tomou isso como fundamento central de toda sua doutrina." Lutero não cria mais que houvesse algo que ele pudesse fazer para ganhar o favor divino. Começou daí a viver pela fé no Filho de Deus. Mais tarde ele disse:

> Antes dessas palavras romperem em minha mente eu odiava a Deus e estava irado com ele... Mas quando, pelo Espírito de Deus, compreendi essas palavras — "O justo viverá pela fé!" "O justo viverá pela fé!"— então senti nascido de novo, como homem novo, entrei de porta aberta no Paraíso de Deus.[93]

---

[93] Martinho Lutero, citado em James Montgomery Boice, *The Minor Prophets: An Expositional Commentary*, 2 vols. (Grand Rapids, MI: Kregel, 1996), 2:91-92.

JUSTIFICAÇÃO

Quando a Bíblia diz que somos justificados "pela fé" ou "por meio da fé," está afirmando que a fé é o instrumento de nossa justificação, o canal pelo qual recebemos a justiça de Jesus Cristo. Nas palavras de J. I. Packer, fé é "a mão vazia estendida que recebe a justiça ao receber Cristo".[94] Semelhantemente, J. C. Ryle definiu a verdadeira fé como:

> apropriar-se da mão do Salvador, descansar no braço de um esposo, e receber o remédio de um médico. [Fé] nada traz a Cristo senão a alma do homem pecador. Nada dá, nada contribui, nada paga, nada realiza. Somente recebe, toma, aceita, agarra e abraça o dom glorioso da justificação que Cristo concede.[95]

Isso quer dizer que, falando propriamente, não é a fé em si mesma (nem mesmo a doutrina da justificação pela fé) que nos salva. Pelo contrário, é Cristo que nos salva, operando a fé simplesmente como meio pelo qual nos apropriamos de Cristo. Nas palavras de Calvino: "Justificado pela fé é aquele que, excluído da justiça das obras, se apropria da justiça de Cristo pela fé, e nela revestido, se apresenta à vista de Deus, não como pecador, mas como homem justo."[96]

Embora Romanos 3 não afirme que a justificação seja "somente pela fé" (pelo menos não em tantas palavras), é isso que a passagem claramente explicita, especialmente no fim: "Onde, pois, a jactância? Foi de todo excluída. Por que lei? Das obras? Não; pelo contrário, pela lei da fé. Concluímos, pois, que o homem é justificado pela fé, independentemente das obras da lei" (Rm 3.27-28; cf. Gl 2.16).

Se fôssemos justificados pelas obras, ou até mesmo por fé mais obras, a salvação seria algo pelo qual teríamos de nos gabar (ver Ef 2.9).

---

94 "Justification," em *Evangelical Dictionary of Theology*, 2ª ed., ed. Walter A. Elwell (Grand Rapids, MI: Baker, 2001), 646.
95 J. C. Ryle, *Justified! Home Truths, Second Series* (Londres: S. W. Partridge, 1854–1871), 12.
96 Calvino, *Institutas*, 3.11.2.

Porém, nenhuma pessoa tem como se vangloriar por chegar ao céu na força de seus próprios méritos. Somos justificados com base na vida perfeita e morte sacrificial de Jesus Cristo, e não existe mais nada que tenhamos de fazer exceto crer. Citando a declaração confessional da Coalizão Evangélica "Cremos que Deus justifica e santifica aqueles que, pela graça, têm fé em Jesus."

O ALVO DA JUSTIFICAÇÃO: BOAS OBRAS PARA A GLÓRIA DE DEUS

Algumas pessoas pensam que o apóstolo Tiago contradiz a doutrina da justificação somente pela fé. Afinal de contas, Tiago contende que "a pessoa é justificada pelo que ela faz e não somente pela fé " (Tiago 2.24). O que Tiago está realmente dizendo é que "uma pessoa prova que é justificada por suas obras e não apenas pela sua fé." Diferente de Paulo, que teve de opor à noção popular de que os pecadores podem ser salvos por boas obras, Tiago estava combatendo o erro de que crentes pudessem dispensa-las completamente. Colocando a diferença entre eles em termos teológicos, Paulo estava lidando com pessoas que queriam fazer da santificação parte da base de sua justificação, enquanto Tiago estava lidando com pessoas que queriam ser justificadas sem ser santificadas!

Para Tiago, como também para Paulo, "justificar" significa "declarar justo". A diferença está em que, no caso de Paulo, é Deus que declara o crente justo, enquanto no caso de Tiago, são as obras do crente que declaram que ele é justo ao provar que sua fé é autêntica. Com certeza os dois apóstolos teriam concordado com Calvino que "é somente a fé que justifica, no entanto a fé que justifica não está só".[97] Fé e obras não produzem juntas a justificação (fé + obras >> justificação). Na verdade, a fé justifica e produz boas obras (fé >> justificação + obras).

---

[97] João Calvino, "Antidote to the Canons of the Council of Trent," em *Tracts and Treatises in Defense of the Reformed Faith*, trad. Henry Beveridge (1851; repr., Grand Rapids, MI: Eerdmans, 1958), 3:152.

Expressando isso de outro modo, a fé que sozinha justifica é *uma fé operante*. Isso explica por que a Coalizão Evangélica termina sua declaração sobre a justificação dizendo: "Cremos que um zelo por obediência pessoal e pública segue desta livre justificação". A verdadeira doutrina bíblica da justificação não se opõe às boas obras, mas de fato as produz. Nossa justificação é vitalmente ligada à nossa santificação.

Quanto à própria justificação, a obra de Cristo e as nossas obras são mutuamente exclusivas. Conforme Paulo diz em Gálatas: "o homem não é justificado por obras da lei, e sim mediante a fé em Cristo Jesus" (Gl 2.16). Justificação vem por confiar e não por trabalhar: "Mas, ao que não trabalha, porém crê naquele que justifica o ímpio, a sua fé lhe é atribuída como justiça" (Rm 4.5). Onde a justificação está em jogo, a Bíblia coloca fé e obras em oposição uma à outra. Se a justificação é pela fé, então ela não é por obras. Tirando as obras desta forma, a Bíblia na verdade está afirmando que a justificação é somente pela fé. Se a justificação não é por obras, ela tem de vir pela fé.

Existe importante razão para essa distinção entre fé e obras—uma razão que nos ajuda a compreender o propósito de nossa justificação no plano de Deus. Se a justificação vem somente pela fé, então o modo bíblico de justificação assegura que toda a glória pertence somente Deus. Se fomos justificados pela obra salvadora de Jesus e não por nossas próprias obras, então, todo o louvor por nossa salvação é para ele e não a nós. Assim, o alvo da justificação— como todos os demais aspectos do evangelho — é a glória de Deus.

OS RECEPTORES DA JUSTIFICAÇÃO: PESSOAS COMO NÓS

Uma das mais belas afirmações da doutrina bíblica da justificação vem do *Catecismo de Heidelberg*, que pergunta: "Como sois justos diante de Deus?" (Pergunta 60). A resposta é a seguinte:

Só pela verdadeira fé em Jesus Cristo. Apesar do fato de minha consciência me acusar de que eu tenha gravemente pecado contra todos os mandamentos de Deus, e não os tendo guardado nenhum deles, e ainda sou propenso a tudo que é mau, contudo, Deus, sem nenhum mérito meu, puramente por sua graça, concede-me os benefícios da perfeita expiação de Cristo, imputando a mim a sua justiça e santidade, como se eu não tivesse cometido um único pecado, tendo cumprido em mim toda a obediência que Cristo cumpriu para mim, se apenas eu aceitar tal favor em confiante coração.

Observe que o catecismo expressa a justificação em termos da primeira pessoa. Isso ressalta uma importante verdade: se a justificação vem pela fé, nós mesmos temos de crer em Jesus Cristo — pessoal e individualmente — para que sejamos justificados. A justificação não é simplesmente um princípio geral sobre o caminho da salvação; é um chamado a um compromisso pessoal de fé com Cristo, pois sem ele estamos destinados à condenação. Na verdade, a Bíblia adverte que "o que não crê já está julgado, porquanto não crê no nome do unigênito Filho de Deus" (João 3.18). Mas o mesmo versículo promete que "Quem nele crê não é julgado". Se quisermos ser justificados, e não condenados, temos de colocar nossa fé em Jesus Cristo.

Para nós que cremos, o veredicto final de Deus — "justiça por toda a eternidade" foi trazida para nossa experiência presente "Justificados, pois, mediante a fé, temos paz com Deus por meio de nosso Senhor Jesus Cristo" (Rm 5.1). Nossa posição legal já foi decidida. Jamais poderemos ser *desjustificados*. Somos aceitáveis a Deus agora e para sempre, para a glória de Deus. O dia do juízo confirmará aquilo que Deus já declarou: "Agora, pois, já nenhuma condenação há para os que estão em Cristo Jesus" (Rm 8.1).

JUSTIFICAÇÃO

Um homem que experimentou a alegria da fé que justifica foi o poeta William Cowper. Cowper havia sofrido muito de depressão, e durante muito tempo viveu em um asilo de loucos, onde as condições eram terríveis. A despeito de todos os seus tormentos físicos e psicológicos, seus sofrimentos mais agudos eram espirituais, pois ele se considerava pecador condenado. Contudo, chegou o dia quando Cowper encontrou seu remédio legal na mensagem salvadora da justificação somente pela fé. Esta é a história que ele conta:

> O período feliz que abalaria e removeria meus grilhões e me daria clara abertura para a livre misericórdia de Deus em Cristo Jesus agora chegara. Eu lancei-me em uma cadeira perto da janela, e vendo ali uma Bíblia, me aventurei mais uma vez a aplicar-lhe por consolo e instrução. Os primeiros versos que vi eram do terceiro capítulo de Romanos: "sendo justificados gratuitamente, por sua graça, mediante a redenção que há em Cristo Jesus, a quem Deus propôs, no seu sangue, como propiciação, mediante a fé, para manifestar a sua justiça, por ter Deus, na sua tolerância, deixado impunes os pecados anteriormente cometidos". Imediatamente recebi força para crer, e os raios cheios do sol da justiça brilharam sobre mim. Vi a suficiência da expiação feita por ele, meu perdão por seu sangue, e a plenitude e complexão de sua justificação. Num momento eu cri e recebi o evangelho.[98]

Este dom de justiça está à disposição de todos quantos creem e recebem o evangelho. Por sua livre graça, Deus oferece plena e completa justificação com base na obra expiatória de Jesus Cristo. Todos que têm fé em Jesus Cristo são declarados justos para sempre na tribuna da justiça eterna de Deus.

---

98 William Cowper, citado por James Montgomery Boice, *Romans*, 4 vols. (Grand Rapids, MI: Baker, 1991), 1:372.

11 O ESPÍRITO SANTO

Kevin DeYoung

Sejamos honestos: uma das coisas mais divertidas no Natal é ganhar presentes. Algumas pessoas ganham poucos presentes, outras ganham muitos. Mas a maioria das pessoas ganha alguma coisa. No ano passado ganhei alguns livros (viva!), roupas (ãäã?), um Nintendo Wii (bem, era para a criançada), e um boneco *bobble head* de João Calvino (não tem preço). Somando tudo, foi uma rodada decente.

Pense em seu presente favorito, não só de Natal, mas o melhor que você já ganhou. É difícil superar um anel de noivado em termos de impacto a longo prazo. Mas que tal se eu contasse de um presente que desse uma promessa mais segura, mais permanente que o casamento? Quem sabe dinheiro seria seu presente favorito. Afinal, pode-se exercer muita influência e fazer muitas coisas divertidas quando se tem dinheiro. Mas, e se eu lhe falasse de um presente que desse maior poder de transformação de vida, influência mais transformadora no mundo, do que a riqueza? Talvez você seja do tipo sentimental e seus presentes mais preciosos são antigas fotografias dadas por amigos e familiares. Bem, o que você diria se eu lhe falasse de um presente que oferece mais que um retrato de sua pessoa amada, que desse a própria presença dela para todos os tempos?

Isso seria um presente maravilhoso — dom de promessa, de poder, de presença. Milhões de pessoas em todo o mundo já receberam este presente. Ou melhor, receberam a *ele*, pois o presente, como você já deve ter imaginado, é o Espírito Santo. Nenhuma outra possessão é tão preciosa, ajudadora, dinâmica, poderosa e amável quanto o é o Espírito que habita naqueles que pertencem a Deus por meio de Cristo (1Co 3.16).

O ESPÍRITO SANTO EM TODA A BÍBLIA

A palavra para "espírito" é *ruach* em hebraico e *pneuma* no grego. A primeira é usada cerca de noventa vezes para o Espírito Santo no Antigo Testamento. A segunda é empregada mais de 250 vezes em referência ao Espírito no Novo Testamento. Ambas as palavras podem referir ao vento ou sopro. A ideia geral é a mesma: *ruach* e *pneuma* expressam energia, movimento, vida, atividade. O Espírito Santo é o Espírito separado, que pertence a Deus. Ele é poder e presença de Deus entre seu povo.[99]

O Espírito Santo, embora mais "visível" no Novo Testamento, também estava operando no Antigo. Estava presente na criação, pairando sobre a face das águas, suspenso para ordenar e completar aquilo que o pai tinha proposto e planejado (Gn 1.2). O Espírito Santo foi instrumental no Êxodo (Is 64.7-14). Ele dotou o povo de Deus para o serviço, equipando Bezalel e Ooliabe, não apenas com excelência artística como também com o poder do Espírito para formatar uma espécie de céu na terra (Ex 35.30-35). Vemos frequentemente como o Espírito no Antigo

---

99 Sinclair B. Ferguson, *The Holy Spirit* (Downers Grove, IL: InterVarsity, 1996), 21.

Testamento repousava sobre indivíduos como Balaão, Gideão, Jefté, Sansão, e Azarias para certos atos especiais de fala ou ação (Nm 24.2; Jz 6.34; 11.29; 13.25; 14.6. 2Cr 15.1). O Espírito também vinha sobre as pessoas por um tempo e depois partia, como foi a experiência de Saul (1Sm 16.14) e Davi temia (Sl 51.11).

A atividade do Espírito no Antigo Testamento é poderosa, mas menos que completa. Não é surpresa, portanto, que o Antigo Testamento aguarde uma era vindoura do Espírito. Três profecias em especial predizem a glória desse novo dia. Joel 2.28-32 antecipa a vinda do Espírito sobre todo o povo de Deus. Ezequiel 36.22-37.14 aguarda o dia quando o Espírito habitará pessoal e permanentemente com o povo de Deus. E Isaías 11.1-5 promete um renovo ungido pelo Espírito da raiz de Jessé, que introduzirá o dia da salvação para Israel. Um Espírito universal, um Espírito que habita no meio do povo, e um salvador com o poder do Espírito: esta é a era do Espírito que o Antigo Testamento antecipa. Sob a nova aliança, esse derramamento se realiza (2Co 3.1-11). O Espírito é derramado sobre toda carne (Atos 2.14-21), habita em todos os crentes (Rm 8.9), reveste de poder e glorifica o Messias que é ungido pelo Espírito em seu ministério terrestre e em sua obra salvadora.

O Novo Testamento enfatiza esse último ponto mais do que percebemos. O Espírito deu poder ao Filho através de cada estágio de seu ministério. O Espírito Santo veio sobre Maria na concepção virginal (Mt 1.18,20; Lc 1.35). O Espírito Santo estava sobre Simeão quando ele falou a respeito de Jesus no templo (Lucas 2.25). O Espírito pairou sobre Jesus em seu batismo (Mt 3.16). Então, o Espírito conduziu Jesus, descrito por Lucas como cheio do Espírito Santo, ao deserto para ser tentado pelo diabo (Mt 4.1; Lc 4.1). Após a tentação, Jesus voltou à Galileia no poder do Espírito (4.14) e anunciou na sinagoga que o Espírito do Senhor estava sobre ele para proclamar as boas novas aos pobres (4.18).

Foi pelo Espírito de Deus que Jesus expulsou demônios (Mt 12.28). Hebreus 9.14 diz que foi pelo eterno Espírito que Cristo ofereceu a si mesmo como sacrifício a Deus. De acordo com Romanos 1.4, Jesus foi declarado, com poder, ser Filho de Deus, por sua ressurreição dos mortos mediante o Espírito de santidade. Desde sua concepção até o nascimento e vida, ministério, morte e ressurreição, o Espírito estava operando em e através de Cristo.

QUEM É O ESPÍRITO SANTO?

UMA PESSOA

O Espírito Santo é uma pessoa. Ele se entristece (Ef 4.30); intercede (Rm 8.26-27); testifica (João 16.12-15); fala (Mc 13.11); cria (Gn 1.2; Lucas 1.35); tem uma mente (Rm 8.17); e é possível que seja blasfemado (Mc 3.28-29).[100] (É claro, as Escrituras também "testificam" e "falam", e ninguém acha que as Escrituras sejam humanas. No entanto, o contexto aqui mostra nesses casos que essa é uma personificação da Escritura, sinalizando, de fato, que Deus fala e testifica por meio das Escrituras). No Discurso de Despedida (João 14-16), Jesus promete enviar "outro *parakletos*" [traduzido de diversas maneiras: "ajudador", "conselheiro", "advogado"], chamado por nome de Espírito Santo, o qual é sucessor de Jesus no ministério sobre a terra, e em alguns aspectos, seu substituto. Uma força impessoal ou coisa semelhante simplesmente não cabe nas descrições daquilo que o Espírito concedido por Jesus fará.

DEUS

O Espírito Santo não é apenas uma pessoa; ele é uma pessoa divina. O Salmo 139.7 sugere sua onipresença. Ele é o "Espírito eterno" (Hb

---

100 Esta lista foi cunhada a partir de Robert Letham, *The Holy Trinity: In Scripture, History, Theology, and Worship* (Phillipsburg, NJ: P&R, 2004), 60-61.

9.14). Mentir ao Espírito Santo é o mesmo que mentir para Deus (At 5.3-4). Paulo usa a frase "templo de Deus" alternadamente com "templo do Espírito Santo", assim igualando os dois (1Co 3.16; 6.19).

DISTINTO DO PAI E DO FILHO

O Espírito Santo compartilha a mesma essência com o Pai e o Filho, no entanto, é distinto deles (ver Mt 28.19; 1Co 12.4-6; 2Co 1.21-22; 13.14; 1Pe 1.2). Simplesmente, o Espírito Santo é Deus, mas o Espírito Santo não é o Pai nem é o Filho. É sua própria pessoa divina.

Embora seja distinto do Pai e do Filho, o Espírito Santo é o Espírito de Deus e o Espírito de Cristo (Rm 8.9). Dizer: "o Espírito de Deus mora em você", ou, "o Espírito de Cristo está em você" ou "Cristo habita em você" são três maneiras de afirmar a mesma coisa (Rm 8.10).[101] O Espírito é enviado do Pai (João 14.26) e do Filho (16.7; 20.22).[102] De fato, a identidade do Filho e do Espírito se sobrepõe de tal modo que Paulo pode até dizer "o Senhor é o Espírito" (2Co 3.17-18).

Isso não significa que o Filho e o Espírito sejam um em termos de *ser*, mas que sua missão é tão unida que são um em sua atividade redentiva compartilhada. Jesus é a verdade (João 14.6), e o Espírito conduz os discípulos a toda a verdade (João 16.13). Jesus veio dar testemunho a Deus Pai (João 1.14-18), e o Espírito vem dar testemunho a Cristo (João 15.26). O mundo pecador não recebeu Cristo (João 1.11; 5.43), e o mundo pecador não recebe o Espírito (João 14.17). O

---

[101] Ferguson, *Holy Spirit*, 37.
[102] Embora a Bíblia ensine claramente que o Espírito foi enviado pelo Pai e pelo Filho, fica menos claro se o Espírito procede eternamente do Pai e do Filho. Conforme a versão mais antiga do Credo de Nicena e Constantinopla (389 AD), o Espírito Santo "procede do Pai". A frase "e do Filho" (filioque) foi famosamente acrescentada pelo Concílio de Toledo em 589, levando ao Cisma entre as igrejas do Oriente e do Ocidente. A controvérsia que surgiu era em parte política, em parte teológica, e em parte desentendimento. A tradição ocidental cabe bem com ênfase bíblica na obra do Espírito de nos refazer à imagem de Cristo e nos guarda contra as noções de salvação que colocam a obra do Espírito no centro, à parte de Cristo. Mas aqueles que defendem *filioque* (como eu) ainda deverão escutar atentamente as preocupações do Oriente. Ver Letham, *Holy Trinity*, 201-20.

Espírito Santo é simplesmente e gloriosamente *outro* ajudador (João 14.16), o próprio poder e presença na terra do Cristo ressurreto e ascendido.

A OBRA DO ESPÍRITO SANTO

Havendo examinado "quem" é o Espírito Santo, agora passamos a examinar o "que", como em: "O que o Espírito Santo realmente faz?" Porque o Espírito não é visto na Bíblia, existe mais a dizer sobre a obra do Espírito Santo do que sobre a *pessoa* do Espírito Santo. O melhor modo de conhecer o Espírito é entender e experimentar os seus efeitos. Dividi a obra do Espírito em sete categorias: o Espírito Santo convence, converte, aplica, glorifica, santifica, equipa, e promete.

O ESPÍRITO SANTO CONVENCE

É surpreendente se você pensar a respeito disso. Jesus passa suas últimas horas antes da morte ensinando os discípulos sobre a Trindade. De tudo que poderia ter dito, ele considerou mais necessário falar de sua unidade com o Pai e com o Espírito Santo que estava para vir. Cinco vezes no Discurso do Cenáculo Jesus promete o Espírito Santo (João 14.16-17, 26; Jo 15.26-27; 16.4b-11;12-15). Na quarta dessas declarações Jesus fala do poder do Espírito de convencer:

> Mas eu vos digo a verdade: convém-vos que eu vá, porque, se eu não for, o Consolador *[parakletos]* não virá para vós outros; se, porém, eu for, eu vo-lo enviarei. Quando ele vier, convencerá o mundo do pecado, da justiça e do juízo: do pecado, porque não crêem em mim; da justiça, porque vou para o Pai, e não me vereis mais; do juízo, porque o príncipe deste mundo já está julgado. (João 16.7-11)

É compreensível que os discípulos estivessem conturbados porque Jesus iria partir (João 16.6). Mas Jesus lhes assegura que isso é para o bem deles, pois se ele não for, o *paráclito* não virá. O "não virá" não é porque o Espírito e o Filho não possam ocupar o mesmo espaço, mas porque o Espírito só pode vir após a morte, ressurreição e ascensão do Filho. A inauguração do reino de Deus iniciada por Cristo será completada pelo Espírito, mas somente depois de terminada a obra de Cristo.

A igreja, então, de maneira paradoxal, está melhor porque Jesus não está mais aqui de maneira física. Lá no primeiro século era necessário que a pessoa fosse à Palestina para estar com Jesus. Mas agora, do outro lado de Pentecostes, Cristo pode estar em todo lugar mediante seu Espírito. Não temos de viajar para Israel para estar com ele ou viver nas montanhas ou acender uma vela para encontrá-lo. Podemos fazer mais que caminhar com ele ou vê-lo. Ele pode habitar em nós em qualquer lugar a qualquer hora ou tempo.

Para os discípulos, a presença do Espírito foi uma boa nova. Ele seria o seu ajudador, consolador e defensor. Mas para o mundo, para aqueles atolados em pecado, o Espírito exerceria o poder de convencer ou expor (ver João 3.20, onde a mesma palavra, *elegcho*, é usada). O Espírito Santo age como gigantesco holofote, expondo a maldade do mundo e chamando pessoas de todo lugar ao arrependimento. É como se o mundo estivesse gozando de um agradável e romântico jantar à luz de velas, achando que tudo seja *filé mignon* e rosas, e então, *"voilà!"* O Espírito acende bruscamente as luzes e expõe as baratas subindo pelas paredes e o lixo espalhado no chão. Não somos tão bons quanto imaginamos, e o Espírito nos prova isso.

Em especial, Jesus diz que o Espírito convencerá o mundo de três coisas:[103]

---
103 Ver D. A. Carson, *The Gospel According to John* (Grand Rapids, MI: Eerdmans, 1991), 534-39.

1) Do pecado, porque não crê em Jesus. No cerne do pecado está a incredulidade. E não há melhor (pior?) sinal de incredulidade do que recusar reconhecer a Jesus por quem ele é.

2) Da justiça, porque Jesus foi para o Pai. O mundo se impressiona com a sua própria suposta bondade (Is 64.6) quando ele deveria se impressionar por Jesus. Queremos determinar quem é Jesus e decidir o que ele realmente fez. Mas sua ascensão ao céu é suficiente para demonstrar sua identidade como santo Filho de Deus, um com o Pai.

3) Do juízo, porque o governo deste mundo já foi julgado. Esta é a mais condenatória evidência que o Espírito poderia apresentar contra os judeus: mataram o homem errado e adoram o governador errado. Mas o Espírito virá e dará testemunho do Cristo ressurreto, para que eles vejam que aquele a quem eles seguem já foi vencido e aquele a quem mataram se provou vitorioso. O golpe dado a Satanás na cruz era precursor à derrota final que aguarda a ele e aos seus filhos espirituais. Satanás ainda consegue latir e morder, mas está numa corda curta, rumo ao destino dos cães condenados.

O principal cumprimento dessa promessa tríplice veio em Pentecostes (At 2.22-24, 37), mas a obra contínua de convencimento pelo Espírito continua onde quer que haja pecado a ser exposto e perdoado. A obra de convicção do Espírito é o primeiro elemento da regeneração. Deus o Espírito Santo tem de acordar-nos de nosso egoísmo, nossa antipatia à piedade, e nossa indiferença a Cristo. Jonathan Edwards observou:

> O Espírito que está operando tira a mente das pessoas das vaidades do mundo, e as envolve em profundo interesse sobre a felicidade eterna, colocando-lhes uma sincera busca pela sua salvação, e convencendo-lhes do horror do pecado e de seu próprio estado miserável de culpa que é da sua natureza. Ele desperta a consci-

ência dos homens e os torna sensíveis à terribilidade da ira de Deus, causando neles grande desejo e sincero cuidado e esforço para obter o seu favor.[104]

Quando o Espírito está operando, não apenas nos envergonharemos por nossas falhas e lastimaremos nossos erros, como também veremos nossos pecados em relação a Deus, experimentando o que Davi sentiu quando exclamou: "Pequei contra ti, contra ti somente, e fiz o que é mal perante os teus olhos, de maneira que serás tido por justo no teu falar e puro no teu julgar" (Sl 51.4). Nenhum homem ou mulher de grande sensibilidade será cristão sem ter visto seu pecado à luz da obra do Espírito de convencimento, vendo o pecado como uma ofensa contra o Todo-Poderoso.

O ESPÍRITO SANTO CONVERTE

A passagem clássica sobre conversão é João 3, onde Jesus conversa com Nicodemos, um fariseu e governante dos judeus (v. 1). Diferente de muitos outros fariseus nos Evangelhos, Nicodemos parece uma pessoa que busca com sinceridade, se bem que um pouco covarde. Não aparenta hostilidade para com Jesus. Na verdade, ele me parece um religioso sincero que tinha interesse autêntico de aprender de Jesus. Só existe um grande problema com Nicodemos: ele não nasceu do alto. Reconhece que Jesus é mestre vindo de Deus. Afirma que Jesus realizou milagres pelo poder de Deus (v. 2). Mas isso não basta. Jesus diz, com efeito: "Não me importo se você vir os milagres com os próprios olhos. Quero que você *experimente* o milagre em seu coração".[105]

---

104 Jonathan Edwards, "The Distinguishing Marks of a Work of the Spirit of God," em *Jonathan Edwards on Revival* (1741, repr., Edimburgo: Banner of Truth, 1995), 101.
105 Ver John Piper, *Finally Alive* (Ross-shire, Escócia: Christian Focus, 2009), 30–31.

O ESPÍRITO SANTO

Nicodemos, como o resto de nós, tem de nascer de novo (João 3.3). Ou, em outras palavras, temos de nascer da água e do Espírito (v. 5). Nicodemos deveria estar familiarizado com essa figura curiosa, pois ela vem do Antigo Testamento (cf. 3.10). Jesus sem dúvida está pensando em Ezequiel, especialmente nas referências à água e ao Espírito (Ez 36.25, 27). Na profecia de Ezequiel, a água aponta para a purificação, e a habitação do Espírito sugere um novo coração (Ez 36.25-26). Assim, em João 3, Jesus não está falando sobre o sacramento do batismo, mas sobre a obra sobrenatural que remove a mancha de pecado e nos renova.[106]

É isso que a Bíblia está dizendo com novo nascimento, conversão, regeneração, ou nascer de novo. A conversão é realizada em nós pelo Espírito Santo. Tito 3.5 o chama de "o lavar regenerador e renovador do Espírito Santo". Assim como o vento (*pneuma*) sopra onde quer, assim também acontece com todo aquele que é nascido do Espírito (*pneuma*). Deus o Espírito Santo tem de invadir nosso coração e despertar-nos à consciência de quão vil é o pecado, quão verdadeira é a Palavra de Deus, e sobre a preciosidade de Cristo.

Jesus não poderia ser mais claro no que disse: não existe vida cristã sem a obra convertedora do Espírito. Ele nos capacita a compreender e discernir espiritualmente as coisas de Deus (1Co 2.12-14). Ele nos concede arrependimento que conduz à vida (At 11.18) e derrama o amor de Deus em nossos corações (Rm 5.5). Ele nos capacita a crer nas promessas de Deus (João 1.12-13). "Ninguém poderá vir a mim, se, pelo Pai, não lhe for concedido," diz Jesus em João 6.65.

E como os eleitos se aproximam de Deus? "O Espírito é o que vivifica; a carne para nada aproveita; as palavras que vos tenho dito são espírito e são vida" (João 6.63). Assim, aproximamo-nos à fé no Filho pelo apontamento do Pai e pela comunicação do Espírito. A própria

---
106 Ibid., 39-42.

fé, portanto, é um dom, um presente que vem na conversão, quando nascemos de novo pelo Espírito que opera mediante a Palavra de Deus (1Pe 1.23-25).

O ESPÍRITO SANTO APLICA

Pense em tudo que Cristo fez. Cumpriu os requisitos prescritivos e penais da lei. Tomou a carne humana e satisfez a justiça divina. Venceu a morte, o pecado e o diabo. Como Messias guardador da aliança, ele ganhou para seu povo toda bênção espiritual (Ef 1.3). Jesus Cristo é sabedoria, justiça, santificação, e redenção (1Co 1.30).

UNIÃO COM CRISTO. Como tudo que Cristo fez passa a ser nosso? É uma pergunta que a maioria de nós nunca considerou. João Calvino pergunta:

> Como receber esses benefícios concedidos pelo Pai sobre seu Filho Unigênito — não para o uso particular de Cristo, mas para que ele pudesse enriquecer aos homens pobres e carentes? Primeiro, temos de entender que enquanto Cristo permanece fora de nós, e nós separados dele, tudo que ele sofreu e fez pela salvação da raça humana continua sendo inútil e sem valor para nós.[107]

E então, como partilharmos dos benefícios de Cristo? A resposta de Calvino: "O Espírito Santo é o elo pelo qual Cristo efetivamente nos une a si".[108]

Em Romanos 8.9-11, Paulo argumenta seguindo linhas semelhantes. Quando o Espírito habita em nós, temos o Espírito de Cristo (v. 10), e se o Espírito está em nós, temos vida em Jesus Cristo (v. 11). Em suma,

---

[107] João Calvino, *Institutas da Religião Cristã*, ed. John T. McNeil; trad. Ford Lewis Battles (Philadelphia: Westminster, 1960), 3.1.1.
[108] Ibid.

O ESPÍRITO SANTO

quando temos o Espírito, temos Cristo; e quando temos Cristo, temos o Espírito. O Espírito Santo nos une a Cristo, porque o Espírito é o Espírito de Cristo. Ele é o Espírito de adoção, que nos torna filhos de Deus Pai, unindo-nos a Cristo nosso irmão (Rm 8.15; Gl. 4.6; Hb 2.17). Deus, pelo Espírito, rasgou a camiseta do "primeiro Adão" das nossas costas e colocou-nos no time do "segundo Adão".

Não é muito frequente pensarmos neste aspecto da redenção, mas John Murray diz que a união com Cristo é a "verdade central de toda a doutrina da salvação".[109] Tão crucial é nossa união com Cristo que Paulo usa essa linguagem "em Cristo" cerca de 160 vezes.[110] Justificação, reconciliação, redenção, adoção, santificação, glorificação — todos esses nos pertencem devido à nossa união com Cristo. De modo misterioso, sobrenatural, que transcende todas as categorias espaciais, Cristo está em nós pelo Espírito para que tenhamos comunhão com Cristo e partilhemos de todos os seus benefícios.

BATISMO NO ESPÍRITO SANTO COMO NOSSA UNIÃO COM CRISTO. Outra passagem merece menção especial: "Pois em um só Espírito, todos nós fomos batizados em um corpo, quer judeus, quer gregos, quer escravos, quer livres. E a todos nós foi dado beber de um só Espírito" (1Co 12.13). Os cristãos continuam debatendo o significado deste versículo. Este batismo é algo que todos os cristãos experimentam, ou uma bênção especial recebia apenas por alguns? A resposta é bastante clara.

A frase "batismo em/com/pelo Espírito" (*en pneumati*) ocorre sete vezes no Novo Testamento. Existem nos evangelhos quatro ocasiões em que João Batista profetisa que o Senhor Jesus batizará com o Espírito Santo (Mt 3.11; Mc 1.8; Lc 3.16; Jo 1.33). A quinta vez ocorre em Atos

---

109 John Murray, *Redemption, Accomplished and Applied* (Grand Rapids, MI: Eerdmans, 1955), 161. (Publicado em português por Cultura Cristã com o título *Redenção: Aplicada e Consumada*).
110 De acordo com Ferguson, *Holy Spirit*, 100.

1.5, onde Jesus alude à previsão de João. O sexto instante está em Atos 11.16, quando Pedro recorda as palavras de Jesus de antes da sua ascensão em Atos 1.5. Assim, todas essas seis referências ao batismo em/com/pelo Espírito olham para frente ou para trás à mesma coisa: o derramamento do Espírito em Pentecostes.

O sétimo trecho, 1Coríntios 12.13, é singular porque não se refere diretamente a Pentecostes (os coríntios e Paulo não estavam em Jerusalém para ser batizados pelo Espírito). Alguns cristãos, portanto, têm ensinado que 1Coríntios 12.13 fala de uma experiência de segunda bênção, algo subsequente à conversão e que apenas alguns cristãos desfrutam. Mas a explicação de segunda bênção não cola. Para começo de conversa, o verso enfatiza que *todos* foram batizados no Espírito e a *todos* foi dado beber do Espírito. Qualquer se seja o assunto de que Paulo fala, está claro que ele presume que todos em Corinto o tenha experimentado. Além disso, dado o contexto mais amplo, Paulo não poderia estar falando de uma segunda bênção diferente experimentada apenas por alguns cristãos. Depois de enfatizar a diversidade dos dons dentro do corpo, Paulo volta ao foco da unidade compartilhada pelos coríntios. Pode até ser que eles tenham diferentes dons, mas todos foram batizados em um Espírito.

O batismo no Espírito é algo que todo cristão experimenta porque todo cristão nasceu de novo e está unido a Cristo mediante a habitação do Espírito Santo. Batismo com o Espírito nada mais é que nossa união com Cristo. O mesmo Espírito que primeiramente foi derramado em Pentecostes agora habita todo crente, unindo-nos a Cristo e imergindo-nos em todos os seus benefícios.

Se me permite uma rústica ilustração, batismo no Espírito é como aquela maravilhosa cascata de glacê que se derrama sobre um *doughnut* da marca *Krispy Kreme*, que desce pela esteira transportadora. Toda rosquinha a recebe, e todo *doughnut* é muito mais gostoso por causa desse glacê.

O ESPÍRITO SANTO

De modo semelhante, Jesus nos batiza no Espírito para que conheçamos seu poder e sejamos encharcados por suas bênçãos. Ou, como John Stott resumiu: batismo no Espírito é uma bênção distinta (realizada apenas na nova aliança), uma bênção inicial (dada na conversão), e uma bênção universal (derramada sobre todo cristão autêntico).[111]

O ESPÍRITO SANTO GLORIFICA

Com este subtítulo talvez você pense que vou continuar através de toda a "ordem da salvação" e explicar como o Espírito conduz o cristão até a glorificação final. Mas não é este o ponto, porque não foi o que Jesus falava no cenáculo. Na quinta promessa de Jesus a respeito do Espírito Santo, ele fala de um tipo diferente de glorificação:

> Quando vier, porém, o Espírito da verdade, ele vos guiará a toda a verdade; porque não falará por si mesmo, mas dirá tudo o que tiver ouvido e vos anunciará as coisas que hão de vir. Ele me glorificará, porque há de receber do que é meu e vo-lo há de anunciar. Tudo quanto o Pai tem é meu; por isso é que vos disse que há de receber do que é meu e vo-lo há de anunciar. (João 16.13-15)

Aqui temos as palavras finais de Jesus a respeito do Espírito Santo. E o que ele enfatiza ao ir para a cruz senão a obra central e muitas vezes negligenciada do Espírito de glorificar a Cristo? Mais imediatamente, Jesus está falando aos Doze sobre a obra do Espírito nos dias que estão para vir, de revelar-lhes toda a glória de Cristo (João 7.39). Mas, de maneira derivada, a promessa de Jesus também trata da obra do Espírito de glorificar Cristo em nossos corações mediante a verdade que os discípulos veriam em breve. Esta é uma passagem importante porque nos ajuda a evitar dois erros comuns.

---

[111] John Stott, *Baptism and Fullness: The work of the Holy Spirit Today* (Downers Grove, IL: InterVarsity, 1975), 43.

O primeiro erro é lançar o Espírito contra as Escrituras. A promessa de Jesus nada tem a ver com o Espírito me dizer com quem devo me casar ou que emprego devo assumir. Não é isso que tem em mente quando diz que o Espírito "vos guiará a toda verdade" (João 16.13). Jesus está falando aos apóstolos (v. 12). São esses que serão guiados "em toda a verdade".

"Toda a verdade" que receberiam não era a verdade sobre cada partícula de conhecimento no universo, desde as supernovas até o DNA. A "verdade" se refere a tudo ligado a Jesus Cristo, o caminho, a verdade e a vida. O Espírito iluminará as coisas que estão para acontecer (João 16.13), não em forma de predição, mas ao desenrolar o significado dos acontecimentos que ainda estão por vir, ou seja, a morte, ressurreição e exaltação de Jesus. O Espírito, falando pelo Pai e pelo Filho, ajudaria os apóstolos a se lembrarem do que Jesus disse e compreenderem o verdadeiro significado de quem Jesus é e o que ele realizou (João 14.26).

Isso quer dizer que o Espírito é responsável pelas verdades que os apóstolos pregavam e, por sua vez, isso foi escrito no que hoje chamamos de Novo Testamento. Confiamos na Bíblia porque os apóstolos, e aqueles que estavam debaixo do guarda-chuva de sua autoridade, escreveram-na por meio da revelação do Espírito. A Bíblia é o livro do Espírito. Foi ele que inspirou o Antigo Testamento, como os apóstolos assumem (Atos 4.25; 28.25; Hb 3.7; 2Pe 1.21), e também o Novo Testamento, conforme Jesus prometeu indiretamente em João 16.

Sendo assim, não cedemos chão aos que, como os Mórmons, defendem uma revelação contínua que acrescenta ao conteúdo doutrinário do Novo Testamento. Nem aceitamos a sugestão de liberais teológicos que dizem que aderir meticulosamente às Escrituras é, de alguma forma, um insulto ao Espírito Santo. Palavra e Espírito andam inseparavelmente juntos. Ouvimos do Espírito quando examinamos as Escrituras. E ao examinarmos as Escrituras, temos de orar pedindo a iluminação do Espírito.

O ESPÍRITO SANTO

O segundo erro que esta passagem pode nos ajudar a evitar é o erro de *lançar o Espírito contra Cristo*. O Espírito Santo é um Espírito servidor. Ele fala somente aquilo que ouve (João 16.13). Ele declara aquilo que recebeu; sua missão é glorificar outro (v. 14). As três pessoas da Trindade são plenamente Deus, no entanto, na economia divina, o Filho faz conhecido o Pai e o Espírito glorifica o Filho. Sim, é grave erro ignorar o Espírito Santo e descartar seu papel indispensável em nossas vidas. Mas não podemos achar possível focar demais a Cristo. O Espírito não se entristece quando fixamos nossa atenção em Cristo.

A exultação em Cristo é evidência da obra do Espírito! O foco da igreja não é o pombo, mas a cruz, e é assim que o Espírito quer. Como diz J. I. Packer: "A mensagem do Espírito nunca é: 'Olhem para mim, escutem-me, venham a mim, conheçam-me', mas sempre: 'Olhem para ele, vejam sua glória; ouçam-no, ouçam sua palavra, vão para ele e tenham vida; conheçam-no, e experimentem seu dom de alegria e paz'".[112]

Todo negócio acerca da obra do Espírito de revelar e glorificar o Filho é a razão pela qual a ideia de cristãos anônimos é tão horrivelmente errada. Lembro-me de um professor na faculdade que argumentava que, porque Deus é soberano e o Espírito sopra onde quer, o Espírito poderia bem estar operando na salvação de pessoas de todas as religiões, fazendo-as nascer de novo e juntando-as a Cristo, sem que elas soubessem disso. Ele cria que as pessoas podiam ser salvas em Cristo sem ouvir falar nele e sem professar fé em Cristo. Esse modo "inclusivista" de pensar é bastante popular. Até mesmo o amado C. S. Lewis abrigava essa ideia:

> Existem pessoas que não aceitam a plena doutrina cristã sobre Cristo, mas são fortemente atraídas a ele de modo que são seus em

---

[112] J. I. Packer, *Keep in Step with the Spirit: Finding Plenitude in Our Walk with God* (Grand Rapids, MI: Baker, 2005), 57.

sentido muito mais profundo do que eles mesmos compreendem. Há pessoas em outras religiões que estão sendo conduzidas pela secreta influência de Deus a se concentrar naquelas partes de sua religião que estão concordes com o cristianismo, e assim, pertencem a Cristo sem o conhecer. Por exemplo, um budista de boa vontade pode ser levado a concentrar-se cada vez mais no ensino budista sobre misericórdia e deixar no fundo (ainda que possa dizer que crê nele) o ensinamento budista sobre certos outros pontos.[113]

Frequentemente, tenho me beneficiado com Lewis, mas pensar desse modo é não entender a missão do Espírito no Pentecostes e na era de Pentecostes. A obra do Espírito Santo é trazer glória a Cristo tomando o que é dele — seu ensino, a verdade sobre sua morte e ressurreição — e torná-lo conhecido. O Espírito não trabalha indiscriminadamente sem ter em vista a revelação de Cristo. Podemos defender que a obra mais importante do Espírito Santo é glorificar a Cristo, e ele não o faz sem fazer luzir o farol sobre Cristo para que os eleitos vejam e saboreiem.

O ESPÍRITO SANTO SANTIFICA

A saudação de abertura da primeira epístola de Pedro dá-nos claro exemplo da natureza trinitariana de nossa salvação. Os "forasteiros eleitos" são escolhidos conforme o conhecimento anterior de Deus Pai, na santificação do Espírito, para que sejam obedientes a Jesus Cristo e aspergidos por seu sangue (1Pe 1.2). O Espírito Santo santifica de duas maneiras. Primeiro, ele nos separa em Cristo para que sejamos purificados por seu sangue. Segundo, ele opera em nós para que sejamos obedientes a Jesus Cristo. Pela santificação do Espírito foi-nos dada nova posição e fomos infundidos de novo poder.

---

113 C. S. Lewis, *Mere Christianity* (1943, repr., New York: Touchstone, 1996), 178.

O ESPÍRITO SANTO

É o segundo elemento, o novo poder, que geralmente pensamos ao tratar da santificação. Embora a santificação também seja posicional, como termo teológico geralmente se refere à nossa santificação progressiva, o modo como Deus opera em nós para seu bom prazer enquanto desenvolvemos a vida de salvação com temor e tremor (Fp 12.12-13). Ou, como Romanos 8.9-13 coloca, não estamos mais na carne, mas no Espírito (posição); portanto, pelo Espírito, devemos mortificar as obras da carne (poder).

Embora precisemos esforçar-nos no crescimento em piedade (2Pe 1.5), o Espírito nos reveste de poder de dentro para fora. A Bíblia não é uma propaganda *informercial* [mistura de informação com propaganda comercial] que nos manda mudar e então oferece um entusiasmado líder de torcida: "Você consegue!" Já fomos transformados. Já somos novas criaturas em Cristo (2Co 5.17) e temos força renovada operando em nosso ser interior (Ef 3.16), produzindo frutos para o evangelho em nós pelo Espírito (Gl 5.22-23). A Bíblia espera que, porque Deus habita em nós pelo Espírito, possamos, pelo mesmo Espírito, começar a compartilhar as qualidades características do próprio Deus (2Pe 1.4). É claro que ainda existe em nós uma batalha. Mas com o Espírito, pode haver autêntico progresso e vitória. O Novo Testamento simplesmente pede que nós sejamos quem somos.

Como então, exatamente, o Espírito nos dá poder para que cresçamos em piedade? Pense novamente na metáfora da luz. O Espírito Santo, conforme já vimos, é como uma luz que brilha em nossos lugares de trevas, expondo nosso pecado e conduzindo-nos ao arrependimento. O Espírito é também lâmpada para iluminar a Palavra de Deus, ensinando o que é verdade e revelando-a como preciosa (1Co 2.6-16). E, conforme vemos em João 16, o Espírito lança um holofote sobre Cristo, para que vejamos a sua glória e beleza e sejamos transformados de acordo com ela.

É este o maravilhoso argumento que Paulo faz em 2Coríntios 3.18: "E todos nós, com o rosto desvendado, contemplando, como por espelho, a glória do Senhor, somos transformados, de glória em glória, na sua própria imagem, como pelo Senhor, o Espírito". Assim como o rosto de Moisés foi transformado quando ele viu a glória do Senhor no Monte Sinai, também seremos transformados quando contemplarmos a glória de Deus na face de Cristo. Mas não obteremos apenas um rosto bronzeado e brilhante – cresceremos cada vez mais à imagem daquele a quem vemos. Tornamo-nos aquilo que contemplamos.

Minha esposa ama assistir patinação no gelo. Ela ama a arte e beleza da patinação artística. Também gosta muito da beleza das peças enfeitadas que as jovens usam quando fazem seus arabescos e suas giradas mirabolantes. Eu as acho nauseantes, mas tenho de admitir que é surpreendente o que elas conseguem fazer. Imagino que a maioria delas tenha crescido assistindo patinação artística no gelo. Provavelmente elas se maravilhavam com todas as piruetas e eixos duplos e giradas triplas tipo *salchow* (ãã?). Tenho certeza que muitas delas estavam encantadas quando ainda menininhas por artistas como Kristi Yamaguchi ou Michelle Kwan. Provavelmente elas pensaram: "Quero fazer isso. Isso é maravilhoso! Isso é incrível! Como posso ser parecida com ela?" É claro, leva muita prática para ser patinadora de nível mundial, assim como a santificação leva muito esforço da nossa parte. Mas o esforço, em ambos os casos, é inspirado, motivado e modelado pela glória. A vista do brilho e majestade é, em si mesma, algo transformador.

Por esta razão é que, quando o Espírito está operando para nos santificar — revelando o pecado, revelando a verdade, e revelando a glória de Cristo — e nós olhamos para o outro lado, isso é uma profunda ofensa. A Bíblia refere a isso como resistir (Atos 7.51), extinguir (1Ts 5.19) ou entristecer o Espírito Santo (Ef 4.30). Pode haver ligeiras nuanças entre os três termos, mas todos falam de situações onde não aceitamos o trabalho do Espírito em nossa vida. Quando rejeitamos o que a Palavra de Deus tem a nos dizer, quando desviamos os olhos da exposição do Espírito de nosso pecado, quando dizemos uma coisa como cristãos e fazemos outra, estamos pecando contra o Espírito.[114]

O ESPÍRITO SANTO EQUIPA

O Espírito Santo não somente nos dá poder para viver conforme Cristo; ele nos equipa para serviço como o de Cristo. "Plenitude" é uma maneira de descrever esse equipamento. O Espírito nos enche de ousadia, coragem, sabedoria, fé e alegria (Atos 6.3; 11.24; 13.52). Mesmo que o Espírito já habite em nós, ele ainda pode nos encher em maior ou menor grau, assim como um balão é cheio de ar — se você sopra nele, ele expande e tem uma plenitude mais cheia. Ser cheio do Espírito pode fazer de você uma pessoa mais emotiva, ou não. Pode ou não torná-lo pessoa mais espontânea. Mas sempre que você estiver envolvido em adoração, gratidão e digna submissão, pode estar certo de que é o Espírito que o está enchendo mais (Ef 5.18-21).

DONS ESPIRITUAIS. "Dom" é outra forma de falar sobre a obra do Espírito de nos equipar. A palavra "dom" (*charisma*) é um termo flexível.[115] Mais amplamente, um dom é simplesmente a manifestação da graça de Deus em e por meio de seu povo.[116] Em 1Coríntios 12.4-6, um dom é equivalente a serviço ou atividade. As principais listas de dons no Novo Testamento não têm intenção de descrever de maneira exaustiva a equiparação do Espírito (veja Rm 12.6-8; 1Co 12.8-10; Ef 4.11). As

---

114 Ver Graham Cole, *Engaging with the Holy Spirit: Real Questions, Practical Answers* (Wheaton, IL: Crossway, 2007), 49, 81, 97.
115 Ver Rm 1.11; 5.15-16; 6.23; 11.29; 2Co 1.11; Hb 2.4.
116 Neste ponto, carismáticos e não carismáticos concordam. Ver Wayne Grudem, *Systematic Theology: An Introduction to Biblical Doctrine* (Grand Rapids, MI: Zondervan, 1994), 1016; Richard B. Gaffin, *Perspectives on Pentecost: New Testament Teaching on the Gifts of the Holy Spirit* (Phillipsburg, NJ: P&R, 1979), 47.

listas se sobrepujam, são imprecisas e de natureza ocasional. Paulo está simplesmente dizendo: "A igreja é feita de toda espécie de gente fazendo todo tipo de coisas pelas mãos de Deus. Por exemplo..." Noutras palavras, onde quer que esteja evidente a graça de Deus em seu povo para o bem comum, ali vemos os dons espirituais em ação.

O propósito dos dons espirituais não é impressionar nem mesmo prover uma poderosa experiência pessoal. A manifestação do Espírito é para o bem comum e edificação da igreja (1Co 12.7; 14.12, 26). Os dons são para o serviço e ministério em benefício do corpo de Cristo.

Além disso, o Espírito Santo distribui os dons aos cristãos individualmente, conforme ele quer (12.11). Não é como se o Espírito Santo desse marcha ré com seu grande caminhão lotado de presentes e os descarregasse indiscriminadamente sobre o povo de Deus. Ele não rateia os dons erguendo uma barraca de dinheiro com dons espirituais voando por aí (e algum pobre cara fica com o dom da administração). Não, o Espírito Santo proporciona os dons com cuidado e visando pessoalmente cada um. Todo mundo é dotado pelo Espírito para o serviço. Isso significa que *podemos* servir. Também quer dizer que *temos de* servir. Quer seja dentro que fora das paredes do prédio da igreja, cada um de nós tem de trabalhar para o bem comum. A igreja não é como ir ao cinema assistir um filme de ação. É mais como ser soldado no exército. Todo soldado tem de fazer sua parte, e ficar sentado comendo pipoca enquanto seus colegas soldados estão na luta nas trincheiras não vale.

AQUELES DONS CONTROVERSOS. Eu seria negligente ao falar dos dons espirituais se não mencionasse alguma coisa sobre o debate dos "dons de milagres". Por um lado, temos os cessacionistas, que dizem que alguns dons, tais como línguas ou profecia, cessaram depois da era apostólica. Contendem eles:

1) Os dons de milagres foram necessários somente como sinais de autenticação para o estabelecimento inicial do evangelho e da igreja.
2) ICoríntios 13.8-10 diz que profecia, línguas e conhecimento cessarão "quando vier o que é perfeito". Uma minoria de cessacionistas contende que o "perfeito" veio quando a Bíblia foi completada.
3) Dons de revelação tais como línguas e profecias enfraquecem a autoridade e suficiência da Escritura.
4) Os dons de milagres que hoje vemos não são análogos aos dons exercidos no Novo Testamento.

Do outro lado estão os *continuacionistas*, que dizem que todos os dons estão à nossa disposição hoje. Eles argumentam:
1) Sem uma clara palavra ao contrário, devemos presumir que todos os dons ainda estejam em efeito e desejá-los sinceramente (1Co 14.1).
2) O "perfeito" em 1Coríntios 13 se refere à volta de Cristo, não ao fechamento do cânone (e, deve ser ressaltado, muitos cessacionistas também aceitam essa exegese, chegando, porém, a diferentes conclusões).
3) Dons de revelação não têm a mesma autoridade que a Escritura. Sempre terão de ser testados.
4) Quer sejam os dons idênticos aos do primeiro século, quer não, devemos acatar a obra do Espírito em nosso meio.

Creio que os dois lados chegaram a ver que concordam mais do que discordam. Eles concordam que:
1) Toda revelação tem de ser comprovada pela Escritura.
2) Nada se pode acrescentar à Escritura.
3) Não é sábio atribuir palavras pessoais do Senhor a outra pessoa.

4) Devemos estar abertos ao Espírito que opera de modos não discursivos, quer isso seja chamado de "profecia", "iluminação" ou outro nome qualquer.

Um dos sinais encorajadores do mundo evangélico é que *cessacionistas* e *continuacionistas* têm se associado e adorado juntos em anos recentes, reconhecendo que as coisas em comum no evangelho são de longe muito maiores do que as questões que os separam com respeito aos dons espirituais.

O ESPÍRITO SANTO PROMETE

Em Efésios 1.3, Paulo começa sua gloriosa explosão de louvor, exaltando as bênçãos que são nossas em Cristo Jesus. O concerto de bênçãos chega a um *crescendo* final com o selo do Espírito: "em quem também vós, depois que ouvistes a palavra da verdade, o evangelho da vossa salvação, tendo nele também crido, fostes selados com o Santo Espírito da promessa; o qual é o penhor da nossa herança, até ao resgate da sua propriedade, em louvor da sua glória" (Ef 1.13-14).

SELADOS. O que significa ser selado com o Espírito Santo que foi prometido? A linguagem pode nos soar obscura, mas, provavelmente não o era para os efésios. Um selo no mundo antigo fazia três coisas. 1) Um selo autenticava — pense em uma carta com a estampa oficial do rei pressionada na cera. 2) Um selo tornava seguro — pense em um ferro de marcar gado para guardá-los em segurança dos ladrões. 3) Um selo marcava a propriedade — pense naquele caro marcador que faz uma impressão em alto relevo na primeira página de seus livros. Paulo utiliza as imagens de um selo para marcar esses mesmos pensamentos.

O selo do Espírito nos autentica como verdadeiros crentes, assegurando nossa eterna segurança e nos marcando como propriedade de

O ESPÍRITO SANTO

Deus. É como se Deus tomasse seu marcador espiritual e nos marcasse permanentemente como sua propriedade particular.

Embora alguns cristãos discordem, creio que o selo do Espírito ocorra na conversão. Como diz Peter O'Brien: "O selo é referência à própria recepção do Espírito pelos leitores. A conexão paulina entre ouvir o evangelho, crer e receber o Espírito é feita aqui, e esses são importantes elementos da conversão e iniciação".[117]

Seguindo essas linhas, a versão ARA traduz o particípio ambíguo com a palavra "quando". Quando ouvimos a palavra e cremos, fomos selados. Essas coisas — crer e selar — aconteceram ao mesmo tempo, por essa razão Paulo pode escrever aos Efésios de uma distância e ainda estar assegurado de que eles todos foram selados pelo Espírito Santo prometido. O selar é uma obra objetiva feita em nós concorrentemente à regeneração e habitação do Espírito Santo.

Mas só porque a obra é objetiva não significa que não possamos ter uma experiência subjetiva da mesma. *Devemos* orar pedindo uma experiência do amor de Deus derramado em nossos corações (Rm 5.5). Devemos esperar não apenas saber que o Espírito é nossa garantia como também sentir de maneira profunda a boa nova de que ele é a entrada, a primeira prestação de nossa herança (2Co 5.5; Ef 4.30). O selo do Espírito está aí, mesmo quando ainda não temos plena segurança, assim como setenta centímetros de gelo nos mantém firmes, mesmo quando temos medo de que o gelo seja apenas de cinco centímetros. Mas como é melhor patinar com liberdade sobre o gelo do lago, descansando na segurança de que estamos livres de perigo.

O selo do Espírito Santo prometido, que nos guarda seguros para o dia final da redenção é um dom que todo cristão possui, e todo cristão deverá ter este prazer (Ef 1.18). O Espírito é como o anel de noivado de

---

117   Peter T. O'Brien, *The Letter to the Ephesians* (Grand Rapids, MI: Eerdmans, 1999), 120.

Deus, que nos diz: "Esta promessa é apenas o começo. Você não tem ideia do quanto eu o abençoarei. Vem aí um banquete de casamento tão maravilhoso que você nem consegue acreditar. Mas eu lhe dei o meu Espírito para que você creia que tudo isso está para chegar".

VÁ EM FRENTE E BATA À PORTA. O que devemos fazer com toda essa verdade a respeito da pessoa e obra do Espírito Santo? Jesus tem um bom conselho sobre isso. Mas primeiro, uma história.

É sábado de manhã, bem cedinho, quase sete horas. Isso quer dizer que, se for inverno e você mora num lugar como eu, o sol ainda está dormindo. Não detido pela escuridão e motivado pelo estômago, você vai para a cozinha fazer panquecas. Pega um pouco de farinha e um pouco de óleo. Vai até a geladeira para pegar um ovo. Só precisa de um ovo para alimentar a sua fome e a de sua família. Mas, que infelicidade! Não tem ovos.

Você corre até a casa do vizinho e com certa cautela bate à porta. Após um minuto de silêncio uma fresta da porta se abre.

– O que você quer? É sábado de manhã. A criançada ainda está na cama. Eu deveria estar na cama.

– Me desculpe incomodar – você responde – eu só preciso de um ovo.

– Então volte às 9:30.

Mas, enfiando seu pé na fresta da porta prestes a fechar, você faz mais um apelo.

– Por favor, dá para ver a sua geladeira daqui. Não leva mais que dez segundos. Só um ovo. Daí, você pode voltar para a cama.

Com certeza, com um pouco de persistência, você recebe o ovo, e sua família recebe as suas panquecas.

Certa vez, Jesus contou uma história assim. Eis o que ele disse no final:

> Por isso, vos digo: Pedi, e dar-se-vos-á; buscai, e achareis; batei, e abrir-se-vos-á. Pois todo o que pede recebe; o que busca encontra;

e a quem bate, abrir-se-lhe-á. Qual dentre vós é o pai que, se o filho lhe pedir *pão, lhe dará uma pedra? Ou se pedir* um peixe, lhe dará em lugar de peixe uma cobra? Ou, se lhe pedir um ovo lhe dará um escorpião? Ora, se vós, que sois maus, sabeis dar boas dádivas aos vossos filhos, quanto mais o Pai celestial dará o Espírito Santo àqueles que lho pedirem? (Lucas 11.9-13)

Nosso Pai celestial nos ama muito mais do que nós amamos nossa própria família. Nenhum de nossos pequeninos abriria uma caixa de víboras no dia de Natal, porque, embora sejamos maus, amamos dar bons presentes a nossos filhos maravilhosos. Quanto mais, então, Deus se deleita em nos dar boas dádivas?

Então, vá em frente, bata à porta. Peça-lhe o melhor presente de todos. Peça-lhe mais da presença do Espírito Santo em sua vida. Peça que Deus encha a sua igreja com o poder do Espírito. Você não gostaria de ter mais de Cristo, mais arrependimento e mais piedade em sua vida? Não deseja que sua igreja seja mais amorosa, mais cheia de fé e fidelidade, mais corajosa, que honre mais a Deus? Você não gostaria de uma plenitude maior?

Só precisamos pedir. O próprio Jesus promete uma resposta favorável. Peçam o Espírito Santo e ele será dado a vocês. Busquem e vocês o acharão. Batam, e as portas serão abertas.

12 O REINO DE DEUS

Stephen Um

Pessoas contemporâneas têm dificuldade com a autoridade. O libertino autoproclamado rejeita qualquer estrutura dominante — exceto sua autoridade intrínseca — pois ele acredita que nenhum poder de autoridade tem capacidade de emancipação. A autoridade externa é vista como sendo essencialmente opressora. Dada essa conclusão, é fácil nutrir a ilusão de que nós, humanos, não temos necessidade de nenhuma autoridade externa. Uma cena do Santo Graal, de *Monty Phiton*, ilustra bem esse sentimento antiautoridade, ao mesmo tempo em que sugere satiricamente que certas formas de senhorio podem ser supressivas e coercivas.

> Rei Artur: Velha.
> Denis: velho.
> Rei Artur: Velho, Desculpe. Que cavalheiro mora naquele castelo ali?
> Denis: Tenho 37 anos

O REINO DE DEUS

Rei Artur: O quê?

Denis: Tenho 37. Não sou velho.

Rei Artur: Bem, não posso apenas chamar-lhe de "homem".

Denis: Bem, poderia dizer "Denis".

Rei Artur: Eu não sabia que seu nome era Denis.

Denis: Bem, nem se preocupou em descobrir, não é?

Rei Artur: Eu disse "desculpe" por te chamar "velha", mas por trás você me parecia...

Denis: O que eu me recuso é você automaticamente me tratar como a um inferior.

Rei Artur: Bem, eu sou rei.

Denis: Ah, rei, é mesmo? Muito bem. E como conseguiu isso, ein? Explorando os trabalhadores. Atendo-se a dogmas imperialistas, fora de moda, que perpetuam as diferenças econômicas e sociais de nossa sociedade...

Rei Artur: Eu sou o seu rei.

Mulher: Eu não sabia que tínhamos um rei. Pensei que fôssemos uma coletividade autônoma...

Rei Artur: Eu sou o seu rei.

Mulher: Bem, eu não votei em você.

Rei Artur: Não se vota em reis.

Mulher: Então, como é que você ficou sendo rei?

[Música angélica toda ao fundo]

Rei Artur: A Dama do Lago, com braço revestido da mais pura e brilhante samita, ergueu Excalibur do seio das águas, significando pela divina providência que eu, Artur, deveria levar Excalibur. É por esta razão que eu sou o seu rei.

Denis: [interrompendo] Escute aqui, mulheres estranhas deitadas em lagoas distribuindo espadas não são base para um sistema de governo. O poder executivo supremo é derivado de um mandado das massas, não de qualquer cerimônia aquática de farsa.

Essa interpretação culturalmente dominante de autodeterminação é sustentada por pensadores pós-modernos tais como Don Cupitt, que declara: "A era de autoridade das grandes instituições, da legitimização dos mitos, e verdade com V maiúsculo, acabou".[118] Cupitt faz sua declaração com a ousada autoridade que, é claro, torna irônica sua declaração, a ponto de negar a si mesma. Essa é a ironia e o paradoxo da escolha. Os indivíduos modernos creem que a multiplicidade de opções é libertadora, mas na verdade, é debilitante, e acaba desmotivando e tiranizando.[119] De acordo com Richard Bauckham:

> Assim, Deus está, sem dúvida, implicado na crise contemporânea de liberdade. [...] a crença em Deus... parece para muitos, incompatível com a autonomia humana. [...] É muito comum na história da igreja, Deus ser visto como supressor em vez de promotor da liberdade. Errôneamente, eles o apresentam como o modelo de déspota celestial que sanciona regimes opressores sobre a terra. Claramente, esse não é o Deus bíblico. O seu senhorio nos liberta de todos os senhorios humanos. Isto é porque o próprio mestre divino realiza seu senhorio, não por dominação, mas no serviço de escravo (Filipenses 2.6-11).[120]

O que dizer da autoridade e soberania na fé cristã? A pós-modernidade fortalece a autoridade intrínseca do indivíduo e a lança acima de

---

118 Don Cupitt, "Post-Cristianity," em *Religion, Modernity, and Postmodernity: Religion and Spirituality in the Modern World*, org. Paul Heelas (Oxford: Blackwell, 1998), 218.
119 Barry Schwartz, *The Paradox of Choice: Why More Is Less* (New York: HarperCollins, 2004), 2–3.
120 Richard J. Bauckham, *God and the Crisis of Freedom: Biblical and Contemporary Perspectives* (Louisville, KY: Westminster, 2002), 50–51.

reivindicações sobre autoridades extrínsecas da razão iluminista ou da autoridade religiosa pré-moderna. Em contraste, a mensagem da Bíblia não promove o domínio de si, mas a autoridade da graça. A autoridade pertence primeiramente a Deus e sua graciosa doação de si mesmo a nós.[121] Noutras palavras, o aumento de intimidade gozada pelos indivíduos em um relacionamento inevitável, natural e simultaneamente diminuirá seu nível de independência.

A Bíblia introduz a realidade indiscutível da autoridade de Deus, de sua Palavra, e da verdade por ele revelada. Portanto, o tema de Deus como rei é um dos centrais e chaves de toda a Escritura. Este capítulo examina a teologia, identidade, e a comunidade formada por este reino.

A TEOLOGIA MOLDADA PELO REINO

O conceito do reino de Deus é importante ensino encontrado em toda a Escritura. A Bíblia o chama também de "reino dos céus", "reino de Cristo", "reino do Senhor", e simplesmente, "reino". Como a Bíblia é um livro, muitos comentaristas têm procurado encontrar um tema bíblico unificador que ajunte os dois testamentos. Obviamente, existem muitos temas bíblicos complementares de grande importância, mas pode-se fazer uma boa defesa do ponto de vista que "o elo que junge [os Testamentos] é o conceito dinâmico do governo soberano de Deus."[122]

É curioso observar no cenário de interpretação bíblica, que têm havido numerosas explanações para o termo bíblico "reino". Alguns reduzem o reino de Deus ao atual âmbito subjetivo e interior do poder do Espírito que opera no coração humano, enquanto outros têm definido a ideia de uma ordem espiritual nova, futura e celestial ou igualado o reino à igreja visível.

---

121 Ibid., 68.
122 John Bright, *The Kingdom of God* (Nashville, TN: Abingdon Press, 1980), 196 e seguintes.

Outros ainda assumiram uma postura reducionista ao entender o reino como um programa social ideal para a civilização humana, sem se referir à redenção individual. Assim, de acordo com essa abordagem, "construir" o reino significa erradicar todos os problemas sociais como a pobreza, injustiça social, e diversas formas de desigualdade.

Tem havido diversidade de interpretações ao longo da história, porque o ensinamento bíblico abarca ênfases diferentes: o reino sendo tanto uma realidade presente (Mt 12.28; 21.31. Mc 10.15) quanto uma bênção futura (1Co 15.50; Mt 8.11; Lc 12.32), bênção essa tanto espiritual e salvífica de nova vida (Rm 14.17; João 3.3) quanto de um futuro expandido de governo da sociedade (Ap 11.15).

A chave para a resolução dessas diferentes ênfases está em entender o que a Bíblia quer dizer com o uso da palavra *reino*. O que é o reino de Deus? A maioria dos dicionários modernos define a palavra como uma "esfera", "âmbito" ou "lugar". Esta explicação tem dirigido mal os intérpretes, afastando o entendimento bíblico que dá ênfase na posição, regulamentação, reinado, domínio e autoridade real de Deus.[123]

A parábola de Jesus em Lucas 19 torna claro o significado fundamental do reino de Deus. A história descreve um nobre que "partiu para uma terra distante, com o fim de tomar posse de um reino e voltar" (Lucas 19.12). Este homem não foi visitar outro país para assegurar para si um reino pelo qual exerceria seu reinado, mas deixou a sua própria terra e foi para outro lugar para obter a autoridade, o reinado, o direito de governar o território ao qual retorna (Lucas 19.15. Algumas versões trazer "poder de rei"). É possível que Jesus estivesse pensando em Herodes, que partiu para Roma para conseguir a bênção de César para então voltar à Judeia e reinar como Rei Herodes.

---

[123] A principal definição, tanto da palavra hebraica *malkuth* quanto da grega *basileia*, descreve a posição, autoridade e reinado soberano exercido pelo rei. O reino pode fazer referência ao âmbito, esfera, lugar ou povo, mas essas são definições secundárias a de um reinado soberano por um rei (ver Salmo 103.19; 145.11,13; Daniel 2.37).

O REINO DE DEUS

O reino de Deus é, fundamentalmente, o governo soberano de Deus expresso e realizado através dos diferentes estágios da história da redenção. Esta doutrina bíblica deriva da verdade que Deus, como único verdadeiro, vivo e eterno rei, sempre existiu e, portanto, reina sobre a sua criação. "O reino de Deus, já presente, mas ainda não plenamente realizado, é o exercício da soberania de Deus no mundo para com a eventual redenção de toda a criação".[124]

O GOVERNO DE DEUS NA CRIAÇÃO

Quando discutimos a teologia do reino, muitos têm enfatizado de modo inadequado o governo cósmico de Deus como criador do mundo (Salmos 24.1; 47.1-9; 83.18; 93.1; 95.3-7; 103.19; 113.5; Dn 4.25-26; 5.21; Mt 5.34; Ef 1.20; Cl 1.16; Hb 12.2; Ap 7.15). Existe uma clara ligação entre o reinado soberano de Iavé e a história da monarquia israelita (1Samuel 8), mas o governo de Deus teve início com sua soberana administração e preservação da ordem cósmica criada por ele. Goldsworthy declara:

> O próprio governo soberano de Deus foi epitomado no mundo probatório que estabeleceu os limites da liberdade humana dentro do reino (Gn 2.15-17). A bênção da existência do reino consistia tanto no relacionamento do homem com Deus e o relacionamento do homem com a criação. A natureza era submissa ao domínio do homem e frutífera ao prover suas necessidades.[125]

A administração real do Deus que é criador e senhor foi mediada pela "atribuição de domínio ao homem sobre o mundo, sob condições de

---

[124] Declaração Confessional da Coalizão Evangélica.
[125] Graeme Goldsworthy, "The Kingdom of God and the Old Testament," http://www.presenttruthmag.com/archive/XXII/22-4.htm.

bem-aventurança edênica (Gn 1.28), [que] podem ser vistas como sinalizadoras de um relacionamento pactual entre Deus e o homem."[126]

O tema do reino de Deus é bem atestado através das mudanças dos períodos históricos descritos pela Escritura. O conceito de Deus como rei era básico para pessoas nômades que viam seu Deus como o soberano rei que tudo governa. Ele acompanhou suas viagens e proveu proteção e abrigo enquanto desenvolvia uma linha de descendentes que seria escolhida como seu povo especial.

O foco dessa descrição do reinado de Deus é primariamente sobre os filhos de Abraão e a terra de Israel.[127] Gênesis 4-11 descreve a linha de Abraão, a quem as significantes promessas pactuais foram dadas, concernentes à grande nação, à grande terra, e ao governo e relacionamento pactual (Gn 12.1-3). Alguns interpretam a tríplice promessa como destaque da descrição bíblica do reino de Deus, ou seja, o povo de Deus, o âmbito de Deus e o governo de Deus.[128]

O GOVERNO DE DEUS NO ÊXODO

Nos tempos do êxodo do Egito, Deus estabeleceu seu reinado sobre a história de Israel através de uma série de intervenções e poderosos atos de salvação divina (por exemplo, veja Êxodo 15; Dt 6.20-24; 26.5-10; Js 24.5-13; Sl 78; 105; 106; 114; 135; 136; Ne 9.9-15), a libertação das pessoas que estavam escravizadas, a distribuição dos milagres das pragas e o partir do mar, a preservação dos israelitas no deserto, junto com as experiências teofânicas. O povo reconhecia que a soberania de Iavé era constituída por seus sucessivos atos de salvação, "formando uma continuidade controlada por Deus, uma história, e que esta história mo-

---

126 Meredith G. Kline, *Kingdom Prologue* (Eugene, OR: Wipf & Stock, 2006), 12.
127 Richard Pratt, "What Is the Kingdom of God?" http://www.thirdmill.org/files/english/html/th/TH.h.Pratt.kingdom.of.god.html.
128 Goldsworthy, "Kingdom of God and the Old Testament".

via adiante para um futuro de acordo com a vontade de Deus".[129] Deus asseverava sua atividade reinante quando libertou seu povo das mãos de Faraó e os trouxe até a Terra Prometida (Êxodo 15; 19.5-6).

O GOVERNO DE DEUS NO PERÍODO DA MONARQUIA E DOS PROFETAS

A história da salvação durante o período da monarquia é repleta de tragédias. Israel foi chamada e separada para ser bênção para o mundo, e vice-regente de Deus para superintender a terra (1Cr 29.23; 2Cr 6), mas, tristemente, sua história foi marcada mais pela infidelidade do que pela fidelidade, mais pela idolatria do que culto ao Senhor, mais pela rebeldia do que obediência. As hostes celestes sempre adoraram e continuam louvando a santidade de Deus com "serviço voluntário irrestrito",[130] mas os seres humanos têm recusado honrar a Deus como rei, o que explica o surgimento de reinos terrestres cheios de mal e opostos a Deus. Portanto, os livros proféticos introduzem uma mensagem de esperança que será prenunciada pelo Messias, que "julgará os ímpios e trará a humanidade redimida a uma nova criação (Ezequiel 36; 47; Isaías 35; 55; 65; Zacarias 14)."[131]

Este será o palco, na história redentiva, um grande e glorioso dia no futuro quando todas as coisas serão restauradas, quando o governo universal de Deus florescerá (Is 26.1-15; 28.5-6; 33.5-24; 17-22; Ez 11.17-21; 20.33-38; Os 2.16-17; Zc 8.1-8) junto com a justiça do reino (Is 11.3-5; Jr 23.5-6), e paz e harmonia eterna (Is 2.2-3; 9.5-6; 11.6-7; 35.9; Mq 5.4; Zc 9.9-10).[132]

---

129 George R. Beasley-Murray, *Jesus and the Kingdom of God* (Grand Rapids, MI: Eerdmans, 1988), 19.
130 Pratt, "What Is the Kingdom of God?".
131 Ibid.
132 Beasley-Murray, *Jesus and the Kingdom of God*, 20.

O GOVERNO MESSIÂNICO DE DEUS NO NOVO TESTAMENTO

No Novo Testamento, tanto Jesus quanto João Batista anunciam que o reino do céu está próximo (Mt 3.2; 4.17; Mc 1.15), o estágio final do reino na terra realizado pela encarnação e ministério contínuo de Cristo (Mt 2.2; 4.23; 9.35; 27.11; Mc 15.2; Lc 16.16; 23.3; Jo 18.37). Embora este ministério sobre a terra já esteja presente, o cumprimento consumado e completo não se realizará até a volta de Cristo em glória (1Co 15.50-58; Ap 11.5).

Esta missão central inaugurada no estágio final do reino é apresentada para permitir que a humanidade quebrada e caída entre no reino of Deus (Mt 5.20; 7.21; João 3.3). O reino completado, o poderoso governo de Deus, estava entrando na "vida histórica de uma nova forma, pois aqui temos o Rei vindo pessoalmente 'anunciar o ato redentor decisivo de Deus, e realizá-lo".[133] Até mesmo as suas parábolas são utilizadas como veículo de ensino para ilustrar a seus seguidores as verdades de seu reino (Mt 13.11). Embora os benefícios e privilégios do evangelho já estejam em parte presentes (Ef 1.3), a futura bendição de glória é prometida àqueles para os quais ele foi preparada (Mt 25.31-34).[134]

Através de todo o Velho Testamento, há numerosos temas intercanônicos em que as tramas das histórias ficam mais repletas de tensão dramática e resoluções aparentemente irreconciliáveis.[135] Somente na pessoa de Cristo tais tensões podem ser resolvidas e as expectativas de um reinado perfeitamente justo, pacífico, supridor de salvação pode ser completamente realizado. Desde o jardim, a humanidade, por meio da queda, perdeu a liberdade de gozar as glórias do reinado de Deus. Sendo assim, o drama da história humana estaria para sempre envolvido em uma busca insaciável de encontrar um verdadeiro e perfeito rei.

---

133   John Piper, "Book Review of The Kingdom of God by John Bright," http://www.desiringgod.org/ResourceLibrary/Articles/ByTopic/30/2687_Book_Review_of_The_Kingdom_of_God_by_John_Bright/.
134   George E. Ladd, *The Gospel of the Kingdom* (Grand Rapids, MI: Eerdmans, 1959), 15.
135   Tim Keller, "Preaching the Gospel," PT 123 *Gospel Communication* (Spring 2003): 58–59.

A tragédia da história bíblica, especialmente durante o período da monarquia, é um retrato da falha do povo em aprender como se submeter ao governo de Deus; Em vez de entregar sua autocriação, autopromoção e autossalvação à monolatria (adoração a um único Deus), a história de Israel mostra a escravidão do coração humano à idolatria. Todos os representantes corporativos do povo de Deus — desde Adão, Noé, Abraão, Jacó, Moisés, e Davi até todas as outras grandes figuras redentivas — falharam, não resolvendo a tensão na linha da história da salvação ao prover cura e libertação da escravidão e servidão. A solução que Deus providenciou foi inesperada: o próprio Deus, pela encarnação, visitou a humanidade caída, e a renovação de todas as coisas que estavam quebradas aconteceu pela obra de um messias sofredor. Com magnífica ironia, Deus se identificou com os abandonados por Deus.

Este quadro paradoxal da disposição divina de se identificar em sua morte com pessoas desoladas, está ligado ao servo sofredor de Isaías 52.13-53.12. Este servo carregou os pecados de muitos e sofreu de modo substitutivo.

> Foi nesse contexto da ligação necessária entre a singularidade de Deus e seus atos [finais] para a salvação de Israel e o mundo que os primeiros cristãos liam a figura enigmática do Servo do Senhor, que testemunha a singular divindade de Deus e que, nos capítulos 52-53 sofre humilhação e morte, e também é exaltado e levantado.[136]

A esperança da redenção pela rebeldia humana, e renovação para uma criação quebrada encontram expressão e cumprimento em Jesus

---

136 Richard J. Bauckham, *Jesus and the God of Israel: God crucified and other studies on the New Testament's Christology of Divine Identity*, (Grand Rapids, MI, 2008), 35.

Cristo vindo em carne. O reino agora possui realidade objetiva que se cumpriu na atividade e chegada histórica do rei messiânico. A descrição bíblica do reino destaca o povo de Deus, seu lugar, e seu poder tem completa e final resolução em Jesus, que é o verdadeiro povo, presença e autoridade de Deus.

CUMPRIMENTO DO POVO DE DEUS. Lucas descreve Adão como filho de Deus (Lucas 3.38), enquanto Êxodo 4.22 se refere a Israel, povo de Deus, como filho primogênito de Deus. Esse tema de filiação foi cumprido em Jesus, que, como perfeito segundo Adão, o "Filho amado" (Lucas 3.22), e verdadeiro Israel, realizou o que o primeiro Adão e Israel não conseguiram, ou seja, submeter-se ao reinado cósmico do Rei. "Assim, as narrativas da tentação mostram o reverso da conquista de Adão por Satanás no jardim e de Israel no deserto", e, portanto, "todas profecias concernentes à restauração de Israel como povo de Deus tem de encontrar cumprimento *nele*".[137]

CUMPRIMENTO DA PRESENÇA DE DEUS. A figura do "tabernáculo pode... transmitir a pessoa de Jesus como local da Palavra e glória de Deus entre os homens".[138] O que foi impossível para Moisés, ao ver a radiante glória de Deus (Ex 33.20), tornou-se possível aos que creem (João 1.14), pois a Palavra [o Verbo] encarnado viu Deus (João 1.18; 3.11).

Portanto, a descrição de Jesus como símbolo da manifestação máxima da habitação de Deus introduz de maneira apropriada o tema do templo no evangelho de João. Ele é o Templo "eterno, cósmico e humano de Deus"[139] que estabeleceu seu tabernáculo entre o povo "por seu termo de proximidade totalmente diferente"[140], que simboliza a entrada final

---

137 Piper, "Book Review".
138 Craig Koester, "The Dwelling of God: The Tabernacle in the Old Testament, Intertestamental Jewish Literature, and the New Testament," CBQMS, 22 (1989): 102.
139 Ibid., 102. João 1.51 ("vereis o céu aberto e os anjos de Deus subindo e descendo sobre o Filho do Homem").
140 Herman Ridderbos, *The Gospel According to John* (Grand Rapids, MI: Eerdmans, 1997), 51.

na presença do templo de Deus na era messiânica. Neste "templo", o corpo de Cristo (João 2.19-22), o sacrifício máximo seria feito; no entanto, Jesus diz que depois de três dias o verdadeiro templo espiritual seria ressurreto dos mortos e substituiria o templo de Jerusalém.[141]

O reino de Deus não pode ser separado da presença de Jesus (Hb 12.22-23).[142] A revelação de Deus de si mesmo é realizada pela manifestação de sua viva presença no verdadeiro templo. A verdadeira adoração tem um novo templo; Jesus toma o lugar do local temporal. O povo de Deus agora pode experimentar a plenitude da vida eterna e as abundantes bênçãos da nova criação que não eram disponíveis por meio de direitos de terra e heranças temporárias.

Finalmente, a igreja pode ser totalmente conhecida por um Deus santo, e isso sem ser rejeitada. O tabernáculo estava onde céu e terra se encontravam com a glória de Deus, estando sobre o trono invisível do lugar de propiciação da arca da aliança, atrás da "cortina de escudo", no Santo dos Santos. Maior acesso foi providenciado quando o verdadeiro templo "tabernáculou" entre nós (Cl 2.17). Quando o Deus-homem, o verdadeiro templo, foi crucificado, seu corpo foi rasgado e seu sangue derramado, em pagamento por nosso pecado, e foi no momento em que "eis que o véu do templo se rasgou em duas partes de alto a baixo" (Mt 27.51).

O que estava mais por dentro, que gozara comunhão dentro da divindade Trina, foi a uma terra distante a fim de buscar os perdidos, os que eram marginalizados, "de fora", tornando-se ele mesmo alguém "de fora", rejeitado, abandonado, consumido, esmagado, e desprezado por causa das iniquidades da igreja (cf. Hb 13.11-12). A cortina-escudo – o véu – foi rasgado, e a flamejante espada do anjo consumou o perfeito sacrifício, para que nós, a igreja, pudéssemos obter acesso infindo à pre-

---

141 D. A. Carson, *The Gospel according to John* (Grand Rapids, MI: Eerdmans, 1991), 182.
142 Piper, "Book Review".

sença de nosso santo Deus. Êxodo 40.33 diz: "E assim Moisés terminou a sua obra" (cf. Gn 2.2: "E, havendo Deus terminado no dia sétimo a sua obra, que fizera..."), são sombras das palavras finais de Jesus que expressaram seu perfeito cumprimento da redenção: "Está consumado" (João 19.30). A igreja foi emancipada de sua escravidão, para gozar livremente de nosso Deus, que é Espírito, a fim de adorá-lo em Espírito e na realidade do verdadeiro templo.

CUMPRIMENTO DO GOVERNO DE DEUS. Jesus não é somente verdadeiro povo e presença final de Deus mas também autoridade final do poder soberano de Deus. Por exemplo, o ato de conceder água vivificante (ou a própria vida), identificada como atividade divina realizada somente por um criador soberano, que tem a autoridade de conceder vida (ver Is 44.3), é atribuído a Jesus (João 4.13-14; ver também 4.10). Os relatos do Antigo Testamento, tanto da criação quanto da salvação, sem ambiguidade descrevem Deus como único e autoritativo doador de vida (Gn 1.11-12; 20-31; 2.7; Jó 33.4; Is 42.5; Ez 36.26). A atividade divina de conceder vida flui da própria identidade de Deus e destaca a sua singularidade.

Estas funções divinas são exercidas por Jesus. Noutras palavras, Jesus participa da singular atividade de Deus da criação e da nova criação.[143] Jesus responde à mulher em João 4 dizendo: "aquele porém que beber da água que *eu lhe der* nunca mais terá sede; pelo contrário, a água que *eu lhe der* será nele uma fonte a jorrar ara a vida eterna" (4.14). Jesus dispensa vida; ele dispensa o direito de tornarem-se filhos de Deus (ver João 1.12: "Mas a todos quantos o receberam, *deu-lhes* o poder de serem feitos filhos de Deus, a saber, aos que crêem em seu nome"; e 5.21 "Pois assim como o Pai *vivifica* e ressuscita os mortos, assim também o Filho *vivifica* a quem quer").

---

143 Richard J. Bauckham, *God Crucified: Monotheism and Christology in the New Testament*, Didsbury Lectures, 1996 (Carlisle: Paternoster, 1998), viii, 35.

A IDENTIDADE DO CRISTÃO FORMADA PELO REINO

Nossos documentos confessionais dizem que "aqueles que foram salvos pela graça de Deus mediante a união com Cristo, pela fé e pela regeneração realizada pelo Espírito Santo, *entram no reino de Deus* e se deleitam nas bênçãos de uma nova aliança" (ênfase do autor). O lugar do cristão no reino de Deus necessariamente molda a sua identidade. O plano de salvação do governo soberano de Deus é manifesto na vida do cristão de três diferentes modos: obras da graça, benefícios da graça, e os efeitos da graça.

OBRAS DA GRAÇA

Primeiro, o governo soberano de Deus na redenção é mediado e realizado por Jesus Cristo. Esta é uma obra de salvação estabelecida por sua graça, mediante a qual o pecador afastado é regenerado, reconciliado e permitido a acessar ao reino de Deus. Os humanos que abraçam determinado foco autocentrado resistem à graça porque não estão confortáveis com qualquer autoridade em sua vida, a não ser a própria. É uma luta de poder de enormes proporções. A Bíblia mostra a condição humana como vivendo sob poder do pecado e das paixões da carne (Ef 2.1-3). Por isso necessitamos a redenção do pecado pela obra salvadora de um Deus misericordioso. Bauckham declara:

> Deveríamos pensar nas compulsões do pecado, de cujas garras não podemos nos livrar por nós mesmos, não somente como as compulsões internas ao pecado na natureza humana decaída, e como as forças externas às pessoas individuais, tais como o consumismo, que apela para os desejos mais baixos da natureza humana e exploram as pessoas prendendo-se nas tendências humanas de avareza, luxúria, inveja e excessos. A garra em que muitas

pessoas contemporâneas estão presas é uma aliança entre as piores forças que controlam nossa sociedade e os piores aspectos de seu próprio ser interior.[144]

Paulo diz que o coração humano é caído, mas não diz que endurecemos nosso coração porque nosso entendimento é obscurecido, e sim que nosso entendimento é obscurecido devido à dureza e corrupção de nosso coração (Ef 4.18). Deus manifesta seu reinado soberano sobre a terra para redimir seres humanos pecadores. O pecado é colocar em nossos corações qualquer centro ou valor último que desloque a Deus, para fundamentalmente governar nossa busca pessoal de felicidade, significado e identidade (ver Ex 20.1-2; Rm 1.25). Pecado é nosso desejo de substituir-nos em lugar de Deus, quando ele revela sua graça em Jesus, substituindo a si mesmo em nosso lugar.[145] Ele nos redimiu fazendo plena expiação por nós e absorvendo o castigo que nosso pecado merecia, assegurando livremente a justificação e aceitação por sua graça.

Devido às compulsões interiores do pecado, a Bíblia enfatiza a radical prioridade da vida interior em vez da vida exterior. O ciclo de idolatria (Gl 4.8) expande sua obra de influência por meio dos estágios de adultério e autonomia (Tiago 4.13-16). Quer esse centro pessoal seja a carreira, os relacionamentos, dinheiro, realização acadêmica ou sexo, se um indivíduo vive para qualquer outra coisa que não Jesus, esse deus funcional abusará, esmagará e tiranizará seu coração.

Aqueles que vivem para Jesus receberão amável aprovação deste rei e serão libertados (Gl 5.1). Viver para nosso orgulho egoísta fará com que a pessoa viva sob peso de maldição, pois as pessoas nunca conseguem viver conforme suas expectações nem conseguem estar à altura de seus

---

144 Bauckham, *God and the Crisis of Freedom*, 17.
145 John Stott, *The Cross of Christ* (Downers Grove, IL: InterVarsity, 1986), 160.

altos padrões – quanto mais, à altura da perfeita e santa lei de Deus. Minha identidade não é questão de quem eu sou, mas a quem eu pertenço. Assim, tanto as pessoas religiosas quanto as não religiosas evitam a Deus como salvador e Senhor — mas de maneiras diferentes. Ambos tentam manter o controle de sua vida procurando alguma coisa que não é Deus como salvação.[146]

A Bíblia nos provê lindo retrato de um evangelho multifacetado. Algumas pessoas tentam lançar o "evangelho da vida eterna" dominante no evangelho de João contra o "evangelho do reino" dos evangelhos sinóticos (Mateus, Marcos e Lucas), mas cada escritor do evangelho está expressando uma forma útil, não somente para seu próprio foco teológico, como também para seus ouvintes particulares.

Além do mais, tanto João quanto os sinóticos podem ligar "vida" e o "reino de Deus". Ao responder a Nicodemos no evangelho de João, Jesus combina a ideia da regeneração e nova vida com o reino de Deus, a fim de introduzir a um fariseu as verdades sobre esta nova vida (João 3.3,5).

Semelhantemente, Marcos relata sobre Jesus dizendo: "Se tua mão te faz tropeçar, corta fora. Melhor é entrares maneta na *vida* do que, tendo as duas mãos, ires para o inferno, para o fogo inextinguível" (Marcos 9.43). Por outro lado, no verso 47, Jesus afirma: "E, se um dos teus olhos te faz tropeçar, arranca-o; é melhor *entrares no reino de Deus* com um só dos teus olhos do que, tendo os dois seres lançado no inferno". Assim Marcos se refere ao reino de Deus como "vida".

João usa "vida" e "vida eterna" em referência ao reino de Deus. Para João, vida eterna é a mesma realidade que o reino de Deus. Os termos são usados alternadamente, referindo não apenas ao poder autoritativo de

---

[146] Tim Keller, "The Gospel for the More Secular," http://redeemer.com/resources, e especialmente seu *Counterfeit Gods: The Empty Promises of Money, Sex, and Power, and the Only Hope That Matters* (New York: Dutton, 2009).

um salvador que concede vida eterna, mas também ao reinado soberano de um rei que rege o coração das pessoas.

BENEFÍCIOS DA GRAÇA

Um dos benefícios de estar unido a Cristo e receber a vida eterna e o perdão dos pecados é tornar-se novo cidadão do reino de Deus (Ef 2.19; Fp 3.20). Esta imagem paulina toca o cristão na experiência particular, bem como na interação pública. Paulo descreve os diversos direitos e deveres do cidadão que é estrangeiro e forasteiro em terra estranha. Os cristãos se relacionam com o próximo de forma a adornar o evangelho, buscar o bem dos outros e trazer glória a Cristo. Isso eles fazem porque são membros de uma comunidade radicalmente diferente – o reino de Deus – e estão em união com aquele que está no comando da história.

Mesmo quando um cidadão romano deixava a sua cidade, os seus direitos e responsabilidades como cidadão permaneciam intactos onde quer que ele viajasse dentro do Império. Do mesmo modo, os direitos e responsabilidades do cristão dentro do reino de Jesus se estendem aos mais longínquos lugares de seu reinado. Novamente, assim como Paulo tinha o direito de apelar ao imperador romano, um cidadão do reino de Deus pode apelar para a autoridade final do rei Jesus.

O cristão deverá ser encorajado a conhecer, porém, que Jesus é tipo diferente de imperador. Ele sempre responde com interesse a qualquer caso ou preocupação de um de seus cidadãos. Sendo que o evangelho confirma o cristão em sua posição legal e *status* permanente, ele pode obter confiança por saber a verdade de que não existem castas em sua cidadania.

Em outras palavras, você é cidadão ou não é; você é filho ou não é. Esta verdade repudia quaisquer falsas noções e inseguranças quanto ao desempenho da pessoa ser determinador de sua posição como cidadão. A pessoa não se torna cidadão de segunda categoria quando é menos obediente e de primeira categoria quando for mais obediente.

E qual é o critério fundamental que torna o indivíduo cidadão de um país? Não é sua raça, etnia, língua, modelo ou origem cultural ou socioeconômica. Antes, se o indivíduo foi naturalizado como cidadão naquele país. Qual o critério para alguém se tornar cristão? É o fato de ter recebido cidadania, não por localização social, cultural, racial ou moral, mas pela graça do rei. Outrora estrangeiro, Ef 2.19, ele agora é cidadão com plenos direitos e privilégios em uma nova comunidade.

EFEITOS DA GRAÇA

Junto com esses direitos e privilégios, o cidadão tem uma responsabilidade de representar bem ao rei de seu reino. Como "concidadãos [supernaturalizados] dos santos" (Ef 2.19) o povo de Deus é uma comunidade radicalmente diferente, contracultural e cosmopolitana. Compartilham uma linguagem espiritual comum e uma aliança que ultrapassa todas as demais lealdades. Partilham não somente de um mesmo dever e responsabilidade como também, mais importante, um alvo comum e prazer em glorificar, honrar e obedecer ao único verdadeiro rei.

Ao invés de adorar nosso Deus, contudo, muitas vezes nos envolvemos em louvores a nós mesmos. Mas o efeito da graça salvadora desperta-nos para ver a total majestade Jesus. O quadro do rei em sua entrada triunfal (João 12.12-19) é uma irônica combinação de majestade e brandura, santidade e humildade. É este o paradoxo do reino de Jesus. É um retrato de cabeça para baixo, subversivo, de como o servo-rei veio em toda sua humildade. O que realmente desejamos é um rei perfeito que nos dará as qualidades de realeza pelas quais desesperadamente ansiamos. Queremos um rei corajoso e meigo, bravo e terno, tudo ao mesmo tempo.

Em seu evangelho, quando João usa o verbo "glorificar" ou "ser levantado", frequentemente se refere à cruz. O que João está dizendo é que, se você quer conhecer a plenitude da glória de Deus, esta não se encontra no triunfo dos milagres e sim, na cruz. Jesus Cristo veio ao mundo de maneira paradoxal e foi assim glorificado. Disse ele, com efeito: "O caminho que vou lhes mostrar quanto à grandeza de meu reinado é que deixei as riquezas de meu lar celestial, vim a este mundo, tornei-me insignificante, e fiz de vocês, que eram pobres, ricos".

As pessoas tinham falsas expectações quanto a seu rei messiânico, e não antecipavam a coroação do seu rei em uma cruz. Sempre que pensamos nesse reinado de cabeça pra baixo, paradoxal, de Jesus, que é majestoso e gentil, santo e humilde, desejamos a mesma realeza que cria nossos corações para ser, ao mesmo tempo, como cordeiro mas possuíndo coração de leão, igualmente corajoso e compassivo. Keller resume bem esta excelência:

> Só é paradoxal para o mundo. Mas para nós é verdadeira realeza. Em Jesus Cristo vemos a combinação de poder infinito e completa vulnerabilidade, justiça ilimitada ao mesmo tempo que infinda misericórdia, alteza transcendente e magnífica acessibilidade e proximidade. Sentimos, no presente, algo completamente selvagem e imprevisível. É grandioso, é poderoso, no entanto perfeitamente controlado. A atração é profunda. Realmente, muito profunda. É um senhorio, é uma realeza, é a qualidade majestosa que todos nós ansiamos. Essa majestade é mais grandiosa por sua ternura, a ternura mais terna por sua majestade. Se você se depara face a face com este bondoso rei que chega andando em um potro, você se torna um rei gentil. Você será mais ousado, ao mesmo tempo em que mais humilde. Mas

somente se entender o que significa ser salvo. Isso não acontece por força e sim por fraqueza. Não é por seu esforço moral, mas por submissão à graça de Deus.[147]

COMUNIDADE FORMADA PELO REINO

Todos os povos, instituições, e grupos estão interessados em mudança, renovação e transformação da sociedade, imprimindo seus valores centrais sobre a cultura. Na verdade, não podemos deixar de causar impacto sobre nossa cultura. No minuto que alguém abre a boca, fala uma certa língua, de um determinado contexto cultural, com uma cosmovisão particular de moralidade e diversas definições daquilo que ele crê ser "verdade", o "bem" e o "belo". Ninguém deverá ser levado a pensar que não "vai estar na praça pública".

Ao tratar da pergunta: "Será responsabilidade da igreja abraçar a responsabilidade cívica do estado (ou seja, educação, o pobre, injustiça social, as artes, etc.)?", temos de considerar o seguinte: A igreja não possui autoridade jurídica na cidade/estado e praça pública, mas isso não quer dizer que a igreja deva permanecer na periferia. A igreja tem a responsabilidade de agir em misericórdia e envolver nossa comunidade com atos de justiça social (ver Tiago 1.27).[148]

Paulo declara em Gálatas 6.10: "enquanto tivermos oportunidade, façamos o bem a todos, mas principalmente aos da família da fé".[149] Tiago diz: "A religião pura e sem mácula, para com o nosso Deus e Pai, é esta: visitar os órfãos e as viúvas nas suas tribulações e a si

---

147 Tim Keller, John 12 sermon, www.redeemer.com/sermons.
148 Declaração Confessional: "As boas obras constituem indispensável evidência de graça salvadora... devemos amar nosso próximo como a nós mesmos, fazendo o bem a todos, principalmente aos da família de Deus. Isso inevitavelmente estabelece, portanto, uma nova comunidade de vida humana juntos debaixo de Deus."
149 Ibid.: "Devemos amar nosso próximo como a nós mesmos, fazendo o bem a todos, especialmente aos que pertencem à família de Deus."

mesmo guardar-se incontaminado do mundo" (1.27). Noutras palavras, é responsabilidade da igreja procurar tanto compaixão pública quanto piedade pessoal. Por exemplo, embora um sistema educacional falho não seja responsabilidade cívica da igreja, a igreja faz bem em se envolver no "fazer o bem", apoiando a escola local ao prover aulas particulares depois da escola.

Os cristãos devem cultivar amizades com as pessoas de sua vizinhança. Isso poderá significar unir-se a clubes e associações, e fazer parcerias com organizações que estejam também envolvidas em atos de misericórdia e trabalhos beneficentes. Nada disso significa que a primazia de anunciar o evangelho seja diminuída. Pelo contrário, o efeito do evangelho, o vínculo do evangelho, é a inevitável transformação dos homens e mulheres de maneira que comecemos a amar nosso próximo onde anteriormente amávamos apenas a nós mesmos.

> Este modelo contradiz tão fortemente o pensamento e a prática do mundo, que cria um "reino alternativo", uma "cidade alternativa" (Mt 5.14-16), onde há uma completa reversão dos valores do mundo no que diz respeito ao poder, reconhecimento, *status*, riqueza. O evangelho inverte o lugar do fraco e do forte, do "estrangeiro" e do que "está por dentro". É uma vantagem, em termos espirituais, ver nossa fraqueza; é perigo severo, em termos espirituais, ser bem sucedido e realizado. Quando finalmente compreendemos que somos salvos puramente pela graça, por Cristo, paramos de buscar salvação (ou de realização psicológica ou de transformação ou de bênção espiritual ou de todos os três) no poder, *status* e realizações. Isso destrói seu poder em nossas vidas. O reverso da cruz, da graça de Deus, assim, nos liberta da escravidão a outros poderes de coisas materiais e *sta-*

tus mundano em nossa vida. Começamos a viver uma vida nova sem dar muita importância a essas coisas.[150]

Algumas pessoas vivem na cidade e encontram o suprimento de suas necessidades ali: obtém ali suas credenciais, *status*, educação, treinamento e influência. Outros são quase consumidos pela cidade. Mas os cristãos desejam viver contraculturalmente, criando a nova comunidade alternativa do reino de Deus. Elas participam na entrada da presença e governo de Deus entre um povo que ele chamou para si, enquanto os forma em comunidade radicalmente distinta, separada, que aguarda a total penetração de sua autoridade expressa por todo o mundo.[151]

Os cristãos se recusam a crer que existam apenas duas opções para envolvimento em nossa cultura: ou assimilar ou separar-se, capitular ou evadir, supercontextualizar ou sub-adaptar. Jeremias 29 encoraja o povo de Deus a não se acomodar à cultura estrangeira, mas entrar nela e envolver-se na vida da cidade, econômica e culturalmente. O profeta pede às pessoas para serem espiritualmente biculturais. Estão sendo chamadas, não para adorar a cidade nem para odiar a cultura, mas para amar a cidade.

Barry Schwartz diz que as pessoas estão envolvidas em uma psicologia de autonomia pessoal.[152] Temos toda espécie de alvos, expectativas e desejos de alcançar as alturas porque somos maximizadores, envolvidos em comparações sociais, oportunidades mistas, pesares, adaptações, e tentativas de atingir altas expectativas. Diz ele que existe uma psicologia de autonomia pessoal, mas também existe outra perspectiva, a qual ele chama "ecologia da autonomia pessoal". Ou seja, se seguirmos nossa própria psicologia para nossos próprios fins, mais cedo ou mais tarde isso

---

150 Tim Keller, "Preaching the Gospel," 33-34.
151 *Visão Teológica de Ministério da Coalizão Evangélica*.
152 Schwartz, *Paradox of Choice*, 215-17.

entrará em conflito com a ecologia da autonomia pessoal (isto é, a estrutura ecológica na qual todo mundo segue suas próprias finalidades, de modo que a estrutura que mantém a autonomia pessoal é minada), e então, algo tem de ceder. Não é possível seguir os próprios alvos e ao mesmo tempo apoiar os de outro quando estes estão em conflito. É difícil buscar o bem comum quando o bem comum está em tensão com o autointeresse. Porém:

> Assim, o evangelho cria uma "comunidade de reino" — uma contracultura, a igreja — na qual somos "sacerdócio real", mostrando ao mundo como será o reino futuro (1Pedro 2.9-10). Nós "modelamos" a maneira como toda a vida — as práticas empresariais, as relações raciais, a vida familiar, arte e cultura – são curadas e reformadas pelo rei.[153]

Comunidades alternativas impelidas pelo reino terão saudável equilíbrio entre "pregação teologicamente substancial, evangelização dinâmico e apologética, e crescimento de igreja" e plantação de igrejas que "enfatizam arrependimento, renovação pessoal, e santidade de vida" e atraente "envolvimento com as estruturas sociais de gente comum, e envolvimento cultural com as artes, empreendimentos, academia e governo".[154]

O tecido de nossas comunidades e a interioridade dos corações continuarão sendo restaurados e remodelados sob o reinado soberano de Cristo, cabeça de toda sua criação.

---

153 Timothy Keller, "Preaching in a Post-modern City," (versão inédita), 21.
154 Ibid.

13 A IGREJA Novo Povo De Deus

Tim Savage

É o mais estratégico corpo de pessoas sobre a face do planeta. Por meio de seu ministério, vastas extensões da humanidade são resgatadas do mal e tiradas do desespero. E por sua voz, nova vida é proclamada a civilizações inteiras. É uma associação de pessoas que pulsam com a glória de Deus. Que ajuntamento humano poderia merecer tais elogios? Somente um se qualifica: a igreja de Jesus Cristo.[155]

Poucos cristãos estão conscientes da natureza explosiva da igreja a qual pertencem. Há vários anos, quando transportava o britânico homem de igreja John Stott ao lugar onde pregaria, perguntei-lhe o que ele achava ser a doutrina mais negligenciada entre cristãos contemporâneos. Supondo que ele diria "teologia" (nossa visão de Deus é pequena demais), ou possivelmente "soteriologia" (nossos métodos

---

[155] Este capítulo representa uma exposição do undécimo ponto: "O novo povo de Deus" dos *Documentos Fundamentais da Coalizão Evangélica*.

de salvação dependem demasiadamente em nós mesmos), fiquei surpreso ao ouvir sua resposta sem hesitação: "eclesiologia". Para mim, a doutrina da igreja parecia periférica a outras doutrinas mais pesadas, e certamente não valia a estatura que meu interlocutor atribuía a ela. Mas nos anos mais recentes, depois de refletir sobre o ensino bíblico sobre a igreja, passei a ver com outros olhos. A igreja de Jesus Cristo é o local-sede do plano de Deus para a criação.

A IGREJA E A AGENDA DE DEUS

Conforme a Bíblia, Deus está executando um plano de dimensões cósmicas. Está no processo de recuperar todas as coisas para a sua glória. Escrevendo aos crentes em Éfeso, o apóstolo Paulo faz uma surpreendente observação: Deus está "resumindo todas as coisas — coisas dos céus e coisas da terra — debaixo de uma cabeça, ou seja, Cristo" (Ef 1.10).[156] Paulo deixa claro uns poucos versos adiante, o lugar preciso onde essa compreensiva "súmula" está ocorrendo "Deus deu Cristo para ser o cabeça de todas as coisas, *para a igreja*" (Ef 1.22).

Surpreendentemente, a igreja é marco zero no ambicioso projeto de Deus de restauração. É a base, a sede para a execução da obra de Deus no mundo, o lugar onde "todas as cosias" estão sendo ajuntadas debaixo de Cristo. Se quisermos ver o que Deus está fazendo neste planeta — e quem desejaria perder algo tão espetacular? — temos de olhar para a igreja. Aqui, e somente aqui, encontramos um povo unido e cheio de toda a plenitude de Deus (Ef 1.23; 3.19).

O elo entre Cristo e a igreja é quase sem emenda. A igreja é o corpo de Cristo, e Cristo é a sua cabeça (Cl 1.18). A igreja reverbera com o poder da ressurreição do próprio Cristo (Ef 1.19-20). Ela personifica seu amor (Ef 5.2). Manifesta sua plenitude (Cl 2.9-10). É um

---

156 Todas as citações da Escritura deste capítulo são tradução do autor.

"novo homem" na medida de toda a estatura do próprio Cristo (Ef 4.13). Ainda assim, a igreja é distinta de Cristo. É sua noiva (Ef 5.25-27). É aquela que ele nutre e cuida como sua própria carne (Ef 5.29). É o repositório da sabedoria do Pai (Ef 3.10). É onde Deus recebe toda a glória (Ef 3.21). É um farol de luz divina, um antegosto da glória celeste (Ef 1.18).

O POVO DE DEUS COMO UMA FAMÍLIA

Talvez o melhor modo de visualizar a igreja — levando em conta sua ligação orgânica a Cristo e sua distinção de Cristo — seja como uma família ligada por sangue. Membros da igreja são "parentes de sangue". Compartilham o mesmo Pai, de quem toda família no céu e na terra recebe o nome (Ef 3.14). Compartilham o mesmo irmão mais velho, Cristo (Hb 2.17), cujo sangue derramado na cruz os reconciliou com o Pai celestial (Cl 1.20). E têm uma fraternidade com seus irmãos espirituais, irmãos e irmãs em Cristo (Cl 1.2), que são reconciliados uns aos outros pelo mesmo sangue da cruz (Ef 2.13).

É especialmente como uma família que a igreja forma a peça central da obra de Deus na criação. Isso não deveria surpreender, porque Deus sempre trabalhou por meio de famílias. Desde o princípio ele formulou a sua agenda em termos de família. Será de enorme ajuda, ao procurar compreender o papel singular e poderoso da igreja, voltar até a história primordial e olhar a primeira família, a família de Adão e Eva, observando como sua união serve como retrato do que mais tarde viria a ser a igreja de Jesus Cristo.

A FAMÍLIA INAUGURAL

O drama do sexto dia da criação nunca deixa de nos causar admiração. Foi o momento quando Deus formou sua *magnum opus*, um ser humano, e legou-lhe um magnífico jardim paradisíaco. A nova criatura aparentemente não tinha nenhuma necessidade. Era beneficiário de um tesouro sem preço das mãos de um pai amoroso. Contudo, surpreendentemente, existia uma carência. Algo "não era bom". Faltava ao homem solitário uma "auxiliadora", alguém que correspondesse a ele (Gn 2.18). Sozinho ele era apenas uma peça de um quebra-cabeça de duas peças, e a parte contígua não estava à vista. Ele não somente era privado dos confortos do companheirismo, mas, muito mais importante, era incapaz de cumprir sozinho o seu propósito na criação.

O homem foi criado para portar a imagem de Deus, manifestar semelhança a seu criador (Gn 1.26). Ordem tão altaneira não podia ser cumprida isoladamente. Assim, quando Deus formou o ser humano, o criou "homem e mulher" (Gn 1.27). Noutras palavras, construiu o ser humano como família, sujeita aos relacionamentos interpessoais inerentes a toda família. O componente relacional da divina semelhança não é surpresa, pois o próprio Deus é uma família de relações trinas — Pai, Filho e Espírito Santo. Manifestar a imagem divina requer, portanto, pelo menos uma dualidade de pessoas. O homem necessita ajuda para o seu chamado altaneiro. Precisa de família.

A primeira família recebeu um mandato exaltado. Tão logo Deus investiu sua imagem em Adão e Eva, emitiu a seguinte injunção: "Sede fecundos, multiplicai-vos, enchei a terra e sujeitai-a" (Gn 1.28). O que soa como receita para a superpopulação na verdade é uma prescrição para bênção ecológica. Ao conclamar a multiplicação das famílias, Deus intenta saturar o planeta de unidades relacionais que manifestem sua imagem, para que todo recanto da criação esteja sujeito pela presença da sua semelhança. Sob o decreto soberano de um Deus totalmente sábio, a família é veículo pelo qual sua semelhança trina é disseminada aos quatro cantos da terra.

POVO DE DEUS, IMAGEM DE DEUS, E CRISTO

Isso pede a pergunta: Que aspecto da semelhança divina as famílias foram feitas para disseminar? Ou, mais exatamente: Qual é a verdadeira natureza da imagem de Deus? Através das eras, perguntas como esta têm provocado muita especulação, porque no contexto mais próximo de Gênesis (como também no contexto mais distante de todo o Antigo Testamento) pouca luz é vertida sobre a natureza da imagem de Deus. Por essa razão, os rabinos que laboraram entre os Testamentos tinham suas próprias ideias e procederam ligando a imagem divina à glória de Deus. Manifestar a imagem de Deus é refletir sua glória. Como essa interpretação não tivesse sido divinamente inspirada, poderia parecer-nos irrelevante hoje, exceto pelo fato de que um desses rabinos, fariseu que se converteu ao cristianismo, foi autor de epístolas nas quais reiterou a ligação entre a imagem e a glória de Deus. Essas epístolas, as cartas do apóstolo Paulo, foram inspiradas! Nelas, Paulo quebra novo chão e identifica uma ligação ainda mais estratégica: a conexão entre a imagem de Deus e a glória de Jesus Cristo.

De acordo com Paulo, vemos perfeitamente em Cristo a imagem e glória de Deus (2Co 4.4; Cl 1.15). Assim, a natureza da imagem divina não é mais questão especulativa: é só olhar a glória divina na face de Jesus Cristo (2Co 4.6). O parágrafo nos escritos de Paulo em que a imagem recebe sua mais nítida definição provavelmente se encontra no famoso hino de Filipenses 2. Aqui, em uma tradução expandida, lemos:

> porque Cristo existiu em forma de Deus [um termo muito semelhante a "imagem de Deus"], não julgou seu alto *status* como uma oportunidade para autoengrandecimento; antes, em um chamado para fazer exatamente o oposto, a si mesmo se esvaziou, a si

mesmo se humilhou, assumindo a forma de servo, e se submetendo à morte como um servo, ainda que uma repulsiva morte de cruz! (Fp 2.6-8).

Desde as inefáveis riquezas de ser igual a Deus até a mais empobrecida morte da antiguidade, das alturas insondáveis até as mais inimagináveis profundezas, de um extremo polar a outro, esta é a medida da morte autoesvaziante de Cristo. É a mais perfeita expressão de amor sacrificial da história. E, conforme diz Paulo, é também a mais clara revelação do que significa manifestar a imagem de Deus. Em Jesus vemos a semelhança do Pai celestial. Na cruz, contemplamos um quadro de como é Deus, e daí, como as famílias criadas à sua imagem devem ser. É uma figura de amor infinito.

POVO DE DEUS, IMAGEM DE DEUS E AMOR

O quadro é consonante com aquilo que conhecemos sobre Deus em outros lugares da Escritura. "Deus é amor", diz o apóstolo João (1João 4.8, 16). E seu amor é diferente de qualquer outra coisa sobre a terra, muito acima do amor superficial, condicional, atemporal que reina entre os devotos pós-modernos desse termo. O amor divino é sobrenatural, o tipo de amor que somente o Senhor e aqueles que portam sua imagem são capazes de exercer. É um amor "maior" (João 15.13), amor preparado para entregar sua vida (1João 3.16), a absorver em sua própria constituição a vida de outrem (Lucas 10.25-37), e abrir mão de tudo para redimir a existência de outros (Marcos 10.45). Além do mais, é precisamente o amor transmitido entre os membros da Trindade. O Pai ama o Filho (João 17.26), o Filho ama o Pai (João 15.9), e o Espírito Santo glorifica o Pai e o Filho (João 14.26).

Muitos escritores tem identificado esse amor dirigido ao outro como o fator distintivo da Divindade. "O próprio ser de Deus é o amor que subsiste eternamente e necessariamente entre as várias pessoas da Trindade".[157] Esse Deus "tri-pessoal" manifesta "seu amor infinito em relacionamento".[158] "Amor de entrega a si mesmo é a dinâmica moeda da vida trinitaria de Deus".[159] O "retrato de Deus" é de alguém "cujo amor, mesmo antes da criação de qualquer coisa, é dirigido ao próximo".[160]

O que talvez seja mais impressionante sobre o amor de Deus, e que certamente é mais pertinente a nosso entendimento da igreja, é que o Senhor deseja compartilhar seu amor conosco, não apenas fazendo-nos objetos desse amor como também equipando-nos para compartilhar esse amor com o próximo. Ao criar-nos à sua imagem, ele nos torna aptos a reproduzir o amor interrelacional da família trinitária, passando para cá e para lá entre os membros de nossas famílias o amor que reverbera dentro da santa trindade.

Quando cumprimos nossa vocação, quando as famílias repartem amor por todo o globo, subjugamos o planeta por uma espécie de *economia agrônoma* que faz prosperar o mundo e tudo que ele contém. Pelas migrações longínquas das famílias, que refletem a autodoadora imagem de Deus, a criação rompe em cântico de gratidão apaixonada a seu criador.

POVO DE DEUS, IMAGEM DE DEUS, E PECADO

Mas existe um problema. O povo de Deus não foi fiel ao mandado que recebeu. Ao invés de manifestar amor altruísta, foram egoístas e ávidos de si mesmos. "A mulher viu... a árvore... e *tomou* o seu fruto... e deu também a seu esposo" (Gn 3.6). E, tragicamente, o pecado da primeira família tem sido a ruína de toda família. "Todos pecaram e carecem da glória de Deus" (Rm 3.23). Longe de espalhar a glória da sua imagem por

---

157 George M. Marsden, *Jonathan Edwards: A Life* (New Haven, CT: Yale University Press, 2003), 467.
158 Timothy Keller, *Gospel Christianity* (New York: Redeemer Presbyterian Church, 2003), 22.
159 Cornelius Plantinga, conforme citado por Keller em *Gospel Christianity*, 16.
160 D. A. Carson, *The Difficult Doctrine of the Love of God* (Wheaton, IL: Crossway, 2000), 44.

toda a terra, as famílias têm buscado a própria glória e infligiram terríveis trevas sobre o planeta. Na verdade, todo mal terreno pode ser traçado a esse único defeito adâmico. Toda divisão relacional — quer abuso interpessoal ou disputa racial quer discórdia internacional — vem do fracasso em incorporar a glória do amor de Deus.

Nosso exame do povo de Deus se reduziria a uma parada abrupta, não fosse o fato de que o amor de Deus pelo pecador é mais forte que a sua condenação do pecado. Com certeza, o pai celeste abomina o pecado, que representa uma afronta pessoal. O pecado menospreza sua glória no mundo e ofusca o brilho de homens e mulheres criados à sua imagem. Qual bom pai não se enfureceria pela degradação de seus filhos? E quem poderia culpar esse pai se, em sua ira, ele simplesmente abandonasse seus descendentes às consequências de sua rebeldia — na verdade, entregasse as famílias ao câncer do egoísmo?

RESGATE DO POVO DE DEUS

Contudo, surpreendentemente, nosso pai celeste concebe um plano de resgate para a humanidade. Ele escolhe uma família dentre uma multidão de famílias e encarrega esse povo escolhido de fazer luzir novamente a glória da sua imagem ao mundo. Primeiro, é a família de Noé que, preservada do dilúvio, é chamada a multiplicar e encher toda a terra (Gn 9.1). Tristemente, Noé e sua progênie caem no próprio pecado que arruinou a Adão e Eva.

Assim, Deus escolhe outra família, dessa vez encabeçada pelo patriarca Abraão, e comissiona seus descendentes a serem aqueles por meio de quem "serão benditas todas as famílias da terra" (Gn 12.3). Mas esta família também cai em pecado, reduzindo a glória e imagem de Deus a um mero bruxuleio do seu intento original. Vez após vez, Deus graciosamente renova seu povo, levantando novas versões da nação de Israel e conclamando-lhes à fidelidade com sua aliança e a manifestação de seu caráter através do mundo. Mas repetidamente — ainda que com raras instâncias de sucesso — Israel fracassa em viver conforme seu chamado.

Claramente, a família de Deus é incapaz de cumprir o mandato divino. É defectiva no cerne de seu ser. Em sua raiz, não glorifica a Deus. No coração, só quer promover a si mesmo. Devido à sua dureza interna, Israel é o contrário do que Deus intenta que seja seu povo.

O fracasso do povo eleito não é surpresa para Deus, nem diminui seu plano para a criação. Acima de tudo, a maior parte desse plano ainda estava para vir, e o Antigo Testamento providencia dicas provocantes sobre sua revelação final. Deus fará "nova aliança com a família de Israel", na qual o defeito do pecado será erradicado. "Colocarei neles a minha lei, escreverei-a em seus corações" (Jr 31.31-33). "Vos darei novo coração... meu Espírito porei em vós" (Ez 36. 26-27).

Por seu Espírito, Deus realizará uma cirurgia cardíaca, implantando novo impulso no coração humano, uma lei interna que o apóstolo Paulo identifica como a lei do amor: "Porque toda a lei se cumpre em um só preceito, a saber: Amarás o teu próximo como a ti mesmo" (Gl 5.14). Esta é uma promessa maravilhosa. Desde tempos imemoriais era plano de Deus esculpir uma nova família cujo coração fosse purgado do defeito do pecado e enchido pela lei do amor, impulso este dinamizado pelo Espírito do próprio Deus que nele habita. A criação aguarda ansiosamente o surgimento dessa família!

PREDITO UM NOVO POVO

O profeta Isaías espera com antecipação esta família recriada. Ele identifica a nova "Israel" como o servo do Senhor, que (em palavras que recordam Gênesis) será "luz para as nações para que minha salvação alcance os confins da terra" (Is 42.6; 49.6). Exatamente quando essa família vai chegar Isaías nunca revela totalmente, mas oferece pistas importantes. Um menino nascerá (Isa 9.6-7) e esse menino se tornará servo que suportará sofrimento indescritível (Is 52.13-53.12).

Nesta altura, as pistas se tornam mais difíceis de decifrar. Às vezes o servo é identificado com a família de Deus (Is 41.8) e às vezes com um indivíduo (Is 49.6-7). Como o servo (de cujo sofrimento presumivelmente surgirá uma nova humanidade) pode ser tanto um coletivo de pessoas quanto um indivíduo, fica para o leitor ponderar. Mas com o passar dos séculos, tudo se torna claro: em uma pequena vila, numa afastada província, na beira oriental do Mediterrânio, nasce um menino. "Vindo, porém, a plenitude do tempo, Deus enviou seu Filho" (Gl 4.4).

CRISTO E O POVO DE DEUS

Este filho — cujo nome é Jesus, cujo chamado é Messias, cujo título é Senhor — cumpriria o plano eterno profetizado por Isaías. O apóstolo Paulo exulta ao dar definição a esse plano: "o mistério que estivera oculto por séculos agora foi revelado — isto é, Cristo em vós, a esperança da glória" (Cl 1.26-27). Finalmente, aqui temos a chegada, sinalizada pelos profetas, da presença de Deus que habita internamente, pela glória da imagem de Deus inscrita nos corações humanos, o deslocamento do pecado pela lei interna do amor. Cristo, cuja morte na cruz, em que esvaziou a si mesmo, representava a expressão máxima do amor divino, vem agora habitar em nós. O amor sobrenatural de Deus pode, devido à presença de Cristo em nosso interior, ser aperfeiçoado em nossos corações (1João 4.12).

O CORPO DE CRISTO: PESSOAL E CORPORATIVO

Devido a nosso foco sobre a natureza e o papel da igreja, é absolutamente essencial que reconheçamos que o amor de Cristo que habita em nós é concedido dentro de uma pluralidade de corações humanos. Quando o apóstolo Paulo delineia no pergaminho as palavras definitivas — "Cristo em vós, esperança da glória" — sinaliza (usando o pronome plural "vós") que é uma bênção conferida sobre uma coletividade de pessoas.

Isso não sugere que Cristo não habite o coração individualmente. Certamente ele o faz, mas não em corações isolados dos outros. No fim, é uma família de corações que Cristo veio habitar (2Co 4.6). Onde encontrar tal família repleta de amor na terra? As Escrituras deixam bem claro: é dentro do corpo cuja cabeça é Jesus Cristo; é dentro da igreja que leva o seu nome.

Estamos finalmente em posição de compreender a plena maravilha desta comunidade santa. Mas antes de destacar diversas implicações disso, é importante computar um ponto essencial: conquanto a membresia na igreja seja concedida livremente, ela não é uma realização automática. É algo que se ganha a grande custo. Em nosso estado natural, somos retalhados pelo pecado e totalmente incapazes de ser habitação e presença do Senhor. Na cruz, em um ato de sacrifício que está saltos quânticos além de tudo jamais visto na história da humanidade, Cristo cancelou a dívida de nosso pecado e creditou a sua justiça à nossa conta (Cl 2.13-14; 2Co 5.21).

Não somente isso, mas também quebrou os grilhões do pecado, tornando-se o primeiro humano a passar toda sua vida sem agarrar avidamente sua própria glória, a ponto de se submeter voluntariamente à ignomínia da morte numa cruz (1João 3.5). Vencendo nosso pecado dessas duas formas — pagando a penalidade do pecado e limpando o poder do pecado — Cristo nos torna aptos como membros dessa sua santa comunidade. Com grande preço para ele e sem preço para nós, assim é nossa indução ao corpo de Cristo.

É comum demais pensarmos na cruz apenas em termos de sua aplicação aos indivíduos. Devido ao evangelho de Jesus Cristo, os seres humanos individualmente podem ser salvos da ira de Deus e assegurados de lugar na eternidade celeste. Conquanto tais realidades não devam

A IGREJA: NOVO POVO DE DEUS

ser diminuídas de maneira nenhuma, mas apreciadas com o mais alto louvor, limitar o fruto da obra de Cristo à salvação de corações isolados é fazer uma leitura da Bíblia pela lente individualista de nossos dias. Todos quantos são reconciliados pessoalmente pelo corpo físico de Cristo são instalados dentro da congregação de Cristo. "Em um só Espírito, todos nós fomos batizados em um corpo" (1Co 12.13). E é, acima de tudo, dentro desta congregação, dentre o povo de Deus reconstituído novamente em e por meio de Cristo, que as maiores dimensões dos planos de Deus para a criação recebem definição empolgante.

O CORPO DE CRISTO: LOCAL E UNIVERSAL

A igreja de Jesus Cristo é um corpo muito grande, nada menos que abrangendo a comunidade no mundo inteiro de crentes em Cristo. Em outras palavras, é uma igreja universal. Mas — e aqui temos uma distinção crítica — a igreja universal só é tão forte quanto as suas manifestações locais são viáveis. É especialmente em nível da assembleia local que o drama do plano de Deus para a criação está sendo vivido. É por essa razão que o apóstolo Paulo ora especificamente pelas igrejas locais da Galácia e Éfeso, visita as igrejas em Corinto e Filipos, e escreve às igrejas locais de Roma e Tessalônica — epístolas que muitas vezes interpretamos pessoalmente na privacidade de nossa leitura bíblica individual, mas cujo conteúdo foi direcionado primeiramente para a edificação de comunidades inteiras, chamadas de igrejas locais.

Existe genialidade na dimensão corporativa do plano de Deus. O mundo em si nada mais é que um agrupamento de relacionamentos humanos, a maioria dos quais quebrado, rasgado pela discórdia e contenda, arruinado acima de tudo pelo egoísmo autodevorador do pecado. A desunião reina em todo nível, desde unidades relacionais de pequena escala como os casamentos (onde quase metade de todas as uniões na América do Norte acabam em divórcio), até unidades de grandes proporções como as nações (onde atualmente quase quarenta guerras estão sendo travadas internacionalmente) e tudo que se encontra no meio desses extremos (onde as linhas de conflito cortam profundamente entre gêneros, raças, partidos políticos, gerações, preferências sexuais e uma longa lista de outros relacionamentos que poderiam ser multiplicados quase indefinidamente). O fracionamento e a divisão dentro das unidades relacionais são as trevas que mais afligem nosso mundo.

UNIDADE NA IGREJA

Mas são trevas que a igreja local está peculiarmente preparada para dissipar. Uma surpreendente união pervade a família de Deus. Os relacionamentos outrora fraturados foram sobrenaturalmente consertados. Mesmo judeus e gentios, etnias renomadamente antagônicas, se uniram em um único corpo. Como? Foram "aproximados pelo sangue de Cristo" (Ef 2.13). Foram "reconciliados a Deus em um só corpo pela cruz, destruindo por ela a inimizade" (Ef 2.16). Cristo infligiu golpe mortal à divisão do pecado, às pestes sociais do egoísmo e orgulho, e assim quebrou os muros de separação, unindo em uma humanidade uma nova casa em que "toda a estrutura, sendo ligada, cresce em um santo templo do Senhor... uma habitação de Deus pelo Espírito" (Ef 2.15, 19-22).

Deus, mediante Cristo, está fazendo sua habitação nesta família recém-cunhada. É uma boa coisa, porque, com seu amor que esvaziou a si mesmo, passa a habitar os corações coletivos desta santa humanidade, juntando cada vez mais firmemente a seus membros. Esta família recém-engendrada serve como farol de esperança para as famílias fraturadas deste mundo. Por meio das igrejas locais, enquanto elas se multiplicam e enchem a terra, a glória unificadora de Cristo torna-se visível para os relacionamentos rompidos do planeta.

A IGREJA: NOVO POVO DE DEUS

DONS ESPIRITUAIS

É importante apreciar exatamente como o amor de Deus opera na prática. De modo surpreendente, toda pessoa renascida em Cristo chega à igreja local com uma herança sobrenatural vinda de um Deus gracioso, um dom do Espírito Santo, uma habilidade especial e singular. Pode ser o dom de serviço ou ensino ou fé ou administração ou qualquer número de outros dons (para listas, ver Romanos 12.6-8; 1Coríntios 12.7-10).

Nenhum dom deve ser desprezado; cada um representa um benefício gigantesco, repartido "segundo a medida do dom de Cristo" (Ef 4.7), e cada um é dinamicamente efetivo, "realizado por um só e o mesmo Espírito" (1Co 12.11). Deus estrategicamente distribui os dons entre seu povo, garantindo que as igrejas locais sejam empossadas com os recursos necessários para vicejar para sua glória; ele dispõe "os membros do corpo, cada qual, assim como lhe apraz" (1Co 12.18).

Eis o mais importante para entender os dons espirituais: são dados pelo Espírito Santo para serem compartilhados, dados, esbanjados sobre outros membros do corpo, para o crescimento do corpo, "para a edificação do corpo de Cristo" (Ef 4.12). Quando todo membro da igreja local reparte o seu dom, quando cada pessoa investe espiritualmente no próximo, o resultado é absolutamente assombroso: os membros da igreja estão ligados em gloriosa união. "...de quem todo corpo bem ajustado e consolidado pelo auxílio de toda junta, segundo a justa cooperação de cada parte, efetua o seu próprio aumento para a edificação de si mesmo em amor" (Ef 4.16). De fato!

Quando as pessoas esbanjam os seus dons sobre outros membros do corpo, atraem outras pessoas a uma ligação com elas quase sem emendas. Derramando-se, elas atraem outros para dentro. As leis da física pareceriam violadas (quem já ouviu falar de um impulso para fora que cria uma união sem emendas?), no entanto, faz sentido perfeito. Quando cada membro do corpo se envolve em um derramamento de serviço, todos os membros tornam-se cada vez mais unidos, tanto que começam a parecer com Cristo.

Na verdade, o que está sendo transmitido entre eles de lá para cá e de cá para lá, é o amor de Cristo que neles habita. Caracterizada por múltiplas expressões de seu amor cruciforme, a igreja local atinge "à medida da estatura da plenitude de Cristo" (Ef 4.13) e "cresce em tudo naquele que é o cabeça, Cristo" (Ef 4.15). Olhar este corpo de gente é contemplar — em sentido muito real — o próprio Senhor Jesus.

O PODER DA IGREJA

É difícil exagerar o poder deste espetáculo. É como a fusão nuclear. Os átomos estão entre as coisas mais minúsculas entre as menores e não notadas maravilhas da natureza, mas quando duas dessas diminutas estruturas se fundem, uma enorme e poderosa reação é criada. Quando vários desses átomos fundidos são, por sua vez, fundidos a outros átomos, geram algo ainda maior: uma explosão de energia termonuclear capaz de acender as luzes de cidades inteiras.

Como um átomo tão minúsculo e insignificante pode produzir demonstrações tão impressionantes de poder? Em meus dias de juventude, eu ponderava esta questão quando surfava a pouca distância da praia da estação de força nuclear em Santo Onofre, Califórnia. Enquanto esperava uma boa onda, olhava sua redoma imensa e me maravilhava com os milhares de postes de serviços de utilidade pública arranjados como um exército bem-ordenado, preparados para transmitir quantidades gigantescas de energia de partículas tão pequenas que eram invisíveis a olho nu. Era um espetáculo de fazer cair o queixo. Contudo, a energia da fusão nuclear é insignificante comparada ao poder que habita numa igreja local. Quando membros da igreja local derramam o amor de Cristo uns sobre os outros, ocorre uma dramática série de "explosões", reação sobre reação, energia bastante para eletrificar cidades de luzes de neon e fornos micro-ondas, mas, mais importante, trazendo luz espiritual a um mundo moribundo em trevas. Aos olhos dos esfarrapados cidadãos do mundo, atolados na discórdia e divisão, o amor da igreja local não poderia ser imagem mais revitalizante. Fará com que muitos ergam a voz de louvor em honra da fonte desse amor (Mt 5.16).

AMOR E A IGREJA

Por esta razão, a exortação do apóstolo Paulo às igrejas locais nunca varia: "Acima de tudo, porém, esteja o amor, que é o vínculo da perfeição" (Cl 3.14); "A ninguém fiqueis devendo coisa alguma, exceto o amor com que vos ameis uns aos outros; pois quem ama o próximo tem cumprido a lei" (Rm 13.8); "Agora, pois, permanecem a fé, a esperança e o amor, estes três; porém o maior destes é o amor" (1Co 13.13); "Porque vós, irmãos, fostes chamados à liberdade; porém não useis da liberdade para dar ocasião à carne; sede, antes, servos uns dos outros, pelo amor. Porque toda a lei se cumpre em um só preceito, a saber: Amarás o teu próximo como a ti mesmo" (Gl 5.13-14); "a fim de que seja o vosso coração confirmado em santidade, isento de culpa, na presença de nosso Deus e Pai, na vinda de nosso Senhor Jesus, com todos os seus santos (1Ts 3.12).

Um chamado semelhante é feito pelo apóstolo João: "Porque a mensagem que ouvistes desde o princípio é esta: que nos amemos uns aos outros" (1João 3.11); "Amados, amemo-nos uns aos outros, porque o amor procede de Deus; e todo aquele que ama é nascido de Deus e conhece a Deus" (1João 4.7). Assim também fala o apóstolo Pedro: "Acima de tudo, porém, tende amor intenso uns para com os outros"(1Pe 4.8). Estas exortações sem dúvida encontram como fonte as palavras do próprio Jesus: "Nisto conhecerão todos que sois meus discípulos: se tiverdes amor uns aos outros" (João 13.35). Amor é o *sine qua non* da família de Deus.

Exemplos de como este amor se desenvolve na prática estão presentes em toda parte do cânone apostólico: "Levai as cargas uns dos outros e, assim, cumprireis a lei de Cristo" (Gl 6.2); "Não tenha cada um em vista o que é propriamente seu, senão também cada qual o que é dos outros. Tende em vós o mesmo sentimento que houve também em Cristo Jesus" (Fp 2.4-5); "Evitai que alguém retribua a outrem mal por mal; pelo contrário, segui sempre o bem entre vós e para com todos" (1Ts 5.15); "Antes, sede uns para com os outros benignos, compassivos, perdoando-vos uns aos outros, como também Deus, em Cristo, vos perdoou." (Ef 4.32); "Alegrai-vos com os que se alegram e chorai com os que choram. Tende o mesmo sentimento uns para com os outros; em lugar de serdes orgulhosos, condescendei com o que é humilde; não sejais sábios aos vossos próprios olhos" (Rm 12.15-16) . Exemplos adicionais poderiam ser multiplicados quase indefinidamente porque não há limite para a maneira que a igreja local manifesta algo tão ilimitado quanto é o amor de Cristo. É um amor que ultrapassa todo conhecimento (Ef 3.19).

Não há palavras humanas que captam a importância estratégica desse amor. A igreja local e seu amor representam o único antídoto seguro para um mundo pós-moderno atolado no pecado e desespero. As pessoas hoje tentam colocar um pé na frente do outro para sustentar uma existência significativa, mas estão consistentemente se afundando nas areias movediças da incerteza e confusão. Na busca de amizades, elas absorvem as feridas da alma. Carentes de companheirismo, tornam-se atolados na solidão. Buscando segurança, são crivados de dúvidas quanto a seu valor. Ansiando proteção, são destroçados por ansiedade.

As pessoas estão exaustas, isoladas em trevas, com pouco contentamento real, no entanto, elas se arrastam adiante buscando alívio em qualquer coisa que as distraia de suas vidas vazias — uma tela, uma cerveja, um flerte. Quando estes também fracassam, o desespero se instala e começam a desejar — começam a orar pedindo — que seja levantado um grito por alguém que esteja mais adiante na caminhada que conduz a atenção a algo belo, algo substancial, algo transcendente — qualquer coisa que possa banir o desespero e acender a esperança.

Existe algo que proclama tal libertação. É uma coisa tão radiante que na verdade transforma seu ambiente. É o corpo de Cristo. Um vislumbre da igreja local, a igreja local em ação, cujos membros interagem em amor uns com os outros, derramando os dons que Deus lhes deu na vida do próximo, exibindo em insistente autoentrega o amor cruciforme do próprio Jesus Cristo, será testemunha de maior luz por exponentes do que as mentes seculares conseguem começar a absorver. É ver o que falta à sociedade, um amor sem o qual as almas murcham e morrem, um amor que todas as pessoas (quer conheçam quer não) anseiam apaixonadamente. É o amor encontrado exclusivamente na igreja local.

A IGREJA QUE NÃO SE ACOMODA

Isso nos leva a uma questão vital. Será que a igreja local cumprirá seu propósito e brilhará com radiante luz contra as trevas? Também, será que ela se esforçará para preservar sua posição como depositária do amor trino? Não é surpresa que Paulo tenha insistido com irmãos e irmãs em Cristo que alimentem o seu amor e preservem a unidade a todo custo:

> Se há, pois, alguma exortação em Cristo, alguma consolação de amor, alguma comunhão do Espírito, se há entranhados afetos e misericórdias, completai a minha alegria, de modo que penseis a mesma coisa, tenhais o mesmo amor, sejais unidos de alma, tendo o mesmo sentimento. Nada façais por partidarismo ou vanglória, mas por humildade, considerando cada um os outros superiores a

si mesmo. Não tenha cada um em vista o que é propriamente seu, senão também cada qual o que é dos outros. Tende em vós o mesmo sentimento que houve também em Cristo Jesus (Fp 2.1-5).

Tanta coisa está ancorada sobre a união na igreja local. Ela tem de ser preservada com vigilância máxima.

Podemos agradecer porque a igreja local não depende de si mesma nesse empenho. O Senhor é um guia confiável na questão da santificação eclesiástica. Em sua soberania, ele conduz seu povo às experiências inesperadas do sofrimento, porque por meio do sofrimento ele purga o orgulho que tão facilmente fomenta a desunião. Noutras palavras, ele gera a humildade (sem a qual não pode haver verdadeiro amor) ao introduzir as aflições semelhantes às experimentadas pelo próprio Cristo.

Ele pede que seu povo leve "sempre no corpo o morrer de Jesus, para que também a sua vida se manifeste em nosso corpo" (2Co 4.10) e "preencho o que resta das aflições de Cristo, na minha carne, a favor do seu corpo, que é a igreja" (Cl 1.24). Cada vez mais "conformando-me com ele [Cristo] na sua morte" (Fp 3.10), perseverando através da mesma espécie de ostracismo e rejeição que o próprio Senhor sofreu (2Co 13.4) — outra consequência de manifestar um amor tão antitético ao egoísmo do mundo, que parece ameaça mortal para o mundo e seus caminhos — os membros estão preparados "levando sempre no corpo o morrer de Jesus, para que também a sua vida se manifeste em nossa carne mortal" (2Co 4.10). Estão preparados para serem condútes da vida de ressurreição a número cada vez maior de pessoas, "para que a graça, multiplicando-se, torne abundantes as ações de graças por meio de muitos, para glória de Deus" (2Co 4.15). Sofrimento, quando de autoria da mão do Deus soberano, opera paradoxalmente para gerar amor e encorajar um testemunho radiante ao mundo (1Pe 1.6-7).

A IGREJA E SUA EXPANSÃO

Enquanto a igreja local precisa preservar a unidade interna, também é necessário que exiba a unidade externa. Em outras palavras, o novo povo de Deus tem de evitar a insularidade. Faz parte integrante do plano cósmico de Deus usar esta família como placar de sua glória diante dos olhos do mundo secular: "Vindicarei a santidade do meu grande nome... as nações saberão que eu sou o Senhor, diz o Senhor" (Ez 36.23).

Mas mesmo as igrejas que endossam o chamado de irradiar a luz externamente podem tropeçar em seu testemunho. É possível que elas procurem impressionar e atrair os de fora em termos mundanos, ajustando seu estilo de culto, maneira de se vestir, e até mesmo o conteúdo dos sermões para suprir os gostos do mundo.

Tal aproximação é fundamentalmente deficiente. Quando as igrejas locais tentam dar às pessoas aquilo que elas querem, demonstram propósitos contrários ao evangelho de Cristo. Em algum ponto eles terão de parar, reverter seu curso e sacudir seus ouvintes com a revelação de que os verdadeiros seguidores de Cristo realmente morrem para seus desejos — negam a si mesmos, tomam sua cruz, e seguem a Jesus (Marcos 8.34-35). É duvidoso que muitas igrejas consigam "desdizer" as coisas que elas usaram como isca para atrair as pessoas em primeiro lugar.

O EVANGELHO DE CRISTO COMO REALCE AO MUNDO

A igreja local tem de se lembrar de que é mais útil ao mundo quando é mais diferente do mundo. Nem precisa se esforçar para ser diferente. Tem de ser apenas o que ela é — um holofote radiante do abnegado amor de Cristo. Sendo o que ela é, a igreja ama realmente o mundo. O que poderia ser mais amável em uma era perdida nas brumas da subjetividade, que pregar a verdade da Palavra de Deus e o evangelho puro de

Jesus Cristo? O que poderia ser mais amoroso em um mundo atolado pelo desespero e abarrotado de tristes canções do que romper na alegria descontrolada da autêntica adoração em culto cristão, onde as canções exaltam a Cristo? O que poderia ser mais amável em uma época quando as pessoas tateiam em vão, em busca de um amor que nutra a alma, que inundar os recém-chegados com compaixão semelhante à que se encontra na cruz de Cristo? A igreja local ama melhor o mundo quando ela representa mais claramente aquilo que o mundo não possui.

Martyn Lloyd-Jones, grande pregador do século passado, fez um forte desafio à igreja de seus dias:

> Parece que temos verdadeiro horror de sermos diferentes. Daí todas as nossas tentativas e esforços para tornar popular a igreja e fazê-la atraente às pessoas... [Mas] o mundo espera que o cristão seja diferente e olha para ele procurando algo diferente, e nisso ele demonstra uma percepção de vida que muitas vezes falta aos que regularmente frequentam a igreja.... Se uma pessoa sente-se à vontade em qualquer igreja sem crer em Cristo como salvador pessoal, então essa igreja não é de maneira nenhuma igreja, e sim um lugar de entretenimento ou um clube social.[161]

A igreja local tem de se levantar e ser igreja, corpo de pessoas com compromisso de pregar o evangelho de Jesus Cristo não diluído. Na verdade, o evangelho tem de formar o cerne, o centro de tudo que uma igreja é e faz. Para Paulo isso quer dizer duas coisas: pregar Cristo Jesus como Senhor e a nós mesmos com servos por causa de Jesus (2Co 4.5). Nenhuma ênfase teria atraído o mundo egocêntrico

---

161 Citado em Iain H. Murray, *D. Martyn Lloyd-Jones: The First Forty Years 1899–1939* (Edimburgo: Banner of Truth, 1982), 141-42.

da antiguidade greco-romana, nem essa ênfase ganharia apoio como estratégia de atrair os perdidos. No entanto, Paulo não titubeia. Sua pregação não vacila.

Interessante é que só aqui Paulo usa o verbo pregar com mais que um objeto, um denotando conteúdo verbal (Cristo Jesus com Senhor) e o outro indicando comportamento (nós como vossos servos). Central à *kerygma* de Paulo está a proclamação, tanto de que Jesus é Senhor quanto que ele, Paulo, é um servo. Quando seguimos a deixa de Paulo e pregamos deste modo, e quando (como resultado) as igrejas locais tornam-se servas em seu mundo como foi Paulo no seu — ou melhor, como Cristo em seu mundo (Marcos 10.35-45) — nossa pregação será não apenas mais completa como também recebida com maior gratidão.

TRAZENDO O MUNDO A CRISTO

Qualquer igreja local que serve em seu mundo como Cristo serviu, exibe um ímpeto duplo: procura levar o mundo a Cristo, e procura levar Cristo ao mundo. Uma das melhores maneiras de levar o mundo a Cristo é convidar o mundo para os ajuntamentos da igreja local. Comentou o pregador Charles Spurgeon: "tenho me encantado ao observar os sinceros esforços de muitos membros de minha igreja ao procurar trazer pecadores ao Tabernáculo para ouvir o evangelho".[162] Admitimos que essa ideia não está na moda entre estrategistas da igreja contemporânea, que argumentam que temos de encontrar o mundo em seu próprio terreno — tomando café durante os intervalos no trabalho, depois do expediente no bar esportivo, na vizinhança enquanto passeia com os cachorros.

Conquanto poucos neguem que penetrar o domicílio do mundo seja essencial ao testemunho da igreja local, perdemos uma oportunidade estratégica quando deixamos de convidar o mundo para dentro

---

162 C. H. Spurgeon, *Autobiography, vol. 2: The Full Harvest* (Edimburgo: Banner of Truth, 1973), 246.

de nosso lar, onde a família de Deus se ajunta para cultuar a Cristo, onde membros ouvem o evangelho de Cristo pregado com fidelidade e aplicado com esmero, onde as pessoas ministram umas às outras mediante expressões radicais de amor na forma de Cristo, onde, num canto deste mundo conturbado, uma família está realmente funcionando de acordo com a imagem da família trina de Deus. Por entre a ubiquidade de lares despedaçados e famílias em relacionamentos disfuncionais, onde mais as pessoas poderão ver um caminho melhor para serem humanas que entre a família de Deus? Temos de convidar o mundo para nossas igrejas.

Ressaltando este ponto, Paulo chama a atenção ao fato de que o organismo denominado de igreja local é, em sua raiz, um kaleidoscópio de unidades relacionais. Ele agrupa os membros do corpo eclesiástico em pares: maridos e esposas, pais e filhos, patrões e empregados (Ef 5.22-6.9; Cl 3.18-4.1). É imediatamente notável que cada par representa um dos três blocos fundamentais de construção da sociedade. Mas a significação desses pares não deriva de sua presença em toda sociedade, e sim de sua presença na sociedade de Deus.

Para Paulo, a igreja local é o ajuntamento social fundamental do mundo, e como tal, tem o intuito de servir como modelo para os pares do mundo. Em suas relações interpessoais, especialmente nas relações eclesiais dos casais no casamento, na família, e nos negócios, a igreja local provê paradigmas para relacionamentos similares no mundo de fora (veja novamente Ef 5.22-6.9; Cl 3.18-4.1). Ao espelhar a glória do amor de Cristo, cada par revela ao mundo um caminho melhor para viver nas relações. Como o mundo verá o melhor caminho (e, esperamos, responder plenamente ao que vê, confiando, para sua própria salvação, na obra completada de Cristo), a não ser que seja convidado às assembleias da igreja local?

A IGREJA: NOVO POVO DE DEUS

TRAZENDO CRISTO AO MUNDO

Existe uma segunda ênfase na estratégia da igreja local: levar Cristo ao mundo. Toda igreja local deveria buscar apaixonadamente os ministérios corporativos (isto é, ministérios que não representam apenas as incursões isoladas de membros individuais, mas os esforços colaborativos do corpo todo) dentro de sua cidade, ministrando aos vizinhos e até mesmo aos inimigos, procurando melhorar as condições de vida daqueles que mais precisam e criando condições em que a vida humana possa florescer, conforme Deus intentou na criação. Noutras palavras, a igreja deve abraçar a missão de levar o amor de Deus à cidade. Essa é uma missão explicada nos mínimos detalhes, não só no AntigoTestamento (Is 58.6-10) mas também no Novo Testamento (Mt 25.34-40) e personificada preeminentemente no ensino e ministério de Jesus.

A parábola do bom Samaritano é um exemplo. Reproduzimos o amor de Cristo quando tomamos a vida alquebrada de pessoas que estão bem na nossa frente, carregando-as em nossas próprias costas como se o quebrantamento delas fosse nosso. Continuaremos a carregar essas pessoas até que elas não estejam mais quebradas — "curando as feridas, derramando óleo e vinho, levando-as até a estalagem, pagando o que for necessário, mostrando misericórdia, provando ser seu verdadeiro próximo" (Lucas 10.34-37). Amar o próximo como a si mesmo não é apenas amar o outro tanto quanto a nós mesmos, mas tomar a vida do próximo e fazer dela a sua vida. Em toda cidade, as igrejas locais deveriam ser os melhores vizinhos. "Temos de amar os homens e mulheres para Jesus".[163]

Nos primórdios da era cristã, duas epidemias devastadoras varreram o Império Romano. Até mesmo os médicos mais sábios não sabiam como prescrever antídotos para essas pragas, e muitos deles, incluindo

---

163 C. H. Spurgeon, *Lectures to My Students* (Grand Rapids, MI: Zondervan, 1954), 344.

o famoso médico clássico, Galeno, fugiram das cidades para a relativa segurança do campo. Havia uma exceção notável — os membros das igrejas locais:

> A maioria dos cristãos demonstrava amor ilimitado e lealdade, nunca poupando a si mesmos, mas pensando somente no próximo, nos outros. Sem temer os perigos, eles tomaram conta dos doentes, atendendo cada uma de suas necessidades e ministrando-lhes em Cristo, e com eles partiam desta vida, levando para si mesmos as doenças de seu próximo, dispostos a aceitar as suas dores.[164]

Os incrédulos observaram o sacrifício vicário de cristãos: "Vejam como eles amam uns aos outros!"[165] Como membros de igrejas modernas, é nosso privilégio dignificar este legado sagrado, pensando de modo estratégico e orando sinceramente sobre como podemos juntos trazer o amor de Cristo aos necessitados de nossas cidades, como nos tornar contra-culturais, vivendo, dentro de nossa cultura, a glória da imagem de Cristo.

UM PEDAÇO DO CÉU NA TERRA

Conforme aprendemos de Gênesis, a imagem de Deus deveria permear toda a terra. Como aprendemos de Cristo, é uma imagem revelada preeminentemente no amor de autoentrega da cruz. Quando esse amor penetra os corações de um conjunto, um corpo de pessoas — uma possibilidade apenas para os que, mediante a obra da cruz, foram purificados dos pecados e declarados justos —, quando esse amor habita a família

---

[164] Dionísio, citado por Eusébio em *Eusebius: The History of the Church*, trad. G. A. Williamson (Harmondsworth, UK: Penguin, 1965), 7.22.
[165] Tertuliano, *The Ante-Nicene Fathers*, ed. Alexander Roberts e James Donaldson (Grand Rapids, MI: Eerdmans, 1989), Apology 39.

A IGREJA: NOVO POVO DE DEUS

de Deus, na igreja de Jesus Cristo, e quando as expressões desse amor marcam as relações interpessoais das igrejas locais da mesma maneira que personificam as relações dentro da família trina de Deus, a glória do céu começa a romper sobre a terra.

O povo da nova aliança de Deus estará, enquanto ainda andar na terra, obtendo uma entrada na Jerusalém celestial. Seus olhos estarão vivos para as riquezas de sua gloriosa herança (Ef 1.18). E as nações virão para a luz celestial dessa família santa, pois estão famintos pela unidade dos relacionamentos não dilacerada pelo egocentrismo, por um corpo unido sob uma cabeça, por pessoas que irradiem a imagem do amor divino, por uma igreja que manifeste o cruciforme amor do Deus trino (Is 60.1-11).

A IGREJA IMPERFEITA

Como uma igreja local pode ser sustentada em tão gloriosa vocação? Primeiro, ela será sustentada apenas imperfeitamente. Embora o amor deste corpo brilhe como um farol radiante contra a noite mais escura, ele jamais emitirá mais do que raios iniciais da glória do céu. O corpo de Cristo ainda não está perfeitamente alinhado sob sua cabeça. Rancor e divisão, na verdade, pecado, ainda invadem os seus relacionamentos. Mas quando o corpo de Cristo carece da glória de Deus (às vezes caindo tão baixo que só pode olhar para cima), ele haverá, em segundo lugar, de erguer os olhos a Jesus Cristo e, contemplando a glória do Senhor, ser transformado à mesma imagem, de um grau de glória até o próximo, de uma manifestação mais turva de amor autodoador para um amor mais brilhante (2Co 3.18).

FIXADA EM CRISTO

A igreja local jamais deve tirar os olhos de Cristo. Tem de firmar a mente sobre as coisas do céu onde Cristo se assenta (Cl 3.1-2). Deve Aguardar ansiosamente um salvador que, quando voltar, transformará seu corpo mortal em perfeita conformidade a seu corpo de glória (Fp 3.20-21). Quando finalmente o virmos — não mais como por um espelho, obscuramente, mas na claridade da luz não diluída — conheceremos plenamente o amor que por tanto tempo ultrapassou todo nosso entendimento. Então, e somente então, refletiremos perfeitamente a imagem de Cristo (1João 3.2-3).

Até esse tempo, a igreja local firma seus olhos em Jesus Cristo. Na sua pregação, Cristo é exaltado. Em seu culto, Cristo é honrado. Em suas ordenanças — Batismo e Ceia do Senhor — Cristo é celebrado. Na verdade, qualquer que estiver batizado é batizado em Cristo, especificamente em sua morte (Rm 6.3), e quem come o pão e bebe o cálice proclama a morte do Senhor até que ele venha (1Co 11.26). Na disciplina dos seus membros, a humildade do Cordeiro Pascal serve como impulso condutor (1Co 5.7).

Tudo volta para Cristo; todo membro está rebitado à sua cabeça. Cristo une a todos e todas as coisas (Cl 1.17-18). Não é de admirar que um grande campeão da igreja local, Charles Spurgeon, resolutamente afirmasse sua total dependência de Cristo: "Eu não desejaria estar aqui sem o meu Senhor; e se o evangelho não fosse verdade, eu bendiria Deus por me aniquilar neste exato instante, pois não desejaria viver se fosse possível destruir o nome de Jesus Cristo."[166]

CONCLUSÃO

A vocação da igreja local não poderia ser mais exaltada. Chamada para fora do mundo para ser luz no mundo, ser uma família unida entre as a famílias desunidas da terra, habitação do próprio Cristo, menina dos olhos de Deus, gravada sobre as mãos de Cristo, ser a glória da imagem da santa Trindade, personificação do infinito amor da cruz, quadro coletivo mais belo que qualquer outro no mundo — essa é a igreja, a igreja local, o novo povo de Deus.

---

166 C. H. Spurgeon, *The New Park Street Pulpit* (Pasadena, CA: Pilgrim, 1855), 1:208–9.

14
BATISMO E CEIA DO SENHOR

Thabiti Anyabwile e J. Ligon Duncan

Eu [Anyabwile] estava sentado do outro lado da mesa de Matthew, moço criativo, inquisidor, espírito livre, de vinte e cinco anos. Ele entrara no restaurante tão animado e brilhante quanto o caloroso dia no Caribe lá fora. Poucos minutos mais tarde, ele sorriu e casualmente pediu desculpas por qualquer incômodo que tivesse causado.

Pegando nossos cardápios, eu me indagava o que estaria para vir em nossa conversa. Embora ele estivesse frequentando a igreja há quase um ano, eu não tinha certeza onde Matthew estava espiritualmente nem que tipo de perguntas ele teria para me fazer. Quando acabamos de fazer nosso pedido e devolvemos os cardápios à garçonete, Matthew virou para mim e disse:

– Então, eu tenho muitas perguntas.

– Ótimo! Repliquei, aliviado por que não teria de forçar uma conversa com meu jovem amigo. – No que está pensando?

Naquele dia Matthew fez muitas perguntas. Muito de seu questionamento tinha a ver com temas como a glória de Deus e sua ira com os pecadores, a confiabilidade da Bíblia, a ressurreição, a exclusividade de Jesus e o futuro. Por quase duas horas desfrutamos de um maravilhoso exame do ensino da Bíblia sobre esses tópicos.

Mas perto do fim da conversa, fiquei preocupado que Matthew, pois embora fizesse grandes perguntas teológicas, estava falhando em lidar com questões mais pessoais do coração. Perguntei-lhe então:

– Matthew, o que você vai fazer quanto a seu pecado?
Ele engoliu seco, um pouco espantado, e respondeu:
– Eu espero que Jesus tenha cuidado deles.
Em seguida ele passou a me dizer que havia aceitado a Cristo como salvador e Senhor há seis meses. No fim de sua história, disse:
– Quero fazer parte da igreja, mas ainda não estou pronto para ser batizado.

Matthew chegara a um ponto que muitos cristãos chegam. Havia entendido o evangelho e dependia de Jesus para sua salvação, mas ainda não compreendera o que isso tinha de ver com a igreja local. Noutras palavras, ele não percebera que o Senhor deu duas ordenanças, dois sacramentos para marcar tanto a sua iniciação na vida cristã quando sua comunhão contínua com Cristo. Ao dar essas ordenanças à igreja o Senhor proveu "palavras visíveis", que comunicam a união do crente com Cristo em sua morte, sepultamento e ressurreição (batismo) e o desempenho externo dessa união, ou seja, a comunhão contínua com o Senhor (na Ceia do Senhor). Portanto, ambos se tornam não apenas ordenanças a serem obedecidas como também meios de graça para nosso fortalecimento e prazer até que Cristo volte.

BATISMO

Moro em um país onde muitas pessoas acham que somente o "cristão quase perfeito" pode ser batizado. Alguns chegam a dar tanta importância ao batismo que a ordenança não se aplica mais ao "cristão regular", que experimenta a imperfeição e luta contra o pecado. Assumem que a demora em ser batizado é o caminho correto para a maioria dos cristãos. Durante nosso almoço, Matthew expressou esse parecer.

Reconheço que em outros países, os cristãos cometem precisamente erro oposto. Dão pouca importância ao batismo. O batismo pode ser um rito a que se submete "quando você tiver idade suficiente" ou um exercício de pouca importância que fica opcional para cada crente. É uma caixinha marcada com um *xis* da lista de coisas espirituais que precisam ser feitas, mas que são basicamente esquecidas depois.

Os cristãos podem cair em qualquer um desses erros: dar importância demais ou de menos ao batismo. Fazendo isso, arriscamos perder a beleza e riqueza de um mandamento que o próprio Jesus instituiu e que as igrejas cristãs têm celebrado há quase dois mil anos. A solução é apropriarmo-nos de um entendimento bíblico do batismo que nos imerja profundamente na obra graciosa e eficaz de nosso Senhor Jesus Cristo, em favor dos pecadores.

O QUE É O BATISMO?

Em termos mais básicos, o batismo é um sinal e um selo. Conforme diz a *Confissão de Fé de Westminster*, batismo "é sinal e selo do pacto da graça, do crente ser enxertado em Cristo, de regeneração, da remissão dos pecados, e de sua entrega a Deus, por meio de Jesus Cristo, para andar em novidade de vida" (28.1).

Um sinal é um símbolo que aponta uma realidade ou ideia maior. O batismo é "um farol de luz neon rutilante proclamando 'Evangelho,

Evangelho, Evangelho.'"¹⁶⁷ Quando a igreja pratica o batismo, ela testifica a morte, sepultamento e ressurreição de Jesus Cristo. O batismo significa a união do pecador com Cristo em tudo que ele fez e realizou em nosso favor.

Mas o batismo (e a Ceia do Senhor) também é um selo:

> Os sacramentos não são apenas sinais que apontam nossa atenção a Jesus Cristo, que foi apresentado no evangelho, lembrando-nos de sua graça oferecida ao mundo todo. São também selos, garantindo que a graça e promessa de Deus não nos serão dadas em particular. Essa palavra "selo", quando usada no contexto da Reforma, se referia à impressão em cera que marcava um documento como sendo oficial e legalmente vigente. Neste contexto, o batismo é o selo pelo qual Deus toma a promessa geral do evangelho e a aplica a nós em especial. No mundo antigo, a mesma palavra também se referia a marcas feitas no corpo — marcas ou tatuagens que funcionavam como prova de propriedade. Somos "marcados" pela morte e ressurreição de Cristo, conforme testemunhado por ambos, o Batismo e a Ceia do Senhor.¹⁶⁸

Um governante ou rei podia afixar seu selo a um edito ou uma lei oficial. Correspondência recebida de um magistrado ou pessoa influente teria o cunho ou selo pertencente ao seu ofício ou família. Um escravo podia portar as marcas de seu dono. Tanto os receptores quanto o público reconheciam assim que aquele que possuía a marca ou o selo pertencia a determinado proprietário.

---

167 D. Marion Clark, "Baptism: Joyful Sign of the Gospel," em *Give Praise to God: A Vision for Reforming Worship*, ed. Philip Graham Ryken, Derek W. H. Thomas, e J. Ligon Duncan III (Phillipsburg, NJ: P&R, 2003), 171.
168 James V. Brownson, *The Promise of Baptism: An Introduction to Baptism in Scripture and the Reformed Tradition* (Grand Rapids, MI: Eerdmans, 2007), 24–25.

No batismo, Deus coloca a sua marca sobre a pessoa batizada. O cristão que se arrepende e professa Cristo recebe o selo de que é propriedade do céu. Deus nos fala no batismo: "Este que foi assim marcado e selado me pertence".

No mundo evangélico moderno, as pessoas muitas vezes falam de fazer "pública profissão de fé". Essa frase passou a estar associada a coisas tais como atender a chamadas à frente, ao altar, fazer determinadas orações, ou assinar cartões de resposta. Em geral, tais ações enfocam o que nós dizemos a Deus. Infelizmente, muitas dessas práticas nos deixam pensando apenas no que nós dissemos, não reconhecendo que Deus quer falar de seu amor a seu povo. Tornam decisivo o nosso ato ou fala. Mas a Bíblia não apoia tais práticas. Os apóstolos e a igreja primitiva tinham, porém, uma maneira para os pecadores arrependidos fazerem a profissão pública, que significava sua fé em Cristo enquanto recebiam o selo da salvação de Deus — batismo.

A BELEZA DO BATISMO

A beleza do batismo pode ser observada ao considerar o que o batismo significa, porque o batismo associa de maneira maravilhosa o crente com as multiformes riquezas encontradas em Cristo.

A EXPIAÇÃO DE CRISTO. Primeiro, o batismo mostra visivelmente a expiação realizada por Jesus. A redenção e remissão dos pecados são centrais para a obra de Cristo e, portanto, centrais para o significado do batismo:

> E a vós outros que estáveis mortos pelas vossas transgressões e pela incircuncisão da vossa carne, vos deu vida juntamente com ele, perdoando todos os nossos delitos; tendo cancelado o escrito da dívida , que era contra nós e que constava de or-

denanças, o qual nos era prejudicial, removeu-o inteiramente; encravando-o na cruz; e despojando os principados e as potestades, publicamente os expôs ao desprezo, triunfando deles na cruz (Cl 2.13-15).

No batismo somos lembrados do batismo de nosso Senhor por nós. O Salvador ensinou: "Tenho, porém, um batismo com o qual hei de ser batizado; e quanto me angustio até que o mesmo se realize" (Lucas 12.50). Quando os discípulos exageradamente ambiciosos pediram para sentar a seu lado em seu reino, Jesus os humilhou replicando: "Não sabeis o que pedis. Podeis vós beber o cálice que eu bebo ou receber o batismo com que eu sou batizado?" (Marcos 10.38). O cálice que o Mestre bebeu foi o cálice da ira do Pai contra o pecado. O batismo de aflição que ele suportou era o batismo da cruz, onde fez propiciação pelos pecados do mundo (1João 2.2).

O batismo lembra a igreja e o cristão individual da cruz, onde Jesus tirou nossos pecados, encravando-os na cruz, e onde o triunfo de Jesus torna-se nosso triunfo. Batismo nos lembra de que Cristo sofreu nosso julgamento e fez a paz com Deus por nós.

UNIÃO COM CRISTO. Segundo, o batismo representa a união espiritual do pecador com Jesus em sua morte, sepultamento, e ressurreição.

> Que diremos, pois? Permaneceremos no pecado, para que seja a graça mais abundante? De modo nenhum! Como viveremos ainda no pecado, nós os que para ele morremos? Ou, porventura, ignorais que todos nós que fomos batizados em Cristo Jesus fomos batizados na sua morte? Fomos, pois, sepultados com ele na morte pelo batismo; para que, como Cristo foi ressuscitado dentre os mortos pela glória do Pai, assim também andemos nós em novi-

dade de vida. Porque, se fomos unidos com ele na semelhança da sua morte, certamente, o seremos também na semelhança da sua ressurreição (Rm 6.1-5).

Quando Cristo morreu, nós morremos com ele. Quando ele foi sepultado, nós fomos sepultados. Quando ressuscitou, nós também ressuscitamos! Porque estamos unidos a Cristo pela fé, recebemos os benefícios da vida, morte, e ressurreição de Jesus. Pela fé participamos vicariamente de tudo que Jesus fez. Batismo demonstra essa realidade espiritual.

Nossa união com Cristo é tão forte que algumas pessoas têm comparado o batismo ao casamento. Por exemplo, Marion Clark escreve: "Deus é nosso noivo, que nos escolheu, pagou o dote e até nos deu seu anel para que todos saibam que pertencemos a ele. Mais ainda, ele o fez para deixar claro que somos dele. A cerimônia do batismo assevera que seu amor por nós não é um sonho, mas uma realidade".[169] No batismo trocamos votos, unindo Cristo, o noivo, à sua noiva, a igreja.

UNIÃO COM A IGREJA. Batismo não ilustra apenas nossa união com Cristo, mas também nossa união com seu corpo, a igreja. Estando juntos com Cristo pela fé e operação do Espírito Santo, pelo mesmo Espírito "fomos todos batizados por um Espírito em um só corpo" (1Co 12.13). Ou, conforme o apóstolo Paulo escreve em outro lugar: "há somente um corpo e um Espírito, como também fostes chamados numa só esperança da vossa vocação; há um só Senhor, uma só fé, um só batismo; um só Deus e Pai de todos, o qual é sobre todos, age por meio de todos e está em todos" (Ef 4.4-6).

Os indivíduos batizados professam que estão unidos ao corpo de Cristo pela fé. Essa união com Cristo se manifesta em união com o seu

---

[169] Clark, "Baptism", 179.

povo, demonstrada mais concretamente pelo compromisso e por tornar-se membro de uma igreja local.

Sempre que um casal dá à luz um filho, a família e os amigos visitam o hospital, entregam votos de felicidade e regozijam com o acréscimo dessa nova vida. De modo similar, quando as pessoas recebem o sinal e selo do batismo, elas tornam-se parte da família de Deus, a igreja. Elas gozam os privilégios e as responsabilidades de ser membros da família. Don Whitney explica isso muito bem: "Quando Deus leva a pessoa à nova vida, essa pessoa entra no corpo espiritual e invisível de Cristo — a igreja universal. Essa experiência espiritual é ilustrada pelo batismo em água, que é a entrada simbólica daquele indivíduo no corpo visível e tangível de Cristo — a igreja local".[170]

CONSAGRAÇÃO A DEUS. Finalmente, devemos entender que o batismo significa nossa consagração a Deus. No batismo somos separados para a adoração e o serviço ao Deus de nossa salvação. Somos marcados, destacados do mundo e selados como pertencentes a Deus. É por isso que o apóstolo Paulo escreve frequentemente no Novo Testamento sobre requisitos éticos quando fala sobre o batismo. Por exemplo:

> Nele, também fostes circuncidados, não por intermédio de mãos, mas no despojamento do corpo da carne, que é a circuncisão de Cristo, tendo sido sepultados, juntamente com ele, no batismo, no qual igualmente fostes ressuscitados mediante a fé no poder de Deus que o ressuscitou dentre os mortos (Cl 2.11-12)

> Assim também vós considerai-vos mortos para o pecado, mas vivos para Deus, em Cristo Jesus. Não reine, portanto, o pecado em vosso corpo mortal, de maneira que obedeçais às suas paixões;

---

170 Donald S. Whitney, *Spiritual Disciplines within the Church* (Chicago: Moody, 1996), 138.

nem ofereçais cada um os membros do seu corpo ao pecado, como instrumentos de iniqüidade; mas oferecei-vos a Deus, como ressurretos dentre os mortos, e os vossos membros, a Deus, como instrumentos de justiça. Porque o pecado não terá domínio sobre vós; pois não estais debaixo da lei, e sim da graça (Rm 6.11-14).

Porque nossas vidas estão unidas a Cristo pela fé e enxertia do Espírito, somos obrigados a viver vidas "circuncidadas", "tirar a natureza de pecado". Nós "contamo-nos como mortos para o pecado, mas vivos para Deus em Cristo Jesus" e "oferecemo-nos a Deus". Porque morremos com Cristo, o pecado não mais reina sobre nós. Estamos livres da tirania da injustiça, "sabendo isto: que foi crucificado com ele o nosso velho homem, para que o corpo do pecado seja destruído, e não sirvamos o pecado como escravos" (Rm 6.6). Pertencemos a um novo mestre. Os credobatistas acrescentariam que descemos à "sepultura das águas" para sermos ressurretos em novidade de vida.[171]

> Nosso batismo nos obriga a viver em justiça para que honremos, e nunca envergonhemos com injustiças, o Senhor com quem fomos sepultados e ressuscitados para a vida pelo batismo. Não podemos voltar atrás. Entramos na nova aliança; juramos fidelidade a nosso rei. Agora temos de viver como cidadãos e servos do seu reino.[172]

Meu amigo Matthew não enxergava a beleza do batismo. Pensava no batismo primariamente como algo que diz ao mundo: "Ei, estou vivendo para Jesus e planejo não errar". Ele não reconhecia que no batismo é

---
[171] Obviamente, os pedobatistas presbiterianos não chegam às mesmas conclusões de Romanos 6 quanto ao modo do batismo (ou seja, descer ao "sepultura das águas") que os credobatistas têm conforme explicação abaixo.

[172] Clark, "Baptism", 177.

Deus quem diz: "Ei, você pertence a mim. Fiz de você uma nova criatura. Você viverá para mim porque eu viverei em você."

Quando visto dessa perspectiva, o batismo ganha a beleza e importância merecida. Torna-se meio de graça para o crente, lembrando o evangelho e o Salvador que nos acodem. Além do mais, o batismo abre as portas de comunhão continua com nosso Senhor.

Essa comunhão contínua com o Senhor encontra expressão em outro sinal e selo, a Ceia do Senhor ou Ceia da Comunhão.

PEDOBATISTAS E CREDOBATISTAS

Eu [Duncan] amo a maneira como Thabiti expõe a doutrina do batismo aqui e a visão pastoral dada sobre a importância do mesmo na vida dos cristãos. Ele, sendo batista, e eu, presbiteriano, concordamos até aqui. Mas queremos também reconhecer que existem algumas áreas de significantes diferenças no entendimento entre os membros da Coalizão Evangélica, que em outros pontos estão unidos, quanto ao assunto do batismo. Em geral, concordamos com o significado, importância e função do batismo, mas temos alguns pontos em que não concordamos quanto ao modo e receptores do batismo. Essas diferenças não são inconsequentes, e assim desejamos honrar a consciência um do outro, sob a Palavra de Deus, e queremos que os membros de nossas respectivas igrejas entendam e levem a sério essas questões.

Alguns de nós na Coalizão Evangélica são credobatistas (ou seja, cristãos como Thabiti que creem que somente os crentes devem ser batizados) e outros são pedobatistas (ou seja, cristãos como eu que creem que tanto os crentes quanto os seus filhos devem ser batizados). Ambos os grupos buscam fundamentar sua prática batismal sobre o ensino da Escritura, mas chegam a diferentes conclusões quanto ao que a Bíblia ensina sobre quem deve receber o batismo.

Os pedobatistas evangélicos creem que a Bíblia ensina que a igreja deve batizar tanto os filhos de crentes como também os crentes professos adultos que ainda não foram batizados anteriormente. Cremos que o batismo é sinal da nova aliança que aponta e confirma a graciosa promessa de Deus de salvação a seu povo cumprida em Jesus Cristo. Baseamos a administração do batismo de crentes e de seus filhos em nosso entendimento de passagens tais como Gênesis 17, Mateus 18, Colossenses 2, 1Coríntios 7, e Atos 2 e 16.

Concordamos com nossos amigos credobatistas que (1) Cristo ordena o batismo cristão em Mateus 28.19-20 ("Ide... fazei discípulos... batizando... e.... ensinando-os") e que (2) os crentes devem ser batizados conforme Atos 8:

> Então, Filipe explicou; e, começando por esta passagem da Escritura, anunciou-lhe a Jesus. Seguindo eles caminho fora, chegando a certo lugar onde havia água, disse o eunuco: Eis aqui água; que impede que seja eu batizado: [Filipe respondeu: É lícito, se crês de todo o coração. E, respondendo ele, disse: Creio que Jesus Cristo é o Filho de Deus.] Então, mandou parar o carro, ambos desceram à água, e Filipe batizou o eunuco. Quando saíram da água, o Espírito do Senhor arrebatou a Filipe, não o vendo mais o eunuco; e este foi seguindo o seu caminho, cheio de júbilo. (vv. 35-38)

Mas discordamos em um terceiro ponto, porque os pedobatistas creem que os cristãos crentes e seus filhos também devem ser batizados. Se tivéssemos de reduzir nosso argumento bíblico para o pedobatismo a uma sentença (embora complexa!), seria algo assim:

> Deus fez promessas aos crentes e seus filhos tanto no Antigo quanto no Novo Testamento, ligando sinais a essas promessas em

ambos, Antigo e Novo Testamento, explicitamente requerendo o sinal de iniciação em sua família (circuncisão) a ser aplicado aos crentes e a seus filhos no Antigo Testamento, e implicitamente apontando o sinal de iniciação da nova aliança (batismo) a ser dado a crentes e seus filhos no Novo Testamento.

Os credobatistas discordam e argumentam não apenas que os pedobatistas entendem mal as passagens às quais apelamos, como também que as referências ao batismo no Novo Testamento exigem um comentário quanto a batizar somente aqueles que professam fé pessoal em Jesus Cristo (por exemplo, Atos 2.41; 8.12; 10.44-48; Rm 6.3-4; Gl 3.27). Eles defendem que passagens tais como Jeremias 31 ensinam que a igreja, sob os termos da nova aliança, é a assembleia reunida de discípulos que *creem*, e que nesse respeito diferem dos crentes sob a antiga aliança, que claramente incluia as crianças.

Os pedobatistas, por sua vez, creem que a membresia da igreja local é composta de crentes e dos seus filhos, e que, quanto a isso, a nova aliança não difere da antiga aliança. Daí, uma diferença em eclesiologia (a doutrina da igreja) é um dos principais fatores na discordância entre credobatistas e pedobatistas quanto aos receptores corretos do batismo.

Uma discordância ligeiramente menos significativa concerne ao modo do batismo. Credobatistas geralmente defendem que o batismo seja feito apenas por imersão ou mergulhar a pessoa na água. Eles também consideram tipicamente o modo tão ligado ao mandamento de Jesus que os que não foram imergidos não são batizados. Enquanto isso, a maioria dos pedobatistas crê que o batismo é melhor realizado por afusão (derramar ou aspergir água sobre o receptor), mas que o modo não é a essência do rito; assim, a imersão é modo válido, mas não exigido, para o batismo.

Aqueles que defendem a imersão o fazem com base em diversas coisas. Afirmam que a palavra grega para batismo significa "imersão", que os exemplos de batismo no Novo Testamento (por exemplo, Mt 3.16; Mc 1.5, João 3.23; Atos 8.36-38) indicam ser a imersão o modo usado, que Paulo ensina a imersão em sua explanação do batismo em Romanos 6.1-11 (cf. Cl 2.11-12), e que as passagens apresentadas por pedobatistas como exemplos de não imersão não convencem.

Aqueles que defendem a afusão [ou aspersão] argumentam que há uso bíblico do batismo em lugares onde a palavra não pode significar "imergir" (por exemplo, Lv 14.6, 51; Atos 1.5; 1Co 10.2; Hb 9.10-23); que somente uma passagem no Novo Testamento, na verdade, descreve o modo do batismo (Atos 1-2) e todas as demais descrevem apenas o local do batismo (Mateus 3; Marcos 1; Atos 8), não o modo de administração; que há lugares no Novo Testamento onde a imersão é improvável ou impossível (Atos 9.17-18, 10.47;16.32-33); e acima de tudo, o batismo em água significa o batismo do Espírito Santo, que é demonstrado apenas pelo derramar, não por imersão (ver Atos 1.4-5; 2.2-3; cf. Mt 3.11; Lucas 3.16; Atos 11.15-16).

A despeito dessas importantes e contínuas diferenças, ambos os lados podem afirmar o Artigo 12 da Declaração Confessional da Coalizão Evangélica. Além do mais, estamos juntos também em rejeitar a regeneração batismal. Esse ponto de vista, defendido por católicos romanos, ortodoxos orientais, anglicanos ou anglocatólicos, luteranos, e grupos tais como a Igreja de Cristo, defende que o batismo em água seja "causa instrumental da regeneração, e que a graça da regeneração é efetivamente transmitida mediante a administração daquele rito sempre que realizado devidamente".[173]

---

173 James Orr, "Batismal Regeneration," em *International Standard Bible Encyclopedia* (Grand Rapids, MI: Eerdmans, 1939), 1:397.

Sem de modo algum diminuir a importância do batismo ou sua necessidade para a obediência cristã, negamos que o batismo com água regenere ou cause o novo nascimento. Na Bíblia, de maneira uniforme, os sinais da aliança, sacramentos, ou ordenanças (como muitos de nossos amigos batistas preferem), significam e confirmam as realidades espirituais que elas representam; não são elas que produzem essas realidades.

Este é exatamente o ponto de Paulo em Romanos 4.1-12 sobre a circuncisão de Abraão. Abraão não foi justificado *por* sua circuncisão, mas *antes* de sua circuncisão, e Deus deu a circuncisão como sinal da aliança, para confirmar, não para conceder, a justificação de Abraão (Gênesis 15), antes de ser circuncidado (Gênesis 17). Assim, concordamos com o teólogo puritano Stephen Charnock, que diz que a regeneração

> não é batismo externo. Muitas pessoas tomam seu batismo como sendo sua regeneração. Os antigos geralmente usavam esse termo. Uns chamam o batismo de nosso Salvador de sua regeneração. Isso não confere graça, mas o envolve nela: água exterior não pode dar vida interior. Como pode a água, coisa material, operar sobre a alma de maneira espiritual? Nem pode ser provado que o Espírito de Deus esteja amarrado a qualquer promessa, para se aplicar à alma em graciosa operação, quando a água é aplicada ao corpo. Se fosse assim, todos que foram batizados, seriam regenerados; então todos que fossem batizados seriam salvos; senão a doutrina da perseverança cairia por terra. O batismo é um meio de transmitir essa graça, quando o Espírito se agrada a operar com ele. Mas ele não funciona como causa física sobre a alma, como um purgante faz sobre os humores do corpo: pois o batismo é para o sacramento da regeneração, o que a Ceia do

Senhor é para a nutrição. Como não se pode dizer de um homem que seja nutrido sem fé, assim também ele não pode tornar-se nova criatura sem fé. Coloquem a carne mais deliciosa na boca de um homem morto, não se alimenta esse homem, porque lhe falta um princípio de vida para mastigar e digeri-lo. Somente a fé é o princípio da vida espiritual, e este princípio extrai o alimento dos meios da expiação de Deus. Alguns na verdade dizem que a regeneração é conferida no batismo sobre os eleitos, e depois se exerce na conversão. Mas como um princípio tão ativo quanto a vida espiritual poderia permanecer morta, e dormir tanto tempo, até muitos anos que intervêm entre o batismo e a conversão não seria facilmente concebível.[174]

É muito comum ver cristãos que negam a regeneração batismal serem acusados de reduzir o batismo a um "mero sinal", ou seja, torná-lo símbolo vazio que "não faz nada". Mas este não é o caso. Batismo é o meio de Deus não de nos regenerar ou justificar, mas sim, confirmar-nos sua promessa, colocar sobre nós a sua marca, e assegurar-nos de seu amor, tudo que serve para aumentar e fortalecer a fé do crente e assim promover nosso crescimento na graça.

É por essa razão que o *Catecismo Maior de Westminster* insta aos crentes "desenvolver ou melhorar o seu batismo" cada vez que virem-no administrado a outra pessoa. O que esses teólogos queriam dizer ao nos exortar a melhorar nosso batismo? Desenvolver nosso batismo quer dizer meditar em suas bênçãos, fazer uso, tirar pleno proveito e ganhar o benefício máximo dele, como crescimento na graça, especialmente quando estamos presentes em sua administração no culto público. O Catecismo Maior diz:

---
174 Stephen Charnock, *The Doctrine of Regeneration* (repr. Grand Rapids, MI: Baker, 1980), 99–100.

BATISMO E CEIA DO SENHOR

O dever necessário, mas muitas vezes negligenciado de melhorar nosso batismo, deve ser realizado por nós durante toda nossa vida, especialmente em tempos de tentação, e quando estamos presentes na administração dele a outros; por séria e grata consideração de sua natureza, e dos fins pelos quais Cristo o instituiu, bem como os privilégios e benefícios conferidos e selados por ele e nosso voto solene feito ali; por nos humilhar por nossa mácula pecaminosa, nosso não atingir e não andar segundo a graça do batismo, e nossos envolvimentos; por crescer na segurança do perdão dos pecados, e de todas as outras bençãos garantidas a nós nesse sacramento; por obter força da morte e ressurreição de Cristo, em quem fomos batizados, pela mortificação do pecado, e vivificação da graça; e por esforçar-nos a viver pela fé, ter nossa conversação em santidade e justiça, como convém aos que entregaram seus nomes a Cristo; e andar em amor fraterno, como quem foi batizado pelo mesmo Espírito em um mesmo corpo.[175]

Sobre isto pedobatistas e credobatistas concordam de todo coração.

A CEIA DO SENHOR

Eu [Anyabwile] me lembro do dia de meu casamento como se fosse ontem. Era um dia muito quente e molhado em Agosto (dia 31, caso minha esposa esteja lendo isto). Nós nos casamos no jardim da frente da casa de minha sogra, vestindo roupas africanas tradicionais, e um pequeno grupo de familiares e amigos próximos assistiram. Nosso casamento marcou o início de uma feliz vida conjugal, cheia de graça e amor.

---

175 Catecismo Maior de Westminster, Pergunta 167.

Se o batismo é semelhante ao dia de casamento do crente, sua união com Cristo, então a Ceia do Senhor representa a renovação contínua de amor e votos, às vezes celebrado em aniversários de casamento. Gosto da analogia. Lembra-nos de que a Ceia do Senhor é muito mais que mera necessidade, embora seja necessária; muito mais que mero memorial, embora nos relembre de coisas preciosas da história redentiva; e muito mais que mero ritual, embora seja praticada por igrejas cristãs de quase todas as vertentes, desde os dias do próprio Jesus. A Ceia do Senhor, como o jantar de cada noite que compartilho com minha esposa, ou as ocasionais datas especiais que observamos juntos, oferece um meio contínuo de graça e comunhão entre o Senhor Jesus e sua noiva, a igreja.

QUANDO COMEÇOU A CEIA DO SENHOR?

O Senhor Jesus Cristo foi quem instituiu o que muitos comumente chamam Ceia do Senhor. A Ceia do Senhor, nome tomado do apóstolo Paulo em 1Coríntios 11.20, também é conhecida como Eucaristia (1Coríntios 11.24) e Santa Comunhão (1Co 10.16). Conquanto varie o nome, cada um dos evangelhos sinóticos relata para nós aquela noite surpreendente, quando Jesus reapresentou uma ceia judaica de tradição religiosa, comemorada há séculos, a Páscoa, em termos de uma nova aliança e relacionamento com ele, realizado por sua morte, sepultamento, e ressurreição (Mt 26.26-30; Mc 14.22-26 Lucas 22.19-20).

Na praga final no Egito, Deus enviou o anjo da morte para passar sobre toda a terra, matando o macho primogênito de cada casa e de todo gado. Para escapar desse julgamento, os israelitas teriam de sacrificar um cordeiro sem mácula para cada família e colocar o sangue do sacrifício sobre os umbrais das portas de suas casas. Quando o anjo da morte via uma casa com o sangue do sacrifício nos umbrais, "passava acima ou sobre" aquele lar. O sangue desviava o juízo de Deus daquele lar. Durante o

Êxodo, Deus comandou que Israel comemorasse sua fuga e libertação do Egito com uma refeição especial (Êxodo 12).

Por séculos após aquela temerosa noite, famílias judaicas fiéis comiam a refeição da Páscoa e explicavam a extraordinária libertação de Deus para a próxima geração de crianças judias. Sem dúvida os discípulos de Jesus tinham essas coisas em mente quando foram instruídos para preparar para a Páscoa (Mt 26.17-19). Mas durante aquela refeição de Páscoa, Jesus disse palavras admiráveis e surpreendentes sobre o verdadeiro significado daquela ceia:

> Enquanto comiam, tomou Jesus um pão, e, abençoando-o, o partiu, e o deu aos discípulos dizendo: Tomai, comei; isto é o meu corpo. A seguir, tomou um cálice e, tendo dado graças, o deu aos discípulos, dizendo: Bebei dele todos; porque isto é o meu sangue, o sangue da [nova] aliança, derramado em favor de muitos, para remissão de pecados. E digo-vos que, desta hora em diante, não beberei deste fruto da videira, até aquele dia em que o hei de beber, novo, convosco no reino de meu Pai (Mt 26.26-29).

O QUE A CEIA DO SENHOR SIGNIFICA?

Como o batismo, a Ceia do Senhor é sinal e selo da graça de Deus. Ela também aponta ao evangelho de nosso Senhor, seu sacrifício em nosso favor, e a redenção pela fé em seu nome.

OS ELEMENTOS: CORPO E SANGUE. Na noite que Jesus instituiu a Santa Comunhão, redefiniu os elementos da refeição. Por séculos, o pão e vinho permanecem como lembranças da morte do cordeiro morto naquela primeira Páscoa. Jesus revelou o que significava até mesmo aquela primeira Páscoa: seu corpo partido e seu sangue derramado por nossos pecados. No ato simples de comer e beber, os discípulos estariam lembrando que Cristo, nosso Cordeiro Pascal, foi sacrificado (1Co 5.7). Ele sacrificou a si mesmo "por muitos para o perdão dos pecados".

Portanto, estes sinais retratam o evangelho às comunidades que creem e testificam. Quando o jovem amigo Matthew for batizado na comunidade da aliança, obterá o privilégio de se unir àqueles que "proclamam a morte do Senhor até que ele venha" (1 Co 11.26). A Ceia do Senhor proclama, atua e celebra sensorialmente o que é "de primeira importância... que Cristo morreu pelos nossos pecados de acordo com as Escrituras" (1Co 15.3).

Crentes jamais deverão se afastar de se apropriar dos benefícios do evangelho de Cristo. Assim, Cristo concede à igreja sinais ou palavras visíveis, que continuamente refrescam nossa memória acerca do seu sacrifício. Comemos e bebemos em fé, e nosso perdão por Cristo é-nos apresentado novamente como lembrança da eficácia de sua expiação.

A REFEIÇÃO: ALIMENTO. Talvez o mais óbvio significado da Ceia do Senhor seja o alimento espiritual que nós crentes recebemos nesta refeição. Assim como o alimento natural e vinho nutrem e alegram o corpo, a refeição da Comunhão nutre e agrada a alma do crente. À mesa da Comunhão nós "tomamos e comemos", e "bebemos do cálice". Alimentamo-nos de Cristo pela fé. A *Confissão de Fé Batista* de Londres (1689) descreve este ponto de vista:

> Dignos receptores, exteriormente participando dos elementos visíveis nesta ordenança, então o fazem também interiormente pela fé, verdadeira e verazmente, ainda que não carnal e corporalmente, mas a recebemos espiritualmente, e nos alimentamos de Cristo crucificado, e todos os benefícios de sua morte; o corpo e sangue de Cristo não estando corporal ou carnalmente, mas espiritualmente presentes para a fé dos crentes nessa ordenança, como os próprios elementos estão para os sentidos exteriores. (30.7).

BATISMO E CEIA DO SENHOR

Deste modo, Jesus continua sendo o alimento que sustenta os cristãos. Ele se apresenta aos nossos sentidos como o "pão da vida". Ao nos alimentar de Cristo pela fé, tomamos para nós os benefícios e a graça que nos sustentam por toda a vida cristã. "Jesus Cristo ali nos é oferecido para que o possuamos, e nele, toda a plenitude da graça que podemos desejar, e que assim tenhamos bom auxílio para confirmar nossa consciência na fé que devemos ter nele".[176]

Isto quer dizer, em parte, que a Ceia do Senhor pertence aos cristãos fracos. Ninguém se aproxima da mesa com sua dignidade não manchada ou força não diminuída. Aproximamo-nos da Mesa carentes. Achegamo-nos à mesa tendo acabado de travar batalha contra o pecado, desânimo, incredulidade e o mundo. Aproximamo-nos para sermos novamente alimentados. Precisamos receber o sustento que Cristo oferece. Pela fé recebemos a nutrição necessária quando bebemos os benefícios da obra expiadora de Jesus pelos pecadores e fracos.

A ADMINISTRAÇÃO: PARTICIPAÇÃO COM CRISTO. Não somente os elementos da Eucaristia são simbólicos, como também a própria administração ou participação da Ceia significa importantes realidades. Richard Phillips resume o que denota o comer e beber a Ceia:

> Comer dos elementos por parte dos crentes significa sua participação no Cristo crucificado. Além disso, participar do sacramento significa o efeito da morte de Cristo em dar vida e força à alma, assim como comida e bebida sustentam o corpo. E mais, da mesma maneira que os sacramentos do Batismo e da Ceia do Senhor simbolizam a união do crente com Cristo, também estabelecem visível diferença entre os membros da igreja de Cristo e o mundo,

---

[176] João Calvino, *Treatises on the Sacraments: Catechism of the Church of Geneva, Forms of Prayer, and Confissions of Faith*, trad. Henry Beveridge (Grand Rapids, MI: Reformation Heritage, 2002), 173.

enquanto dão significado também à comunhão dos crentes uns com os outros nele.[177]

Phillips parafraseia bem aquilo que o apóstolo Paulo escreveu há séculos quanto à Eucaristia: "Portanto, meus amados, fugi da idolatria. Falo como a criteriosos; julgai vós mesmos o que digo. Porventura, o cálice da bênção que abençoamos não é a comunhão do sangue de Cristo? O pão que partimos não é a comunhão do corpo de Cristo?" (1Co 10.14-16).

Comer e beber esta refeição indica a união ou participação do crente com Cristo. Os crentes assim apropriam os benefícios da obra expiatória de Jesus e dependem do sustento contínuo de Cristo, o pão da vida.

> Esta é a maravilhosa troca pela qual, por sua benevolência sem medida, tornando-se filho do homem junto a nós, ele nos fez filhos de Deus com ele; por sua descida à terra, ele preparou para nós a subida ao céu; ao assumir nossa mortalidade, ele conferiu sua imortalidade sobre nós; ao aceitar nossa fraqueza, ele nos fortaleceu com seu poder; recebendo nossa pobreza para si, ele transferiu suas riquezas a nós; tomando sobre si o peso de nossa iniquidade (que tanto nos oprimia), revestiu-nos de sua justiça.[178]

O PÃO: A UNIDADE DA IGREJA. Finalmente, a Ceia do Senhor também representa a união de seu povo. "Porque nós, embora muitos, somos unicamente um pão, um só corpo; porque todos participamos do único pão" (1Co 10.17). Quando a igreja se ajunta à Mesa do Senhor, os crentes têm de reconhecer esta profunda unidade espiritual. Paulo re-

---

177 Richard D. Phillips, "The Lord's Supper: An Overview," em *Give Praise to God*, 197.
178 João Calvino, *Institutas da Religião Cristã*, 2vols. (Louisville, KY: Westminster, 1960), 2:1362 (§4.17.2).

preendeu os coríntios por falhar em refletir sua unidade em Cristo. Não tinha como elogiá-los, mas disse que em suas reuniões "vos ajuntais não para melhor, e sim para pior" (1Co 11.17). Pior, as divisões conturbadas na igreja de Corinto se manifestavam em divisões à Mesa do Senhor (1Co 1.10-13; 11.18-19). Egoísmo e glutonaria tanto prevaleciam à Mesa que Paulo concluiu "não é a ceia do Senhor que comeis" (1Co 11.20).

Para que a refeição seja verdadeiramente a Ceia do Senhor, os membros da igreja precisavam comer e beber "de modo digno", em parte pelo "reconhecimento do corpo do Senhor" na Ceia (1Co 11.27,29). Isto é, tinham de reconhecer a unidade da igreja como um só pão, um povo, unido em Cristo mediante seu sacrifício em nosso favor. A falha em fazer assim constituía "pecado contra o corpo e sangue do Senhor" (1Co 11.27). Em tais casos, a Mesa tornava-se também lugar de juízo e de autoexame (1Co 11.28-34).

A CEIA DO SENHOR É UM SELO

Mas a Ceia do Senhor não é apenas um sinal. A santa comunhão é também um selo. Na participação normal na Ceia do Senhor, nós cristãos recebemos, pela fé, o selo ou a "tatuagem" que nos identifica como pertencendo a Jesus e à aliança do povo de Deus. É isso que quer dizer, em parte, quando a Declaração Confessional da Coalizão Evangélica descreve a Ceia do Senhor como "contínua renovação da aliança". Na Ceia do Senhor, o Senhor fala a seu povo de seu amor e misericórdia contínua para com eles.

> A Ceia do Senhor sela o povo de Deus dando-lhes confiável atestado de sua participação em Cristo. É Cristo que assim identifica os seus, estendendo sua mão para dar-lhes o pão e o cálice da ceia de sua aliança. John Murray diz: "Quando participamos do cálice pela fé, é a certificação do próprio Senhor para nós de que tudo

que a nova aliança no seu sangue envolve é nosso. É selo de sua graça e fidelidade".[179]

Conquanto o Batismo represente uma espécie de "sim" entre Cristo e sua noiva, a Ceia repete uma declaração de "eu continuo" amando Jesus para a igreja. Comunhão relembra-nos de que o seu amor dura para sempre.

A CEIA DO SENHOR E A PRESENÇA DE CRISTO

Se a Ceia do Senhor é renovação contínua da aliança, isto sugere uma genuína participação ou comunhão com Cristo. Jesus tem de estar presente de modo significativo na Ceia. Na história da igreja, tem havido três principais pontos de vista quanto à presença de Cristo na Ceia do Senhor.

PRESENÇA FÍSICA REAL. A Igreja Católica Romana ensina que durante a celebração da Eucaristia acontece um milagre, onde o pão e vinho continuam parecendo pão e vinho, mas são realmente transformados no corpo e sangue físico de Cristo. Esta visão, conhecida como transubstanciação, diz também que na Eucaristia há uma nova apresentação do sacrifício de Jesus na cruz, e não apenas um sinal rememorando a morte do Senhor.

Em sua argumentação pela transubstanciação, a Igreja Católica Romana pressiona a metáfora das palavras de Jesus: "Este é meu corpo... este cálice é meu sangue" numa camisa de força literal e inflexível. Além do mais, a insistência deles de que a missa apresenta novamente o sacrifício de Jesus claramente contradiz a Bíblia (Rm 6.10; Hb 7.27; 9.12, 26; 10.10). Cristo Jesus morreu de uma vez por todas e agora vive para sempre para interceder por seu povo.

O ponto de vista luterano da presença de Cristo na Ceia do Senhor também toma literalmente as palavras da instituição de Cristo. Porém,

---

179 Phillips, "The Lord's Supper", 198-99.

Lutero mantinha a ideia de que os elementos não eram transformados: permaneciam sendo pão e vinho, mas o corpo e sangue de Jesus estão presentes em, sob, e junto dos elementos do sacramento. Tal visão é chamada de "consubstanciação".

VISÃO MEMORIAL. No outro lado do espectro, tem havido grupos cristãos que negam que Cristo esteja presente de qualquer modo na Ceia do Senhor. A visão memorial enfatiza "Fazei isto em memória de mim" (1Co 11.24-25). Assim, a Ceia torna-se uma rememoração ou memorial. Muitos comumente associam este ponto de vista com o reformador suíço Ulrich Zwinglio, que se opôs aos pontos de vista católico romano e luterano da presença de Cristo na Ceia.

PRESENÇA ESPIRITUAL. Uma terceira opção diz que Cristo — conquanto não esteja fisicamente presente — está presente espiritualmente na Comunhão. Os elementos permanecem sendo pão e vinho, mas, pela fé, Cristo encontra seu povo e comunga com eles na Ceia. As declarações "Este é meu corpo" e "Este cálice é a nova aliança em meu sangue" são declarações figuradas, de acordo com a visão da presença espiritual. O pão e o vinho não mudam em qualquer modo real. No entanto, a Ceia representa mais que apenas uma comemoração. Ao chamar essas declarações de figurativas ou simbólicas, este ponto de vista não despreza a realidade e importância daquilo que é significado. A Ceia do Senhor combina tremendo mistério e autêntica bênção espiritual.

> Ainda que pareça incrível que a carne de Cristo, separada de nós por tão grande distância, penetre para nós, tornando-se nosso alimento, lembremo-nos o quanto o poder secreto do Espírito Santo paira sobre todos os nossos sentidos, e quão tolo seria desejar medir o imensurável por nossas medidas. O que, então, nossa mente não compreende, que a fé conceba:

que o Espírito une verdadeiramente as coisas separadas pelo espaço. Ora, essa participação sagrada de sua carne e seu sangue, pela qual Cristo derrama sua vida em nós, como se penetrasse nossos ossos e medula, ele também testifica e sela na Ceia — não por apresentar um a sinal vão e vazio, mas por manifestar ali a efetividade de seu Espírito para cumprir o que ele promete. E na verdade, ele oferece e demonstra a realidade ali significada a todos quantos assentarem àquela mesa de banquete espiritual, embora ela seja recebida com benefícios apenas pelos crentes, os quais aceitam tão grande generosidade com verdadeira fé e gratidão de coração.[180]

Quando contemplamos e participamos dos elementos da Comunhão, recebemos pela fé tudo que eles significam quanto ao corpo partido e sangue derramado do Senhor Jesus Cristo. Pela fé, Cristo se junta a nós na Ceia, e aguardamos o dia quando a fé dará lugar à vista e comeremos com o Salvador no reino do Pai (Mt 26.29).

UMA ESPERANÇA PASTORAL

Eu aguardo o dia quando Matthew celebrar seu batismo com a igreja. Aguardo ver Matthew regozijando por receber o sinal e selo da sua união com Cristo pela fé. E, o Senhor querendo, Matthew e a igreja virão regularmente para a Ceia do Senhor ver e receber renovadamente a obra de Cristo e os benefícios de seu sacrifício. Juntos, ouviremos o Senhor expressar sua posse e amor por nós nos sinais visíveis que ele dá a sua igreja. Lembramos e proclamamos juntos a morte sacrificial do Salvador por nós mesmos quando aguardamos comer com ele no reino do Pai. Por esses sacramentos, recebemos renovado suprimento de graça. Por eles recebemos Cristo nosso

---

180 Calvino, *Institutas*, 2:1370 (§4.17.10).

BATISMO E CEIA DO SENHOR

Senhor e a alegria de comungar com ele. Que alegria maravilhosa participar desses ricos privilégios dados por Cristo Jesus a seu povo!

ALGUMAS REFLEXÕES TEOLÓGICA-PASTORAIS

[Duncan] Thabiti delineou de maneira bela, clara, bíblica e pastoral nosso entendimento da Ceia do Senhor, como também resumiu para nós três das principais posições sobre como Cristo está "presente" (ou não!) nos elementos e/ou na administração destes, mas talvez seja útil resumir as ênfases das principais passagens da Escritura sobre os sacramentos ou ordenanças em geral (ou seja, Gênesis 9; 12; 15; 17; Êxodo 12; 24; Isaías 7; Atos 2; Romanos 4; 1Co 1.17; 1Pe 3.18-22) e a Ceia do Senhor em especial (Mt 26.17-29; Mc 14.12-25; Lc 22.7-23; 1Co 11.17-32).[181]

Isto é importante porque quanto mais claro estiverem os cristãos sobre o que a Ceia do Senhor é e não é, o que faz e não faz, para o que é e não é, mais útil será para eles como meio de crescimento.

1) O Batismo e a Ceia do Senhor, como sacramentos ou ordenanças, ou sinais/selos da aliança, não inauguram ou efetivam um relacionamento pactual; pelo contrário, eles representam e confirmam uma fé previamente existente, originada pela eleição, começada pela promessa, estabelecida pela graça, iniciada pelo Pai, concedida pelo Espírito, fundamentada por Cristo.

2) O Batismo e a Ceia do Senhor, como sacramentos/ordenanças, fazem parte do programa divino de segurança. São dados para fortalecer e fazer crescer a fé nas promessas pactuais de Deus. É esta a área relacionada à ideia dos sacramentos como selos.

3) Deus não está presente "em" qualquer sacramento, mas a analogia sacramental em todo sacramento aponta para a promessa gloriosa, gra-

---

[181] Para um tratamento mais completo dessas passagens, incluindo discussão do apelo frequentemente ilegítimo a João 6, ver, de J. Ligon Duncan III, "True Communion with Christ in the Lord's Supper", em *The Westminster Confession into the 21st Century*, vol. 3 (Ross-shire: Mentor), 429-75, esp. 430-71.

ciosa, pactual, comunial, da presença de Deus, e pelo Espírito conhecemos algo dessa presença. Ou seja, por meio do sacramento, e especialmente pela contínua e repetida Ceia do Senhor, é-nos apontada a experiência e antegosto da gloriosa comunhão da aliança máxima prometida: "Eu serei teu Deus e tu serás meu povo", a esperança máxima de aliança: "Deus conosco" e a máxima comunhão da aliança: "reclinar à sua mesa".

4) Existem aspectos objetivos e subjetivos dos sacramentos ou ordenanças, como também aspectos interiores e exteriores. Qualquer recusa de enfrentar a distinção entre o sinal (exterior) e o significado (interior) descarta o sacramento, conforme Calvino notou. Além disso, o objetivo (sinal) existe para o subjetivo (a realidade que é significada). Assim, falar sobre a eficácia do sacramento na ausência do elemento-chave do instrumento subjetivo (a fé) e seus efeitos (fé fortalecida, crescimento na graça, segurança) seria perder todo o objetivo do uso e alvo do Espírito para a Ceia do Senhor.

5) Seguindo isto, os sinais sacramentais não concedem as realidades sacramentais. Os sacramentos são eficazes no sentido de realizar o propósito de Deus, mas não são invariavelmente eficazes. Sempre haverá homens como Ismael e Simão. Aqueles que desejam uma invariável eficácia objetiva, ou seja, os que desejam os sacramentos e ordenanças para conceder graça automaticamente, apenas por serem administrados, terão que ir a Roma ou Constantinópolis, e sem o mínimo apoio do pensamento bíblico pactual.

6) Nenhuma das narrativas sobre a Ceia do Senhor focaliza a atenção sobre a presença corporal de Cristo nessa Ceia. A linguagem de corpo e sangue claramente apontam à contemplação do sacrifício pactual de Cristo.[182]

7) Positivamente, as narrativas sobre a Ceia do Senhor no Novo Testamento instam conosco para (a) agradecer a Deus pela salvação que temos em Cristo; (b) comemorar a morte de Cristo como a nova aliança

---

[182] Donald Macleod coloca de maneira forçosa: "A questão da presença do Senhor no Sacramento não é levantada pelo material do próprio Novo Testamento." *Priorities for the Church* (Fearn, Escócia: Christian Focus, 2003), 122.

do Êxodo em uma refeição pactual; (c) proclamar ou demonstrar o significado incalculável e glorioso de sua morte salvífica; e (d) comungar com ele e com seu povo, o qual é seu corpo.

PEDOCOMUNHÃO E UMA PALAVRA FINAL

Embora a prática da pedocomunhão (infantes e crianças pequenas que comunguem antes ou à parte de uma crível profissão de fé), por longo tempo tenha permanecido confinada aos ortodoxos orientais, tem adquirido certa concorrência em igrejas liberais e círculos protestantes da "alta igreja" (com algumas pequenas exceções entre alguns quadrantes conservadores Reformados). A maioria dos pedobatistas e credobatistas evangélicos protestantes concordam que a Mesa do Senhor é apenas para aqueles que confiam em Jesus Cristo. Sendo assim, os participantes próprios da Ceia do Senhor são *aqueles que confiam somente em Jesus Cristo para a sua salvação, conforme é oferecido no evangelho e que receberam o sinal de membresia (Batismo) no corpo de Cristo, sua igreja.* A Ceia do Senhor é para crentes que professam o Senhor Jesus Cristo, que discernem o corpo do Senhor, ou seja, a igreja (1Co 11.29).

Na conclusão de nossa exposição do Artigo 12 da Declaração Confessional da Coalizão Evangélica, pode ser de ajuda resumir alguns pontos altos do ensino bíblico sobre a natureza dos sacramentos ou ordenanças. Os sacramentos ou sinais e selos da aliança de Deus são "palavras visíveis" (Agostinho). Neles, vemos com nossos olhos a promessa de Deus. Na verdade, nos sacramentos vemos, farejamos, tocamos e sentimos no paladar a palavra. Na leitura pública e pregação da Escritura, Deus fala à nossa mente e consciência por meio do ouvir. Nos sacramentos, ele fala de modo singular à nossa mente e consciência mediante os outros sentidos. A promessa de Deus é tornada tangível em, por meio de e para os sentidos. Um sacramento é um sinal e selo da aliança, isso significa que nos lembra e assegura de uma promessa. Isto é, ele aponta e confirma uma promessa graciosa de Deus a seu povo.

Outro jeito de dizer é que um sacramento é uma ação de Deus designado a sinalizar (simbolizar) e selar (ratificar) uma realidade pactual que o poder e graça de Deus realizou; a Palavra de Deus comunicou seu significado e as pessoas receberam ou entraram em sua realidade somente pela fé. Daí, a fraqueza e fragilidade da fé humana dá boas vindas a este gracioso ato de reassegurança. Os sacramentos, por natureza, suplementam e confirmam as promessas de Deus em sua Palavra, e a graça que transmitem é a mesma graça transmitida pela pregação. Os sacramentos são eficazes apenas para os eleitos, pois seus benefícios os santificam e são recebidos pela fé.

15 RESTAURAÇÃO DE TODAS AS COISAS

Sam Storms

"Cristo morreu, Cristo ressuscitou, Cristo voltará!" Este simples refrão litúrgico lembra-nos da verdade profundamente importante de que a escatologia está fundamentada intensa e inextricavelmente no evangelho. O duplo tempo passado no original, "*foi* morto" e "*foi* ressuscitado" é a base sobre a qual o cristão persevera na esperança de que "Cristo *voltará*". Dizendo simplesmente, o que Deus já fez no passado pela vida, morte, e ressurreição de seu Filho é o fundamento para aquilo que a Escritura diz que ele *fará* no futuro, na consumação.

A esperança cristã não é um desejoso tatear de um amanhã incerto, mas uma confiante expectação arraigada na realidade do que ocorreu dois mil anos atrás. A eficácia e finalidade da obra redentiva de Cristo, junto com sua ressurreição e exaltação como Senhor à mão direita do Pai, dão razão para a antecipação que todos os cristãos têm do retorno de Cristo e o cumprimento consumado do propósito eterno de Deus no novo céu e nova terra.

Essa esperança escatológica do cristão está bem sumarizada no artigo décimo terceiro e último da Declaração Confessional da Coalizão Evangélica. Tal declaração não trata de toda a variedade de cenários do fim dos tempos que se apresentam no mundo evangélico, mas procura identificar os elementos essenciais de nossa esperança escatológica abarcadas por todos, que afirmam a autoridade do texto inspirado. É, portanto, uma declaração amplamente evangélica que evita as distinções denominacionais sectaristas que tanto prejudicam a discussão dos propósitos de Deus para o fim dos tempos. Lê-se como segue:

> Cremos no retorno pessoal, glorioso, e corporal de nosso Senhor Jesus Cristo com seus santos anjos, quando ele exercerá seu papel como juiz final, e seu reino será consumado. Cremos na ressurreição dos corpos tanto dos justos como dos injustos — os injustos para o julgamento e castigo consciente e eterno no inferno, conforme nosso Senhor ensinou, e os justificados para a eterna bênção na presença daquele que está assentado no trono e o Cordeiro, no novo céu e nova terra, a habitação da justiça. Naquele dia a igreja será apresentada sem mácula diante de Deus pela obediência, sofrimento e triunfo de Cristo; todo pecado estará purgado e seus efeitos nefastos para sempre banidos. Deus será tudo em todos e todo seu povo será encantado pela magnitude de sua inefável santidade, e tudo será para o louvor de sua gloriosa graça

A PRIMEIRA VINDA E CONSUMAÇÃO FINAL DO REINO DE DEUS

A "bendita esperança" do cristão, e assim, o tema controlador de toda a escatologia biblica, é "a bendita esperança e a manifestação da glória do nosso grande Deus e Salvador Cristo Jesus" (Tito 2.13), em cujo tempo ele consumará o reino de Deus. Para se entender o que está vinculada a essa consumação é necessário primeiro examinar a inauguração do governo soberano de Deus na primeira vinda de Cristo. Conforme observamos acima, vemos novamente que a chave para o futuro está no passado.

A proclamação do reino de Deus por Cristo no primeiro século deve ser vista em relação a, e na verdade, em contraste com as aspirações do povo judeu de seus dias. A atitude de expectação e esperança do israelita do primeiro século era pelo domínio na terra que Deus prometera a Abraão e sua semente, junto a um trono eterno e supremacia internacional, e acima de tudo mais a presença do próprio rei em poder e glória, governando o povo de Deus. As perguntas que reverberavam no coração do povo judeu no tempo de Jesus eram: "Quando Iavé enviará o seu Messias para nos libertar dos opressores e cumprir as promessas da aliança feitas a nossos pais? Onde está o cumprimento prometido do reino de Deus?"

Ninguém disputa o fato de que o foco do ministério de Cristo era o anúncio *da vinda do reino de Deus*: "O tempo se cumpriu, e o reino de Deus está próximo; arrependei-vos e crede no evangelho" (Marcos 1.15; ver também Mateus 3.2; 4.17, 23; 10.7; Lucas 4.43; 10.9). O conceito do reino que mais prevalecia na mente do judeu do Antigo Testamento era da conquista visível por Deus de todos seus inimigos, a vindicação e restauração de seu povo, Israel, para a supremacia sobre a terra, e o cumprimento das promessas de um trono e governo davídico sobre a terra, em poder e glória.

"O reino de Deus, para o judeu do vilarejo na primeira metade do primeiro século," diz N. T. Wright, "significava a vindicação vindoura de Israel, vitória sobre os pagãos, uma dádiva eventual de paz, justiça e prosperidade. Não é de surpreender que, quando um profeta aparecia anunciando que este reino estava surgindo e que o Deus de Israel finalmente seria rei, encontrasse um auditório ansioso".[183] A questão crucial era: quando Iavé retornará a Sião para habitar com seu povo, perdoar e restaurá-los? A esperança judaica, observa Wright, era

> concreta, específica, focada no povo como um todo. Se Pilatos ainda estivesse governando a Judeia, então o reino ainda não havia chegado. Se o Templo ainda não fora reconstruído, então o reino ainda não havia chegado. Se Israel não estava observando corretamente a Torá (qualquer que fosse sua definição disso), então o reino ainda não havia chegado. Se os pagãos não estavam vencidos e/ou se dirigindo a Sião para serem instruídos, então o reino ainda não havia chegado. Esses pontos de referência tangíveis, deste mundo, são de suma importância.[184]

Para os líderes religiosos dos dias de Jesus como também para o homem comum, o reino de Deus que viria seria questão de libertação nacional e vitória militar sobre os opressores pagãos. Tal disposição mental teria contribuido para a confusão de João Batista quanto a Jesus:

> Quando João ouviu, no cárcere, falar das obras de Cristo, mandou por seus discípulos perguntar-lhe: És tu aquele que estava para vir ou havemos de esperar outro? E Jesus, respondendo, disse-lhes: Ide e anunciai a João o que estais ouvindo e vendo: os cegos veem, os coxos andam, os leprosos são purificados, os surdos ouvem, os mortos são ressuscitados, e aos pobres está sendo pregado o evangelho. E bem-aventurado é aquele que não achar em mim motivo de tropeço (Mateus 11.2-6).

---

183 N. T. Wright, *Jesus and the Victory of God* (Minneapolis: Fortress Press, 1996), 204.
184 Ibid., 223.

Em sua resposta aos discípulos de João, Jesus estava afirmando que o cumprimento da esperança do Antigo Testamento com suas bênçãos acompanhantes estava de fato *presente* em sua pessoa e ministério. Mas esse cumprimento não estava acontecendo segundo as linhas que eles antecipavam; daí a perplexidade de João.

O elemento não esperado era que o cumprimento ocorria em Jesus, *mas sem a consumação escatológica*. O Antigo Testamento profetizava esperança do reino messiânico de Deus que viria conforme prometido a Israel. Este está sendo cumprido na pessoa e ministério de Jesus, mas não consumado. Os judeus dos dias de nosso Senhor, segundo o que liam em seus escritos inspirados, esperavam a consumação do reino, a completa e final vitória de Israel sobre seus inimigos políticos e a entrada da era de bendita paz e prosperidade na terra.

Nosso Senhor, porém, veio com a mensagem de que, antes do reino vir em sua consumação escatológica, já teria vindo em sua própria pessoa e obra, em Espírito e poder. O reino, portanto, é tanto o presente reinado espiritual de Deus quanto o futuro governo sobre o qual ele reinará em poder e glória. Sendo assim, George Ladd conclui com acerto:

> *Antes do aparecimento escatológico do Reino de Deus no final dos tempos, o Reino de Deus se tornou dinamicamente ativo entre os homens na pessoa e missão de Jesus.* O Reino na presente era não é meramente conceito abstrato do governo universal de Deus ao qual homens têm de se submeter; é uma dinâmica de poder operando entre os homens... Antes da vinda apocalíptica do Reino de Deus e manifestação final de seu governo trazendo consigo a nova época, Deus manifestou seu governo, seu reino, trazendo os homens antes da era escatológica das bênçãos de seu reinado redentivo.[185]

---

185 George Eldon Ladd, *The Presence of the Future* (Grand Rapids, MI: Eerdmans, 1974), 139; ênfase no original.

A RESTAURAÇÃO DE TODAS AS COISAS

Na sua resposta à pergunta de João, Jesus apontou para Satanás ser amarrado como um exemplo da manifestação de seu reino. "O significado do exorcismo de demônios por Jesus em relação ao Reino de Deus é precisamente este: antes da vitória escatológica do Reino de Deus sobre o mal e a destruição de Satanás, o Reino de Deus já invadiu o âmbito de Satanás dando-lhe um golpe preliminar, mas decisivo para sua derrota".[186] Semelhantemente, as próprias palavras de Jesus incorporavam e deram expressão à presença do reino:

> A palavra que Jesus proclamou fez acontecer aquilo que ela proclamava: libertação dos cativos, recuperação dos cegos, liberdade para os oprimidos... A mensagem cria a nova era... torna possível os sinais do cumprimento messiânico. O Verbo faz acontecer o reino de Deus. O próprio evangelho é o mais grandioso dos sinais messiânicos.[187]

Assim, o reino de Deus é o reinado redentivo de Deus, seu senhorio, dinamicamente ativo e soberano, que estabelece seu governo entre os homens. Há dois momentos decisivos e dramáticos na manifestação deste reino: primeiro, conforme seu cumprimento dentro da história, no primeiro advento do filho, mediante o qual Satanás foi vencido e os homens e mulheres vieram a experimentar as bênçãos do reinado de Deus; e segundo, conforme será consumado no fechamento da história, no segundo advento do Filho, quando ele destruirá finalmente e para sempre seus inimigos, libertando do mal o seu povo e toda a criação, e estabelecendo seu governo eterno nos novos céus e nova terra.

---

[186] Ibid., 151.
[187] Ibid., 165.

Essa não esperada expressão do reino em sua forma presente, como o governo redentivo de Deus, é precisamente a forma *misteriosa* do reino ilustrada nas parábolas de Mateus 13. Que Deus tenha proposto trazer seu reino aos homens não é, naturalmente, segredo ou mistério. Que o reino viria em poder e glória não era segredo. O mistério é uma nova revelação quanto ao propósito de Deus para o estabelecimento desse reino; mais especificamente, que o reino vindouro e futuro em poder e glória *já tenha, de fato, entrado no mundo em antecipação, de forma escondida, operando secretamente dentre os homens* (ver Marcos 4.26-32). Aqui temos novamente a explanação de Ladd:

> Podemos concluir que o "mistério do reino" é a chave para o entendimento do elemento singular no ensino de Jesus a respeito do Reino. Ele anunciou que o Reino de Deus estava próximo, de fato, afirmou que realmente já havia chegado aos homens em sua pessoa; era presente como salvação messiânica. Constituía do cumprimento da expectação do Antigo Testamento. No entanto, a vinda e presença do Reino não era autoexplicativa ou totalmente autoevidente. Havia algo sobre isso que só podia ser entendido pela revelação. Isso queria dizer que enquanto a presença do Reino fosse cumprimento da expectação do AT, era também cumprimento em termos diferentes daqueles esperados dos profetas. Antes do final das eras e da vinda do Reino em glorioso poder, era o propósito de Deus que os poderes desse Reino escatológico entrassem na história humana para vencer o reino de Satanás, e colocar em ação poder dinâmico do reino redentivo de Deus entre os homens. Essa nova manifestação do Reino de Deus estava acontecendo em nível da história humana e era centrada em um único homem — Jesus Cristo.[188]

---

188 Ibid., 227–29.

Há, portanto, uma manifestação dual do reino de Deus que corresponde em espécie às duas vindas do próprio Cristo. Primeiro ele apareceu em obscuridade e humildade, para sofrer e morrer, a fim de vindicar a justiça de Deus e a salvação de seu povo (Rm 3.23-26). Por meio disso, Paulo disse, Deus "nos libertou do império das trevas e nos transportou para o reino do Filho do seu amor, no qual temos a redenção, a remissão dos pecados." (Cl 1.13-14). Aparecerá ainda segunda vez em visível poder e grandeza para libertar a terra da maldição do pecado, glorificar seu povo, para estabelecer eternamente seu domínio soberano no esplendor de novos céus e nova terra.

Assim, temos de pensar em termos *tanto* do

> ambiente presente de justiça ou salvação, quando os homens poderão aceitar ou rejeitar o reino, *quanto* no âmbito futuro, quando os poderes do reino serão manifestos em visível glória. O primeiro foi inaugurado em começos insignificantes, sem exibição externa, e aqueles que o aceitam deverão viver no meio daqueles que o rejeitam, até a sua consumação. Então o reino será revelado em uma grandiosa manifestação de poder e glória. O reino de Deus virá; e o estado último testemunhará a perfeita realização da vontade de Deus em todo lugar e para sempre.[189]

RESSURREIÇÃO

Um elemento muitas vezes negligenciado na esperança escatológica do crente é a ressurreição do corpo. A imagem popular do cristão informe flutuando em alguma espécie de neblina espiritual etérea, indo de uma nuvem para a outra nos céus, é mais devida ao dualismo filosófico grego

---

[189] George Eldon Ladd, *Crucial Questions about the Kingdom of God* (Grand Rapids, MI: Eerdmans, 1952), 131–32, ênfase acrescida.

do que a um texto bíblico. O povo de Deus passará a eternidade em um corpo; ainda que glorificado e ressurreto, mas nem por isso menos físico ou de natureza material. A realidade desta ressurreição é explicitamente afirmada por Paulo em 1Coríntios 15.50-57. Ele escreve:

> Isto afirmo, irmãos, que a carne e o sangue não podem herdar o reino de Deus, nem a corrupção herdar a incorrupção. Eis que vos digo um mistério: nem todos dormiremos, mas transformados seremos todos, num momento, num abrir e fechar de olhos, ao ressoar da última trombeta. A trombeta soará, os mortos ressuscitarão incorruptíveis, e nós seremos transformados. Porque é necessário que este corpo corruptível se revista da incorruptibilidade, e que o corpo mortal se revista da imortalidade. E, quando este corpo corruptível se revestir de incorruptibilidade, e o que é mortal se revestir de imortalidade, então, se cumprirá a palavra que está escrita: "Tragada foi a morte pela vitória". "Onde está, ó morte, a tua vitória? Onde está, ó morte, o teu aguilhão?" O aguilhão da morte é o pecado, e a força do pecado é a lei. Graças a Deus, que nos dá a vitória por intermédio de nosso Senhor Jesus Cristo.

A frase-chave é a declaração de Paulo que "carne e sangue não podem herdar o reino de Deus" (v. 50). Dito de maneira simples, uma natureza corruptível e perecível não pode possuir nem participar de um reino incorruptível e imperecível. Nem os vivos ("carne e sangue") nem os mortos ("perecíveis") poderão herdar o reino em seu estado presente.

Paulo está, portanto, insistindo não apenas na necessidade da regeneração mas também da ressurreição, última glorificação do crente que ocorrerá na segunda vinda de Cristo (cf. 1Ts 4.13-18). Numa palavra, somente aqueles que foram consumadamente transformados de corpo e

Espírito pela ressurreição/glorificação que acontece no retorno de Cristo herdarão o reino de Deus.

Segundo Coríntios 5.1-5 é um texto crucial a este respeito. Ali, Paulo compara a morte física, a dissolução do corpo, com o desmontar de uma tenda ou tabernáculo. Mas a morte não deverá conduzir ao desespero, pois "temos um edifício de Deus, uma casa não feita por mãos humanas, eterna nos céus" (v. 1). Dentre as muitas interpretações, a melhor opção é ver aqui uma referência ao corpo *glorificado, ressurreto*, aquela incorporação final e consumada na qual viveremos pela eternidade.[190]

A principal objeção a esse ponto de vista é o uso que Paulo faz do tempo presente: "temos uma construção da parte de Deus" (não "nós teremos"). Isso parece implicar que imediatamente na morte do crente, ele recebe seu corpo glorificado. Mas isso conflitaria com 1Coríntios 15.22-28, 51-56; 1Tessalonicenses 4-5 e talvez 1João 3.1-3, todos os quais indicando que a glorificação ocorre na segunda vinda de Cristo.

Além do mais, frequentemente na Escritura, uma realidade ou posse futura é tão certa e garantida na perspectiva do autor que é referida de modo apropriado no presente, como se já fosse nossa por experiência. Assim, o tempo presente que Paulo usa, "temos" provavelmente aponta ao *fato* de possuir como também à *permanência* de se ter, mas não o ter *imediato*. É a linguagem da esperança.

Tem-se argumentado que talvez Paulo usasse o tempo presente porque a passagem do tempo entre a morte física e a ressurreição final não é sentida ou conscientemente experimentada pelos santos no céu, e assim o recebimento do corpo da ressurreição *parece* seguir imediatamente a

---

190 Há duas razões para isto. Primeiro, o "edifício" ou "casa" no v. 1b fica em relacionamento paralelo ao "lar" no v. 1. Como o último se refere a nosso corpo terreno, não glorificado, parece razoável concluir que o primeiro se refere ao corpo celestial e glorificado. Segundo, a descrição no v. 1b ("não feito por mãos humanas", "eterno", e "nos céus") é mais apto para o corpo glorificado (ver esp. 1Cr 15.35-39). O ponto de destaque de Paulo seria que nossos corpos celestiais são indestrutíveis, e não são susceptíveis à decomposição, corrupção ou dissolução.

morte. Mas contra isso está o claro ensino da Escritura de que o estado intermediário seja conscientemente experimentado por aqueles que morreram (ver 2Co 5.6-8; Fp 1.21-24; Ap 6.9-11). Se o crente que morreu "partiu" para estar "com Cristo" (Fp 1.23) e, portanto, estará "com" Cristo quando ele vier (1Ts 4.17), parece que haveria alguma espécie de existência consciente entre a morte da pessoa e a ressurreição geral, que é a razão que nos referimos a tal tempo como estado *intermediário*.

Ainda que Paulo pareça antever a possibilidade (probabilidade?) de sua própria morte física, ele tem esperança de permanecer vivo até a volta de Cristo. Assim ele escreve:

> E, por isso, neste tabernáculo, gememos, aspirando por sermos revestidos da nossa habitação celestial; se, todavia, formos encontrados vestidos e não nus. Pois, na verdade, os que estamos neste tabernáculo gememos angustiados, não por querermos ser despidos, mas revestidos, para que o mortal seja absorvido pela vida. Ora, foi o próprio Deus quem nos preparou para isto, outorgando-nos o penhor do Espírito. (2Co 5.2-5)

Paulo aqui fala de seu desejo de estar vivo quando Cristo voltar, pois então não teria de morrer fisicamente e experimentar a separação de corpo e espírito, condição esta que ele refere como estar "despido" (v. 3) ou "nu" (v. 4). Ele prefere muito, compreensivelmente, ser imediatamente unido ao Senhor no seu corpo ressurreto e glorificado.

Em 2Coríntios 5.2, que é repetido e expandido um pouco no versículo 3, Paulo mistura suas metáforas falando em ser revestido de um edifício. Mas isso é mais que simplesmente colocar uma vestimenta: é colocar uma vestimenta sobre a outra. O corpo celeste, como uma roupa externa, um casaco ou sobretudo, está sendo colocado sobre a roupa terrena, como se o apóstolo estivesse, dessa forma, presentemente vestido. Assim o corpo celeste e glorificado não somente cobre como também absorve e transforma o corpo terrestre (ver Fp 3.20-21; 1Co 15.53).

Se ele (ou nós) permanecer vivo até a volta de Cristo, será encontrado pelo Senhor vestido com um corpo (presente e terrestre), e não em estado desencarnado. Estar sem o corpo é estar "nu" (2Co 5.3). Claramente, Paulo imaginava um estado sem corpo entre a morte física e a ressurreição geral (cf. "despidos" no v. 4).

Mas, que segurança temos da parte de Deus que, de fato, ele nos suprirá com um corpo glorificado e eterno, não mais sujeito à deterioração e doenças que hoje são nossa experiência? A resposta simples é: o Espírito Santo! A declaração de Paulo em 2Coríntios 5.5 nos lembra de que

> o "penhor do Espírito" não é mero depósito estático, mas a operação vivificadora e ativa do Espírito Santo dentro do crente, garantindo-lhe que o mesmo princípio de poder que efetuou a ressurreição de Cristo Jesus da morte está também presente e operando dentro do crente, preparando o seu corpo mortal para a consumação de sua redenção, na glorificação de seu corpo.[191]

Para o cristão, portanto, a morte não deve ser temida. Sabemos que apesar de toda doença ou debilidade que hoje experimentamos, qualquer que seja o grau de sofrimento ou dificuldade que tenhamos de enfrentar, foi prometido a nós, pelo Espírito, uma habitação glorificada, semelhante à de Cristo, transformada, e totalmente eterna, um corpo onde não existe doença, dor, privações ou deterioração. O melhor cenário, parece que Paulo está dizendo, seria estar vivo quando Cristo voltar. Desse jeito, os crentes transitariam instantaneamente deste "vestimento" (nosso

---

191 Philip Edgcumbe Hughes, *Paul's Second Epistle to the Corinthians* (Grand Rapids, MI: Eerdmans, 1973), 174.

atual corpo físico) para aquela "vestidura" glorificada (que é e será para sempre nosso corpo ressurreto). Paulo prefere não ser "despido", mas sim revestido de eternidade sobre a roupagem do tempo, de maneira que o primeiro redima e transforme esse último.

O apóstolo toma cuidado também para ligar a ressurreição e final glorificação dos crentes à reversão da maldição imposta sobre a criação natural:

> Porque para mim tenho por certo que os sofrimentos do tempo presente não podem ser comparados com a glória a ser revelada em nós. A ardente expectativa da criação aguarda a revelação dos filhos de Deus. Pois a criação está sujeita à vaidade, não voluntariamente, mas por causa daquele que a sujeitou, na esperança de que a própria criação será redimida do cativeiro da corrupção, para a liberdade da glória dos filhos de Deus. Porque sabemos que toda a criação, a um só tempo, geme e suporta angústias até agora. E não somente ela, mas também nós, que temos as primícias do Espírito, igualmente gememos em nosso íntimo, aguardando a adoção de filhos, a redenção do nosso corpo (Rm 8.18-23).

A libertação ou redenção da criação natural é assim inseparavelmente conectada a dos filhos de Deus. É quando são revelados os filhos de Deus (Rm 8.19) que a própria criação experimentará a sua redenção. É por isso que a criação é personificada como aguardando "com ansiosa expectativa a revelação dos filhos de Deus".

A criação ansiosamente espera a volta de Cristo e nossa glorificação, pois ela também será libertada de seu "aprisionamento da corrupção" para a "libertação da glória dos filhos de Deus" (v. 21). A criação aguarda a revelação dos filhos de Deus (v. 19) porque é *nessa* libertação que a criação também será liberta (v.21). Noutras palavras, a criação e os filhos de Deus estão entrelaçados intimamente, tanto no presente sofrimento quanto na glória futura. Como houve solidariedade na queda, assim também haverá solidariedade na restauração.

A redenção que experimentaremos na volta de Cristo é a completa e final erradicação de todo pecado, de todo traço da corrupção de Espírito e carne que nos pertenciam antes daquele momento. O ponto de Paulo é que a criação natural aguarda aquele dia porque será, de modo semelhante, plenamente redimida e libertada. Se de alguma forma a criação deixasse de ter libertação completa do presente estado de corrupção, a finalidade e plenitude da redenção seria seriamente solapada.

Da mesma maneira que o âmbito natural entrará na "liberdade da glória dos filhos de Deus", no caso de cristãos, qualquer deficiência que possa haver terá também de entrar "nessa liberdade". Do modo como a ordem criada não está inteira e perfeitamente redimida, nós também não estamos inteira e perfeitamente redimidos. *Assim, a redenção e glória da criação são coextensas e contemporâneas à nossa.*

JUÍZO

A certeza do juízo final também é afirmada pelo apóstolo em 2Coríntios 5. Paulo insiste que "quer estejamos em casa ou fora, temos como alvo agradar a Deus. Pois todos nós compareceremos diante do trono de julgamento de Cristo, para que cada um receba o que lhe é devido pelo que fez no corpo, quer seja bom ou mau" (2Co 5.9-10).

O contexto mais amplo de 2Coríntios 4–5 sugere que somente os crentes estão em vista aqui nesta passagem. Murray Harris destaca que sempre que Paulo fala de galardão, conforme as obras, de toda a humanidade (como em Rm 2.6), "existe uma descrição de duas categorias de pessoas mutuamente exclusivas (Rm 2.7-10), não um delinear de dois tipos de ação [como 'se bem ou mal' de 2Co 5.10] que podem ser predicados a todas as pessoas".[192]

O destino eterno ainda não está em jogo neste juízo; e sim o galardão eterno (Jo 3.18; 5.24; Rm 5.8-9; 8.1; 1Ts 1.10). Este julgamento não foi designado para determinar a entrada no reino de Deus, mas determinar a bênção, o *status*, e a autoridade dentro deste reino. Paulo não deixa claro quando este juízo ocorre. Será no momento da morte física, ou talvez durante o estado intermediário, ou possivelmente só na segunda vinda de Cristo? O máximo que podemos estar certos é que acontece após a morte (ver Hb 9.27).

Tendo dito isto, a evidência sugere que acontece na segunda vinda de Cristo (ver Mt 16.27; Ap 22.12), no fechamento da história humana, mais provavelmente em conjunto com aquele tribunal maior que incluirá todos os incrédulos, conhecido por estudantes da Bíblia como grande trono branco do juízo (ver Ap 20.11 e versículos seguintes).

Paulo enfatiza claramente a *individualidade* ("cada um") do juízo final. Por mais importante que seja enfatizar a natureza corporativa e comunial de nossa vida como corpo de Cristo, cada pessoa será julgada individualmente, com certeza, pelo menos em parte, quanto à sua fidelidade concernente às responsabilidades como parte do corpo. "Assim, pois, cada um de nós dará contas de si mesmo a Deus" (Rm 14.12).

Quanto ao modo deste julgamento, nós não apenas "aparecemos" como também somos colocados nus diante dele. Como disse Paulo em 1Coríntios 4.5, o Senhor "trará à plena luz as coisas ocultas das trevas, mas também manifestará os desígnios dos corações". Murray Harris está certo ao comentar: "não é meramente uma aparência ou autorrevelação, mas, mais significativo, um escrutínio divino e desfecho, é o prelúdio necessário para o recebimento da recompensa certa".[193]

---

[192] Murray Harris, *The Second Epistle to the Corinthians* (Grand Rapids, MI: Eerdmans, 2005), 406.
[193] Ibid., 405.

A RESTAURAÇÃO DE TODAS AS COISAS

Não é impressionante perceber que todo pensamento aleatório, todo impulso justo, todo pecado secreto ou esquecido, cada oração, cada feito escondido ou ato de compaixão será aberto ao conhecimento, revelado a nós e para o Senhor julgar? Em tudo isso, somos lembrados de que é sem nenhuma "condenação para aqueles que estão em Cristo Jesus" (Rm 8.1).

A maioria dos cristãos já está familiarizado com o termo usado em 2Coríntios 5.10 traduzido por "trono de julgamento" (*bema*). O uso desta palavra

> teria sido particularmente evocativo para Paulo e os coríntios, pois tinha sido diante o tribunal de Gálio, em Corinto, que Paulo estivera sendo julgado uns quatro anos antes (em 52AD), quando o proconsul rejeitou a acusação de que Paulo tinha cometido uma contravenção à lei romana (Atos 18.12-17). Os arqueólogos identificaram este *bema* de Corintos, que se encontra no lado sul da *agora*.[194]

O juiz é o próprio Cristo, consistente com o que lemos em João 5.22, onde ele declara que "o Pai a ninguém julga, mas ao Filho confiou todo julgamento". O padrão do julgamento é "aquilo que ele fez no corpo, quer bom ou mau". Referência ao "corpo" indica que o julgamento concerne àquilo que fazemos nesta vida, não o que pode ou não ter sido feito durante o tempo do estado intermediário. Receberemos do Senhor "o que é devido".

Noutras palavras, e talvez mais literalmente, seremos julgados "de acordo com" ou talvez até "em proporção" ao que fizemos. Essas obras são caracterizadas como sendo "boas" (aquelas que "agradam" a Cristo, como em 2Co 5.9) ou "más" (as que não o agradam).

---
[194] Ibid., 406.

Finalmente, o resultado desse julgamento não é explicitamente declarado, mas com certeza está implícito. Todos "receberão" o que suas obras merecerem. Estará envolvido um galardão ou recompensa. Paulo é ligeiramente mais específico em 1Coríntios 3.14-15. Ali escreve: "Se permanecer a obra de alguém que sobre o fundamento edificou, esse receberá galardão; se a obra de alguém se queimar, sofrerá ele dano; mas esse mesmo será salvo, todavia, como que através do fogo". O galardão não é definido, e a probabilidade é de perda do galardão que teria sido dado pela obediência.

Jesus menciona uma grande recompensa no céu, mas não dá detalhes (Mt 5.12). Na parábola dos talentos (Mateus 25; cf. Lucas 19.12-27) ele alude a alguma espécie de autoridade ou domínio, mas sobre quem ou o quê? Paulo diz que "o bem que alguém fizer, isso ele receberá do Senhor" (Ef 6.8). De acordo com 1Coríntios 4.5, depois do juízo "cada um receberá o seu louvor da parte de Deus". Tanto Romanos 8.17-18 quanto 2Coríntios 4.17 se referem a uma glória reservada para os santos nos céus.

É claro, também devemos considerar as muitas promessas das sete cartas às igrejas de Apocalipse 2–3, embora seja difícil saber se são concedidas agora, durante o estado intermediário, ou apenas subsequente à segunda vinda, e se são concedidos em diferentes graus, dependendo do serviço e da obediência, ou igualmente distribuídos entre os filhos de Deus (ver Ap 2.7, 10, 17, 23; 3.5, 12, 21; cf. também Mt 18.4; 19.29; Lc 14.11; Tg 1.12).

Cabem aqui dois comentários finais. Primeiro, nossas obras não determinam nossa salvação, mas a demonstram. Não são a raiz de nossa posição diante de Deus, mas fruto dela, de uma posição já alcançada somente pela fé em Cristo. A evidência visível de uma fé invisível são as boas obras que serão conhecidas no trono de julgamento de Cristo.

Segundo, não devemos temer que, com a exposição e avaliação de nossas obras, o pesar ou remorso estrague a alegria do céu. Se houver lágrimas de pesar por oportunidades perdidas, ou lágrimas de vergonha por pecados cometidos, o Senhor limpará a todas (Ap 20.4a). A alegria inefável da graça do perdão engolirá toda a tristeza, e a beleza de Cristo ofuscará qualquer outra coisa que não o esplendor de quem ele é e o que ele fez, pela graça, em nosso favor.

INFERNO E O CASTIGO ETERNO

Talvez a descrição mais explícita do inferno e do castigo eterno se encontre em Apocalipse 14. Ali lemos:

> Seguiu se a estes outro anjo, o terceiro, dizendo, em grande voz: Se alguém adora a besta e a sua imagem e recebe a sua marca na fronte ou sobre a mão, também esse beberá do vinho da cólera de Deus, preparado, sem mistura, do cálice da sua ira, e será atormentado com fogo e enxofre, diante dos santos anjos e na presença do Cordeiro. A fumaça do seu tormento sobe pelos séculos dos séculos, e não têm descanso algum, nem de dia nem de noite, os adoradores da besta e da sua imagem e quem quer que receba a marca do seu nome (vv. 9-11)

Esta questão tem sido campo de batalha no meio evangélico. Será que o tormento dos perdidos é uma experiência consciente que nunca acaba? Ou seria a punição uma forma de aniquilação na qual, após um justo tempo de sofrimento perfeitamente proporcional aos pecados cometidos, a alma deixa de existir? Será que a fumaça que sobe do seu tormento aponta a *experiência* consciente e infinda de sofrimento que suportam? Ou isso significa um *efeito* durador, irreversível de seu castigo, no qual são aniquilados? Os que defendem esse último ponto de vista contendem que não haverá descanso do tormento, dia ou noite, enquanto ele continuar ou durar. Mas se perdura eternamente ou não terá de ser determinado sobre outras bases.[195]

O espaço não permite interação com argumentos nos dois lados deste debate, Basta dizer que existe considerável evidência bíblica apoiando a afirmação da Declaração Confessional de eterna consciência do castigo. Por exemplo, temos de ter em mente que o grupo de palavras que inclui "destruir" e seus sinônimos é usado de diversas maneiras, algumas das quais não exigem nem mesmo implicitam a cessação de existência. O uso indica que a destruição pode ocorrer sem a extinção do ser. E antes de concluir que o "fogo" do inferno consome e "destrói" completamente o seu objeto, nada deixando, temos de reconhecer que esta é uma metáfora, e não pressionar os termos para provar alguma coisa sobre a duração do inferno que nunca foi intenção de ser comunicada.

O inferno no Novo Testamento é descrito como completas trevas e lago de fogo. Como essas duas descrições coexistem se forem estritamente literais? Assim, devemos ser cautelosos no fazer rígidas conclusões doutrinárias quanto à suposta "função" de fogo no inferno. Contudo, não podemos deixar de perguntar sobre Mateus 18.8, que fala daqueles que são lançados no fogo eterno. Conforme diz D. A. Carson: "Certamente temos o direito de perguntar por que o fogo queimaria eternamente e os vermes não se consomem [cf. Marcos 9.47-48] se seu propósito chega ao fim".[196]

Devemos notar também que há muitos textos onde *aiōn*, muitas vezes traduzido como "era", significa "eterno", pois existem lugares onde ele se refere a um período de tempo mais limitado. Tal argumento é indeciso

---

195 Um tratamento breve, mas de ajuda excepcional desta questão é oferecido por D. A. Carson, *The Gagging of God* (Grand Rapids, MI: Zondervan, 1996), 515-36.
196 Ibid., 525.

de ambos os lados do debate. Também devemos tomar cuidado com apelos emocionais ao que nós, finitos humanos, consideramos justa recompensa pela enormidade de nossos pecados. Carson corretamente pergunta se a magnitude do nosso pecado é estabelecida pelo nosso próprio *status* "ou pelo grau da ofensa contra o Deus soberano e transcendente".[197] O essencial, nota John Piper, "é que os graus de culpabilidade não vem de quanto tempo que se ofende a dignidade, mas de quão alta é a dignidade que se ofende".[198] Nosso pecado merece punição infinita devido à glória infinita daquele contra quem foi perpetrado.

Sugerir, como alguns fazem, que o sofrimento eterno queira dizer que Deus não atinge uma vitória consumada sobre o pecado e o mal, é deixar de reconhecer que somente o pecado que passa *impune* indicaria um lapso na justiça e uma derrota do propósito de Deus. A existência contínua do inferno e de seus ocupantes refletiria mais prontamente sobre a glória da santidade de Deus e sua justa oposição ao mal do que sobre qualquer suposto dualismo cosmológico.

Talvez a ideia de castigo infindo seja menos ofensiva quando se considera a ideia de pecado infindo. Se os que estão no inferno nunca deixam de pecar, por que deveriam deixar de sofrer?[199] Se devêssemos argumentar que as pessoas pagam integralmente por seus pecados no inferno e em alguma altura deixam de pecar, por que elas não poderiam ser levadas ao céu (assim fazendo com que o inferno se tornasse em um purgatório)? Se seus pecados não forem plenamente pagos no inferno, com que base a justiça os permite ser aniquilados?

---

197 Ibid., 534.
198 John Piper, *Let the Nations Be Glad! The Supremacy of God in Missions*, [Alegrem-se as nações: a supremacia de Deus em Missões, Editora Fiel] 2a ed., rev. e exp. (Grand Rapids, MI: Baker Academic, 2003), 122.
199 Ver Apocalipse 22.10-11. Sobre este último texto Carson comenta: "Se o fim santo daqueles que fazem o bem é que continuam sendo santos e realizando o bem, antecipando a perfeita santidade e justiça que é vivida e praticada através de toda a eternidade, não deveríamos também concluir que os vis continuem em sua maldade em antecipação da maldade que viverão e praticarão através de toda a eternidade?" (*Gagging of God*, 533); ênfase no original.

Finalmente, é necessário que expliquemos Mateus 25.46 e Apocalipse 20.10-15. Não obstante o que se pensa quanto à identidade da besta e do falso profeta, nenhum evangélico nega que Satanás seja um ser pensante que experimenta sentimentos e sensações. Assim, aqui há pelo menos uma "pessoa" que claramente sofre castigo eterno em tormenta consciente.

Talvez não tenhamos nenhuma simpatia por ele como teríamos por seres humanos iguais a nós, e animadamente insistamos que ele é mais malévolo que qualquer humano, mas ainda assim, é difícil ver como os argumentos contra a noção do sofrimento consciente e eterno dos seres humanos pecadores seriam menos forçosos contra o diabo.[200]

CÉU NA TERRA

A esperança escatológica do cristão é de natureza inescapavelmente terrena. O propósito de Deus na redenção de seu povo sempre incluiu a restauração da criação natural. Conforme observamos acima, o "reino de Deus" se refere primariamente ao reino e governo de Deus sobre seu povo. Assim, crer e receber o reino é submeter-se ao jugo da soberania de Deus. Por outro lado, o governo de Deus se manifesta e realiza dentro de um âmbito específico, histórico e terreno. Portanto, não podemos falar de maneira significativa sobre esse reino de Deus, sem falar da promessa da terra dada originalmente aos patriarcas.[201]

Algumas pessoas insistem que a terra era de propósito figurado, um tipo profético de bênçãos celestiais ou espirituais que ou estão sendo cumpridas agora pela igreja ou serão cumpridas na era vindoura. Uma Canaã terrestre, portanto, nunca foi designada para possessão literal

---

200 Ibid., 527.
201 Veja a promessa conforme dada a Abraão (Gn 12.1-3; 13.14-17; 15.7: 17.8), e por sua vez a Isaque (Gn 26.1-5), Jacó (Gn 28.13-14; 35.12) e Moisés (Ex 6.4,8; 13.5-11; 32.13; 33.1; Nm 10.29; cf. Nm 11.12; 14.23; 32.11; Dt 12.8-11).

como herança eterna, mas deveria servir como modelo de bênção futura, de natureza celeste e espiritual.

Mas, como Ladd nos ajuda a lembrar: "a ideia bíblica de redenção sempre inclui a terra".[202] Muitos evangélicos viram o pleno cumprimento da promessa da dimensão terrestre do reino de Deus em um interregno de mil anos, subsequente à segunda vinda de Cristo, mas antes da inauguração do estado eterno (Ap 20.1-10). Esta era milenar servirá como tempo e lugar (pelo menos inicialmente) em que as promessas do Antigo Testamento quanto ao governo terreno de Deus sobre seu povo serão cumpridas.

É desta forma que o reino de Cristo poderia também ser revelado na história, como testemunho de seu triunfo final sobre os poderes do pecado e das trevas. Outros creem que as promessas proféticas do Antigo Testamento sobre o governo de Deus sobre todo seu povo na terra serão cumpridas na nova terra, que inaugura o estado eterno. De acordo com este ponto de vista, a promessa do Antigo Testamento de um reinado messiânico entre o povo de Deus sobre a terra será literalmente cumprida. Porém, não será cumprida sobre esta terra atual não redimida, mas sobre a nova terra descrita em Apocalipse 21-22.

O principal texto do Antigo Testamento relacionando novos céus e nova terra se encontra em Isaías 65.17–25 (ver também 66.22). É importante observar que este texto apresenta um problema para todas as visões escatológicas, quer pré-milenista, pós-milenista, quer amilenista. A dificuldade que enfrentamos está nos versos 20 e 23, onde lemos que nos novos céus e nova terra "não haverá mais nela criança para viver poucos dias, nem velho que não cumpra os seus; porque morrer aos cem anos é morrer ainda jovem, e quem pecar só aos cem anos será amaldiçoado" (v. 20). E no verso 23 parece sugerir que as pessoas durante aquele tempo

---

202 Ladd, *The Presence of the Future*, 59. A esse respeito, veja especialmente Mt 5.5 e Ap 5.10.

terão filhos. Se Isaías estiver descrevendo condições obtidas no estado eterno, e sua referência a novos céus e nova terra parecem indicar ser este o caso, todos os cristãos, e não somente os de uma perspectiva escatológica em particular, terão de explicar a experiência ainda menos que consumada do povo de Deus.

Podemos encontrar ajuda para tratar desse problema observando uma maneira possível de interpretar a literatura profética:

> Uma profecia é caracteristicamente apresentada em termo do limitado entendimento da pessoa a quem ela foi dada. Ou seja, a linguagem da profecia é condicionada pelo ambiente histórico e cultural no qual o profeta e o povo se encontravam... [Assim] o futuro reino é contemplado como uma extensão e glorificação da teocracia, a representação mais comum da qual é sua condição nos reinados de Davi e Salomão. A perspectiva do futuro, de acordo com isso, é apresentada em temos *do ideal passado*, tanto em termos conhecidos quanto agradáveis aos contemporâneos do profeta. Este fenômeno foi chamado de "escatologia de recapitulação," ou seja, o futuro é apresentado como recapitulação ou repetição da glória passada do reino.[203]

O que Garlington quer dizer é que os autores do Antigo Testamento podem, ocasionalmente, falar do futuro em termos, imagens e conceitos emprestados do mundo social e cultural com os quais ele ou seus contemporâneos estavam familiarizados. Como ele não pode conceber plenamente como suas palavras encontram realização em um tempo distante e novo mundo totalmente transformado pela vinda de Cristo,

---

203 Donald Garlington, "Reigning with Christ: Revelation 20:1-6 and the Question of the Millennium," em *Reformation and Revival Journal*, vol. 6, no. 2 (1997): 61; ênfase no original.

ele veste os propósitos escatológicos de Deus, inclusive a glória do novo céu e nova terra, idas crenças, temores, e esperanças daqueles a quem foram originalmente falados. Assim, quando os profetas falam sobre o futuro, poderão escolher empregar termos e realidades existentes em seu próprio passado e sua experiência atual, como a terra, a lei, a cidade de Jerusalém, o templo, o sistema sacrificial, e o sacerdócio.[204]

Devemos notar também que o cumprimento de tais profecias, colocadas em termos das realidades contemporâneas com as quais o auditório original era familiarizado, muitas vezes iam além e as transcendiam. Há, frequentemente, um elemento de escalonamento ou intensificação no cumprimento de uma determinada promessa.

Assim, uma das formas em que o autor original dessa profecia podia comunicar a futura glória do novo céu e nova terra de modo realista a pessoas que eram necessariamente limitadas pelo progresso da revelação até aquele ponto no tempo, era colocá-lo no tempo hiperbólico ou exagerado de um *presente ideal*.[205] Podemos bem imaginar a impressão dos ouvintes originais a quem Isaías escreveu em uma era na qual uma pessoa que morresse aos cem anos era vista como bebê, e em que a angústia demasiadamente conhecida do nascimento de um filho seria coisa do passado.

O Novo Testamento expande muito este tema de novos céus e nova terra como ponto focal da restauração que Deus faz de todas as coisas. Isto

---

[204] É essa a defesa de Christopher Wright em seu artigo, "A Christian Approach to Prophecy in the Old Testament Concerning Israel," em *Jerusalem Past e Present in the Purposes of God*, org. P. W. L. Walker (Cambridge: Cambridge University Press, 1992).

[205] G. K. Beale lembra-nos corretamente que "o progresso da revelação revela significados aumentados de textos bíblicos anteriores, e escritores bíblicos de mais tarde interpretam além dos escritos canônicos anteriores de modo a amplificar textos mais antigos. Estas últimas interpretações poderão formular significados dos quais autores anteriores talvez não estivessem cônscios, mas que não apresentem contravenção de sua intenção orgânica original, mas poderão sobrevir a elas. ou seja, os significados originais possuem conteúdo 'espesso' e que os autores originais provavelmente não estariam exaustivamente conscientes (como Deus seria) de toda a extensão daquele conteúdo. Quanto a isso, o cumprimento muitas vezes "preenche a carne" dos detalhes da profecia que mesmo o profeta não teria conhecimento pleno." *The Temple and the Church's Mission: A Biblical Theology of the Dwelling Place of God* (Downers Grove, IL: InterVarsity, 2004), 381.

se vê mais claramente, primeiro em Hebreus 11, e então em Apocalipse 21–22. No primeiro é-nos dito que quando Abraão finalmente chegou na terra da promessa apenas se hospedou ali, como forasteiro: "eram estrangeiros e peregrinos sobre a terra" (Hb 11.9,13). Deveríamos perguntar como recebeu esta terra como herança quando não tinha direito de propriedade, o texto rapidamente responde: "porque aguardava a cidade que tem fundamentos, da qual Deus é o arquiteto e edificador" (v.10).

Esta é a cidade que Deus preparou para eles (Hb 11.16), mencionada novamente em Hebreus 12.22 como "a cidade do Deus vivo, a Jerusalém celestial". Lemos novamente em 13.14 que "não temos aqui [ou seja, na terra] cidade permanente, mas buscamos a que há de vir." Isto é clara referência à Jerusalém celestial de Hebreus 12.22, a cidade que tem fundamentos (Hb 11.10).

Aqui é relevante também Apocalipse 21, onde lemos que João viu "a santa cidade, Jerusalém, que descia do céu, da parte de Deus". A razão pela qual Abraão era peregrino e exilado em Canaã é que enxergava a terra terrestre como tipo da terra/país celeste, mais substancial. O foco da promessa de terra no Antigo Testamento era, certamente, sobre a terra, mas também sobre a pátria (ou país, Hb 11.16) celestial da nova terra, com sua característica central, a Nova Jerusalém.

Assim, Abraão, a quem a terra de Canaã foi originalmente prometida, anteviu seu cumprimento consumado e eterno na Jerusalém celestial. Abraão é herdeiro, não somente de Canaã, mas também do mundo (Rm 4.13). Na verdade, de acordo com Hebreus 11.9-10, foi a expectação de Abraão de bênção permanente e perfeita na cidade celestial que o fez capaz de suportar com paciência as inconveniências e os desapontamentos durante sua peregrinação em Canaã.

Isso ainda se confirma em Hebreus 11.13-16. Os próprios patriarcas "confessando que eram estrangeiros e peregrinos sobre a terra" (v. 13), morreram sem receber a promessa, tendo-a visto somente de longe. Sua esperança final não era focada em coisas herdadas desta terra, mas, como indica o verso 16, sobre "uma pátria superior, isto é, celestial".

A vida exaltada nos novos céus e nova terra está repleta com imagens ainda mais vívidas em Apocalipse 21–22. O espaço permite apenas um breve resumo das glórias do nosso destino eterno na presença de Deus.

A relação entre esta terra presente e a nova pátria é de continuidade como também descontinuidade, assim como existe entre nossos corpos atuais e corruptíveis e nosso corpo futuro, incorruptível e glorificado. No céu seremos as mesmas pessoas que somos atualmente, ainda que transformadas. No entanto, o céu e terra vindouros são descritos também como "novo" (*kainos*), uma palavra que tipicamente indica novidade de qualidade, não de tempo.

Um elemento de descontinuidade será a ausência do mar na nova criação, que era tipicamente considerado símbolo do mal, caos, e poderes antirreino contra os quais Iavé contendia (ver Jó 26.7-13; Is 17.12,13; 27.1; 51.9-10; 57.20; Jr 46.7-12; Ap 17.8; 21.1). Como Ladd notou, em tempos antigos o mar "representava o âmbito de trevas, o misterioso, e o traiçoeiro" (cf. Sl 107.25-28; Ez 28.8; Dn 7.3- seguintes).[206] Este é o jeito de João dizer que na nova criação todos esse males, corrupção, incredulidade e trevas serão banidos.

A plenitude da presença de Deus entre seu povo necessariamente demanda o banimento de qualquer e toda forma de sofrimento ligado à antiga criação. Para sempre acabaram os efeitos debilitantes do pecado (Ap 21.3-4). Foram-se as lágrimas causadas por sofrimento e dor e falha moral (em cumprimento a Is 25.8). Acabou-se a morte, porque sua origem, o pecado, terá sido erradicado. Foram-se o luto, o choro e a dor. Todas essas experiências estão ligadas às "primeiras coisas" que agora "já passaram".

---

206 George Eldon Ladd, *A Commentary on the Revelation of John* (Grand Rapids, MI: Eerdmans, 1972), 276.

A Nova Jerusalém possui "a glória de Deus" (Ap 21.11). Enquanto no Antigo Testamento o templo físico era o lugar onde residia e se manifestava a glória de Deus, na nova criação a presença de Deus será habitação em e com seu povo. A ausência da "noite" (Ap 21.25b) aponta ao acesso desimpedido e radiante da presença de Deus como também ao fato de que não haverá trevas que obscureçam seu brilho de divino esplendor. Na verdade, conforme indica Apocalipse 22.5, essa ausência de trevas é devida à contínua iluminação que o próprio Deus provê.

Em Apocalipse 22.1, encontramos o primeiro de diversos exemplos onde João liga o final da história com o seu início. Na consumação estão fatores que caracterizam o começo do tempo. Não é como se o final fosse *reverso* do início, "mas as circunstâncias do começo são vistas como proféticas da natureza do propósito de Deus na história. Em todos os aspectos, porém, as últimas coisas superam as primeiras em sobrepujante medida, conforme vemos neste parágrafo".[207] Se Gênesis 3 conta a história do paraíso perdido, Apocalipse 22 conta do paraíso recuperado. Céu (na terra) é apenas a gloriosa consumação do plano original de Deus para o jardim do Éden.

E que faremos no céu? Serviremos a Deus (Ap 22.3). Veremos a Deus (v. 4a; ver Êx 33.20; Mt 5.8; João 17.24; 1Tm 6.16; 1João 3.1-3). Gozaremos a profundidade da intimidade com Deus (Ap 22.4b). Experimentaremos o fascínio de sua presença (v. 5a; cf. Nm 6.24-26). Reinaremos sempre e para sempre (Ap 22.5b).

CONCLUSÃO

O que cristãos tradicionalmente tem referido como sendo o "céu" é, conforme vimos, a vida eterna na presença de Deus sobre a nova terra. É ali, conforme deixa claro a Declaração Confessional, que "Deus habitará,

---

207 G. R. Beasley-Murray, *The Book of Revelation* (Greenwood, SC: Attic Press, 1974), 330.

sendo tudo em todos e seu povo estará encantado pela imediação de sua inefável santidade, e tudo será para o louvor de sua gloriosa graça". Não podemos fazer melhor do que concluir com as palavras de Jonathan Edwards:

> Se pudermos aprender qualquer coisa sobre o estado do céu pela Escritura, o amor e a alegria que os santos ali desfrutam, é excessivamente grande e vigoroso; impressionando o coração com a mais forte e vivaz sensação de inexprimível doçura, poderosamente movendo, animando e envolvendo-os, tornando-os como uma chama de fogo. E se tal amor e alegria não forem afetos, então a palavra "afeto" não terá nenhum valor na linguagem. Será que alguém diria que os santos no céu, ao contemplar a face do seu Pai, e a glória do seu Redentor, contemplando suas maravilhosas obras, particularmente a entrega de sua vida por eles, não teriam os corações movidos e tocados por tudo quanto eles contemplam ou consideram?![208]

---

208 Jonathan Edwards, *Religious Affections, The Works of Jonathan Edwards*, ed. John E. Smith (New Haven, CT: Yale University Press, 1969), 2:114.

APÊNDICE

Documentos Fundamentais da Coalizão Evangélica

O EVANGELHO PARA TODA A VIDA: PREÂMBULO

Somos uma fraternidade de igrejas evangélicas com profundo compromisso de renovar nossa fé no evangelho de Cristo e reformar nossas práticas ministeriais para conformarmo-nos plenamente às Escrituras. Temos nos preocupado profundamente sobre alguns movimentos dentro do evangelicalismo tradicional que parecem diminuir a vida da igreja e nos desviar de nossa crença e práticas históricas. Por um lado, somos perturbados pela idolatria do consumismo pessoal e pela politização da fé; por outro lado, nos angustiamos pela aceitação incontestada do relativismo teológico e moral, sem o mínimo impedimento. Tais movimentos têm levado ao fácil abandono tanto da verdade bíblica quanto da vida transformada, ordenadas por nossa fé histórica. Não apenas ouvimos falar dessas influências; vemos os seus efeitos. Temos nos comprometido como a revigoração das igrejas com nova esperança e atraente alegria, baseada nas promessas que recebemos somente pela graça mediante a fé somente, somente em Cristo.

APÊNDICE

Cremos que em muitas igrejas evangélicas um profundo e amplo consenso existe com respeito às verdades do evangelho. Contudo, muitas vezes vemos a celebração da nossa união com Cristo substituída pelas atrações antigas do poder e da riqueza, ou então por retiros monásticos em ritual, liturgia e sacramento. O que susbtitui o evangelho jamais promoverá uma fé de coração missionário, ancorada na verdade que perdura e se desenvolve em franco discipulado, ansioso por suportar as provas do chamado ao reino e ao sacrifício. Desejamos prosseguir na estrada do rei, sempre visando promover a defesa do evangelho, encorajamento, e educação, para que os líderes da igreja atuais e da próxima geração sejam melhor equipados para fortalecer seus ministérios de princípios e práticas, que glorifiquem o salvador e façam o bem àqueles por quem ele derramou o sangue de sua vida.

Queremos gerar um esforço unificado entre todos os povos — esforço este zeloso por honrar a Cristo e multiplicar seus discípulos, unindo-os em uma verdadeira coalizão por Jesus. Esta missão biblicamente fundamentada e unida é o único futuro que permanece para a igreja. Esta realidade nos compele a ficar de pé com outros qe são movidos pela convicção de que a misericórdia de Deus em Jesus Cristo é nossa única esperança de salvação eterna. Desejamos defender este evangelho com clareza, compaixão, coragem, e alegria — ligando felizmente os corações com crentes irmãos, atravessando linhas denominacionais, étnicas, e sociais.

Nosso desejo é servir a igreja que amamos, convidando todos os nossos irmãos e irmãs para se unir a nós em um esforço para a renovação da igreja contemporânea no antigo evangelho de Cristo, para que verdadeiramente possamos falar e viver por ele, de modo a comunicar claramente à nossa geração. Como pastores, desejamos fazer isso em nossas igrejas pelos meios ordinários de sua graça: oração, o ministério da Palavra, Batismo e a Ceia do Senhor, e a comunhão dos santos.

DECLARAÇÃO CONFESSIONAL DA COALIZÃO EVANGÉLICA

1. O Deus Trino. Cremos em um só Deus, eternamente existindo em três pessoas igualmente divinas: Pai, Filho e Espírito Santo, que conhecem, amam e glorificam um ao outro. Este único Deus verdadeiro e vivo é infinitamente perfeito tanto em seu amor quanto em sua santidade. Ele é o criador de todas as coisas, visíveis e invisíveis, e é, portanto, digno de receber toda glória e adoração. Imortal e eterno, ele conhece perfeita e exaustivamente o fim desde o princípio, sustenta e governa soberanamente sobre todas as coisas, e em sua providência faz seus bons propósitos eternos de redimir para si um povo e restaurar a sua criação caída, para o louvor de sua gloriosa graça.

2. Revelação. Deus graciosamente revelou a sua existência e poder na ordem criada, e tem se revelado de maneira suprema aos seres humanos caídos na pessoa de seu Filho, o verbo encarnado. Além do mais, este Deus é um Deus que fala, que por seu Espírito graciosamente se revelou em palavras humanas: cremos que Deus inspirou as palavras preservadas nas Escrituras, os sessenta e seis livros do Antigo e do Novo Testamento, os quais documentam e são também meio de sua obra salvadora no mundo. Estes escritos somente constituem a Palavra de Deus verbalmente inspirada, que é autoridade total e sem erro nos escritos originais, completa na revelação de sua vontade para a salvação, suficiente para tudo que Deus requer que creiamos e façamos, e final em sua autoridade sobre todo domínio do conhecimento a que ela fala. Confessamos que tanto nossa finitude quanto nossa pecaminosidade impedem a possibilidade de conhecer exaustivamente a verdade de Deus, mas afirmamos que, iluminados pelo Espírito de Deus, podemos conhecer verdadeiramente a verdade revelada de Deus. A Bíblia deve ser crida, como a instrução de Deus, em tudo que ela ensina; obedecida, como mandamentos da mão de Deus, em tudo que requer; e confiada, como penhor de Deus, em tudo que promete. À medida que o povo de Deus ouve, crê e obedece a Palavra, ele é equipado como discípulo de Cristo e testemunha ao evangelho.

3. Criação da Humanidade. Cremos que Deus criou os seres humanos, macho e fêmea, à sua própria imagem. Adão e Eva pertenciam à ordem criada que o próprio Deus declarou ser muito boa, servindo como agentes de Deus cuidando, gerenciando e governando sobre a criação, vivendo em santa e dedicada comunhão com seu criador. Homens e mulheres, igualmente criados à imagem de Deus, gozam igual acesso a Deus pela fé em Cristo Jesus e são chamados, ambos, a se mover além da autoindulgência passiva para um envolvimento significante privado e público na família, igreja, e vida cívica. Adão e Eva foram feitos para complementar um ao outro em uma união de uma só carne, que estabelece o único padrão normativo de relações sexuais para homens e mulheres, de forma que o casamento sirva como tipo da união entre Cristo e sua igreja. Nos sábios propósitos de Deus, homens e mulheres não são simplesmente intercambiáveis, mas sim, eles se complementam de formas mutuamente enriquecedoras. Deus ordena que eles assumam papéis distintos que refletem o relacionamento de amor entre Cristo e a igreja, o marido exercendo papel de cabeça, de maneira a demonstrar o amor carinhoso, sacrificial de Cristo, e a esposa se submetendo ao seu esposo, de maneira a mostrar o amor da igreja por seu Senhor. No ministério da igreja, ambos, homens e mulheres, são encorajados a servir a Cristo e desenvolver todo seu pleno potencial nos múltiplos ministérios do povo de Deus. O papel distinto de liderança dentro da igreja, que é dado a homens qualificados, é fundamentado na criação, queda e redenção, não devendo ser desviado por apelos a desenvolvimentos culturais.

4. A Queda. Cremos que Adão, feito à imagem de Deus, distorceu essa imagem e perdeu a sua bendição original — para si e toda sua descendência — ao cair em pecado pela tentação de Satanás. Como resultado, todos os seres humanos estão alienados de Deus, corrompidos em todo aspecto de seu ser (isto é, fisicamente, mentalmente, volitivamente, emocionalmente, espiritualmente) e condenados, final e irrevogavelmente, à morte — a não ser pela própria graciosa intervenção de Deus. A necessidade suprema de todo ser humano é ser reconciliado ao Deus sob cuja justa e santa ira nos encontramos; a única esperança de todo ser humano está no amor imerecido deste mesmo Deus, que, somente ele, pode nos resgatar e restaurar para si.

5. O Plano de Deus. Cremos que desde toda a eternidade Deus determinou, em sua graça, salvar uma grande multidão de pecadores culpados, vindos de toda tribo e língua, nações de povos, e com este fim os conheceu e escolheu. Cremos que Deus justifica e santifica aqueles que, por sua graça, têm fé em Jesus, e que um dia ele os glorificará — tudo para o louvor de sua gloriosa graça. Em amor, Deus ordena e implora que todas as pessoas se arrependam e creiam, tendo posto este amor salvador sobre aqueles que ele escolheu e tendo ordenado a Cristo como seu redentor.

6. O Evangelho. Cremos ser o evangelho as boas novas de Jesus Cristo — a própria sabedoria de Deus. Completa loucura para o mundo, ainda que seja o poder de Deus para aqueles que estão sendo salvos, estas boas novas são cristológicas, centradas na cruz e ressurreição: o evangelho não é proclamado se Cristo não for proclamado, e o Cristo autêntico não terá sido proclamado se sua morte e ressurreição não forem centrais (a mensagem é: "Cristo morreu por nossos pecados e ressuscitou"). Esta boa nova é bíblica (sua morte e ressurreição são de acordo com as Escrituras), teológica e salvífica (Cristo morreu por nossos pecados para nos reconciliar com Deus), histórica (se os eventos salvadores não tivessem acontecido, nossa fé seria vã, ainda estaríamos em nossos pecados e seríamos mais desprezíveis que todas as outras pessoas), apostólica (a mensagem foi confiada aos apóstolos e transmitida por eles que eram testemunhas desses eventos salvíficos), e intensamente pessoal (onde é recebida, crida e firmemente mantida por pessoas salvas individualmente).

7. A Redenção de Cristo. Cremos que, movido pelo amor e em obediência ao Pai, o Filho eterno tornou-se humano: o Verbo se encarnou, plenamente Deus e plenamente ser humano, uma pessoa em duas naturezas. O homem Jesus, Messias prometido de Israel, foi concebido pelo milagre da atuação do Espírito Santo, nascido da virgem Maria. Ele obedeceu perfeitamente seu Pai celestial, viveu uma vida sem pecado, realizou sinais e milagres, foi crucificado sob Pôncio Pilatos, ressuscitou corporalmente da morte ao terceiro dia, e ascendeu ao céu. Como rei mediador, ele está assentado à mão direita de Deus Pai, exercendo no céu e na terra toda a soberania de Deus, e é nosso Sumo Sacerdote e advogado justo. Cremos que por sua encarnação, vida, morte, ressurreição, e ascensão, Jesus Cristo agiu como nosso representante e substituto. Ele o fez para que nele nós fôssemos feitos justiça de Deus: na cruz ele cancelou o pecado, propiciou a Deus, e, carregando toda a penalidade de nossos pecados, reconciliou com Deus a todos os que nele creem. Por sua ressurreição, Cristo Jesus foi vindicado por seu Pai, quebrando o poder da morte e vencendo Satanás, que anteriormente tinha poder sobre ela, e trouxe vida eterna a todo seu povo. Por sua ascensão ele é para sempre exaltado como Senhor e tem preparado para nós um lugar para estar junto dele. Cremos que a salvação está em nenhum outro, porque não há nenhum outro nome dado debaixo do céu pelo qual sejamos salvos. Porque Deus escolheu as coisas humildes deste mundo, as desprezadas, as coisas que não são, para anular as coisas que são, nenhum ser humano poderá se jactar diante dele — Cristo Jesus tornou-se para nós sabedoria de Deus — ou seja, nossa justiça, retidão, santidade, e redenção.

8. A Justificação de Pecadores. Cremos que Cristo, por sua obediência e morte, pagou plenamente a dívida de todos aqueles que são por ele justificados. Pelo seu sacrifício, ele carregou em nosso lugar o castigo que era devido por nossos pecados, satisfazendo própria, real e plenamente a justiça de Deus por nós. Por sua perfeita obediência, ele satisfez as justas exigências de Deus em nosso favor, pois somente pela fé essa perfeita obediência é creditada a todos que confiam somente em Cristo por sua aceitação da parte de Deus. Como Cristo foi dado pelo Pai por nós, e sua obediência e castigo foram aceitos no lugar do nosso, livremente e não por alguma coisa que houvesse em nós, esta justificação é somente pela livre graça, a fim de que tanto a exata justiça quanto a rica graça de Deus sejam glorificados na justificação dos pecadores. Cremos que um zelo por obediência pessoal e pública flui dessa livre justificação.

9. O Poder do Espírito Santo. Cremos que esta salvação, atestada em toda a Escritura e assegurada por Jesus Cristo, é aplicada ao seu povo pelo Espírito Santo. Enviado pelo Pai e pelo Filho, o Espírito Santo glorifica o Senhor Jesus Cristo, e, como outro paráclito, está presente com e em aqueles que creem. Ele convence o mundo do pecado, da justiça e do juízo, e por sua obra poderosa e misteriosa, regenera os pecadores que eram espiritualmente mortos, despertando-os para arrependimento e fé, e nele eles são batizados na união com o Senhor Jesus, de modo tal que são justificados diante de Deus pela graça somente, pela fé somente, em Jesus Cristo somente. Pela agência do Espírito, os crentes são renovados, santificados, e adotados na família de Deus. Participam da natureza divina e recebem os seus dons que são soberanamente distribuídos. O próprio Espírito Santo é o pagamento de entrada da herança prometida, e nesta presente era, habita, dirige, guia, instrui, equipa, renova e dá poder aos crentes para viver e servir como Cristo.

10. O Reino de Deus. Cremos que aqueles que foram salvos pela graça de Deus mediante a união com Cristo, pela fé e pela regeneração do Espírito Santo, entram no reino de Deus e se deleitam nas bênçãos da nova aliança: o perdão dos pecados, a transformação interior que desperta um desejo por glorificar, confiar e obedecer a Deus, e a perspectiva da glória que ainda vai ser revelada. As boas obras constituem evidência indispensável da graça salvadora. Vivendo como sal num mundo decaído e luz num mundo escuro, os

APÊNDICE

crentes jamais deverão se afastar em reclusão do mundo nem se tornar indistinguíveis dele. Pelo contrário, deveremos fazer o bem à cidade, para que a glória e honra das nações sejam oferecidas ao Deus vivo. Em reconhecimento a quem pertence esta ordem criada, e porque somos cidadãos do reino de Deus, devemos amar nosso próximo como amamos a nós mesmos, fazendo o bem a todos, especialmente aos que pertencem à família de Deus. O reino de Deus, já presente, mas ainda não plenamente realizado, é o exercício da soberania de Deus no mundo em direção à eventual redenção de toda a criação. O reino de Deus é um poder invasivo que despoja o escuro reino de Satanás e regenera e renova, mediante o arrependimento e fé, a vida dos indivíduos resgatados daquele reino. Portanto, ele inevitavelmente estabelece uma nova comunidade de seres humanos que estão juntos debaixo de Deus.

11. O novo povo de Deus. Cremos que o povo de Deus da nova aliança já veio à Jerusalém celestial; já está assentado com Cristo nos lugares celestiais. Essa igreja universal é manifestada em igrejas locais das quais Cristo é a única cabeça; assim, cada "igreja local" é, de fato, a igreja, a casa de Deus, assembleia do Deus vivo, coluna e fundamento da verdade. A igreja é o corpo de Cristo, a menina dos seus olhos, gravado em suas mãos, e será dele para sempre. A igreja é destacada por sua mensagem do evangelho, suas sagradas ordenanças, sua disciplina, sua grande missão, e, acima de tudo, seu amor a Deus, e pelo amor de seus membros uns pelos outros e pelo mundo. De modo crucial, este evangelho que amamos possui dimensões pessoais e também corporativas, sendo que nenhuma delas deve ser ignorada. Cristo Jesus é nossa paz: ele não somente trouxe paz com Deus, como também paz entre povos antes inimigos. Seu propósito era criar para si uma nova humanidade, fazendo a paz, e em um só corpo reconciliar tanto judeu quanto gentio a Deus, mediante a cruz, por meio da qual matou a sua inimizade. A igreja serve de sinal do futuro novo mundo de Deus, quando seus membros vivem em serviço uns pelos outros e pelo próximo, em vez de autoenfoque. A igreja é a habitação corporativa do Espírito de Deus, e testemunha contínua de Deus no mundo.

12. Batismo e Ceia do Senhor. Cremos que o Batismo e a Ceia do Senhor são ordenados pelo próprio Senhor Jesus. O primeiro está ligado à entrada na comunidade da nova aliança, o segundo à continuidade da renovação da aliança. Juntos são simultaneamente a promessa de Deus a nós, meios de graça divinamente ordenados, nosso voto público de submissão ao Cristo uma vez crucificado e agora ressurreto, e antecipação de sua volta e da consumação de todas as coisas.

13. A Restauração de todas as coisas. Cremos na volta pessoal, gloriosa, e corporal de nosso Senhor Jesus Cristo com seus santos anjos, quando ele exercerá seu papel final de Juiz, e seu reino será consumado. Cremos na ressurreição do corpo de ambos, justos e injustos — os injustos para o juízo e eterno e consciente castigo no inferno, como ensinou o próprio Senhor, e os justos à bendição eterna na presença daquele que está assentado no trono e do Cordeiro, em novo céu e nova terra, habitação de justiça. Naquele dia a igreja será apresentada sem culpa diante de Deus pela obediência, o sofrimento e triunfo de Cristo, todo pecado será purgado e seus efeitos nefastos banidos para sempre. Deus será tudo em todos e seu povo será envolvido por sua imediata e inefável santidade, e tudo será para o louvor de sua gloriosa graça.

VISÃO TEOLÓGICA PARA O MINISTÉRIO

I. COMO RESPONDER À CRISE CULTURAL DA VERDADE?
(A questão epistemológica)

Por diversos séculos, desde o alvorecer do Iluminismo, era crido que a verdade — expressa em palavras que correspondem substancialmente à realidade —existe e pode ser conhecida. Sem ajuda, pensava-se, a razão

APÊNDICE

humana é capaz de conhecer a verdade de maneira objetiva. Mais recentemente, contudo, a pós-modernidade tem criticado esse conjunto de pressupostos, sustentando que não somos de fato objetivos em nossa busca por conhecimento, mas interpretamos a informação por meio de nossas experiências pessoais, interesses próprios, emoções, preconceitos culturais, limitações de linguagem e comunidades relacionais. A reivindicação de objetividade é arrogante, diz a pós-modernidade, e, inevitavelmente, conduz a conflitos entre as comunidades de opiniões diferentes em relação ao lugar em que se encontra a verdade. Tal arrogância, dizem, explica, em parte, muitas injustiças e guerras da era moderna. No entanto, a resposta da pós-modernidade é, de outra forma, perigosa: suas vozes mais estridentes insistem em que as afirmativas de verdade objetiva devem ser substituídas por um pluralismo subjetivo, mais humildemente "tolerante" e inclusivamente diverso — pluralismo muitas vezes atolado em um pântano que não permite chão firme para "a fé uma vez confiada aos santos". Tal posição não tem lugar para uma verdade que corresponda à realidade, consistindo apenas em uma exibição de verdades subjetivamente formadas. Como, então, responder a essa crise cultural da verdade?

1. Afirmamos que a verdade corresponde à realidade. Cremos que o Espírito Santo, que inspirou as palavras dos apóstolos e profetas, também habita em nós, de modo que aqueles que foram feitos à semelhança da imagem de Deus podem receber e entender as palavras da Escritura reveladas por Deus, e compreender que as verdades da Escritura correspondem à realidade. As declarações da Escritura são verdadeiras precisamente porque são declaradas por Deus, correspondendo à realidade, ainda que nosso conhecimento dessas verdades (e até mesmo nossa capacidade de verificá-las para os outros) seja, sempre e necessariamente, incompleto. A crença do Iluminismo de que haveria um conhecimento totalmente objetivo fez um ídolo da razão humana não auxiliada. Porém, negar a possibilidade do conhecimento puramente objetivo não implica a perda da verdade que corresponde à realidade objetiva, ainda que nunca consigamos conhecer essa verdade sem um elemento de subjetividade. Ver DC–(2).

2. Afirmamos que a verdade é transmitida pela Escritura. Cremos que a Escritura é penetrantemente proposicional e que todas as suas declarações são completamente verdadeiras e autoritativas. Mas a verdade da Escritura não pode ser exaurida em uma série de proposições. Ela existe nos diversos gêneros de narrativa, metáfora e poesia, que não são destiláveis exaustivamente em proposições doutrinárias, mas nos transmitem a vontade e a mente de Deus, de modo a nos transformar à sua semelhança.

3. Afirmamos que a verdade é a correspondência da vida em relação a Deus. Verdade não é apenas uma correspondência teórica; é também um relacionamento pactual. A revelação bíblica não deve ser apenas conhecida; deve ser também vivida (Dt 29.29). O propósito da Bíblia é produzir em nós a sabedoria — uma vida inteiramente submissa à realidade de Deus. Portanto, a verdade é a correspondência entre toda a nossa vida e coração em relação às palavras e aos atos de Deus, pela mediação da Palavra e do Espírito. Eliminar a natureza proposicional da verdade bíblica enfraquece seriamente nossa capacidade de portar, defender e explicar o evangelho. Porém, falar da verdade apenas como proposições enfraquece a apreciação do Filho encarnado como o Caminho, a Verdade, e a Vida, e o poder comunicativo da história narrada, bem como a importância da verdade vivida de forma autêntica, em correspondência a Deus.

4. Como essa visão da verdade nos molda:

Adotamos uma "disciplinada" teoria de correspondência da verdade, a qual é menos triunfalista que em alguns círculos evangélicos mais antigos. Mas também rejeitamos uma visão da verdade que a enxergue como nada mais que uma linguagem internamente coerente de uma fé-

APÊNDICE

-comunidade específica. Assim, mantemos, com aquilo que esperamos ser a humildade apropriada, o princípio de *sola Scriptura*.

Embora a verdade seja proposicional, não é algo apenas em que se deve crer; é preciso também receber a verdade em adoração e praticá-la em sabedoria. Tal equilíbrio forma nosso entendimento do discipulado e da pregação. Queremos encorajar a paixão pela sã doutrina, mas sabemos que o crescimento cristão não é uma simples transferência de informação cognitiva. O crescimento cristão ocorre somente quando a vida como um todo é moldada pela prática cristã em comunidade — incluindo a oração, o Batismo, a Ceia do Senhor, a comunhão entre irmãos e o ministério público da Palavra.

Nosso conhecimento teórico da verdade de Deus é apenas parcial, mesmo quando se mostra acertado, mas podemos ter certeza de que aquilo que a Palavra diz é verdade (Lc 1.4). É mediante o poder do Espírito Santo que recebemos as palavras do evangelho em plena segurança e convicção (1Ts 1.5).

II. COMO DEVEMOS LER A BÍBLIA?
(A questão hermenêutica)

1. Lendo "ao longo" de toda a Bíblia. Ler ao longo de toda a Bíblia é discernir o único enredo básico da Bíblia como a história da redenção de Deus (por exemplo, Lc 24.44), como também os temas da Bíblia (ou seja, aliança, reino, templo) que perpassam todos os estágios da história e toda parte do cânone, tendo Jesus Cristo como clímax. Nessa perspectiva, o evangelho aparece como criação, queda, redenção e restauração, ressaltando o propósito da salvação, ou seja, uma criação renovada. Conforme confessamos em DC–(1), [Deus] providencialmente realiza seu eterno bom propósito de redimir um povo para si e restaurar sua criação caída, para o louvor de sua gloriosa graça.

2. Lendo "através" de toda a Bíblia. Ler através de toda a Bíblia é coligir suas declarações, convocações, promessas e reivindicações de verdade em categorias de pensamento (ou seja, teologia, cristologia e escatologia), chegando a um entendimento coerente do que é ali ensinado resumidamente (por exemplo, Lc 24.46-37). Sob essa perspectiva, o evangelho aparece como Deus, pecado, Cristo e fé. Ressalta o meio da salvação, ou seja, é nossa responsabilidade receber a obra substitutiva de Cristo pela fé. Como confessamos na DC–(7), Jesus Cristo agiu como nosso representante e substituto, para que nele nos tornássemos justiça de Deus.

3. Como esta leitura da Bíblia nos molda:

Hoje em dia, muitos (mas nem todos) que se especializam no primeiro desses modos de leitura da Bíblia — ou seja, ler ao longo de toda a Bíblia — concentram-se nos aspectos mais corporativos do pecado e da salvação. A cruz é vista principalmente como exemplo de serviço sacrificial e vitória sobre os poderes do mundo, e não como substituição e propiciação por nossos pecados. De forma irônica, essa abordagem pode ser muito legalista. Em vez de chamar as pessoas à conversão individual por meio de uma mensagem de graça, chama para que se unam à comunidade cristã e ao programa do reino daquilo que Deus está fazendo para libertar o mundo. A ênfase está no cristianismo como estilo de vida, perdendo de vista o *status* de que fomos comprados com sangue em Cristo e recebidos por meio de nossa fé pessoal. Nesse desequilíbrio, há pouca ênfase em vigoroso evangelismo e apologética, na pregação expositiva, bem como nas marcas e na importância da conversão/do novo nascimento.

Por outro lado, o evangelicalismo mais antigo (se bem que não todo ele) tendia a ler através da Bíblia. O resultado era que essa leitura se mostrava mais individualista, centrada, quase completamente, na conversão pessoal e em uma passagem segura para o céu. Além disso, sua pregação, ainda que expositiva, às vezes era moralista e não enfatizava como todos os temas bíblicos têm seu clímax em Cristo e em sua obra. Nesse desequilíbrio, há pouca ou nenhuma ênfase na importância das obras de justiça e misericórdia em favor dos pobres e oprimidos, e em uma produção cultural que glorifique a Deus nas artes, nas empresas etc.

Não cremos que, na melhor prática, essas duas formas de ler a Bíblia sejam contraditórias, ainda que hoje em dia muitos lancem uma contra a outra. Pelo contrário, cremos que as duas, em seu melhor, são integrais para a apreensão do significado do evangelho bíblico. O evangelho é a declaração de que, mediante a morte e a ressurreição de Jesus Cristo, Deus reconcilia os indivíduos por sua graça e renova o mundo inteiro por meio de sua glória e para sua glória.

III. COMO DEVE SER NOSSA RELAÇÃO COM A CULTURA AO NOSSO REDOR?
(A questão da contextualização)

1. Como uma contracultura. Queremos ser uma igreja que não apenas dê suporte aos cristãos como indivíduos em sua caminhada pessoal com Deus, mas também que os molde na sociedade humana alternativa que Deus cria por meio de sua Palavra e de seu Espírito. (Ver, a seguir, ponto V.3.)

2. Para o bem comum. Não basta a igreja contrapor-se aos valores da cultura dominante. Temos de ser uma contracultura voltada ao bem comum. Queremos ser radicalmente distintos da cultura ao nosso redor e, ainda assim, a partir dessa identidade distinta, devemos servir sacrificialmente ao próximo e até mesmo aos inimigos, trabalhando para o florescimento dos povos, tanto aqui e agora como na eternidade. Portanto, não vemos nossos cultos corporativos como o principal ponto de conexão com aqueles que estão do lado de fora. Pelo contrário, esperamos vir ao encontro de nossos vizinhos enquanto trabalhamos em prol da paz, da segurança e do bem-estar do próximo, amando-o em palavras e obras. Se assim fizermos, estaremos sendo "sal" e "luz" no mundo (sustentando e melhorando as condições de vida, mostrando ao mundo a glória de Deus por meio de nosso estilo de vida; Mt 5.13-16). Assim como os exilados judeus eram chamados a amar e trabalhar pelo *shalom* da Babilônia (Jr 29.7), também os cristãos são o povo de Deus "no exílio" (1Pe 1.1; Tg 1.1). Os cidadãos da cidade de Deus devem ser os melhores cidadãos possíveis de sua cidade terrena (Jr 29.4-7). Não somos exageradamente otimistas nem pessimistas quanto à nossa influência cultural, pois conhecemos que, ao andar nos passos daquele que entregou sua vida por seus oponentes, receberemos perseguição até mesmo enquanto estivermos exercendo impacto social (1Pe 2.12).

3. Como esse relacionamento com a cultura nos forma:

Cremos que toda expressão do cristianismo deve ser, necessária e corretamente, contextualizada, até certo grau, em relação a uma cultura humana especifica; não existe uma expressão *a-histórica* universal do cristianismo. Mas jamais queremos ser de tal forma afetados por nossa cultura que venhamos a comprometer as verdades do evangelho. Como, então, manter o equilíbrio?

A resposta é que não se pode "contextualizar" o evangelho de forma abstrata, como um experimento do pensamento. Se uma igreja procura ser contracultura para o bem temporal e eterno das pessoas, ela se guardará tanto contra o legalismo que pode acompanhar a retração cultural indevida como contra o comprometimento que vem com o excesso de adaptação. Se buscamos serviço em vez de poder, poderemos exercer impacto cultural significativo. Mas, se procuramos poder e controle social direto, estaremos, de forma irônica, sendo assimilados nas próprias idolatrias de riqueza, *status* e poder que nos propusemos a mudar.

O próprio evangelho tem a chave para uma contextualização apropriada. Se exagerarmos na contextualização, isso sugere que estamos buscando demais a aprovação da cultura receptora. Isso demonstra falta de confiança no evangelho. Se subcontextualizarmos, isso sugere que estamos buscando demais a pompa de nossa própria subcultura. Isso demonstra falta de humildade evangélica e falta de amor ao próximo.

IV. NO QUE O EVANGELHO É SINGULAR?

Esse evangelho enche os cristãos de humildade e esperança, mansidão e coragem, de forma singular. O evangelho bíblico difere marcadamente das religiões tradicionais e do secularismo. As religiões operam sob o princípio: "Obedeço, portanto sou aceito", mas o princípio do evangelho é: "Sou aceito através de Cristo, portanto obedeço". Assim, o evangelho difere tanto da irreligião como da religião. Pode-se procurar ser seu próprio "senhor e salvador" quebrando a lei de Deus, mas também é possível fazê-lo ao guardar a lei a fim de ganhar a salvação.

A falta de religião e o secularismo tendem a inflar a autoestima acrítica, estimulando somente a própria pessoa; a religião e o moralismo esmagam as pessoas sob culpa de padrões éticos cuja manutenção é impossível. O evangelho, porém, nos humilha e afirma simultaneamente, pois, em Cristo, cada um de nós é, ao mesmo tempo, justo enquanto ainda é pecador. Ao mesmo tempo, somos mais defeituosos e pecadores do que ousávamos crer, embora sejamos mais amados e aceitos do que ousávamos esperar.

O secularismo tende a tornar as pessoas egoístas e individualistas. A religião e a moralidade em geral tendem a fazer as pessoas apresentarem atitudes tribais e de autojustiça para com os outros e formarem grupos de autojustiça (já que sua salvação foi ganha, pensam elas, por merecimento próprio). Mas o evangelho da graça, centrado em um homem que morreu por nós enquanto ainda éramos inimigos, remove a autojustiça e o egoísmo, transformando seus membros em servos uns dos outros, tanto para o desenvolvimento temporal de todas as pessoas, especialmente dos pobres, como para sua salvação. Motiva-nos a servir ao próximo sem levar em conta seus méritos, assim como Cristo nos serviu (Mc 10.45).

O secularismo e a religião conformam as pessoas a normas comportamentais pelo medo (das consequências) e o orgulho (desejo de engrandecer a si mesmas). O evangelho, por outro lado, move as pessoas à santidade e ao serviço, por causa da feliz gratidão por sua graça e do amor pela glória de Deus por quem ele é em si mesmo.

V. O QUE É UM MINISTÉRIO CENTRADO NO EVANGELHO?
Caracteriza-se por:
1. Culto corporativo poderoso
O evangelho transforma nosso relacionamento com Deus da hostilidade ou da complacência como de um escravo para uma relação de alegria e intimidade. O cerne dinâmico do ministério centrado no evangelho é, portanto, a adoração e a fervente oração. No culto corporativo, o povo de Deus recebe a visão especial e transformadora de vida quanto ao valor e à beleza de Deus, e retribui a Deus expressões certas de seu valor. No coração do culto de adoração corporativo, está o ministério da Palavra. A pregação deve ser expositiva (explicando o texto da Escritura) e centrada em Cristo (expondo todos os temas bíblicos como tendo seu clímax em Cristo e em sua obra de salvação). Porém, seu alvo final não é simplesmente o ensino; é também conduzir os ouvintes à adoração, individual e corporativa, fortalecendo seu ser interior, a fim de fazer a vontade de Deus.

2. Efetividade evangelística

Porque o evangelho (diferente do moralismo religioso) produz pessoas que não desdenham daqueles que discordam delas, uma igreja verdadeiramente centrada no evangelho deve estar cheia de membros que atraem as esperanças e aspirações das pessoas com Cristo e sua obra salvadora. Temos uma visão por uma igreja que vê conversões de ricos e pobres, de pessoas da alta cultura e daquelas menos cultas, homens e mulheres, velhos e jovens, casados e solteiros, de todas as raças. Esperamos atrair gente altamente secularizada e pós-moderna, como também pessoas religiosas e tradicionais. Devido à atratividade de sua comunidade e à humildade de seu povo, uma igreja centrada no evangelho deve encontrar em seu meio pessoas que estejam examinando e procurando entender o cristianismo. Deve dar boas-vindas de centenas de maneiras. Faz pouco para torná-las "confortáveis", mas muito para tornar a mensagem compreensível. Além disso, igrejas centradas no evangelho tendem à plantação de igrejas como um dos meios mais efetivos de evangelismo que existem.

3. Comunidade contracultural

Porque o evangelho remove tanto o medo como o orgulho, as pessoas devem relacionar-se bem dentro da igreja, mesmo aquelas que jamais se relacionaram bem fora dela. Como nos aponta para um homem que morreu por seus inimigos, o evangelho cria relacionamentos de serviço, e não de egoísmo. Porque o evangelho nos conclama à santidade, o povo de Deus vive em amáveis laços de mútua responsabilidade e disciplina. Assim, o evangelho cria uma comunidade humana radicalmente distinta de qualquer sociedade ao seu redor. No que diz respeito ao sexo, a igreja deve evitar tanto a idolatria do sexo da sociedade secular como o temor do sexo da sociedade tradicional. E uma comunidade que ama cuida, de modo prático, de seus membros, a ponto de fazer sentido a castidade bíblica. Ensina seus membros a conformar seu ser corporal ao formato do evangelho — abstinência fora do casamento heterossexual e fidelidade e alegria dentro dele. Quanto à família, a igreja deve afirmar a benesse do casamento entre um homem e uma mulher, chamando-os a servir a Deus ao refletir sua aliança de amor na lealdade por toda a vida e ao ensinar seus caminhos aos filhos. Mas a igreja também afirma o bem de servir a Cristo na condição de solteiro, quer por algum tempo, quer por toda a vida. Uma igreja deve cercar todas as pessoas que sofrem pela condição caída de nossa sexualidade humana com uma comunidade e uma família cheias de compaixão. Quanto ao dinheiro, os membros da igreja devem envolver-se em compartilhamento econômico radical uns com os outros — para que não haja "necessitados entre eles" (At 4.34). Esse compartilhamento também promove um compromisso radicalmente generoso de tempo, dinheiro, relacionamentos e espaço de vivência para com a justiça social e as necessidades do pobre, dos oprimidos, do imigrante e dos econômica e fisicamente fracos. Quanto ao poder, a igreja é visivelmente leal ao compartilhamento de poder e à construção dos relacionamentos entre as raças, classes e gerações que estão alienadas, de fora do Corpo de Cristo. A evidência prática disso está em que nossas igrejas locais cada vez mais dão boas-vindas a pessoas de todas as raças e culturas. Cada igreja deve procurar refletir a diversidade de sua comunidade geográfica local, tanto na congregação como um todo quanto em sua liderança.

4. A integração de fé e obras

As boas-novas da Bíblia não são apenas de perdão individual, mas também de renovação de toda a criação. Deus colocou a humanidade no jardim com o propósito de cultivar o mundo material para sua própria glória e o vicejar da natureza e da comunidade humana. O Espírito de Deus não somente converte os indivíduos (cf. Jo 16.8), como também renova e cultiva a face da terra (ver, por exemplo, Gn 1.2; Sl 104.30). Portanto, os cristãos glorificam a Deus não apenas pelo ministério da Palavra, mas também por suas vocações de agricultura, artes, empreendimentos, governo e estudo acadêmico — tudo para a glória de Deus e o fomento do bem público. Cristãos em demasia aprenderam a separar sua fé/crença do modo como trabalham em sua vocação. O evangelho é visto como meio de encontrar paz individual, e não como fundamento de uma cosmovisão — uma interpretação compreensiva da realidade que afeta tudo que fazemos. Porém, nós temos uma visão de igreja que equipa seu povo a pensar sobre as implicações do evangelho quanto à nossa ação como carpinteiros, bombeiros, no processamento de dados, na enfermagem, nas artes, como empresários, no governo, no jornalismo, no entretenimento e na academia. Uma igreja assim não apenas apoia o envolvimento dos cristãos com a cultura, como também os ajuda a trabalhar com distinção, excelência e responsabilidade em suas atividades e profissões. O desenvolvimento de ambientes humanitários, sendo, ao mesmo tempo, plenos de criatividade e excelência empresarial, a partir de nosso entendimento do evangelho, faz parte da obra de trazer uma medida de cura à criação de Deus no poder do Espírito. Trazer alegria cristã, esperança e verdade à realidade das artes também faz parte desse trabalho. Fazemos tudo isso porque o evangelho de Deus nos conduz a isso, ainda que reconheçamos que a restauração final de todas as coisas aguarda a volta pessoal e corporal de nosso Senhor Jesus Cristo [DC–(7)].

5. Atos de justiça e misericórdia

Deus criou alma e corpo, e a ressurreição de Jesus mostra que ele redimirá tanto o espiritual como o material. Assim, Deus trata não apenas da salvação de almas, mas também do alívio da pobreza, da fome e da injustiça. O evangelho abre nossos olhos ao fato de que todos os nossos bens (até mesmo a riqueza pela qual trabalhamos arduamente) são, afinal, um dom de Deus que não merecemos. Portanto, a pessoa que não distribui seus bens com generosidade aos outros não somente é faltosa em compaixão, como também é injusta. O cristão ganhou a salvação pela perda, atinge o poder mediante fraqueza e serviço, e vem a ser rico mediante o ato de distribuir tudo. Aqueles que recebem sua salvação não são os fortes, cheios de realizações, mas aqueles que admitem ser fracos e perdidos. Não podemos olhar os pobres e oprimidos e chamá-los insensivelmente a sair de suas próprias dificuldades. Não foi assim que Jesus nos tratou. O evangelho substitui a superioridade em relação ao pobre por misericórdia e compaixão. As igrejas cristãs têm de trabalhar em prol da justiça e da paz em sua vizinhança, mediante serviço, enquanto conclamam as pessoas à conversão e ao novo nascimento. Temos de trabalhar pelo bem comum e eterno, mostrando ao próximo que o amamos de maneira sacrificial, quer ele creia como nós, quer não creia. A indiferença para com os pobres e destituídos significa que não houve verdadeiro entendimento de nossa salvação unicamente pela graça.

CONCLUSÃO

O ministério que delineamos é relativamente raro. Existem muitas igrejas que se dirigem aos "interessados", que ajudam muitas pessoas a encontrar Cristo. Há muitas igrejas buscando envolver a cultura mediante o ativismo político. Existe um movimento carismático que cresce rapidamente, com ênfase no culto de adoração glorioso, apaixonado e corporativo. Há muitas congregações intensamente preocupadas com o rigor e a pureza doutrinária, e que se esforçam muito para manter separação do mundo. Há muitas igrejas radicalmente comprometidas com os pobres e marginalizados.

Porém, não vemos tantas igrejas individuais que incorporem o equilíbrio evangélico pleno e integral, aqui delineado. Enquanto, pela graça

APÊNDICE

de Deus, há um número encorajador de sinais brilhantes na igreja, ainda não percebemos nenhum movimento amplo desse ministério centrado no evangelho. Nós acreditamos que esse equilíbrio produzirá igrejas com pregação cativante e teologicamente substancial, evangelização dinâmica e apologética, além de voltadas ao crescimento e à plantação de igrejas. Elas enfatizarão arrependimento, renovação pessoal e santidade de vida. Ao mesmo tempo, e nas mesmas congregações, haverá maior engajamento com as estruturas sociais das pessoas comuns e maior envolvimento cultural com artes, empreendimentos, estudos e ensino acadêmico, além de governo. Haverá chamados para um cristianismo radical, em que todos os membros da comunidade compartilhem suas riquezas e recursos com os pobres e marginalizados. Tais prioridades também serão combinadas e se fortalecerão mutuamente umas às outras em cada igreja local.

O que poderia conduzir a um movimento crescente de igrejas centradas no evangelho? A resposta última é que Deus, para sua própria glória, tem de enviar um reavivamento como resposta à oração fervorosa, extraordinária e prevalecedora de seu povo. Mas nós cremos que existem passos penúltimos a tomar. Há uma grande esperança se pudermos nos unir quanto à natureza da verdade, como, por exemplo, ler melhor a Bíblia e promover nosso relacionamento com a cultura, o conteúdo do evangelho e a natureza do ministério centrado no evangelho. Cremos que esse compromisso nos impelirá novamente à Escritura, ao Cristo da Escritura e ao evangelho de Cristo, e nós começaremos a crescer em nossa habilidade, pela graça de Deus, como igrejas, de "proceder corretamente segundo a verdade do evangelho" (Gl 2.14). Estamos envergonhados por nossos pecados e falhas, gratos além da medida pelo perdão e ansiosos por ver novamente a glória de Deus e incorporar a conformidade com seu Filho.

FIEL
Editora

O Ministério Fiel tem como propósito servir a Deus através do serviço ao povo de Deus, a Igreja.

Em nosso site, na internet, disponibilizamos centenas de recursos gratuitos, como vídeos de pregações e conferências, artigos, e-books, livros em áudio, blog e muito mais.

Oferecemos ao nosso leitor materiais que, cremos, serão de grande proveito para sua edificação, instrução e crescimento espiritual.

Assine também nosso informativo e faça parte da comunidade Fiel. Através do informativo, você terá acesso a vários materiais gratuitos e promoções especiais exclusivos para quem faz parte de nossa comunidade.

Visite nosso website
www.ministeriofiel.com.br
e faça parte da comunidade Fiel

LEIA TAMBÉM

Deus é o evangelho

Um tratado sobre o amor de Deus como oferta de si mesmo

John Piper

LEIA TAMBÉM

JOHN MACARTHUR

BOAS NOVAS

O EVANGELHO DE JESUS CRISTO

LEIA TAMBÉM

Evangelho Explícito

Matt Chandler e Jared Wilson